DEMOCRACIA DESPROTEGIDA

legados da ditadura militar no sistema de justiça

CONTRACORRENTE

Emanuel de Melo Ferreira

DEMOCRACIA DESPROTEGIDA

legados da ditadura militar no sistema de justiça

SÃO PAULO
2023

CONTRACORRENTE

Alameda Itu, 852 | 1º andar |
CEP 01421 002
www.loja-editoracontracorrente.com.br
contato@editoracontracorrente.com.br

EDITORES
Camila Almeida Janela Valim
Gustavo Marinho de Carvalho
Rafael Valim
Walfrido Warde
Silvio Almeida

EQUIPE EDITORIAL
COORDENAÇÃO DE PROJETO: Juliana Daglio
REVISÃO: Graziela Reis
PREPARAÇÃO DE TEXTO E REVISÃO TÉCNICA: Amanda Dorth
DIAGRAMAÇÃO: Pablo Madeira
CAPA: Maikon Nery

EQUIPE DE APOIO
Fabiana Celli
Carla Vasconcelos
Regina Gomes
Nathalia Oliveira
Erick Facioli

Dados Internacionais de Catalogação na Publicação (CIP)
(Câmara Brasileira do Livro, SP, Brasil)

Ferreira, Emanuel de Melo
Democracia desprotegida : legados da ditadura militar no sistema de justiça / Emanuel de Melo Ferreira. -- São Paulo : Editora Contracorrente, 2023.

Bibliografia.
ISBN 978-65-5396-139-5

1. Autoritarismo - Brasil 2. Democracia - Brasil 3. Ditadura militar 4. Política - Brasil I. Título.

23-172179 CDD-321.8

Índices para catálogo sistemático:

1. Democracia 321.8
Eliane de Freitas Leite - Bibliotecária - CRB 8/8415

@editoracontracorrente
Editora Contracorrente
@ContraEditora

Você não sente nem vê
Mas eu não posso deixar de dizer, meu amigo
Que uma nova mudança em breve vai acontecer

Belchior, *Velha Roupa Colorida* (1975)

À Sofia, Melina, Maria Elis e Clarice.

SUMÁRIO

AGRADECIMENTOS

Esta obra é fruto da minha tese de doutorado a qual, em parte, foi escrita no contexto da pandemia da Covid-19 e da atuação das corregedorias do Ministério Público Federal e do Conselho Nacional do Ministério Público contra minha atuação funcional como procurador da República em prol do projeto constitucional de 1988. Sendo assim, é ainda mais necessário fazer os devidos agradecimentos à minha família, especialmente à minha esposa, Myrlla Arielle Fernandes Sampaio, cujo apoio nos momentos mais difíceis foi fundamental para que a luta e a resistência constitucional continuassem.

Aos meus pais, José Wilton de Melo e Gizeuda Ferreira Araújo de Melo, por terem proporcionado todas as bases para o desenvolvimento da minha educação, bem como à minha irmã, Sara Raquel de Melo Ferreira, pelo apoio constante ao meu aprimoramento intelectual.

Sou especialmente grato, ainda, ao meu orientador, Professor Gustavo César Machado Cabral por ter aceitado o convite para orientação mesmo após a qualificação. As sugestões efetivadas diante da leitura atenta do trabalho, certamente, tornaram a pesquisa ainda melhor. Aos membros da Banca Examinadora, os Professores Thomas da Rosa Bustamante, Conrado Hubner Mendes, Martônio Mont'alverne Barreto Lima, Ulisses Levy Silvério Dos Reis, pela gentileza na aceitação do convite.

Aos alunos da UERN, especialmente aos jovens pesquisadores que integram o projeto de pesquisa "Autoritarismo brasileiro: os casos do colaboracionismo jurídico na difusão dos legados da ditadura militar".

Ao Professor Juraci Mourão Lopes Filho, Coordenador do NUPID e aos colegas que fazem parte do grupo, especialmente Francisco Tarcísio e Rômulo Richard, pelos constantes e ricos debates nos encontros virtuais ocorridos desde o início da pandemia. Ao Professor Newton de Oliveira Lima, pelo convite para conversar sobre democracia e o papel do MPF no PPGD-UFPB, bem como ao Professor Raphael Peixoto, pelo diálogo proporcionado na disciplina ofertada no PPGD/UFERSA e aos professores Rafael Lamera e Olavo Hamilton pelas constantes conversas sobre autoritarismo.

Às professoras Nathália Mariel, Lizziane Queiroz, Rosângela Zuza e Desiree Salgado pelo diálogo sobre os impactos do autoritarismo nas eleições, em minorias e na própria saúde pública.

Ao Francisco Ivan de Sousa, promotor de Justiça no Ceará, amigo desde o início do curso de Direito na UFC em 2003, pelo empenho em buscar ações penais cuja pesquisa era essencial a esta tese.

À PUC-PR, por ter oportunizado a participação, sem qualquer custo, na disciplina "*Democratic Decay: Courts, Populism, and Human Rights in Today's World*", ministrada pelos Professores Doutores Emerson Gabardo (PUCPR) e Tom Daly (University of Melbourne – Austrália).

Aos colegas e servidores do MPF, Júlio Araújo, Luís de Camões, Carlos Gleudston e Renato Bezerra, cuja ajuda na pesquisa dos casos no âmbito do MPF contribuiu para o desenvolvimento do trabalho.

Finalmente, sou grato à Professora Juliana Diniz tendo em vista a orientação levada a cabo na primeira parte do desenvolvimento do trabalho, a qual também propiciou o início do diálogo com os Professores Thomas Bustamante e Conrado Hubner Mendes.

INTRODUÇÃO

O caráter social e democrático da Constituição de 1988 tem sido alvo de um processo de erosão, o qual visa retirar-lhe a pretensão inclusiva e normativa. Tal empreendimento, na medida em que busca, das mais variadas formas, exaltar a ditadura militar, pode ser classificado como um projeto autoritário, desenvolvendo-se, assim, em confronto com as instituições projetadas pelo constituinte de 1987. Os infamantes eventos ocorridos no dia 08 de janeiro de 2023, os quais compreenderam tentativa de golpe de Estado a partir de ações violentas contra a sede dos três Poderes em Brasília, simbolizam um momento dramático nesse processo erosivo, cabendo investigar qual foi o comportamento difuso de juízes e de membros do Ministério Público no contexto da mencionada degradação da já frágil democracia brasileira.

O objetivo deste livro é investigar como juízes e membros do Ministério Público têm conservado os mais diversos legados de tal período de exceção e a eles resistido, perquirindo em que medida a argumentação jurídica pode ser utilizada para desenvolver continuidades com práticas não democráticas ou se contrapor a estas. Levando em conta a configuração constitucional de ambas as instituições, percebe-se a importância na análise conjunta entre elas, compondo este o sentido da expressão "sistema de justiça" elencado no título dessa obra, congregando o Poder Judiciário e a função ministerial como essencial à jurisdição. O poder de ambas as instituições e respectivas prerrogativas apontam para a centralidade delas na proteção ao regime democrático no âmbito jurídico, levando em conta o dever constitucional de proteção da democracia que juízes, promotores de justiça e procuradores da República ostentam.

Nessa linha, a questão central da presente pesquisa é: em que medida membros do Ministério Público e juízes colaboraram com o autoritarismo ou resistiram aos diversos atos de apologia à ditadura militar? A hipótese a ser testada é a de que o autoritarismo tem se desenvolvido em parte porque parcela do sistema de justiça atua de modo coordenado e engajado em torno de princípios de governança política antidemocráticos, com a utilização do Direito para tais fins, protegendo deficientemente a democracia.

O fenômeno da juridicidade autoritária, ou seja, da utilização do Direito para fins autocráticos, não é novidade na história. Essa prática se faz presente tanto no plano comparado, no qual o nazismo figura como exemplo marcante, quanto no plano nacional, em que se destaca o caso da ditadura militar, um recente período de exceção com evidentes efeitos no presente. Nesse sentido, a diferença de grau entre os atuais ataques aos direitos humanos e fundamentais e as violações mais evidentes observadas no curso de ditaduras impõe uma dificuldade ao estudo dos primeiros, mais facilmente escondidos sob o âmbito formal das normas jurídicas. Assim, para citar somente um exemplo, atualmente, ao invés de prender professores ou jornalistas, utilizam-se processos judiciais ou administrativos para intimidar os profissionais tidos como indesejáveis. Desvendar tais usos do direito e as características da argumentação autoritária é um dos desafios desta pesquisa. Por essa razão, considerou-se que ela somente poderia alcançar resultados satisfatórios utilizando a metodologia de estudos de caso, adiante detalhada, para investigar de que forma tem se logrado praticar e implementar o autoritarismo no âmbito estatal, especialmente no que se trata de sua legitimação perante o Poder Judiciário.

O desenvolvimento e a sistematização de uma tipologia judicial e ministerial do autoritarismo no contexto da negação da ditadura militar, essencial para o enfrentamento da questão acima posta, é uma tarefa das mais amplas, uma vez que as práticas autoritárias podem alcançar aspectos sociais muito variados, agindo tanto nas relações do indivíduo com o Estado quanto nas relações privadas. Nessa linha, é importante especificar o objeto do estudo, o qual limita-se ao Direito Público e à parcela do autoritarismo relacionada aos legados da ditadura militar. A centralidade das Forças Armadas na erosão democrática brasileira justifica essa delimitação temática, na medida em que tal instituição atua quase que soberanamente, ou seja, sem receios de eventuais responsabilizações. Relembre-se dos agentes da ditadura, os quais, na sua ampla maioria, não foram responsabilizados penalmente pelos crimes contra a humanidade praticados no período de exceção. Ainda nesse sentido, cumpre destacar que, dentre as diversas características do bolsonarismo, manifestação central do autoritarismo brasileiro atual, está, precisamente, a negação de tais delitos, aspecto esse que compõe um quadro mais amplo de apologia à ditadura, com sérios reflexos nas mais diversas instituições.

Diversos são os legados da ditadura militar, relacionados à exaltação de tal período, à desobediência policial militar e à intimidação aos opositores em geral. Diante do cenário entre regra e exceção na ditadura militar, variados modos de intimidação foram efetivados pelo regime, compreendendo cassação de mandatos e de direitos políticos, censura, extinção de partidos políticos, fechamento do Congresso Nacional, ou qualquer outra medida casuística tida como necessária para manutenção do poder militar. Para além de tais medidas normativas, a prática concreta da repressão compreendia a tortura, o assassinato, o sequestro, desaparecimento forçado e a ocultação de cadáver, consubstanciaram as graves violações de direitos humanos do regime. Tendo em vista tais características, quais são os legados enfrentados pelo Judiciário e Ministério Público que serão objeto de estudo nesta obra?

O presente livro refere-se ao negacionismo do período de exceção, prática que concentra a análise de discursos em torno da negação do golpe militar de 1964, promovendo-se celebração da "revolução de março", homenagem aos ditadores militares, deslegitimação dos trabalhos da Comissão Nacional da Verdade, descaracterização dos delitos então cometidos, não qualificados como crimes contra a humanidade e, no limite, difundidos pleitos em torno de nova intervenção militar.

O negacionismo da ditadura militar atrai ofensas a direitos coletivos e individuais na medida em que: a) há a defesa e a exaltação de um regime político que matou e torturou como estratégia para criação de um pano de fundo que confere os fundamentos para ação política de determinados grupos, abrindo caminho para a aceitação oficial do autoritarismo pelos mais diversos agentes oficiais, gerando danos concretos a pessoas ou grupos. Como exemplo, tem-se os familiares das vítimas da ditadura que sofrem danos morais com a homenagem àqueles responsáveis por graves violações de direitos humanos efetivada por parte de autoridades públicas, como o então Presidente da República Jair Bolsonaro. As características da disseminação da mensagem autoritária a partir desse gradualismo que vai do aspecto geral para o concreto no âmbito do Poder Judiciário e do Ministério Público, são o objeto central da presente obra.

A pesquisa compreendeu, assim, a análise de diversos pronunciamentos judiciais e ministeriais a partir de ações cíveis, penais e procedimentos no Ministério Público. Como dito, a metodologia do estudo de caso é central para esta obra, pois investigar os tipos de autoritarismo e os contextos de suas respectivas difusões institucionais e respectiva resistência somente é possível por meio do estudo detalhado de tais práticas em suas manifestações concretas. Portanto, afastando-se da centralidade que o Supremo Tribunal Federal (STF) e o controle de constitucionalidade concentrado, com feições mais abstratas, têm ocupado em diversos trabalhos de Direito Constitucional, esta obra foca no controle difuso de constitucionalidade. Tal empreendimento possibilita investigar: a) de que forma as pessoas comuns, nas suas mais diversas relações jurídicas com o Poder Público, têm sido alvo de continuidades com aquelas práticas da ditadura militar; b) o papel das instituições de controle na proteção da democracia, levando em conta que não cabe somente ao STF ou ao Procurador Geral da República desempenhar tal função.

A metodologia de pesquisa em torno de estudos de caso desenvolveu-se a partir: a) da seleção de ações ou atuações ministeriais paradigmáticas, estando em jogo direitos coletivos voltados para a proteção da democracia e do direito à memória e à verdade; b) da investigação dos casos tendo como premissa o dever constitucional de garantia do regime democrático, buscando-se investigar o grau de colaboração interinstitucional autoritária ou de resistência constitucional efetivado pelo sistema de justiça; c) do necessário impacto da história do Direito no âmbito da tridimensionalidade jurídica, especialmente para se compreender a histórica politização militar no Brasil; d) da compreensão de como a suposta "neutralidade ideológica" dos juristas contribuiu para o processo de erosão constitucional; e e) da teorização em torno de como compreensões minimalistas do Direito, em realidades como a brasileira, não protegem suficientemente a democracia. Trata-se, assim, de um exercício que parte de base fática para alcançar, posteriormente, níveis mais abstratos do pensamento a partir de lições ensinadas pelos próprios fatos estudados, num exercício dialético voltado para acontecimentos reais.

Para chegar aos casos cíveis selecionados para o estudo dos legados do período de exceção, efetivou-se pesquisa no campo "jurisprudência" no sítio eletrônico dos Tribunais Regionais Federais das cinco regiões,[1] utilizando-se como pesquisa a expressão

---

1 Até a defesa da tese, ocorrida em 18.04.2022, o TRF/6ª Região ainda não tinha sido efetivamente implantado, estando seu acervo ainda vinculado ao TRF/1ª Região, objeto da pesquisa.

"ditadura militar". O número de acórdãos encontrado foi o seguinte: a) TRF/1ª Região: 116;[2] b) TRF/ 2ª Região: 509;[3] c) TRF/3ª Região: 312;[4] d) TRF/4ª Região: 845;[5] e e) TRF/ 5ª Região: 103,[6] totalizando 1.885 pronunciamentos. O levantamento de ações penais envolvendo agentes da ditadura militar foi facilitado, pois utilizou-se o sítio eletrônico[7] que o MPF criou especialmente para albergar a listagem das denúncias propostas, o que tornou mais simples e acessível a referida busca.[8] Consequentemente, analisou-se

2 BRASIL. *Consulta de jurisprudência TRF1*. Brasília, DF, 2022. Disponível em: https://www2.cjf.jus.br/jurisprudencia/trf1/index.xhtml. Acessado em: 31.08.2023.

3 BRASIL. Tribunal Regional Federal da Segunda Região. [Consultas e Serviços]. *Jurisprudência*. Rio de Janeiro, 2022. Disponível em: https://www10.trf2.jus.br/consultas/?filter=0&getfields=*&entqr=3&lr=lang_pt&ie=UTF-8&oe=UTF-8&output=xml_no_dtd&sort=date:D:S:d1&start=740&entsp=a&adv=1&ulang=&entqrm=0&wc=200&wc_mc=0&ud=1&q=ditadura.militar%20%20%20&site=v2_jurisprudencia&client=v2_index&proxystylesheet=v2_index&base=JP-TRF. Acessado em: 31.08.2023.

4 BRASIL. Tribunal Regional Federal da Terceira Região. [Busca Jurisprudência]. *Jurisprudência do TRF3*. São Paulo, 2022. Disponível em: http://web.trf3.jus.br/base-textual/Home/ListaResumida/1?np=0. Acessado em: 31.08.2023.

5 BRASIL. Tribunal Regional Federal da Quarta Região. [*Pesquisa de Jurisprudência*]. Porto Alegre, 2022. Disponível em: https://jurisprudencia.trf4.jus.br/pesquisa/pesquisa.php. Acessado em: 31.08.2023.

6 BRASIL. Tribunal Regional Federal da Quinta Região. [*Pesquisa de Jurisprudência*]. Recife, 2022. Disponível em: https://julia-pesquisa.trf5.jus.br/julia-pesquisa/#consulta. Acessado em: 02.02.2022.

7 Na listagem das ações penais no referido sítio eletrônico, constam 53 denúncias, mas as de número 5000299-50.2020.403.6181 e 5003962-41.2019.4.03.6181 afigura-se repetidas, não se sabendo se elas correspondem, efetivamente, a novas ações ou se uma mesma ação foi elencada mais de uma vez, em duplicidade, portanto. De todo modo, diante da repetição da questão de direito posta nos casos, a análise efetiva das 51 ações mostra-se suficiente para o argumento da obra. (MINISTÉRIO PÚBLICO FEDERAL. [*Justiça de Transição*]. Brasília, DF: [2022]. Disponível em: https://justicadetransicao.mpf.mp.br/. Acessado em: 31.08.2023).

8 MINISTÉRIO PÚBLICO FEDERAL. [*Justiça de Transição*]. Brasília, DF: [2022]. Disponível em: https://justicadetransicao.mpf.mp.br/. Acessado em: 31.08.2023.

a postura judicial em torno de 51 denúncias ofertadas pelo MPF entre 2012 e 2021.

A expressão utilizada para busca no campo cível é apta a alcançar a finalidade buscada na obra, pois proporcionou encontrar um razoável número de precedentes, possibilitando uma visão mais abrangente acerca dos legados do período de exceção e um maior conhecimento sobre o objeto. Por outro lado, tal amplitude demandou, num segundo momento, o refinamento na pesquisa, tendo em vista a apresentação de alguns acórdãos nos quais a expressão "ditadura militar" era meramente referida, não se relacionando com causa de pedir ou pedido na ação nem com fundamento relevante na respectiva decisão.[9]

---

9 Veja-se, por exemplo, os seguintes casos que não dizem respeito à ditadura militar propriamente dita, com a mera menção da expressão no contexto de: a) possível violação à laicidade estatal no concurso público para capelão da Aeronáutica (BRASIL. Tribunal Regional Federal da Primeira Região. (Quinta Turma). *Apelação Cível AC 0047405-03.2010.4.01.3400*. Acórdão. Relator: Maria Cecília de Marco Rocha, 03 fev. 2016.; b) cumulação de benefício previdenciário com prestação continuada de anistia (BRASIL. Tribunal Regional Federal da Primeira Região. (Primeira Turma). *Agravo de Instrumento 006348462.2016.4.01.0000*. Acórdão. Relator: Mark Yshida Brandão, 13 set. 2017); c) indenização por acidente em embarcação, no qual a parte busca caracterizar pretensa imprescritibilidade a partir de precedentes relacionados às graves violações de direitos humanos na ditadura militar; (BRASIL. Tribunal Regional Federal da Primeira Região. Seção Judiciária do Amapá. (1. Vara Federal Cível). *Petição Cível 0002380-23.2012.4.01.3100*. 14 mai. 2012. Macapá, 2012); d) indenização pleiteada àqueles segregados diante da política de isolamento entre os anos de 1949 e 1986 diante da condição de portadores de hanseníase, fazendo-se referência ao período militar, unicamente, para sustentar que tal pretensão também deveria ser considerada imprescritível diante da ofensa à dignidade da pessoa humana; (BRASIL. Tribunal Regional Federal da Segunda Região. (8. Turma Especializada). *Apelação Cível 018494208.2017.4.02.5101*. Acórdão. Relator: Guilherme Diefenthaeler, 19/08/2018. e) do período histórico em si, apontando a origem de Lei ou precedente no período de exceção (BRASIL. Tribunal Regional Federal da Segunda Região. (Quinta Turma). *Apelação Cível AC 0003357-35.1996.4.02.0000*. Acórdão. Relator: Salete Maccaloz, 06/03/2002. Rio de Janeiro, 2002.

Feita essa depuração, tem-se como relevante as seguintes questões elencadas nas respectivas ações cíveis: a) indenização por danos morais em face de perseguição política,[10] cumulada ou não com revisão da prestação mensal aos anistiados políticos;[11] b) busca pelo reconhecimento judicial da condição de anistiado;[12] c) homenagens aos agentes do período de exceção em prédios públicos[13] ou

---

10 Por exemplo, BRASIL. Tribunal Regional Federal da Quinta Região. (Terceira Turma). *Apelação Cível 0800762-66.2019.4.05.8107*. Acórdão. Relator: Rogério de Meneses Fialho, 19 ago. 2021. Recife, 2021.

11 Sustentando-se, por exemplo, que o valor da prestação mensal fixada pela Comissão de Anistia afigurava-se equivocado tendo a utilização preponderante da pesquisa de mercado, sendo que a Lei n. 10.559/2002 fixa tal critério como residual. Um exemplo é a ação n. 0040437-49.2013.4.01.3400 (BRASIL. Tribunal Regional Federal da Primeira Região. (Quinta Turma). *Apelação Cível AC 0040437-49.2013.4.01.3400*. Acórdão. Relator: Antônio de Souza Prudente, 26 nov. 2021. Disponível em: https://www2.cjf.jus.br/jurisprudencia/trf1/index.xhtml. Acessado em: 31.08.2023).

12 Quando, por exemplo, há anulação da portaria de concessão de anistia pela Administração Pública e busca-se reverter judicialmente (BRASIL. Tribunal Regional Federal da Primeira Região. (Corte Especial). *Apelação Cível AC 0048755-50.2015.4.01.3400*. Acórdão. Relator: Francisco de Assis Betti, 24 ago. 2021. Disponível em: https://www2.cjf.jus.br/jurisprudencia/trf1/index.xhtml. Acessado em: 31.08.2023) ou a motivação política para demissão, mesmo esta ocorrendo no período de exceção, não resta demonstrada (BRASIL. Tribunal Regional Federal da Terceira Região. (6. Turma). *Apelação Cível 5000493-21.2020.4.03.6126*. Acórdão. Relator: Des. Fed. Johonsom Di Salvo, 05.03.2021. São Paulo, 2021).

13 (BRASIL. Tribunal Regional Federal da Segunda Região. Seção Judiciária do Rio de Janeiro. (10. Vara Federal). *Ação Civil Pública 0002039-10.2014.4.02.5101*. Mudança de nome da Ponte Rio Niterói, nomeada em homenagem a Costa e Silva. Rio de Janeiro, 2014; BRASIL. Tribunal Regional Federal da Segunda Região. (Vice-Presidência). *Apelação Cível 0218327-26.2017.4.02.5107*. Acórdão. Relator: Poul Erik Dyrlund, 23/08/2018. Rio de Janeiro, 2018. Disponível em: https://www10.trf2.jus.br/consultas/?movimento=cache&q=cache:oEjqvyuxiyQJ:ementas.trf2.jus.br/apolo/databucket/idx%3Fprocesso%3D201751072183273%26coddoc%3D2190509%26datapublic%3D2018=08-29-26%pagdj3%557D-0218327+26-2017.4.02.5107.&site-v2_jurisprudencia&client=v2_index&proxystylesheet=v2_index&lr=lang_pt&ie=UTF-8&output=xml_no_dtd&access=p&oe=UTF-8. Acessado em: 31.08.2023; BRASIL. Tribunal Regional Federal da Primeira Região. Seção Judiciária de Minas Gerais. (15. Vara Federal). *Ação Civil Pública*

admissão da comemoração do golpe militar;[14] d) localização dos cadáveres das vítimas dos agentes estatais.[15] Muitas dessas ações não foram objeto da pesquisa, eis que não atingiam direito coletivo capaz de atrair a intervenção do Ministério Público, impossibilitando a análise conjunta entre as funções judicante e ministerial. Nas ações penais, destaca-se a argumentação do MPF em torno do caráter não convencional da Lei de Anistia, compreendendo tese recorrentemente contestada pelas defesas a partir da decisão do STF na ADPF 153, com ampla aceitação pela Justiça Federal.

A maioria desses casos, no entanto, não apresenta traços de legados da ditadura militar nas práticas desenvolvidas por juízes federais ou membros do MPF. Nesse sentido, mesmo quando, eventualmente, julgava-se improcedente o pedido, em muitas ações a discussão judicial mantinha a aparência de tecnicidade jurídica, justificando-se: a) a aplicação da prescrição nos termos do Decreto n. 20.910/32, o qual regulamenta a prescrição contra a Fazenda Pública;[16] ou b) a não caracterização da motivação política em termos formais, relacionados à inobservância das regras previstas

---

1000944-36.2018.4.01.3800. Mudança no nome da rua Presidente Médici e das avenidas Presidente Castelo Branco e Presidente Costa e Silva, situadas no Parque de Material Aeronáutico de Lagoa Santa. Belo Horizonte, 2018).

14 BRASIL. Tribunal Regional Federal da Primeira Região. *Agravo de instrumento n. 0000038-80.2019.4.01.0000*. Decisão - 7925889. Julgador em Plantão Judicial: Desembargadora Federal Maria Do Carmo Cardoso, 30 mar. 2019. Disponível em: https://www.conjur.com.br/dl/desembargadora--trf-derruba-proibicao.pdf. Acessado em: 31.08.2023.

15 BRASIL. Tribunal Regional Federal da Primeira Região. Seção Judiciária do Distrito Federal. (1. Vara). *Ação ordinária 82.00.24682-5*. Sentença 307/2003. Juíza: Solange Salgado. Brasília, DF, 20 jun. 2003. Disponível em: http://cnv.memoriasreveladas.gov.br/images/documentos/Capitulo17/Nota%2022%20-%2000092.000281_2015-11.pdf. Acessado em: 05.01.2022.

16 Exemplo: BRASIL. Tribunal Regional Federal da Primeira Região. (Segunda Turma). *Apelação Cível AC 0073631-35.2016.4.01.3400*. Acórdão. Relator: Joao Luiz de Sousa, 17 nov. 2020. Disponível em: https://www2.cjf.jus.br/jurisprudencia/trf1/index.xhtml. Acessado em: 31.08.2023.

no art. 8º do Atos das Disposições Constitucionais Transitórias (ADCT), ou à circunstância de que a própria Comissão de Anistia não reconhecera a condição de anistiado;[17] c) a não concessão de indenização aos vereadores voluntários assim estipulados pelo art. 10 do AI-2 tendo em vista que a Lei n. 10.559/2002 somente anistiou tal função para fins de contagem de tempo de serviço para aposentadoria.[18] A argumentação judicial na maioria dos casos, assim, não buscava revitimizar o autor da ação, aplicando contra ele a legalidade da ditatura militar, como ocorreu, por exemplo, no caso Antônio Torini,[19] investigado no capítulo II. São as importantes decisões repletas de negacionismo em torno dos crimes contra a humanidade, especialmente em ações coletivas, que comporão o argumento central da obra.

Outro critério para seleção dos casos refere-se ao impacto na opinião pública que o mesmo ostentou, critério especialmente importante quando o respectivo processo judicial tramitava em sigilo. Isso ocorreu com tentativa judicial de censura ao relatório final da Comissão Nacional da Verdade, cuja tramitação ocorria de modo sigiloso e sem a necessária intervenção do MPF. Assim,

---

17 BRASIL. Tribunal Regional Federal da Primeira Região. (Segunda Turma). *Apelação Cível AC 0023501-80.2012.4.01.3400*. Acórdão. Relator: Cesar Cintra Jatahy Fonseca, 30 jul. 2020. Disponível em: https://www2.cjf.jus.br/jurisprudencia/trf1/index.xhtml. Acessado em: 31.08.2023; BRASIL. Tribunal Regional Federal da Primeira Região. (Quinta Turma). *Apelação Cível AC 000057309.2006.4.01.3801*. Acórdão. Relator: Selene Maria de Almeida, 03 out. 2011. Disponível em: https://arquivo.trf1.jus.br/PesquisaMenuArquivo.asp?p1=200638010005772&pA=200638010005772&pN=5730920064013801. Acessado em: 31.08.2023.

18 BRASIL. Tribunal Regional Federal da Primeira Região. (Primeira Turma). *Apelação Cível 0053167-71.2004.4.01.3800*. Acórdão. Relator: Gilda Sigmaringa Seixas, 15 fev. 2017. Disponível em: https://arquivo.trf1.jus.br/PesquisaMenuArquivo.asp?p1=00531677120044013800. Acessado em: 31.08.2023.

19 BRASIL. Tribunal Regional Federal da Terceira Região. (6. Turma). *Apelação Cível 5000493-21.2020.4.03.6126*. Acórdão. Relator: Des. Fed. Johonsom Di Salvo, 05.03.2021. São Paulo, 2021.

somente com a publicidade do caso pelo jornal Folha de São Paulo, foi possível dele tomar conhecimento e investigá-lo adequadamente. As pesquisas acadêmicas em torno da politização militar referenciadas no decorrer desta obra também auxiliaram na busca pelos casos, pois os exemplos, notadamente os mais recentes, acerca de como militares buscam influenciar indevidamente na política facilitaram a tarefa acerca de quais documentos acessar. Foi o caso, por exemplo, da palestra efetivada pelo General Hamilton Mourão em 2017, na qual sustentou a possibilidade de os militares intervirem caso o Poder Judiciário não punisse quem estava envolvido nos escândalos de corrupção.

O critério utilizado para se destacar os casos elencados nesta obra refere-se a certas práticas processuais e à qualidade da argumentação judicial e ministerial utilizada, pois ambas colocam em dúvida a aceitação da própria Constituição de 1988 por parte de alguns magistrados e de membros do MPF. Em relação aos aspectos processuais, destacaram-se as seguintes práticas como relevantes: a) vícios na utilização dos precedentes; b) não enfrentamento de todas as causas de pedir da parte vencida; c) estipulação de um rigor excessivo na avaliação da prova; d) negação da urgência e postergação injustificada da análise de tutela antecipada; e) ofensa ao devido processo legal em atuação de ofício. Em relação aos aspectos materiais, mostraram-se importante os seguintes critérios: a) negação dos crimes contra a humanidade cometidos durante da ditadura militar; b) argumentação de que haveria "atuação político-ideológica" das partes envolvidas, demonstrando uma suposta "neutralidade ideológica" dos agentes do sistema de justiça; c) liberdade de expressão absoluta a partir da admissão de discursos de elogio ou práticas de homenagens aos responsáveis por graves violações de direitos humanos; d) aplicação da legalidade da ditadura militar; e e) admissão de uma discricionariedade militar absoluta.

Esses critérios são importantes para investigar a aceitação da ditadura militar perante o sistema de justiça pois, como explicitado no contexto da colaboração institucional autoritária, muitas vezes não há como isolar tal prática, já que há um engajamento coordenado de condutas entre os mais diversos agentes públicos. O leitor perceberá que o quantitativo de casos que contém alguns desses vícios é ínfimo quando comparado com o total de casos acima elencados. Esse aspecto quantitativo é irrelevante para o argumento da obra, pois: a) como estão em jogo direitos fundamentais intimamente relacionados à própria democracia, como o respeito à memória e à verdade, uma única decisão judicial manifestando apologia à ditadura já deveria ser motivo de apreensão por parte das instâncias revisionais ou mesmo correcionais do Poder Judiciário, o que nem sempre ocorre; b) a análise quantitativa, presa unicamente aos números, esconde o poderoso impacto que ações coletivas ou argumentações desenvolvidas em ações individuais nos tribunais podem ter no que se trata da formação de precedentes que influenciarão diretamente a vida de diversas pessoas. Veja-se, por exemplo, o caso da negativa de direito de resposta imediata aos familiares das vítimas da Guerrilha do Araguaia quando da homenagem do Presidente da República a Sebastião Curió. Trata-se de uma única ação, mas que foi dotada de ampla transcendência quando compara a outras atuações em sentido contrário, especialmente por que essas foram, em sua maioria, voltadas para aspectos patrimoniais.[20]

O estudo não busca, assim, traçar considerações quantitativas no sentido de determinar, por exemplo, o percentual de juízes ou de membros do Ministério Público que fazem apologia à ditadura militar. Para os objetivos desta obra, basta uma análise da qualidade da argumentação desenvolvida, já que a existência de decisões oficiais com as características inconstitucionais citadas já configura

20 Não se está negando que, mesmo nas ações individuais nas quais se busca indenização por danos morais, revisão da prestação mensal ou reconhecimento judicial da condição de anistiado, não haja importante impacto no direito à memória e à verdade como um todo. Sustenta-se, unicamente, que este não é a causa de pedir central, eis que o pedido buscado refere-se aos aspectos patrimoniais. Analisadas as demandas em conjunto, obviamente, tem-se a possibilidade de formação de importante jurisprudência em prol do regime democrático.

uma relevante problemática constitucional. Assim, a contestação mais forte da tese somente pode ocorrer caso também siga bases qualitativas, a partir da qual eventuais erros de avaliação podem ser demonstrados e, racionalmente, corrigidos a partir de elevado diálogo acadêmico entre pares comprometidos com o regime democrático.

O estudo investigou como a argumentação jurídica é desenvolvida nas variadas situações em que o referido legado autoritário se manifesta, buscando demonstrar como argumentos inconstitucionais se impõem através do Direito. Para o êxito de tal tarefa, afiguram-se fundamentais as lições de Paulo Bonavides, na medida em que o autor reconhece a conexão necessária entre Direito e Política, e faz uma importante crítica aos juristas conservadores, tidos falsamente como meramente "técnicos" ou não ideológicos. Adotando a premissa de que ideologia não necessariamente representa algo pejorativo, já que há manifestações de pensamento político que são compatíveis com o regime democrático, tem-se que o estudo desse tema se constitui em um instrumento importante para compreender como o autoritarismo se difunde. Isso porque somente a adesão livre e voluntária a práticas de intimidação explica diversos pronunciamentos judiciais e ministeriais investigados nesta pesquisa.

A metodologia da pesquisa, assim, precisa levar a sério a ideologia política do pesquisador, já que não é possível uma neutralidade absoluta. Por outro lado, deve ficar claro que o reconhecimento do papel da ideologia política da formação do conhecimento não significa transformar o pesquisador em agente arbitrário, justificando-se a mera transposição de suas convicções para os resultados da pesquisa. Como isso pode ser prevenido, então? Através de argumentação jurídica voltada para a Constituição, a qual repele fortemente a ditadura militar e um Estado mínimo neoliberal inimigo da Justiça Social. Tal comprometimento é o fundamento central da tese a ser desenvolvida na pesquisa.

As premissas ideológicas desta obra partem da necessidade de lutar pela Constituição de 1988, reconhecendo as graves desigualdades sociais do Brasil, amplificadas por meras análises abstratas tipicamente liberais. Nesse sentido, a busca por uma efetiva democracia social, capaz de concretizar os diversos direitos sociais previstos constitucionalmente, passa por uma rigorosa crítica ao autoritarismo e à exaltação do golpe militar na medida tais práticas amplificam ainda mais a ofensa à isonomia, fomentando violência contra grupos menos favorecidos, como os que sofrem com a violência nas periferias.

Reconhecendo-se com clareza tal ponto de partida, tem-se como controláveis a escolha dos casos efetivados e a respectiva análise crítica em torno deles. A interpretação jurídica efetivada reconhece que a razão liberal não é capaz de descrever a fundamentação jurídica desenvolvida ou propor caminhos satisfatórios para solucionar os conflitos, pois ela não leva a sério o papel da luta levada a cabo pelos diversos grupos antagônicos (familiares das vítimas da ditadura, parcela democrata do MPF x militares reacionários e colaboradores civis) no desenvolvimento das respectivas teses jurídicas.

Os casos compreendem, majoritariamente, fatos ocorridos após a posse de Jair Bolsonaro na Presidência da República, em 1º de janeiro de 2019. Sustenta-se que, a partir daí, o processo autoritário brasileiro intensifica-se. O foco da pesquisa nos demais órgãos do Poder Judiciário, no entanto, não autoriza o completo esquecimento do STF. Nesse sentido, é importante analisar alguns precedentes dessa corte, já que, mesmo em ações de controle concentrado, como a ação direta de inconstitucionalidade (ADI) e, especialmente, a arguição de descumprimento de preceito fundamental (ADPF), o STF tem analisado diretamente temas relacionados à ditadura militar. Já é possível perceber que o estudo dos casos foi efetivado de maneira comparada, sendo tal metodologia a mais apta para investigar como se disseminam os legados autoritários pelo Poder Judiciário, perquirindo o nível de engajamento e resistência efetivados no sistema de justiça.

Assim, a obra parte da premissa de que o autoritarismo e, especificamente, o bolsonarismo, apresentam diversos aspectos incompatíveis com o projeto constitucional desenvolvido a partir da Constituição de 1988. Como ressaltado anteriormente, a marca mais evidente dessa contrariedade está na apologia à ditadura militar, postura que se coloca em franca oposição ao regime democrático literalmente preceituado no artigo 1º da Constituição. No entanto, a tentativa de caracterizar políticas desse tipo como inconstitucionais encontra sérios obstáculos na prática judicial, já que o respectivo controle de constitucionalidade tem sido descartado com argumentações de que se trataria de uma espécie de "militância político-ideológica". Como será demonstrado, tal argumento é poderoso e tem encontrado aceitação nos pronunciamentos de diversos agentes do sistema de justiça.

A sistematização dos tipos de autoritarismo a partir de estudos de casos também possibilita a investigação dos limites da resistência constitucional. Aqui, segue-se, novamente, a linha teórica de Paulo Bonavides quanto ao desenvolvimento de um Direito Constitucional de resistência no contexto da recolonização do Brasil pelo neoliberalismo.[21] Da compreensão do bolsonarismo como empreendimento inconstitucional decorre, necessariamente, a ideia de proteção da Constituição contra as respectivas investidas.

O trabalho desenvolve-se em três capítulos. No capítulo inicial, os casos serão sumarizados, introduzindo o objeto de estudo a partir da descrição dos fundamentos das ações e dos pronunciamentos judiciais e ministeriais proferidos. Para a devida compreensão, far-se-á uma delimitação acerca de quais práticas podem ser consideradas como legado da ditadura, apontando como elas se desenvolvem na realidade judicial. O elogio à ditadura tem

---

21 BONAVIDES, Paulo. *Teoria constitucional da democracia participativa*: por um Direito Constitucional de luta e resistência, por uma nova hermenêutica, por uma repolitização da legitimidade. 2ª ed. São Paulo: Malheiros, 2001; BONAVIDES, Paulo. *Do país constitucional ao país neocolonial*: a derrubada da Constituição e a recolonização pelo golpe de Estado institucional. 4ª ed. São Paulo: Malheiros, 2009.

se mostrado um poderoso legado do período de exceção, na medida em que se aprofundam, em diversos âmbitos estatais, práticas de homenagens aos agentes que efetivaram graves violações de direitos humanos. Esses fatos, aliados ao negacionismo dos crimes contra a humanidade, compõem um cenário de apologia, sendo o interesse central do capítulo demonstrar como tal prática tem se disseminado no sistema de justiça. No âmbito do MPF, destaca-se o papel do órgão na investigação dos diversos atos em prol de golpe militar ocorridos no Brasil, especialmente desde 2020, sendo fundamental analisar os argumentos do Conselho Institucional, órgão de revisão superior da instituição, ao homologar promoção de arquivamento efetivada por procurador da República que decidiu por não investigar os referidos atos. Compõem questões centrais no capítulo: a) a pretendida "pacificação social" entre poder civil e militar elencada pelo STF ao julgar a recepção constitucional da Lei de Anistia tem ocorrido na prática do sistema de justiça? b) como o comportamento dos agentes jurídicos relacionam-se entre si? c) qual a importância em se analisar os casos difusamente?

No capítulo seguinte, a difusão da apologia à ditadura perante o sistema de justiça será investigada a partir das estratégias judiciais utilizadas para obstaculizar a Justiça de Transição ou resistir ao autoritarismo. Assim, algumas questões do capítulo compreendem: a) quais são as características dos pronunciamentos judiciais e ministeriais que tratam de temas relacionadas à ditadura militar? b) a persistente politização militar na história do Brasil pode justificar restrições à liberdade de expressão? c) a aceitação da ditadura militar é efetivada de modo uniforme no sistema de justiça? d) a resistência constitucional buscada é efetiva? A partir dessas perguntas, diversas práticas antidemocráticas relacionadas à interpretação das normas processuais e materiais foram encontradas, colocando em dúvida o comprometimento de parcela dos membros de tais instituições com o projeto constitucional de 1988.

Finalmente, o último capítulo desenvolverá conceitos centrais decorrentes da análise dos casos, demonstrando-se como o Direito pode ser utilizado para conferir uma aparência constitucional às mais variadas manifestações de autoritarismo no contexto das relações envolvendo os "cidadãos de bem". A difusão do autoritarismo será introduzida a partir da noção da colaboração interinstitucional autoritária. Ela compreende o ativo engajamento e diálogo das mais diversas autoridades públicas, cuja atuação oficial vai ao encontro da prática inconstitucional. É neste momento que a crítica à tese da neutralidade ideológica do jurista será aprofundada, investigando em que medida ela contribuiu para a erosão constitucional brasileira. A necessidade de maior teorização decorreu dos próprios casos estudados: uma decisão que nega os crimes contra a humanidade cometidos pelos agentes da ditadura recorreu às teorizações, por exemplo, de Olavo de Carvalho em suas fundamentações. É por isso que as questões centrais do capítulo são: a) como o Direito pode ser utilizado para identificar e se contrapor à aceitação da ditadura militar? b) como a tese da neutralidade ideológica do jurista contribui para o processo de erosão constitucional?

Com a análise de todos esses casos, será possível perquirir em que medida eles dialogam entre si, investigando as características e finalidades da colaboração institucional contra a Constituição de 1988. Se for possível caracterizar uma convergência de princípio entre esses diversos episódios, ter-se-á a demonstração de como o Poder Judiciário e Ministério Público não protegeram adequadamente a democracia brasileira.

Finalmente, diga-se que muitas dessas manifestações são levadas a cabo por agentes estatais civis, demonstrando como faz cada vez mais sentido continuar considerando o golpe de 1964 como um acontecimento não só militar, como também civil. Sendo assim, as diversas menções ao "golpe militar" feitas no decorrer do texto devem ser compreendidas como referências a uma quebra de institucionalidade melhor caracterizada como "civil-militar". Por outro lado, a difusão do autoritarismo pode encontrar algum limite na atuação das próprias instituições. Assim, é importante compreender como elas têm atuado nessa tarefa, inquirindo acerca da força das práticas de resistência constitucional desenvolvidas. É a partir dessa preocupação institucional que a presente obra se desenvolve.

A tese defendida, assim, é a de que há um colaboracionismo difuso entre diversos agentes estatais contra o projeto constitucional de 1988, sendo tal atuação conjunta decisiva para a manutenção dos legados do período de exceção. A atuação colaborativa desenvolve-se de modo coordenado e engajado entre tais agentes, os quais aderem às práticas autoritárias, buscando legitimá-las e, até mesmo, ampliar seu alcance e poder com a consequente deslegitimação da resistência constitucional buscada pela parte interessada.

CAPÍTULO I

JUSTIÇA DE TRANSIÇÃO E NEGAÇÃO DA DITADURA MILITAR

O presente capítulo tem por objetivo apresentar os casos que serviram de base para a pesquisa, descrevendo os fatos, fundamentos jurídicos e, principalmente, a argumentação ministerial e judicial efetivada, destacando como a paz social sustentada pelo STF ao decidir pela recepção constitucional da Lei de Anistia não vem ocorrendo. A análise processual, no entanto, somente pode se iniciar adequadamente caso se tenha clareza acerca dos legados da ditadura militar e dos respectivos óbices à justiça de transição, demandando uma prévia explanação introdutória sobre o tema, buscando-se delimitar mais precisamente a herança autoritária e como ela se desenvolve pelo Poder Judiciário e pelo Ministério Público.

Nesse contexto, será necessário relembrar um conjunto de leis e precedentes internacionais que apontam com clareza a ocorrência de golpe militar e as respectivas características autoritárias do regime, detalhadas no Relatório Final da CNV. Tal tarefa se impõe a partir da realidade fática analisada, pois diversas decisões judiciais ou mesmo pronunciamentos de membros do Ministério Público põem em dúvida aspectos do período de exceção. A partir daí, as questões centrais em torno da concretização da pretendida "pacificação social", da interação entre os agentes do sistema de justiça e da importância no estudo difuso dos casos poderão ser evidenciadas e adequadamente desenvolvidas.

1.1 Legados da ditadura militar

A manifestação central do autoritarismo investigado nesta obra é aquela que revê fatos históricos ao negar a própria ocorrência da ditadura militar e respectivos crimes contra a humanidade então praticados, chegando-se ao paroxismo em torno da homenagem saudosa a tal regime e do pleito em prol de novo golpe militar em diversos atos antidemocráticos disseminados pelo país. Tais condutas têm sido efetivadas por diversas autoridades públicas e difundidas socialmente, chegando, em algum momento, ao Poder Judiciário. Dessa forma, mostra-se necessário analisar o comportamento dos juízes e demais atores processuais frente a esses casos para que se possa fazer um diagnóstico apurado acerca dos obstáculos à Justiça de Transição. Assim, sustenta-se nessa pesquisa que, através da análise de casos cíveis e penais, será possível traçar um padrão decisório a partir do qual a intensidade da aceitação da ditadura militar no Poder Judiciário restará delineada.

Mas como tal negacionismo pode ser identificado na argumentação jurídica? Para responder a tal importante questão, deve-se, incialmente, traçar algumas características centrais do período de exceção e como elas se relacionam com o direito. Conhecendo essa história constitucional, será possível elencar, em termos gerais, as possíveis continuidades com o regime inaugurado em 1988, especificando, em seguida, aquilo que será objeto da presente investigação com destaque para os crimes contra a humanidade, homenagens aos respectivos autores e apoio para novo golpe militar. A história do direito, assim, tem papel fundamental nessa tarefa.

Carlos Fico resume como, desde o Segundo Reinado, os "militares provocaram ou foram agentes decisivos em todas as crises institucionais do país": a) a questão militar (1886-1887); b) o tenentismo (1922-1927); c) deposição de Washington Luís em 1930, quando entregaram o governo a Getúlio Vargas; d) implantação do Estado Novo (1937); e) deposição de Vargas (1945); f) suicídio de Vargas (1954), em contexto de pressão militar; g) a garantia da posse na Presidência da República de Juscelino Kubitschek, por parte do general Lott (1955), o qual fez com que o Poder Legislativo declarasse impedidos dois postulantes a tal cargo, Carlos Luz e Café Filho; h) tentativa de impedir a posse de João Goulart diante da renúncia de Jânio Quadros, implantando-se o parlamentarismo; i) o golpe militar de 1964, o qual "foi a culminância dessa persistente tradição de fragilidade institucional".[22] Diante desse cenário, o autor lança um problema fundamental relacionado às condições nas quais essa "licença" em torno do "intervencionismo militar se constitucionalizou".[23] Tal institucionalização contou com eficiente atuação do Poder Judiciário à época, gerando interesse em perquirir como juízes, hodiernamente, comportam-se diante de saudosismo a tal período.

Na mencionada empreitada mais ampla em torno da juridicidade dos pretensos "revolucionários" militares, destaca-se a compreensão de Cristiano Paixão em torno da ambiguidade entre regra e exceção militares, na medida em que tanto emendas constitucionais como atos institucionais eram os instrumentos jurídicos utilizados para alcançar as mudanças pretendidas pelo governo.[24] Utilizando tais instrumentos, a ditadura militar não se assumia como tal, tornando possível desenvolver uma narrativa

---

22 FICO, Carlos. "Moldura institucional e projetos de institucionalização do regime militar brasileiro (1964-1978)". *História, histórias*, vol. 9, nº 17, jan./jun. 2021, pp. 9/10.

23 FICO, Carlos. "Moldura institucional e projetos de institucionalização do regime militar brasileiro (1964-1978)". *História, histórias*, vol. 9, nº 17, jan./jun. 2021, p. 10.

24 PAIXÃO, Cristiano. "Entre regra e exceção. Normas constitucionais e atos institucionais na ditadura militar brasileira". (1964-1985). *História do Direito:* RHD, Curitiba, vol. 1, nº 1, jul.-dez. 2020, p. 229.

não em torno de um golpe de Estado, mas sim de uma revolução, eis que havia eleições, mesmo que indiretas e com intimidação à oposição e o Congresso e Poder Judiciário permaneciam, havendo, por outro lado, expurgos e imposição de recessos.[25]

A importância dos atos institucionais no estudo do direito da ditadura militar é central, pois, como sustentam Paulo Bonavides e Paes de Andrade, aqueles compunham "a verdadeira Constituição daqueles anos".[26] Nessa linha, o primeiro ato institucional não é numerado, circunstância reveladora acerca da crença de que somente haveria um deles. No seus considerandos, tem-se a clara marca do anticomunismo, tido como o mal que se alastrava pelas instituições brasileiras e mereceria ser depurado. No ato, tem-se a declaração de que os acontecimentos de 31 de março de 1964 constituiriam uma revolução levada a cabo pelo poder militar e civil, eis que traduziria os interesses da "Nação", destinatária do referido ato institucional, não a vontade de um grupo.[27] Uma das utilizações da palavra "Nação" na história política e jurídica brasileira, assim, apresenta conotação marcadamente autoritária, pois serviu para justificar um golpe de Estado.

Em outras passagens, é clara a participação de juristas na elaboração do ato, tendo em vista as expressões utilizadas, dentre as quais se constata que a revolução, por exemplo, "se investe no exercício do Poder Constituinte", legitimando-se a si própria.[28]

---

25 PAIXÃO, Cristiano. "Entre regra e exceção. Normas constitucionais e atos institucionais na ditadura militar brasileira". (1964-1985). *História do Direito:* RHD, Curitiba, vol. 1, nº 1, jul.-dez. 2020, p. 229.

26 BONAVIDES, Paulo; ANDRADE, Paes. *História constitucional do Brasil.* 3ª ed. Rio de Janeiro: Paz e Terra, 1991, p. 430.

27 BRASIL. *Ato Institucional n. 1*, de 9 de abril de 1964. Brasília, DF: Presidência da República, 1964. Disponível em: http://www.planalto.gov.br/ccivil_03/ait/ait-01-64.htm. Acessado em: 31.08.2023.

28 BRASIL. *Ato Institucional n. 1*, de 9 de abril de 1964. Brasília, DF: Presidência da República, 1964. Disponível em: http://www.planalto.gov.br/ccivil_03/ait/ait-01-64.htm. Acessado em: 31.08.2023.

As Forças Armadas, em tal ato, veem-se como representantes do povo, editando tal norma com a finalidade de dotar os militares dos poderes necessários para a reconstrução "econômica, financeira, política e moral do Brasil", eis que os processos constitucionais então existentes se mostraram insuficientes para impedir que se "bolchevizasse" o Brasil.[29] Buscando caracterizar a revolução como algo não radical, o ato deixa claro que a Constituição de 1946 e o Congresso Nacional seriam mantidos, alterando-se, somente, os poderes do Presidente da República[30] naquilo que fosse estritamente necessário para "drenar o bolsão comunista, cuja purulência já se havia infiltrado não só na cúpula do governo como nas suas dependências administrativas".[31]

---

29 BRASIL. *Ato Institucional n. 1*, de 9 de abril de 1964. Brasília, DF: Presidência da República, 1964. Disponível em: http://www.planalto.gov.br/ccivil_03/ait/ait-01-64.htm. Acessado em: 31.08.2023.

30 Como destaca Cristiano Paixão, não corresponde à realidade a afirmação de que, com o primeiro ato institucional, somente alterar-se-ia os poderes do Presidente da República. Na verdade, o ato continha diversas outras passagens que modificavam a Constituição de 1946 em pontos sensíveis, como ele assim destaca: "O Ato não altera 'apenas' os poderes do chefe do Executivo: ele estabelece uma eleição indireta para Presidente da República (art. 2 º), modifica o rito de tramitação de proposta de emenda constitucional (art. 3º, parágrafo único), suspende as garantias da vitaliciedade e estabilidade (art. 7º) e autoriza os comandantes militares que subscrevem o ato a suspender direitos políticos por dez anos e cassar mandatos legislativos federais, estaduais e municipais, 'excluída a apreciação judicial desses atos' (art. 10). Assim, várias normas constitucionais são modificadas". (PAIXÃO, Cristiano. "Entre regra e exceção. Normas constitucionais e atos institucionais na ditadura militar brasileira". (1964-1985). *História do Direito:* RHD, Curitiba, vol. 1, nº 1, jul.-dez. 2020, p. 232) Destaque-se, ainda, que: a) na referida eleição indireta não haveria inelegibilidades (art. 2o., parágrafo 2º), garantindo amplo exercício dos direitos políticos passivos para os militares e seus aliados; b) a tramitação das emendas constitucionais, agora propostas também pelo Presidente da República, impunham submissão do Congresso Nacional aos militares na medida em que se fixava o prazo de 30 dias para apreciação. (art. 2º. Parágrafo único).

31 BRASIL. *Ato Institucional n. 1*, de 9 de abril de 1964. Brasília, DF: Presidência da República, 1964. Disponível em: http://www.planalto.gov.br/ccivil_03/ait/ait-01-64.htm. Acessado em: 31.08.2023.

A utilização do Direito pela ditadura militar é efetivada, assim, logo dias após o golpe, com a edição do referido ato institucional. Tal ato, ao prever mudanças no processo de emendas constitucionais, buscando-se facilitar a alteração da Constituição de 1946 a partir de projetos de emenda enviados pelos líderes da "revolução", ostentava o intuito muito mais de reformar do que revolucionar o regime anterior.[32]

Obviamente que todo esse instrumental jurídico entre atos institucionais, emendas constitucionais e atos complementares somente poderia ser adequadamente operacionalizado com a contribuição eficiente de juristas. Figuras como Miguel Reale exerceram importante papel na legitimação do regime, sendo um defensor dos "imperativos da revolução de março".[33] Era de se esperar algum tipo de responsabilização contra tais agentes, mas, como esclarece Airton Cerqueira Seelaender, para figuras como Miguel Reale, foi de certo modo cômoda a posição de ter defendido a ditadura militar a título de "revolução" pois, com o passar do tempo, não sofreu qualquer tipo de revés por isso, bastando assentar que não se deveria "remoer o passado".[34] Essa perspectiva em torno da atuação concreta de agentes que aplicam o Direito, academicamente ou na prática profissional, é importante nesta obra, como os diversos pronunciamentos judiciais que conservam elementos da ditadura militar demonstrarão nos capítulos seguintes.

---

32 BARBOSA, Leonardo Augusto de Andrade. *Mudança constitucional, autoritarismo e democracia no Brasil pós-1964*. Brasília: Programa de Pós-Graduação da Faculdade de Direito da Universidade de Brasília, 2009, p. 46. (Tese de Doutorado).

33 REALE, Miguel. *Imperativos da revolução de março*. São Paulo: Martins Fontes, 1965.

34 SEELAENDER, Airton Cerqueira Leite. "Juristas e ditaduras: uma leitura brasileira". *In*: FONSECA, Ricardo Marcelo; SEELAENDER, Airton Cerqueira Leite (Coord.). *História do direito em perspectiva*: do antigo regime à modernidade. Curitiba: Juruá, 2009, p. 415.

Percebe-se, assim, como a importância dos fatos históricos para o desenvolvimento da epistemologia jurídica é algo que precisa ser sustentado com veemência, tendo em vista a falta de cuidado por parte, por exemplo, da doutrina em Direito Constitucional, com a história do constitucionalismo brasileiro. Leonardo Barbosa, atento a tal cenário, elenca como a análise do Direito voltada, unicamente, para a validade explica essa aversão à história, pois, pretensamente, "o conhecimento fatos que não guardam pertinência direta com a produção da norma é indiferente para o Direito".[35]

É possível conceber a conservação de parte daqueles legados quando o Judiciário, por ação ou omissão, não reprime adequadamente resquícios dos crimes contra a humanidade então praticados, como a tortura, tipificada no Brasil na Lei n. 9.455 de 1997. Um breve exemplo já pode ajudar a compreender como os casos centrais a esta obra serão adiante explorados. Mesmo diante de evidências de tortura, colhidas em audiências de custódia e cometidas por policiais militares contra o flagranteado, constatou-se caso no qual juiz federal recusou-se a remeter os fatos para que a Polícia Federal iniciasse investigação independente, não acreditando haver interesse federal no caso, mesmo com a suposta vítima tendo praticado crime federal. O magistrado reconheceu que o preso apresentou "machucados no rosto e no olho esquerdo", características condizentes com o relato de agressão efetivado e, mesmo assim, determinou o envio dos autos para a Polícia Civil apurar a denúncia.[36] Formalmente, não houve omissão judicial, mas dificilmente a investigação desenvolver-se-á na prática, eis que a autoridade policial estadual será a responsável pela condução dos

35 BARBOSA, Leonardo Augusto de Andrade. *Mudança constitucional, autoritarismo e democracia no Brasil pós-1964*. Brasília: Programa de Pós-Graduação da Faculdade de Direito da Universidade de Brasília, 2009, p. 20. (Tese de Doutorado).

36 BRASIL. Tribunal Regional Federal da Quinta Região. Seção Judiciária do Ceará. Subseção Judiciária de Mossoró. (10. Vara Federal). *Auto de prisão em flagrante 0800090-15.2020.4.05.8401*. Mossoró, 2020.

trabalhos contra o policial militar, também vinculado à estrutura estadual. Trata-se de postura burocrática, descomprometida e passiva, já reconhecida nas pesquisas sobre o tema.[37]

O discurso em torno da "lei e da ordem" é necessário, na medida devida, para a estabilidade social. Contudo, este pode, em realidades como a brasileira, converter-se em uma forma inconstitucional de controle sobre grupos minoritários, especialmente aqueles mais marginalizados. O legado em torno da tortura apresenta efeitos no sistema penitenciário, bastante visíveis a partir da superlotação carcerária e da discriminação contra negros, demonstrando o racismo. No Brasil, a situação nas prisões já foi caracterizada pelo STF como um "Estado de coisas inconstitucional (ECI)"[38] ou seja,

---

37 Luciano Mariz Maria, em tese específica sobre tortura e o papel do sistema de justiça sustenta que: "os profissionais de direito – notadamente juízes, promotores e advogados – por um lado, não compreendem inteiramente as obrigações que lhes são impostas pelas normas internacionais de direitos humanos e pela Constituição, ao lhes depositarem deveres de garantir a vida, a liberdade, a integridade física e moral das pessoas presas ou detidas, e, por outro lado, não revelarem ter inteiro domínio do que vem a ser o delito de tortura, vis a vis outras figuras típicas puníveis. Aquelas obrigações requerem desses atores, individualmente e de suas instituições em geral, a adoção de políticas públicas, conducentes à efetiva garantia, na lei e nos fatos, da liberdade contra a tortura. E exigem mudança da postura atual – burocrática, descomprometida, passiva – para um novo modo de cumprimento dos seus papéis, em que a prevenção seja a tônica que impeça a prática de ocorrer, ou, não impedindo, fortaleça mecanismos de sua persecução e final punição" (MAIA, Luciano Mariz. *Do controle judicial da tortura institucional no Brasil hoje*: à luz do direito internacional dos direitos humanos. Orientador: Prof. Doutor Eduardo Ramalho Rabenhorst. 2006. 403f. Recife: Faculdade de Direito, 2006. (Tese de Doutorado).

38 Analisando os votos proferidos na ADPF 347, na difícil busca pela razão de decidir da corte, há quem sustente que, da forma como apresentada a fundamentação, a doutrina judicial em torno do ECI servirá, unicamente, para o caso do sistema penitenciário nacional. É a tese, por exemplo, de Breno Baía, o qual aponta que as categorias dogmáticas em torno da caracterização do ECI "são problemáticas do ponto de vista de sua coerência argumentativa e sua aplicação se restringirá ao caso do sistema carcerário brasileiro". (MAGALHÃES, Bruno Baía. "A incrível doutrina de um caso só: análise do estado de coisas inconstitucional na ADPF 347".

caracterizado a partir de ofensas generalizadas e sistemáticas aos diversos direitos fundamentais de um determinado grupo, sendo que diversas autoridades concorreram para tais práticas, como agentes políticos, juízes ou membros do Ministério Público,[39]

Revista eletrônica do curso de Direito da UFSM, Santa Maria, RS, vol. 14, nº 3, 2019, p. 1. Disponível em: https://periodicos.ufsm.br/revistadireito/article/view/32760. Acessado em: 05.01.2022). Para o autor, o ECI consiste na doutrina de um caso só em face dos requisitos "ocultos" da decisão, consistentes na sub-representação parlamentar e impopularidade dos encarcerados (MAGALHÃES, Bruno Baía. "A incrível doutrina de um caso só: análise do estado de coisas inconstitucional na ADPF 347". *Revista eletrônica do curso de Direito da UFSM*, Santa Maria, RS, vol. 14, nº 3, 2019, p. 1. Disponível em: https://periodicos.ufsm.br/revistadireito/article/view/32760. Acesso em: 05.01.2022). Assim, deve ficar claro que, de acordo com o STF, a partir do Voto de Marco Aurélio, seguido pela maioria com poucas variações, os pressupostos decisivos para declaração do ECI não seriam somente aqueles três elencados ordinariamente (ofensa sistêmica a direitos fundamentais; titularidade de um grupo de pessoas; solução que demanda atuação de diversos agentes coordenadamente), mas também a sub-representação política e a impopularidade dos presos. (BRASIL. Supremo Tribunal Federal. *ADPF 347*. Decisão. Relator: Min. Marco Aurélio, 09 set. 2015. Brasília, 2015. Disponível em: http://portal.stf.jus.br/processos/detalhe.asp?incidente=4783560. Acessado em: 31.08.2023). Tais requisitos poderiam ser substituídos pela fórmula do bloqueio institucional ou político. Breno Baía tem razão quando chama atenção para a restrição imposta pelo Relator, sendo, realmente, difícil de imaginar outra situação na qual aquelas cinco condições estivessem satisfeitas para nova declaração de estado de coisas inconstitucional. Isso, no entanto, não impedirá por completo a prolação de decisões estruturais em outros casos, pois: a) à medida em que se admite a interpretação dos precedentes, pode-se imaginar a criação de distinções (BUSTAMANTE, Thomas. *Teoria do precedente judicial*: a justificação e a aplicação de regras jurisprudenciais. São Paulo: Noeses, 2012, p. 5) entre casos, não incidindo a restrição elencada, especialmente tendo em vista as diversas ações civis públicas ajuizadas por todo o Brasil veiculando demandas estruturais que podem chegar ao STF através de recurso, provocando esse desafio parcial aos fundamentos do ECI; b) mesmo no controle concentrado providência semelhante será possível, com criações de exceções. No entanto, repita-se: há mesmo a restrição descrita pelo autor e, caso não se estabeleça alguma distinção, o ECI será mesmo doutrina de um caso só.

39 Diversos casos podem ser citados para demonstrar como juízes e membros do MP têm responsabilidade na caracterização do ECI, a partir da

---

não admissão: a) da imposição de obrigação de fazer ao Poder Público para realizar obras emergenciais em presídios, mesmo diante da morte por eletrocussão de um preso (BRASIL. Supremo Tribunal Federal. (Plenário). *RE 592581*. Acórdão. Relator: Min. Ricardo Lewandowski, 13 ago. 2015. Brasília, 2015. Disponível em: https://redir.stf.jus.br/paginadorpub/paginador.jsp?docTP=TP&docID=10166964. Acessado em: 31.08.2023); b) do direito à indenização em face da superlotação carcerária (BRASIL. Supremo Tribunal Federal. (Plenário). *RE 580252*. Acórdão. Relator: Min. Alexandre de Moraes, 11 set. 2017. Brasília, 2017. Disponível em: https://redir.stf.jus.br/paginadorpub/paginador.jsp?docTP=TP&docID=13578623. Acessado em: 31.08.2023), utilizando argumentos de política (DWORKIN, Ronald. *Levando os direitos a sério*. Trad. de Nelson Boeira. São Paulo: Martins Fontes, 2010, pp. 36/37) voltados para questões orçamentárias em violação a direitos fundamentais; c) de progressão de regime ante a inexistência de vaga em regime menos gravoso, em tese sustentada pelo MP, mesmo diante do direito do preso à progressão (BRASIL. Supremo Tribunal Federal. (Plenário). *RE 641320*. Acórdão. Relator: Min. Gilmar Mendes, 01 ago. 2016. Brasília, 2016. Disponível em: https://redir.stf.jus.br/paginadorpub/paginador.jsp?docTP=TP&docID=11436372. Acessado em: 31.08.2023); d) da prisão domiciliar para presas gestantes ou mães de crianças (BRASIL. Tribunal Regional Federal da Segunda Região. (8. Turma Especializada). *Apelação Cível 0184942-08.2017.4.02.5101*. Acórdão. Relator: Guilherme Diefenthaeler, 19/08/2018. Rio de Janeiro, 2018, pp. 93/94. Disponível em: https://www10.trf2.jus.br/consultas/?movimento=cache&q=cache:uyWj7KUHU1MJ:ementas.trf2.jus.br/apolo/databucket/idx%3Fprocesso%3D201751011849421%26coddoc%3D2189937%26datapublic%3D2018-10-25%26pagdj%3D584/606+0184942=08-2017.4.02.5101.&site-v2_jurisprudencia&client=v2_index&proxystylesheet=v2_index&lr=lang_pt&ie=UTF-8&output=xml_no_dtd&access=p&oe=UTF-8. Acessado em: 31.08.2023; BRASIL. Supremo Tribunal Federal. (Segunda Turma). *HC 143641*. Acórdão. Relator: Min. Ricardo Lexandowski, 09 out. 2018. Brasília, 2018, p. 32), sendo que, num dos casos, Ministra do STJ chegou a suspeitar da relação de dependência entre uma presa e o respectivo bebê de apenas dois meses (BRASIL. Supremo Tribunal Federal. (Segunda Turma). *HC 143641*. Acórdão. Relator: Min. Ricardo Lexandowski, 09 out. 2018. Brasília, 2018, pp. 114/115). Deve-se destacar que os casos tratados nas alíneas "c", "d" foram corrigidos pelo STF, garantindo-se o direito à progressão de regime e à prisão domiciliar. A análise do autoritarismo no sistema penal a partir das graves violações de direitos humanos lá desenvolvidas também deve ser efetivada a partir de como tal sistema reproduz o racismo. Tal constatação, aliada ao crescente encarceramento, compõe um dos elementos capazes de analisar como o pretenso caráter amistoso entre os brasileiros a partir

cabendo ação coordenada entre eles para tentar solucionar toda essa problemática. O caso penitenciário oferece um interessante exemplo dos retrocessos no combate à tortura no contexto de políticas que buscou inviabilizar o trabalho do Mecanismo Nacional de Prevenção e Combate à Tortura, criado pela Lei n. 12.847 de 2013.[40]

Nos crimes contra a humanidade, há um aspecto internacional essencial para a configuração deste, diferenciando-o do delito interno a partir dos elementos da conduta praticada, a qual apresenta, pelo menos, uma das seguintes características: a) afeta um bem jurídico internacional importante; b) tal bem jurídico é compartilhado pela comunidade internacional; c) envolvimento de mais um Estado no planejamento e na execução, seja porque atinge diversos nacionais ou porque os meios empregados podem superar as fronteiras do Estado; d) os atos são praticados a partir

---

da respectiva mestiçagem entre brancos e negros é uma falácia (BORGES, Juliana. *Encarceramento em massa*. São Paulo: Polém, 2019, p. 13).

40 A prática reiterada e sistemática da tortura no regime militar continua sendo exercida no Brasil, especialmente pela polícia militar, conforme aponta, por exemplo, o relatório final da CNV (BRASIL. Comissão Nacional da Verdade. *Relatório*. Brasília, DF: CNV, 2014, p. 968. (Relatório da Comissão Nacional da Verdade; vol. 1). Disponível em: http://cnv.memoriasreveladas.gov.br/images/pdf/relatorio/volume_1_digital.pdf. Acessado em: 31.08.2023) Tal documento recomenda a adoção de instrumentos preventivos a tal prática, buscando-se concretizar, por exemplo, a mencionada Lei. Pesquisas ainda apontam para uma "banalização do mal" na polícia militar, sendo que diversas das vítimas da tortura não tinham qualquer envolvimento com práticas criminosas (MORAIS, Jonas Rodrigues. "Tortura na segurança pública: enfrentamento necessário para a consolidação democrática". *Revista Interdisciplinar de Direitos Humanos*, Bauru, vol. 3, nº 2, jul./dez. 2015, p. 180. Disponível em: https://www3.faac.unesp.br/ridh/index.php/ridh/article/view/291/139. Acessado em: 05.01.2022). BRASIL. *Lei n. 12.847*, de 2 de agosto de 2013. Institui o Sistema Nacional de Prevenção e Combate à Tortura; cria o Comitê Nacional de Prevenção e Combate à Tortura e o Mecanismo Nacional de Prevenção e Combate à Tortura; e dá outras providências. Brasília, DF: Presidência da República, 2013. Disponível em: http://www.planalto.gov.br/ccivil_03/_ato2011-2014/2013/lei/l12847.htm. Acessado em: 31.08.2023.

de uma política pública oficial.[41] O elemento internacional decisivo, assim, é a política voltada para a prática oficial de crimes de Estado, pois, em tal cenário, a possibilidade de ataques em larga escala contra a população civil, de modo generalizado e sistemático, é mais provável de ocorrer.[42] Em parte das decisões judiciais adiante analisadas, chegou-se a negar a existência de uma política oficial voltada para ataque sistemático à população civil. Assim, é nesse contexto de continuidade com as práticas efetivas e concretas da repressão que o legado do período de exceção será analisado, compondo o negacionismo em torno da ditadura e, especialmente, dos crimes contra a humanidade praticados.

Ao analisar o comportamento judicial em casos envolvendo diretamente legados da ditadura militar após 1988, coloca-se em questão a propalada "pacificação social", considerada pelo STF como uma das consequências da manutenção da validade da Lei de Anistia no julgamento da ADPF 153. O questionamento se impõe porque, muito embora os pilares da Justiça de Transição não se limitem unicamente à atuação judicial, eles encontram em tal Poder uma de suas manifestações mais importantes: a responsabilização penal dos autores de delitos contra a humanidade, a concessão de eventuais indenizações de natureza civil e a determinação da busca pela verdade por meio da identificação dos locais nos quais cadáveres restaram ocultados. Esse último ponto é especialmente relevante para o Brasil, tendo em vista o contexto da Guerrilha do Araguaia.

Saliente-se que o foco no Poder Judiciário não deve se prestar a esconder o autoritarismo dos demais órgãos, como o Poder Executivo ou MPF. Nesse sentido, muitos dos casos cíveis adiante analisados se originaram na judicialização de condutas de agentes da administração pública, como o Presidente da República, o Secretário

---

41 BASSIOUNI, Cherif. *Crimes against humanity*: historical evolution and contemporary application. Cambridge: University Press, 2011, p. 8.

42 BASSIOUNI, Cherif. *Crimes against humanity*: historical evolution and contemporary application. Cambridge: University Press, 2011, p. 10.

da Comunicação Social ou o Ministro da Defesa. Contudo, como no final das contas, os casos foram apreciados pelo Judiciário, entendeu-se que uma análise mais completa do ocorrido poderia ser feita a partir da própria decisão judicial, na linha da "colaboração interinstitucional autoritária" descrita no capítulo final.

Com tal metodologia, não se busca oferecer "assessoria filosófica"[43] aos juízes, no sentido de promover aconselhamentos para aprimoramento de seus produtos decisórios. De fato, tal aprimoramento deve ser buscado pelo Direito, mas, diante dos graves e fundamentais desacordos existentes entre a concepção teórica democrática que fundamenta a presente obra e as apologias à ditadura efetivadas judicialmente, é difícil imaginar que se possa operar qualquer tipo de convencimento racional. O que é possível, no entanto, é apostar em mudanças por parte do STF, em especial a partir da superação do precedente firmado na ADPF 153. Tal medida teria como consequência tornar alguns fundamentos judiciais autoritários identificados neste estudo obsoletos, de forma que deixariam de ser empregados não em face de seu conteúdo, mas sim da autoridade formal da Corte.

É preciso, ainda, justificar a escolha dos casos, tendo em vista a diversidade de questões relacionadas à ditadura militar que podem ser levadas ao Judiciário. Pode-se dizer que tais questões, de um modo geral, se referem aos seguintes temas cíveis e penais: a) indenização por danos morais, coletivos ou individuais, em face das graves violações de direitos humanos cometidas; b) obstáculos cíveis à Justiça de Transição, tais como promoção de homenagens aos ditadores militares, negativa de construção de espaços voltados para o direito à memória e à verdade ou captura das comissões voltadas para a concretização de tal política; c) crimes contra a humanidade praticados pelos agentes da ditadura.

---

43 UNGER, Roberto Mangabeira. *O movimento de estudos críticos do Direito*: outro tempo, tarefa maior. Trad. de Lucas Fucci Amato. Belo Horizonte: Letramento, 2017, p. 54.

Em relação aos casos penais, 51 ações ajuizadas pelo MPF foram analisadas, levando em conta os parâmetros processuais e materiais explanados no próximo capítulo. Para além dessas ações, considera-se que as decisões que rejeitaram ou receberam as denúncias, bem como a postura dos Tribunais Superiores a esse respeito, também se mostram importantes para a compreensão dos obstáculos que o aspecto penal da Justiça de Transição tem encontrado.

Pontua-se, também, que qualquer decisão judicial que não se contraponha aos legados da ditadura militar pode ser classificada como omissa na proteção da democracia, pois, no mínimo, colabora com a manutenção do legado desse regime de exceção. Assim, parte-se de uma premissa simples e de uma caracterização ampla do que é um pronunciamento judicial autoritário. Nesse sentido, basta para tal classificação que uma decisão seja conivente com crimes contra a humanidade para que se considere demonstrado seu caráter não-democrático. Reconhece-se, no entanto, a possibilidade de gradação autoritária dos pronunciamentos, pois nem todas as decisões que deixam de sancionar apologias à ditadura chegam a negar os crimes contra a humanidade então cometidos. Por exemplo, uma decisão que admite a comemoração do golpe militar em face da liberdade de expressão colabora com a apologia ao regime, mas não o nega, necessariamente. Por outro lado, algo mais grave ocorre quando se rejeita uma ação penal sustentando que não houve ataque sistemático à população civil tendo em vista a baixa quantidade de mortos pela ditadura, quando comparada com outros regimes mais sanguinários.

Para desvelar tal postura, expondo o argumento autoritário, é necessário recorrer às diversas fontes existentes no sistema jurídico brasileiro que apontam, com segurança, que o regime de exceção em questão tinha características não-democráticas. Nesse sentido, destaca-se o papel da CNV e os trabalhos da CEMDP, ambas criadas por lei, bem como os precedentes internacionais a esse respeito.

A CNV foi criada pela Lei n. 12.528, de 18 de novembro de 2011, com a finalidade de esclarecer as graves violações de direitos humanos ocorridas no período fixado no art. 8º do ADCT da Constituição de 1988, nos termos do respectivo art. 1º.[44] Percebe-se, assim, que o intuito da Comissão era de constituir um documento oficial capaz de descrever e comprovar, nos limites das investigações efetivadas, a realidade fática ocorrida entre 18 de setembro de 1946 e a data da promulgação da Constituição, 5 de outubro de 1988. Com isso, ter-se-ia um documento oficial capaz de contribuir para a reconstrução histórica das graves violações de direitos humanos que aconteceram nesse marco temporal, a fim de garantir sua não repetição e a promoção de uma efetiva reconciliação nacional, nos termos do art. 3º, VI.[45]

Tendo em vista a falta de seriedade com que algumas das decisões judiciais caracterizam o relatório e os trabalhos da CNV,[46] é importante compreender em que ela consiste e como seu trabalho foi efetivado de modo a garantir a imparcialidade.[47] Nesse sentido,

---

44 BRASIL. *Lei n. 12.528*, de 18 de novembro de 2011. Cria a Comissão Nacional da Verdade no âmbito da Casa Civil da Presidência da República. Brasília, DF: Presidência da República, 2011. Disponível em: http://www.planalto.gov.br/ccivil_03/_ato2011-2014/2011/lei/l12528.htm. Acessado em: 31.08.2023.

45 BRASIL. *Lei n. 12.528*, de 18 de novembro de 2011. Cria a Comissão Nacional da Verdade no âmbito da Casa Civil da Presidência da República. Brasília, DF: Presidência da República, 2011. Disponível em: http://www.planalto.gov.br/ccivil_03/_ato2011-2014/2011/lei/l12528.htm. Acessado em: 31.08.2023.

46 Por falta de seriedade, entenda-se: a) a formulação de acusações de parcialidade; b) a rápida desconsideração do relatório final, eis que elencado como mera "recomendação". Contudo, esse último aspecto não impede o controle de constitucionalidade sobre as recomendações apresentadas e tampouco que elas sejam aplicadas judicialmente, uma vez consideradas como concretizações do direito à memória e à verdade que se mostram coerentes com a lei e os precedentes internacionais.

47 Como destacado no próprio relatório final: "Alguns elementos do marco legal da CNV merecem explicitação para demonstrar sua sintonia com as comissões da verdade mais recentes e com orientações da ONU e da OEA. A CNV gozou de ampla independência. Para tal, a Lei n. 12.528/2011 vedou a participação na CNV aos que não tivessem condições de atuar com

tal comissão foi formada por sete membros[48] indicados pelo Presidente da República. As pessoas indicadas deviam ser atores reconhecidamente comprometidos com o regime democrático e que não ocupavam cargo em comissão ou funções de confiança na administração pública, além de não ocuparem cargos executivos em partidos, de acordo com o art. 2º da lei que instituiu a CNV.[49] Além disso, foram garantidos, aos membros da comissão, poderes instrutórios não voltados para qualquer caráter jurisdicional ou

---

imparcialidade no exercício das competências da Comissão, que exercessem cargos executivos em agremiação partidária ou que estivessem no exercício de cargo em comissão ou função de confiança em qualquer esfera do poder público. A vinculação da CNV à Casa Civil da Presidência da República foi de caráter meramente administrativo, de modo a possibilitar o suporte técnico e financeiro necessário ao desenvolvimento de suas atividades" (BRASIL. Comissão Nacional da Verdade. *Relatório*. Brasília, DF: CNV, 2014, p. 36. (Relatório da Comissão Nacional da Verdade; vol. 1). Disponível em: http://cnv.memoriasreveladas.gov.br/images/pdf/relatorio/volume_1_digital.pdf. Acessado em: 31.08.2023).

48 Sobre a composição da comissão: "Foi inicialmente composta pelos membros Claudio Lemos Fonteles, ex-procurador-geral da República; Gilson Langaro Dipp, Ministro do Superior Tribunal de Justiça; José Carlos Dias, advogado, defensor de presos políticos e ex-Ministro da Justiça; José Paulo Cavalcanti Filho, advogado e ex-Ministro da Justiça; Maria Rita Kehl, psicanalista e jornalista; Paulo Sérgio Pinheiro, professor titular de ciência polícia da Universidade de São Paulo (USP); e Rosa Maria Cardoso da Cunha, advogada criminal e defensora de presos políticos. Com a renúncia de Claudio Lemos Fonteles, em setembro de 2013, sua vaga foi ocupada por Pedro Bohomoletz de Abreu Dallari, advogado e professor titular de direito internacional do Instituto de Relações Internacionais da USP. Registre-se, ainda, que, por conta de problemas de saúde, Gilson Langaro Dipp se afastou da Comissão e não participou do período final de suas atividades" (BRASIL. Comissão Nacional da Verdade. *Relatório*. Brasília, DF: CNV, 2014, p. 21. (Relatório da Comissão Nacional da Verdade; vol. 1). Disponível em: http://cnv.memoriasreveladas.gov.br/images/pdf/relatorio/volume_1_digital.pdf. Acessado em: 31.08.2023).

49 BRASIL. *Lei n. 12.528*, de 18 de novembro de 2011. Cria a Comissão Nacional da Verdade no âmbito da Casa Civil da Presidência da República. Brasília, DF: Presidência da República, 2011. Disponível em: http://www.planalto.gov.br/ccivil_03/_ato2011-2014/2011/lei/l12528.htm. Acessado em: 31.08.2023.

persecutório, os quais apenas possibilitavam a coleta de depoimentos, a realização de audiências públicas, a requisição de documentos,[50] inclusive sigilosos, e a elaboração de perícias,[51] nos termos do art. 4º da legislação pertinente.[52] Além disso, os trabalhos da Comissão gozaram de legitimidade junto aos familiares das vítimas dos regimes de exceção, os quais teceram críticas à condução inicial

50 "A CNV exerceu, por diversas vezes, seu poder de requisição de documentos e informações diretamente aos órgãos e entidades do poder público. Primeiramente, requisitou dados, documentos e informações, ainda que classificados em qualquer grau de sigilo. Tratando-se de material sigiloso, cumpriu a obrigação prevista no artigo 4º, parágrafo 2º, de não o divulgar ou disponibilizar a terceiros. Requisitou, também, o auxílio de entidades e órgãos públicos para execução dos objetivos previstos em lei. Nesse contexto é que, por exemplo, requereu em fevereiro de 2014 ao Ministério da Defesa a instauração de sindicâncias administrativas com vistas à obtenção de dados correspondentes às instalações listadas em relatório preliminar de pesquisa "Quadro parcial das instalações administrativamente afetadas ou que estiveram administrativamente afetadas às Forças Armadas e que foram utilizadas para a perpetração de graves violações de direitos humanos" (BRASIL. Comissão Nacional da Verdade. *Relatório*. Brasília, DF: CNV, 2014, p. 44. (Relatório da Comissão Nacional da Verdade; vol. 1). Disponível em: http://cnv.memoriasreveladas.gov.br/images/pdf/relatorio/volume_1_digital.pdf. Acessado em: 31.08.2023).

51 "A previsão legal de realização de perícias e diligências para coleta ou recuperação de informações, documentos e dados incentivou a criação, no âmbito da CNV, de um núcleo pericial. O trabalho do corpo técnico permitiu a desconstrução de versões oficiais da morte de militantes, bem como a precisão mediante desenhos e croquis de locais em que ocorreram graves violações de direitos humanos. Ainda que a Lei n. 12.528/2011 não tenha disposto expressamente sobre a promoção de exumação de restos mortais, a CNV procedeu a algumas exumações, sob o entendimento de que lhe cabia a determinação – e não a mera solicitação – de diligências e perícias" (BRASIL. Comissão Nacional da Verdade. *Relatório*. Brasília, DF: CNV, 2014, p. 44. (Relatório da Comissão Nacional da Verdade; vol. 1). Disponível em: http://cnv.memoriasreveladas.gov.br/images/pdf/relatorio/volume_1_digital.pdf. Acessado em: 31.08.2023).

52 BRASIL. *Lei n. 12.528*, de 18 de novembro de 2011. Cria a Comissão Nacional da Verdade no âmbito da Casa Civil da Presidência da República. Brasília, DF: Presidência da República, 2011. Disponível em: http://www.planalto.gov.br/ccivil_03/_ato2011-2014/2011/lei/l12528.htm. Acessado em: 31.08.2023.

do processo de reconstrução. A CNV, inclusive, aceitou muitas das sugestões efetivadas nesse contexto.[53]

Já o trabalho da CEMDP insere-se em um contexto de reconhecimento inicial do Estado brasileiro quanto à sua responsabilidade pelas graves violações de direitos humanos cometidas durante a ditadura militar. Esse reconhecimento foi positivado como conduta oficial a partir da edição da Lei n. 9.140, de 4 de dezembro de 1995, cujo art. 1º admitiu "como mortas pessoas desaparecidas em razão de participação, ou acusação de participação, em atividades políticas, no período de 2 de setembro de 1961 a 5 de outubro de 1988".[54] Tal lei, em seu art. 4º, admite a ocorrência de: a) torturas e desaparecimentos em instituições oficiais durante o período militar; b) repressão policial diante de

---

53 "Em de julho de 2013, familiares de mortos e desaparecidos políticos, ex-presos políticos, entidades e movimentos engajados na luta em prol da verdade e da justiça, e defensores de direitos humanos publicaram carta aberta à CNV, na qual criticavam a atuação da Comissão e demandavam, dentre outras medidas, a apresentação de um plano de trabalho, com objetivos e metodologia definidos, a convocação dos agentes de Estado responsáveis pelos crimes de tortura, execução e desparecimento forçado, a realização de um número maior de audiências públicas, o desenvolvimento de atividades de pesquisa voltadas prioritariamente para os casos de mortos e desaparecidos e o fortalecimento da pressão política necessária para a abertura total dos arquivos dos órgãos envolvidos com a repressão política. Tais considerações, e o importante debate crítico que a CNV travou com os grupos de familiares de mortos e desaparecidos políticos, foram essenciais para o aprimoramento dos trabalhos da Comissão, no sentido de conferir uma maior centralidade às investigações e à elucidação de casos, além de uma maior participação da sociedade civil no delineamento da ação da Comissão" (BRASIL. Comissão Nacional da Verdade. *Relatório*. Brasília, DF: CNV, 2014, p. 67. (Relatório da Comissão Nacional da Verdade; vol. 1). Disponível em: http://cnv.memoriasreveladas.gov.br/images/pdf/relatorio/volume_1_digital.pdf. Acessado em: 31.08.2023).

54 BRASIL. *Lei n. 9.140*, de 04 de dezembro de 1995. Reconhece como mortas pessoas desaparecidas em razão de participação, ou acusação de participação, em atividades políticas, no período de 2 de setembro de 1961 a 15 de agosto de 1979, e dá outras providências. Brasília, DF: Presidência da República, 1995. Disponível em: http://www.planalto.gov.br/ccivil_03/leis/l9140compilada.htm. Acessado em: 31.08.2023.

manifestações públicas, incluindo conflitos armados com agentes do poder público; c) ocorrência de suicídios como decorrência das torturas sofridas ou em face da iminência da prisão.[55]

O trabalho realizado pela CEMDP foi posteriormente divulgado em publicação oficial na qual o Estado brasileiro reconhece, logo na apresentação do texto, que é necessário conhecer o passado do Brasil para que haja avanço no respeito aos direitos humanos, admitindo que a "violência, que ainda hoje assusta o país como ameaça ao impulso de crescimento e de inclusão social em curso deita raízes em nosso passado escravista e paga tributo às duas ditaduras do século 20".[56] Nessa publicação oficial, também constava a indicação de uma crença na aparente consolidação democrática brasileira, que levava em conta os avanços vivenciados nos últimos vinte anos, sem, no entanto, olvidar dos obstáculos ainda existentes para a concretização do direito de os familiares das vítimas enterrarem os próprios mortos.[57]

---

55 BRASIL. *Lei n. 9.140*, de 04 de dezembro de 1995. Reconhece como mortas pessoas desaparecidas em razão de participação, ou acusação de participação, em atividades políticas, no período de 2 de setembro de 1961 a 15 de agosto de 1979, e dá outras providências. Brasília, DF: Presidência da República, 1995. Disponível em: http://www.planalto.gov.br/ccivil_03/leis/l9140compilada.htm. Acessado em: 31.08.2023.

56 BRASIL. Secretaria Especial dos Direitos Humanos da Presidência da República. *Direito à memória e à verdade*: comissão especial sobre mortos e desaparecidos políticos. Brasília: Secretaria Especial dos Direitos Humanos, 2007, p. 8.

57 "Uma dupla face deste Brasil que rompe o século 21 – com sonhos e desafios novos – saltará à vista dos leitores deste livro, sejam eles vítimas do período ditatorial, sejam eles apoiadores daquele regime, sejam juízes, procuradores, parlamentares, autoridades do Executivo, jornalistas, estudantes, trabalhadores, cidadãos e cidadãs de todas as áreas. Uma face é a do país que vem fortalecendo suas instituições democráticas há mais de 20 anos. É a face boa, estimulante e promissora de uma nação que parece ter optado definitivamente pela democracia, entendendo que ela representa um poderoso escudo contra os impulsos do ódio e da guerra, que sempre se alimentam da opressão. A leitura também mostrará uma outra face. É aquela percebida nos obstáculos que foram encontrados por quem exige conhecer a verdade, com destaque

Na lei que instituiu a CEMDP, constam os nomes de 136 pessoas desaparecidas durante a ditadura militar. Até 2006, somavam-se 339 casos tratados perante a CEMDP.[58] Uma das principais conquistas com a edição dessa lei e com a publicização dos trabalhos da comissão foi a de afastar as versões falsas acerca de "fugas, atropelamentos e suicídios, emitidos naqueles tempos sombrios pelos órgãos de segurança, e a dos autores das denúncias

---

para quem reclama o direito milenar e sagrado de sepultar seus entes queridos. Na história da humanidade, os povos mais sanguinários interrompiam suas batalhas em curtas tréguas para troca de cadáveres, possibilitando a cada exército, tribo ou nação prantear seus mortos, fazendo do funeral o encerramento simbólico do ciclo da vida" (BRASIL. Secretaria Especial dos Direitos Humanos da Presidência da República. *Direito à memória e à verdade*: comissão especial sobre mortos e desaparecidos políticos. Brasília: Secretaria Especial dos Direitos Humanos, 2007, p. 8). O tom predominantemente otimista prossegue em algumas outras passagens: "Promulgada em 5 de outubro de 1988, a Carta que Ulisses Guimarães batizou como Constituição Cidadã definiu o país como uma democracia representativa e participativa, fixando, no artigo 1º, que o Estado Democrático de Direito tem como um de seus fundamentos a dignidade da pessoa humana. O Brasil voltou às urnas em 1989 para eleger livremente o Presidente da República, pela primeira vez em quase 30 anos. Durante toda a década de 90, as instituições políticas já funcionaram em absoluta normalidade, verificando-se convivência regular entre os três poderes da República. O País mostrou-se capaz de superar gravíssimas crises políticas, como a que levou ao impeachment do Presidente Collor, em 1992. Segue em perfeita rotina a disputa e alternância de partidos políticos nos municípios, nos estados e no nível federal. Ao ingressar no século 21, o Brasil se revela portador de todos os ingredientes de uma verdadeira democracia política. Reúne, portanto, condições plenas para superar os desafios ainda restantes à efetivação de um robusto sistema de proteção aos Direitos Humanos. Não pode temer o conhecimento mais profundo a respeito do próprio passado. (BRASIL. Secretaria Especial dos Direitos Humanos da Presidência da República. *Direito à memória e à verdade*: comissão especial sobre mortos e desaparecidos políticos. Brasília: Secretaria Especial dos Direitos Humanos, 2007, p. 29).

58 BRASIL. Secretaria Especial dos Direitos Humanos da Presidência da República. *Direito à memória e à verdade*: comissão especial sobre mortos e desaparecidos políticos. Brasília: Secretaria Especial dos Direitos Humanos, 2007, p. 17.

sobre violação de Direitos Humanos, que infelizmente terminaram se comprovando verdadeiras".[59]

As fontes geradas pela CNV e pela CEMDP, além dos precedentes internacionais adiante elencados, compõem documentos oficiais aptos a comprovar a ocorrência de crimes contra a humanidade na ditadura militar, sendo postura incompatível com o dever de fundamentação da decisão judicial qualquer conduta que tenda a ignorá-los. Como será demonstrado adiante, uma das estratégias autoritárias identificadas nos casos estudados corresponde, precisamente, à omissão deliberada na consideração dos trabalhos das citadas comissões ou às razões de decidir dos precedentes da Corte Interamericana de Direitos Humanos (CORTE IDH). Nesse sentido, tais normas são superadas pelos juízes a partir de meras opiniões e argumentos empíricos sem maior consistência na fundamentação, em alguns casos sequer com a indicação de fonte da pesquisa. Essa postura é insuficiente para elidir o pesado ônus argumentativo que se mostra necessário para vencer a força probante dos mencionados documentos oficiais. Contudo, realisticamente, tal postura faz sentido, pois, caso não houvesse essa espécie de "cegueira deliberada", o pronunciamento judicial deveria ser em prol dos pilares da Justiça de Transição, não aceita por alguns magistrados.

Concluindo o capítulo, acredita-se que será possível analisar com mais clareza o legado da ditadura militar no Poder Judiciário, estipulando-se critérios capazes de caracterizar uma decisão judicial como autoritária. Além disso, o cenário descrito após a decisão da ADPF 153, em 2010 e, mais especificamente, após o *impeachment* abusivo de 2016, aponta para a não ocorrência, na realidade constitucional brasileira, da "pacificação social" almejada pelo STF em sua defesa Lei de Anistia. Esse quadro dramático

---

59 BRASIL. Secretaria Especial dos Direitos Humanos da Presidência da República. *Direito à memória e à verdade*: comissão especial sobre mortos e desaparecidos políticos. Brasília: Secretaria Especial dos Direitos Humanos, 2007, p. 18.

ganha contornos ainda mais visíveis na medida em que a difusão dos legados da ditadura alcança parcela relevante da sociedade, a qual sente-se confortável para organizar atos antidemocráticos que pleiteiam "intervenção militar constitucional", com destacada omissão do MPF na investigação de tais atos, como o caso ao final estudado demonstrará. Assim, analisar os impactos que a ADPF 153 desencadeou na Justiça de Transição é especialmente importante para a compreensão do capítulo e da própria obra como um todo, razão pela qual inicia-se o estudo por esse caso.

1.2 A intepretação do STF sobre Lei de Anistia e "estabilidade social"

A literatura sobre Justiça de Transição apresenta diversas medidas que podem ser utilizadas para superar e não repetir um passado autoritário. Tal passado pode ter envolvido guerras ou outras violações dos direitos humanos, que podem variar em grau. Assim, a Justiça de Transição almeja a paz e a conciliação nacional. Uma síntese de tais atitudes reparadoras é efetivada por Paul Van Zyl, para quem os modelos de transição devem se comprometer, de maneira interrelacionada e complementar, com medidas como: a) publicização das ações estatais levadas a cabo no período de exceção, como concretização do direito à verdade: b) reparação integral às vítimas; c) persecução penal dos agentes responsáveis; d) reforma institucional para a democracia, levando em conta em que medida os agentes responsáveis pelas violações ainda ostentam poder na sociedade. Deve-se discutir o nível e forma de realização de tais objetivos, preocupando-se tanto com o passado quanto com o futuro, a partir do mencionado objetivo de busca pela paz e estabilidade.[60] Assim, há necessidade de atuação de diversos

60 ZYL, Paul Van. "Promovendo a justiça transicional em sociedades pós-conflito". *Revista Anistia Política e Justiça de Transição*, Brasília, DF, nº 1, jan./jun. 2009, pp. 32, 38, 49, 52 e 55. Disponível em: https://www.gov.br/mdh/

atores para fins de concretizar tais políticas no Brasil,[61] sendo o Poder Judiciário e, em especial, o STF, um deles, razão pela qual o presente estudo atrai a análise da ADPF 153.

Investigar os precedentes do STF é uma tarefa complexa, tendo em vista a relativa falta de clareza decisória da Corte, caracterizada a partir da diversidade argumentativa entre os ministros,[62] os quais, frequentemente, mesmo convergindo no resultado, divergem nos fundamentos.[63] Nesse sentido, a fim de garantir, minimamente, a

---

pt-br/navegue-por-temas/comissao-de-anistia-1/anexos/2009revistaanistia01.pdf. Acessado em: 31.08.2023.

61 Segundo o autor: "A atenção que se tem prestado às questões da justiça transicional, assim como o comprometimento com esses assuntos, se vê refletida na atribuição de mais recursos e na preocupação internacional pela construção da paz pós-conflito. Isso requer intervenções continuadas por parte de atores nacionais e internacionais, em diferentes níveis. É necessário coordenar, integrar e ajustar diligentemente cada elemento ao adequado apoio político, operativo e econômico dado por uma série de partes interessadas. As estratégias da justiça transicional devem ser consideradas como parte importante da construção da paz, na medida em que abordam as necessidades e as reclamações das vítimas, promovem a reconciliação, reformam as instituições estatais e restabelecem o estado de direito" (ZYL, Paul Van. "Promovendo a justiça transicional em sociedades pós-conflito". *Revista Anistia Política e Justiça de Transição*, Brasília, DF, nº 1, jan./jun. 2009, p. 33. Disponível em: https://www.gov.br/mdh/pt-br/navegue-por-temas/comissao-de-anistia-1/anexos/2009revistaanistia01.pdf. Acessado em: 31.08.2023).

62 SILVA, Virgílio Afonso da. "O STF e o controle de constitucionalidade: deliberação, diálogo e razão pública". *Revista de Direito Administrativo*, [*S.l.*], vol. 250, 2009, p. 2017. Disponível em: https://bibliotecadigital.fgv.br/ojs/index.php/rda/article/view/4144. Acessado em: 31.08.2023.

63 Por exemplo, Juliano Zaiden Benvindo e Fernando José Gonçalves Acunha bem observaram que o fundamento que refere a constitucionalização da anistia na Emenda Constitucional 26/1985, tido como essencial no voto do Ministro Relator e em diversos outros, foi expressamente afastado pela Ministra Carmen Lúcia, que, no entanto, também julgou improcedente o pedido da OAB (ACUNHA, Fernando José Gonçalves; BENVINDO, Juliano Zaiden. "Juiz e historiador, direito e história: uma análise crítico-hermenêutica da interpretação do STF sobre a lei de anistia". *Revista NEJ – Eletrônica*, [*S.l.*], vol. 17, nº 2, mai./ago. 2012, pp. 182-205. Disponível em: https://periodicos.univali.br/index.php/nej/article/view/3967. Acessado

compreensão do caso e a concretização das finalidades estabelecidas para esta pesquisa, optou-se por focar nos argumentos que mais foram repetidos pelos juízes inferiores quando da análise dos casos adiante estudados, especialmente as ações penais. Essa opção permite comprovar os impactos das razões de decidir do STF nas demais instâncias do Poder Judiciário.

Nesse sentido, ADPF 153 foi ajuizada pelo Conselho Federal da Ordem dos Advogados Brasileiros (OAB), que buscava garantir uma interpretação da Lei n. 6.683/79 (Lei da Anistia) que fosse conforme à Constituição. Assim, a OAB pleiteava que se reconhecesse que os crimes objeto de anistia política elencada no art. 1º da referida lei não compreendem os crimes comuns praticados pelos agentes da repressão contra opositores políticos, nos termos da respectiva petição inicial.[64] O *caput* do dispositivo dispõe que serão objeto de anistia os crimes políticos e os conexos a estes, bem como os crimes eleitorais, enquanto o parágrafo primeiro do mesmo artigo estabelece que os crimes conexos previstos no *caput* compreenderiam os "crimes de qualquer natureza relacionados com

---

em: 31.08.2023). Para a Ministra, o argumento que sustenta que a Emenda Constitucional 26/1985 ainda integra o sistema jurídico brasileiro é insubsistente, pois, com a promulgação superveniente da Constituição de 1988, tal emenda não mais poderia ser considerada parte do sistema constitucional (BRASIL, 2010, p. 11). A Ministra diverge, assim, dos demais Ministros, que consideram correta a consideração da Emenda Constitucional como fundamento para a decisão. No entanto, seguindo a linha do Relator, a Ministra reconheceu que as normas impugnadas não são justas, mas, nem por isso, caberia ao juiz o papel de buscar corrigir a injustiça (BRASIL. Supremo Tribunal Federal. (Plenário). *ADPF 153*. Acórdão. Relator: Min. Eros Grau, 06 ago. 2010. Brasília, 2010, pp. 15 e 17/18. Disponível em: https://redir.stf.jus.br/paginadorpub/paginador.jsp?docTP=AC&docID=612960. Acessado em: 31.08.2023).

64 BRASIL. Supremo Tribunal Federal. (Plenário). *ADPF 153*. Acórdão. Relator: Min. Eros Grau, 06 ago. 2010. Brasília, 2010, p. 29. Disponível em: https://redir.stf.jus.br/paginadorpub/paginador.jsp?docTP=AC&docID=612960. Acessado em: 31.08.2023.

crimes políticos ou praticados por motivação política",[65] fazendo com que houvesse anistia mesmo em relação aos crimes comuns. O parágrafo segundo, por sua vez, exclui da anistia aqueles condenados por terrorismo, sequestro, assalto e atentado pessoal.

Para o autor da ação, a interpretação em torno da exclusão da responsabilidade penal dos agentes da ditadura violaria os seguintes preceitos constitucionais: a) isonomia em matéria de segurança jurídica, ante a obscuridade da expressão legal "relacionados aos crimes políticos" no contexto da conexão antes elencada, bem como a possibilidade de se conceber como "terrorismo de Estado" as práticas reiteradas e sistemáticas do regime militar, que habilitaria, então, a exclusão dos militares da incidência da lei da anistia, a partir do mencionado parágrafo segundo do art. 1º; b) obrigação de o Estado não esconder a verdade e não admitir práticas que ocultem as graves violações de direitos humanos desenvolvidas na ditadura, permitindo às vítimas das torturas, buscar a responsabilização de seus algozes; c) princípios republicano e democrático, tendo em vista a grave ilegitimidade democrática da Lei de Anistia, aprovada por Congresso Nacional formado por 1/3 de Senadores biônicos, ou seja, eleitos indiretamente, e sancionada por Chefe do Poder Executivo não eleito pelo povo, o que caracteriza a hipótese de "autoanistia" já rechaçada pela Corte IDH; d) dignidade da pessoa e do povo brasileiro, a qual não pode ser objeto de negociação, diante do propalado "acordo" feito para se aprovar tal lei, devendo-se reconhecer que não figuravam entre as partes desse acordo as vítimas sobreviventes da repressão nem os

---

65 BRASIL. *Lei n. 6.683*, de 28 de agosto de 1979. Concede anistia e dá outras providências. Brasília, DF: Presidência da República, 1979. Disponível em: http://www.planalto.gov.br/ccivil_03/leis/l6683.htm. Acessado em: 31.08.2023.

familiares dos mortos, bem como que reparações pecuniárias não são suficientes para fins de reparação nesse contexto.[66] [67]

O Ministro Relator, Eros Grau, julgou improcedente o pedido, desenvolvendo uma série de argumentos,[68] dentre os quais o

---

66 De acordo com a petição inicial da ação, em 1979, a maioria dos partícipes na luta armada contra o regime já estavam mortos. Restavam vivas algumas pessoas presas unicamente por delitos de opinião, sendo que foi a estas que foi voltada a anistia. Nesse cenário, há manifesta desproporção: admitir-se-ia a anistia para uma parte presa por expressar seu pensamento ao custo de se esquecer o homicídio, tortura e desaparecimento forçado praticado pelo outro lado (BRASIL. Supremo Tribunal Federal. (Plenário). *ADPF 153*. Acórdão. Relator: Min. Eros Grau, 06 ago. 2010. Brasília, 2010, p. 26. Disponível em: https://redir.stf.jus.br/paginadorpub/paginador.jsp?docTP=AC&docID=612960. Acessado em: 31.08.2023).

67 BRASIL. Supremo Tribunal Federal. (Plenário). *ADPF 153*. Acórdão. Relator: Min. Eros Grau, 06 ago. 2010. Brasília, 2010, pp. 13-28. Disponível em: https://redir.stf.jus.br/paginadorpub/paginador.jsp?docTP=AC&docID=612960. Acessado em: 31.08.2023).

68 Discorreu o Ministro: "a) todo texto é obscuro até ser interpretado, consistindo a tarefa judicial em criação, não somente declaração do direito, podendo-se afastar, então a alegação da inicial em torno da obscuridade intencional da norma; b) não há ofensa à isonomia, pois, em havendo diferença entre as práticas de crimes políticos e conexos, a lei poderia, justificadamente, discriminar a anistia em relação a uns e não a outros; c) não há ofensa ao direito à verdade, pois a anistia em si mesma é concedida objetivamente, em relação a fatos, não a pessoas determinadas, não havendo como, com base em tal lei, negar-se o acesso aos documentos históricos relevantes ou apagar o passado; d) admitir a não recepção levando em conta o caráter autoritário da lei de anistia, nos termos em que aprovada, levaria à não recepção de todas as leis anteriores à promulgação da Constituição de 1988, o que levaria, até mesmo, à insubsistência da anistia aos próprios crimes políticos, compondo contradição insuperável na inicial; e) houve sim acordo para aprovação da lei da anistia, sendo tal fato histórico ignorado na inicial, ressaltando o Relator a contribuição de diversos políticos, religiosos e entidades para a aprovação do ato, numa verdadeira batalha política; f) a inicial propala uma "tirania dos valores" ao desenvolver argumentação própria acerca da dignidade da pessoa humana, a qual teria sido desenvolvida conforme "critério particular", porque único, ignorando-se os demais valores; g) o conceito de conexão utilizado na lei é próprio, devendo ser interpretado historicamente, ou seja, de acordo com a época em que sancionada a lei; h) bilateralidade da anistia, cujo caráter amplo foi reconhecido em diversos precedentes do STF; i) o caráter de "lei medida"

mais importante para esta obra refere-se à suposta "estabilidade social" buscada pela Lei de Anistia e garantida pelo STF com a confirmação de sua validade, no contexto de um propalado "acordo político" para sua elaboração. Nesse sentido, ao final do voto, o Ministro aponta que a "estabilidade social" reclamava pronto deslinde da questão,[69] supondo, assim, que manter as coisas como sempre foram traria tal segurança. Os acontecimentos vivenciados

---

da lei de anistia, ou seja, lei somente em sentido formal que não seria dotada de generalidade e abstração como normalmente ocorre, fazendo com que interpretações evolutivas sejam vedadas, cabendo, unicamente, interpretações históricas; j) logo, como decorrência desse argumento, não se poderia admitir a retroatividade da norma constitucional que estipula ser o delito de tortura insuscetível de anistia pelo simples fato de ele ser posterior à lei n. 6.683/79 (BRASIL. Supremo Tribunal Federal. (Plenário). *ADPF 153*. Acórdão. Relator: Min. Eros Grau, 06 ago. 2010. Brasília, 2010, pp. 16-27. Disponível em: https://redir.stf.jus.br/paginadorpub/paginador.jsp?docTP=AC&docID=612960. Acessado em: 31.08.2023). Após afastar, assim, os preceitos fundamentais tidos por violados na inicial, o Relator passa a tecer maiores considerações sobre interpretação e revisão da lei de anistia contexto da legitimidade democrática do Poder Judiciário em "alterar" ou "dar outra redação" à lei, não devendo juízes atuarem assim, por mais injusta ou iníqua que a lei seja, cabendo ao Legislativo tal tarefa, como procedido no caso da Argentina, Chile e Uruguai (BRASIL. Supremo Tribunal Federal. (Plenário). *ADPF 153*. Acórdão. Relator: Min. Eros Grau, 06 ago. 2010. Brasília, 2010, p. 27. Disponível em: https://redir.stf.jus.br/paginadorpub/paginador.jsp?docTP=AC&docID=612960. Acessado em: 31.08.2023). Além disso, com a emenda constitucional 26/85, ocorrera a constitucionalização da anistia, com reprodução de norma idêntica àquela prevista no caput do art. 1°. da lei n. 6.683/79, afastando por completo a alegação em torno da falta de legitimidade da anistia, decorrente de um Congresso Nacional que funcionava no contexto de fortes limites autoritários, situação inexistente quando da edição de tal emenda (BRASIL. Supremo Tribunal Federal. (Plenário). *ADPF 153*. Acórdão. Relator: Min. Eros Grau, 06 ago. 2010. Brasília, 2010, p. 31. Disponível em: https://redir.stf.jus.br/paginadorpub/paginador.jsp?docTP=AC&docID=612960. Acessado em: 31.08.2023). Deve-se pontuar, no entanto, que tal emenda constitucional não constitucionalizou o conceito de conexão previsto no art. 1°, parágrafo segundo da Lei da Anistia.

69 BRASIL. Supremo Tribunal Federal. (Plenário). *ADPF 153*. Acórdão. Relator: Min. Eros Grau, 06 ago. 2010. Brasília, 2010, p. 34. Disponível em: https://redir.stf.jus.br/paginadorpub/paginador.jsp?docTP=AC&docID=612960. Acessado em: 31.08.2023.

no Brasil de hoje e analisados nesta obra põem em questão a plausibilidade dessa ideia, sendo lícito perquirir, ao contrário, se a decisão do STF não contribuiu para facilitar a continuidade da tutela do poder militar sobre o civil e a atualidade do golpe militar.

Outro argumento importante para esta pesquisa relaciona-se à suposta suficiência dos aspectos cíveis da Justiça de Transição para o alcance da verdade, de forma que a ausência de persecução penal dos agentes da ditadura não se constituiria em um óbice para tal direito. Nessa linha, o Ministro Eros Grau sustentou que a Lei da Anistia não ofende ao direito à verdade, pois a anistia em si mesma é concedida objetivamente, em relação a fatos, não a pessoas determinadas, não havendo como, com base em tal lei, negar-se o acesso aos documentos históricos relevantes ou apagar o passado.[70] Passados mais de 10 anos da decisão e tendo em vista as diversas ações penais ajuizadas pelo MPF, é possível perquirir se diligências probatórias que somente podem ser levadas a cabo por meio do processo penal, como buscas e apreensões ou interceptações telefônicas, não possuem relevante papel na busca pela verdade, como o caso Etienne Romeu, adiante estudado, vai demonstrar.

Para o Ministro Gilmar Mendes, apesar de ter havido, quantitativamente, mais violência por parte do regime militar, não se poderia desconsiderar a prática também de crimes comuns praticados pelos que lutavam contra o regime, alguns dos quais contavam, inclusive, com financiamento internacional e ostentavam finalidades autoritárias de esquerda. Para ele, a negociação política em torno da anistia foi um diferencial para o sucesso da evolução da democracia brasileira, sendo essa uma diferença fundamental em relação aos demais países da América Latina, os quais, "ainda hoje estão atolados num processo de refazimento

70 BRASIL. Supremo Tribunal Federal. (Plenário). *ADPF 153*. Acórdão. Relator: Min. Eros Grau, 06 ago. 2010. Brasília, 2010, pp. 16-27. Disponível em: https://redir.stf.jus.br/paginadorpub/paginador.jsp?docTP=AC&docID=612960. Acessado em: 31.08.2023.

institucional sem fim",[71] enquanto a democracia brasileira se mostraria "estável".[72] Para o Ministro, a amplitude da Lei da Anistia, inclusive sua abrangência dos crimes comuns, não conflita com a Constituição.[73] Percebe-se, assim, que o Ministro também parte da premissa da consolidação democrática, supondo, como muitos o fizeram, que a democracia era a única opção à mesa e, mais que isso, que o processo de institucionalização democrática do Brasil estaria cada vez mais fortalecido. Novamente, a atual realidade de negacionismo da ditadura, nas mais diversas vertentes discutidas nesta obra, coloca em questão tal fundamento decisório.[74]

---

71 BRASIL. Supremo Tribunal Federal. (Plenário). *ADPF 153*. Acórdão. Relator: Min. Eros Grau, 06 ago. 2010. Brasília, 2010, p. 28. Disponível em: https://redir.stf.jus.br/paginadorpub/paginador.jsp?docTP=AC&docID=612960. Acessado em: 31.08.2023.

72 BRASIL. Supremo Tribunal Federal. (Plenário). *ADPF 153*. Acórdão. Relator: Min. Eros Grau, 06 ago. 2010. Brasília, 2010, p. 38. Disponível em: https://redir.stf.jus.br/paginadorpub/paginador.jsp?docTP=AC&docID=612960. Acessado em: 31.08.2023.

73 BRASIL. Supremo Tribunal Federal. (Plenário). *ADPF 153*. Acórdão. Relator: Min. Eros Grau, 06 ago. 2010. Brasília, 2010, p. 29. Disponível em: https://redir.stf.jus.br/paginadorpub/paginador.jsp?docTP=AC&docID=612960. Acessado em: 31.08.2023.

74 Os únicos Ministros que divergiram dos sete que compuseram a maioria foram Ricardo Lewandowski e Carlos Ayres Britto. Para o Ministro Ricardo Lewandowski, não há como se admitir a conexão pretendida pela lei, tendo em vista que ela não se coadunaria com os tipos de conexão previstos no Código de Processo Penal, não havendo, por exemplo, qualquer liame probatório ou consequencial entre os delitos (BRASIL. Supremo Tribunal Federal. (Plenário). *ADPF 153*. Acórdão. Relator: Min. Eros Grau, 06 ago. 2010. Brasília, 2010, p. 15. Disponível em: https://redir.stf.jus.br/paginadorpub/paginador.jsp?docTP=AC&docID=612960. Acessado em: 31.08.2023). Tendo em vista que diversos crimes comuns foram praticados pelos agentes da ditadura e que tais crimes eram tipificados no Código Penal e no Código Penal Militar, não há como negar que mesmo a legalidade do regime não poderia ser invocada para eximir tais agentes (BRASIL. Supremo Tribunal Federal. (Plenário). *ADPF 153*. Acórdão. Relator: Min. Eros Grau, 06 ago. 2010. Brasília, 2010, pp. 19/20. Disponível em: https://redir.stf.jus.br/ paginadorpub/paginador.jsp?docTP=AC&docID=612960. Acessado em: 31.08.2023) O Ministro Ayres Britto criticou a utilização da interpretação histórica do

Dentre os autores que defendem, em maior medida, o acerto da decisão do STF, destaca-se a tese de Lauro Joppert Swensson Júnior. O autor sustenta, na linha de voto do Ministro Eros Grau na ADPF 153, que a Lei de Anistia não é um óbice para o descobrimento da verdade. Tal ocultação, na verdade, seria uma decorrência de leis de acesso à informação que garantiam o sigilo a diversos documentos, bem como da demora na criação da CNV.[75] Certamente os instrumentos elencados são importantes e necessários para o alcance da verdade, mas a restrição do problema a eles demonstra desconhecimento acerca da capacidade probatória do processo penal, que conta com instrumentos próprios para desvendar os fatos, tais como buscas e apreensões e interceptações telefônicas.

Não se trata de mera suposição: no caso Etienne Romeu, por exemplo, tais diligências penais foram fundamentais para descobrir a identidade e localização de Antônio Waneir Pinheiro Lima, o "Camarão".[76] Nessa linha, deve-se perceber que nem

---

modo como efetivado pelo Corte até então, ou seja, como a técnica mais importante entre todas, a ponto de não se precisar recorrer às demais técnicas interpretativas. Para o Ministro, não era certo que a Lei de Anistia também tenha anistiado aqueles que praticaram crimes comuns, chegando a admitir que isso seria possível, em tese, caso tivesse sido efetivado de maneira clara, sem tergiversação (BRASIL. Supremo Tribunal Federal. (Plenário). *ADPF 153*. Acórdão. Relator: Min. Eros Grau, 06 ago. 2010. Brasília, 2010, pp. 7-9. Disponível em: https:// redir.stf.jus.br/paginadorpub/paginador.jsp?docTP=AC&docID=612960. Acessado em: 31.08.2023). Sustentando o equívoco no voto, tem-se a argumentação de José Carlos Moreira da Silva Filho, para quem o Ministro Ayres Britto olvidou-se completamente dos precedentes internacionais sobre anistia, os quais vedam tal prática em face de crimes contra a humanidade (SILVA FILHO, José Carlos Moreira. *Justiça de transição da ditadura civil-militar ao debate justransicional*: Direito à memória e à verdade e os caminhos da reparação e da anistia no Brasil. Porto Alegre: Livraria do Advogado, 2015, p. 85.

75 SWENSSON JUNIOR, Lauro Joppert. *Responsabilidade penal para os crimes da ditadura militar*: a justiça de transição diante da lei. Curitiba: Juruá, 2017, pp. 227/228.

76 BRASIL. Tribunal Regional Federal da Segunda Região. (8. Turma Especializada). *Agravo de Instrumento 0003169-41.2016.4.02.0000.*

todas as vítimas da ditadura conseguiram identificar seus algozes como fez a família Teles na ação movida contra Carlos Alberto Brilhante Ulstra.[77] Nesse sentido, se mostra essencial o trabalho desenvolvido por instituições públicas como o MPF. Salienta-se, ainda, que Etienne Romeu somente reconheceu o agente que a estuprara após as diligências requeridas pelo órgão. Logo, é possível sustentar que a busca pela verdade possui um inegável componente penal, sendo um equívoco sustentar que as medidas cíveis são suficientes para remover os obstáculos em torno da ocultação dos fatos. Para outros pesquisadores, a exemplo de Emílio Peluso,[78]

Acórdão. Relator: Marcelo Pereira da Silva, 27 out. 2016. Rio de Janeiro, 2016, pp. 2/3. Disponível em: https://www10.trf2.jus.br/consultas/?movimento=cache&q=cache:RFLgBIwgiJIJ:ementas.trf2.jus.br/apolo/databucket/idx%3Fprocesso%3D201600000031690%26coddoc%3D479215%26datapublic%3D2016-10-28%26pagdj%3D637/647+&site=v2_jurisprudencia&client=v2_index&proxystylesheet=v2_index&lr=lang_pt&ie=UTF-8&output=xml_no_dtd&access=p&oe=UTF-8. Acessado em: 31.08.2023.

77 Na ação cível movida contra Carlos Alberto Brilhante Ulstra, foram os depoimentos das testemunhas que comprovaram a prática de tortura, a qual, obviamente, não havia sido registrada em nenhum documento (SÃO PAULO. Tribunal de Justiça (1. Câmara de Direito Privado). *Apelação n. 0347718-08.2009.8.26.0000*. Voto 22860. Acórdão. Por maioria de votos, negaram provimento ao Agravo retido, vencido o 3º Juiz que provia em parte e, à unanimidade negaram provimento à Apelação. Relator: Rui Cascaldi, 14 ago. 2012, p. 17 Disponível em: http://cnv.memoriasreveladas.gov.br/images/documentos/Capitulo17/Nota%2030%2032%20-%2000092.0001042014-46.121-155.pdf. Acessado em: 05.01.2022).

78 Para Emílio Peluso Neder Meyer, o precedente firmado na ADPF 153 deveria ser superado também a partir a prevalência da sentença da Corte IDH no caso Gomes Lund, para que, assim, fosse construído um processo de redemocratização baseado a formação de uma "memória coletiva" que não seja decorrente de um "esquecimento obrigado" das graves violações de direitos humanos ocorridas na ditadura militar. Fecharia, assim, um capítulo em torno dos erros institucionais do STF, o qual decidiu não com base na integridade (MEYER, Emílio Peluso Neder. *Responsabilização por graves violações de direitos humanos na ditadura de 1964-1985*: a necessária superação da decisão do Supremo Tribunal Federal na ADPF n. 153/DF pelo Direito Internacional dos Direitos Humanos. Belo Horizonte: Faculdade de Direito, 2012, pp. 13 e 15. (Tese de Doutorado). Ainda, considerando-se que a Lei da Anistia de 1979 é constantemente invocada como fruto de um

Fernando José Gonçalves Acunha e Juliano Zaiden Benvindo[79] ou José Carlos Moreira Silva Filho,[80] a decisão do STF foi errada

---

"acordo" que possibilitou a transição democrática, tem-se que ela se constitui um obstáculo para a responsabilização dos agentes, também potencializado por receio de novos golpes de Estado (MEYER, Emílio Peluso Neder. *Responsabilização por graves violações de direitos humanos na ditadura de 1964-1985*: a necessária superação da decisão do Supremo Tribunal Federal na ADPF n. 153/DF pelo Direito Internacional dos Direitos Humanos. Belo Horizonte: Faculdade de Direito, 2012, pp. 14/15. (Tese de Doutorado).

79 Esses autores iniciam ressaltando a importância de compreender o papel do historiador e do juiz, destacando semelhanças e diferenças. Nesse sentido, apontam as contradições no voto do Ministro Eros Grau com relação aos demais precedentes do STF no que concerne o exercício minimalista de sustentar que a Corte não poderia "reescrever" a Lei de Anistia, tarefa que somente caberia ao Congresso Nacional (ACUNHA, Fernando José Gonçalves; BENVINDO, Juliano Zaiden. "Juiz e historiador, direito e história: uma análise crítico-hermenêutica da interpretação do STF sobre a lei de anistia". *Revista NEJ – Eletrônica*, [*S.l.*], vol. 17, nº 2, mai./ago. 2012, p. 187. Disponível em: https://periodicos.univali.br/index.php/nej/article/view/3967. Acessado em: 31.08.2023). Para os autores, o STF partiu de uma premissa falsa não questionada em momento algum dos votos: a suposta existência de um acordo político, verdadeiro pacto nacional, que impediria o STF de reabrir discussões sobre a Lei de Anistia, sendo que as próprias informações trazidas nos autos davam conta, no mínimo, do caráter controverso dessa premissa (ACUNHA, Fernando José Gonçalves; BENVINDO, Juliano Zaiden. "Juiz e historiador, direito e história: uma análise crítico-hermenêutica da interpretação do STF sobre a lei de anistia". *Revista NEJ – Eletrônica*, [*S.l.*], vol. 17, nº 2, mai./ago. 2012, pp. 188/189. Disponível em: https://periodicos.univali.br/index.php/nej/article/view/3967. Acessado em: 31.08.2023).

80 O autor sustenta, sobre a Lei de Anistia e a ADPF 153, que o art. 8º do ADCT da Constituição de 1988, bem como a Lei n. 10.559/02 expressam uma anistia bem diversa daquela constante na Lei de 1979, bastando salientar, por exemplo, que não há previsão em torno da anistia penal àqueles que cometeram crimes políticos nem "delitos conexos" (SILVA FILHO, José Carlos Moreira. *Justiça de transição da ditadura civil-militar ao debate justransicional*: direito à memória e à verdade e os caminhos da reparação e da anistia no Brasil. Porto Alegre: Livraria do Advogado, 2015, p. 83). Para o autor, especialmente a partir do julgamento da ADPF 153, tem-se a continuidade de um "simulacro de legalidade" com relação a ditadura militar, como se não tivesse sido possível, ainda, romper com a repressão mesmo após 1988 (SILVA FILHO, José Carlos Moreira. *Justiça de transição da ditadura civil-militar ao debate justransicional*: direito à memória e

sob diversos aspectos. Todos convergem no sentido de que foi um equívoco a Corte se recusar a fazer um controle de constitucionalidade tomando como parâmetro a Constituição de 1988, eis que a medida utilizada foi, supostamente, a realidade histórica de 1964-1979 apta a corroborar a existência de um "pacto político" em prol da anistia.

A falta de paridade entre governo e opositores do regime, apta a indicar que não houve consentimento ou pacto quanto aos termos da Lei de Anistia, pode ser demonstrada a partir da análise dos elementos de pressão, pessoais ou institucionais, que estavam à disposição de cada uma das partes envolvidas em um cenário caracterizado pelo medo e pela intimidação por parte dos agentes da ditadura. Tal estado de coisas foi ignorado pelo Ministro Eros Grau, que naturalizou o discurso de um "pacto político" ao ignorar os diversos argumentos em sentido contrário presentes nos autos da ADPF 153.[81] [82]

à verdade e os caminhos da reparação e da anistia no Brasil. Porto Alegre: Livraria do Advogado, 2015, p. 112).

81 "É certo que o país desejava alguma forma de anistia – instrumento necessário para o processo de redemocratização –, mas não necessariamente o tipo de anistia concedido pela Lei n. 6.683/79. O que os relatos históricos contidos nos autos da ADPF 153 na decisão da Corte IDH sobre a Guerrilha do Araguaia e assim por diante permitem demonstrar é que não houve uma negociação entre iguais, não houve acordo; os pontos da negociação não foram "consentidos" pelos partícipes daquele processo. Governo e dissidentes dispunham de mecanismos pessoais e institucionais, instrumentos de pressão, enfim, condições totalmente díspares, o que, se não permite afastar inteiramente, ao menos nos dá a oportunidade de tematização crítica da tese naturalizada do "acordo político" adotada pelo STF" (ACUNHA, Fernando José Gonçalves; BENVINDO, Juliano Zaiden. "Juiz e historiador, direito e história: uma análise crítico-hermenêutica da interpretação do STF sobre a lei de anistia". *Revista NEJ – Eletrônica*, [*S.l.*], vol. 17, nº 2, mai./ago. 2012, p. 190. Disponível em: https://periodicos.univali.br/index.php/nej/article/view/3967. Acessado em: 31.08.2023).

82 ACUNHA, Fernando José Gonçalves; BENVINDO, Juliano Zaiden. "Juiz e historiador, direito e história: uma análise crítico-hermenêutica da interpretação do STF sobre a lei de anistia". *Revista NEJ – Eletrônica*, [*S.l.*], vol. 17,

Emílio Peluso concorda com a necessidade de se analisar a legitimidade da Lei de Anistia da forma como aprovada. Assim, o autor sustenta que há graves entraves para a obediência dessa legislação, na medida em que:

> No nosso caso, ao nível da legislação, pior ainda: Senadores biônicos e representantes membros de partidos políticos de uma democracia formal bipartida é que foram responsáveis pela edição da lei mencionada. Além disto, não há razão alguma para defender porque as pessoas de hoje devem ser governadas por leis de um tempo de circunstâncias completamente diferentes, senão antagônicas, das atuais. Mesmo manifestações de caráter formal no curso do processo legislativo, ainda que integrem a história política, não podem balizar todo o contexto atual (como as declarações do ex-Ministro Sepúlveda Pertence), pena de ignorar-se uma forma de vida política diferente e o fato que a comunidade pode mudar suas finalidades públicas.[83]

Em seguida, o autor analisa a suposta existência de um "acordo político" para aprovação da Lei de Anistia, circunstância supostamente capaz de gerar legitimidade a tal ato normativo. Nesse contexto, analisando as edições dos Congressos Nacionais pela Anistia, realizados em 1978 e 1979, e congregando diversas entidades nacionais que se posicionam a favor da anistia, tem-se que não se admitia, nem mesmo naquela época, uma anistia que

---

nº 2, mai./ago. 2012, pp. 190-194. Disponível em: https://periodicos.univali.br/index.php/nej/article/view/3967. Acessado em: 31.08.2023.

83 MEYER, Emílio Peluso Neder. *Responsabilização por graves violações de direitos humanos na ditadura de 1964-1985*: a necessária superação da decisão do Supremo Tribunal Federal na ADPF n. 153/DF pelo Direito Internacional dos Direitos Humanos. Belo Horizonte: Faculdade de Direito, 2012, p. 81. (Tese de Doutorado).

perdoasse a tortura.[84] Não haveria, então como conceber a existência de "acordo político", nestes termos:

> É impossível falar, pois, em um "acordo político". A não ser que de uma parte estivesse a sociedade e, de outro, o Estado. Pois já não havia oposição política efetiva por parte da luta armada e da esquerda brasileira, massacrados pelos anos de chumbo dos governos Costa e Silva, Médici e Geisel. Mas, ainda que a sociedade fosse esta parte no "acordo", ela não estava em posição de negociação. Ora, em 1977, o General Geisel, com base no AI-5, baixa o "pacote de abril": governadores e um terço dos senadores eleitos indiretamente por colégios eleitorais formados por vereadores em sua maioria da ARENA, imunidade das Polícias Militares ao controle jurisdicional civil, criação de mais um instrumento de controle concentrado de constitucionalidade no STF – sob provocação unipessoal do Procurador-Geral da República (nomeado pelo Presidente da República, frise-se) – e a aprovação de uma nova Lei de Segurança Nacional em 1979. Diante de todo este contexto, como esta sociedade negociaria algo na anistia por ela buscada?
>
> Nota-se, portanto, que nenhum "acordo político" efetivamente aconteceu. Dizer que haveria partes aptas a celebrar um acordo ao invés de reconhecer a imposição à força a qualquer dissidência política de um projeto de anistia unilateralmente concebida nada mais é do que arvorar-se o Poder Judiciário no papel de historiador. Para além disto: um historiador despreocupado com a verdade, despreocupado com o "princípio da realidade". Este é o grande risco que uma anistia promovida em períodos de exceção pode

---

84 MEYER, Emílio Peluso Neder. *Responsabilização por graves violações de direitos humanos na ditadura de 1964-1985*: a necessária superação da decisão do Supremo Tribunal Federal na ADPF n. 153/DF pelo Direito Internacional dos Direitos Humanos. Belo Horizonte: Faculdade de Direito, 2012, p. 99. (Tese de Doutorado).

> correr: o de provocar um esquecimento manipulado, abusivo, inconsciente de seu dever de memória".[85]

O grupo de guerrilheiros que fez greve de fome no contexto da aprovação da Lei de Anistia não foi anistiado precisamente por conta o art. 4º, parágrafo 2º, o que já seria um indício revelador da ausência de qualquer caráter de "pacto" na aprovação de tal lei.[86] Além disso, José Carlos Moreira da Silva Filho aponta como diversas entidades não admitiam a anistia ampla aos torturadores, sendo uma "perversão da bandeira da anistia" o que efetivado pelo STF.[87] Outro equívoco é sustentar que, através da Lei de Anistia, houve um processo de transição que fora pacífico, evitando-se mais violência. Na verdade, tal transição também foi violenta, como se comprova através de episódios como o "massacre da Lapa", ocorrido em dezembro de 1976, e dos diversos atentados praticados por grupos de extrema direita, como ocorreu no caso Riocentro ou no atentando à sede da OAB.[88] Tal precedente ganhou ainda mais

---

85 MEYER, Emílio Peluso Neder. *Responsabilização por graves violações de direitos humanos na ditadura de 1964-1985*: a necessária superação da decisão do Supremo Tribunal Federal na ADPF n. 153/DF pelo Direito Internacional dos Direitos Humanos. Belo Horizonte: Faculdade de Direito, 2012, p. 104. (Tese de Doutorado).

86 SILVA FILHO, José Carlos Moreira. *Justiça de transição da ditadura civil-militar ao debate justransicional*: direito à memória e à verdade e os caminhos da reparação e da anistia no Brasil. Porto Alegre: Livraria do Advogado, 2015, p. 92, nota de rodapé 23.

87 Nesse sentido: "presos políticos, exilados, os núcleos do Movimento Feminino pela Anistia, os Comitês Brasileiros de Anistia, largos setores artísticos e intelectuais do país, instituições e partidos políticos apoiadores como a OAB, a CNBB, a ABI, o IAB e o MDB, entre outros, jamais desfraldaram a bandeira da 'Anistia, ampla, geral e irrestrita' com o intuito de defender a impunidade dos agentes da repressão" (SILVA FILHO, José Carlos Moreira. *Justiça de transição da ditadura civil-militar ao debate justransicional*: direito à memória e à verdade e os caminhos da reparação e da anistia no Brasil. Porto Alegre: Livraria do Advogado, 2015, p. 93, nota de rodapé 23).

88 SILVA FILHO, José Carlos Moreira. *Justiça de transição da ditadura civil-militar ao debate justransicional*: direito à memória e à verdade e os caminhos

importância quando confrontado com precedentes internacionais sobre o tema, como será abordado adiante.

1.2.1 Os precedentes internacionais sobre anistia

Diversos casos julgados na Corte IDH apontam para o caráter não convencional das leis de anistia, tendo em vista a violação às garantias judiciais acerca da investigação e eventual punição daqueles que praticaram crimes contra a humanidade. Tais crimes são caracterizados pela Corte como imprescritíveis, em razão da circunstância de ataque generalizado e sistemático à população civil, com práticas como desaparecimento forçado, homicídio, sequestro ou ocultação de cadáver.

O caso Velasquez Rodrigues, por exemplo, refere-se à detenção violenta, sem mandado judicial, e ao posterior desaparecimento forçado de Ángel Manfredo Velásquez Rodríguez levada a cabo por agentes da Direção Nacional de Investigações das Forças Armadas de Honduras.[89] Assim, antes mesmo do Caso Gomes Lund, a Corte IDH já apontava, pelo menos desde 1988, quando o Poder Judiciário ou o Ministério Público nacionais não atuavam a contento na investigação de crimes contra a humanidade. No presente caso, o desaparecimento forçado de Velasquez Rodríguez não foi diligenciado corretamente pelas autoridades de tais instituições,

---

da reparação e da anistia no Brasil. Porto Alegre: Livraria do Advogado, 2015, p. 96, nota de rodapé 23.

89 CORTE INTERAMERICANA DE DIREITOS HUMANOS (CORTE IDH). *Caso Velásquez Rodríguez Vs. Honduras*. Sentença de 29 de julho de 1988. Presidente: Rafael Nieto Navia. San José, Costa Rica, 29 jul. 1988, p. 1. Disponível em: https://www.corteidh.or.cr/docs/casos/articulos/seriec_04_por.pdf. Acessado em: 31.08.2023.

tendo em vista que os recursos internos utilizados para buscar o paradeiro da vítima não se mostraram adequados para tal fim.[90] [91]

No precedente, todo o desenvolvimento do delito de desaparecimento forçado é descrito. É relevante considerar que a Corte leva em conta o caráter sistemático e reiterado de tais práticas estatais mesmo quando não está diante de um cenário com milhares de vítimas, eis que, no caso Velásquez, aponta-se que as Forças Armadas hondurenhas tenham atuado de tal modo contra 100 a 150 pessoas.[92] Desse modo, a Corte condenou o Estado de Honduras, reconhecendo-o como responsável pelo desaparecimento forçado levado a cabo de modo oficial e sistemático, potencializado em face da não concretização do dever de proteção estatal aos direitos humanos. Isso é relevante porque algumas das decisões judiciais adiante analisadas buscam afastar os crimes contra a humanidade praticados no Brasil utilizando, justamente,

---

90 Nesse sentido, sustenta a Corte: "Ficou comprovada, como já foi verificado pela Corte anteriormente, a abstenção do Poder Judiciário em atender os recursos apresentados perante diversos tribunais no presente caso. Nenhum recurso de exibição pessoal foi tramitado. Nenhum juiz teve acesso aos lugares onde eventualmente pudesse haver estado detido Manfredo Velásquez. A investigação criminal iniciada concluiu com o seu arquivamento" (CORTE INTERAMERICANA DE DIREITOS HUMANOS (CORTE IDH). *Caso Velásquez Rodríguez Vs. Honduras.* Sentença de 29 de julho de 1988. Presidente: Rafael Nieto Navia. San José, Costa Rica, 29 jul. 1988, p. 35. Disponível em: https://www.corteidh.or.cr/docs/casos/articulos/seriec_04_por.pdf. Acessado em: 31.08.2023).

91 CORTE INTERAMERICANA DE DIREITOS HUMANOS (CORTE IDH). *Caso Velásquez Rodríguez Vs. Honduras.* Sentença de 29 de julho de 1988. Presidente: Rafael Nieto Navia. San José, Costa Rica, 29 jul. 1988, pp. 14-16. Disponível em: https://www.corteidh.or.cr/docs/casos/articulos/seriec_04_por.pdf. Acessado em: 31.08.2023.

92 CORTE INTERAMERICANA DE DIREITOS HUMANOS (CORTE IDH). *Caso Velásquez Rodríguez Vs. Honduras.* Sentença de 29 de julho de 1988. Presidente: Rafael Nieto Navia. San José, Costa Rica, 29 jul. 1988, pp. 27/28. Disponível em: https://www.corteidh.or.cr/docs/casos/articulos/seriec_04_por.pdf. Acessado em: 31.08.2023.

o aspecto quantitativo relacionado ao número supostamente baixo de homicídios no caso brasileiro.[93]

O caso Barrios Altos, por sua vez, relaciona-se à execução sumária de 15 pessoas em um atentado ocorrido em imóvel situado em Barrios Altos, na cidade de Lima. Na ocasião, outras quatro pessoas restaram gravemente feridas. Aponta-se que agressores faziam parte do Exército peruano, compondo "esquadrão de eliminação" que desenvolviam uma agenda própria antissubverssiva, enquanto as vítimas eram supostas integrantes do grupo Sendero Luminoso.[94] O contexto do caso tem como pano de fundo a aprovação, no Peru, da Lei de Anistia n. 26.479, a qual acarretou a extinção da punibilidade de tais delitos, sendo que o respectivo projeto

> não foi anunciado publicamente nem debatido, tendo sido aprovado tão logo foi apresentado, nas primeiras horas de 14 de junho de 1995. A Lei foi promulgada de imediato pelo Presidente e entrou em vigor em 15 de junho de 1995.[95]

---

93 Tem-se, por exemplo, caso no qual o juiz federal questiona o caráter de crimes contra a humanidade cometidos na ditadura militar comparando tal realidade com a quantidade de mortos no genocídio armênio, a qual, como fora bem mais elevada, somente assim ter-se-ia a caracterização do ataque sistemático e generalizado à população civil (BRASIL. Tribunal Regional Federal da Terceira Região. Seção Judiciária de São Paulo. (1. Vara Federal). *Ação penal 0005946-82.2018.4.03.6181*. 2018, pp. 54/55).

94 CORTE INTERAMERICANA DE DIREITOS HUMANOS (CORTE IDH). *Caso Barrios Altos Vs. Perú*. Sentencia de 14 de marzo de 2001. Presidente: Antônio A. Cançado Trindade. San José, Costa Rica, 14 mar. 2001, p. 2. Disponível em: https://www.corteidh.or.cr/docs/casos/articulos/Seriec_75_esp.pdf. Acessado em: 31.08.2023.

95 CORTE INTERAMERICANA DE DIREITOS HUMANOS (CORTE IDH). *Caso Barrios Altos Vs. Perú*. Sentencia de 14 de marzo de 2001. Presidente: Antônio A. Cançado Trindade. San José, Costa Rica, 14 mar. 2001, p. 4. Disponível em: https://www.corteidh.or.cr/docs/casos/articulos/Seriec_75_esp.pdf. Acessado em: 31.08.2023.

Nesse precedente, a Corte detalha os dispositivos da Convenção Interamericana tidos por violados diante de tais leis.[96]

Postura semelhante pode ser verificada no caso Almonacid Arellano, o qual referia-se à execução extrajudicial de Luís Alfredo Almonacid Arellano e à impossibilidade de responsabilização dos respectivos autores tendo em vista a aprovação, pelo Chile, do

96 "41. Esta Corte considera que são inadmissíveis as disposições de anistia, as disposições de prescrição e o estabelecimento de excludentes de responsabilidade que pretendam impedir a investigação e punição dos responsáveis por graves violações de direitos humanos, tais como tortura, execuções sumárias, extralegais ou arbitrárias e desaparecimentos forçados, todas elas proibidas por violar direitos inderrogáveis reconhecidos pelo Direito Internacional dos Direitos Humanos. 42. A Corte, conforme o alegado pela Comissão e não controvertido pelo Estado, considera que as leis de anistia adotadas pelo Peru impediram que os familiares das vítimas e as vítimas sobreviventes no presente caso fossem ouvidas por um juiz, conforme o indicado no artigo 8.1 da Convenção; violaram o direito à proteção judicial, consagrado no artigo 25 da Convenção; impediram a investigação, persecução, captura, julgamento e punição dos responsáveis pelos fatos ocorridos em Barrios Altos, descumprindo o artigo 1.1 da Convenção; e obstruíram o esclarecimento dos fatos do caso. Finalmente, a adoção das leis de autoanistia, incompatíveis com a Convenção, descumpriu a obrigação de adequar o direito interno, consagrada no artigo 2 da mesma. 43. A Corte considera necessário enfatizar que, à luz das obrigações gerais consagradas nos artigos 1.1 e 2 da Convenção Intermericana, os Estados Partes têm o dever de tomar providências de todo tipo para que ninguém seja privado da proteção judicial e do exercício do direito a um recurso simples e eficaz, nos termos dos artigos 8 e 25 da Convenção. É por isso que, quando adotam leis que tenham este efeito, como o caso das leis de autoanistia, os Estados Partes na Convenção incorrem na violação dos artigos 8 e 25, combinados com os artigos 1.1 e 2 da Convenção. As leis de autoanistia conduzem à vulnerabilidade das vítimas e à perpetuação da impunidade, motivo pelo qual são manifestamente incompatíveis com a letra e o espírito da Convenção Intermericana. Este tipo de lei impede a identificação dos indivíduos responsáveis por violações de direitos humanos, na medida em que obstaculiza a investigação e o acesso à justiça e impede as vítimas e seus familiares de conhecerem a verdade e de receberem a reparação correspondente" (CORTE INTERAMERICANA DE DIREITOS HUMANOS (CORTE IDH). *Caso Barrios Altos Vs. Perú.* Sentencia de 14 de marzo de 2001. Presidente: Antônio A. Cançado Trindade. San José, Costa Rica, 14 mar. 2001, p. 15. Disponível em: https://www.corteidh.or.cr/docs/casos/articulos/Seriec_75_esp.pdf. Acessado em: 31.08.2023).

Decreto Lei n. 2.191, em 1978. Tal decreto concedia anistia aos agressores de Almonacid Arellano.[97] Deve ser ressaltado, ainda que a esposa de Almonacid Arellano, grávida de 8 meses, testemunhou a execução, que ocorreu após o sequestro do esposo. A situação de estresse acarretou o rompimento de sua placenta, com a consequente morte do filho do casal.[98]

Se torna relevante, diante desses precedentes, questionar: quais critérios a Corte IDH utiliza para caracterizar uma lei de anistia como "autoanistia"? No caso Almonacid Arellano, ficou claro que, para a Corte, basta a lei ter sido adotada pelo próprio regime militar em uma tentativa de subtrair seus atos à Justiça para configuração de uma anistia em confronto com o direito internacional.[99] [100] Logo, a distinção efetivada pelo STF, em especial no voto do Ministro Eros

---

97 CORTE INTERAMERICANA DE DIREITOS HUMANOS (CORTE IDH). *Caso Almonacid Arellano e outros Vs. Chile*. Sentença de 26 de setembro de 2006. Presidente: Sergio García Ramírez. San José, Costa Rica, 14 mar. 2001, p. 2. Disponível em: https://www.cnj.jus.br/wp-content/uploads/2016/04/7172fb59c130058bc5a96931e41d04e2.pdf. Acessado em: 31.08.2023.

98 CORTE INTERAMERICANA DE DIREITOS HUMANOS (CORTE IDH). *Caso Almonacid Arellano e outros Vs. Chile*. Sentença de 26 de setembro de 2006. Presidente: Sergio García Ramírez. San José, Costa Rica, 14 mar. 2001, p. 20. Disponível em: https://www.cnj.jus.br/wp-content/uploads/2016/04/7172fb59c130058bc5a96931e41d04e2.pdf. Acessado em: 31.08.2023.

99 "Por outro lado, embora a Corte note que o Decreto Lei n. 2.191 concede basicamente uma autoanistia, posto que foi emitido pelo próprio regime militar para subtrair da ação da justiça, principalmente, seus próprios crimes, ressalta que um Estado viola a Convenção Interamericana quando edita disposições que não estão em conformidade com as obrigações dentro da mesma" (CORTE INTERAMERICANA DE DIREITOS HUMANOS (CORTE IDH). *Caso Almonacid Arellano e outros Vs. Chile*. Sentença de 26 de setembro de 2006. Presidente: Sergio García Ramírez. San José, Costa Rica, 14 mar. 2001, p. 51. Disponível em: https://www.cnj.jus.br/wp-content/uploads/2016/04/7172fb59c130058bc5a96931e41d04e2.pdf. Acessado em: 31.08.2023).

100 CORTE INTERAMERICANA DE DIREITOS HUMANOS (CORTE IDH). *Caso Almonacid Arellano e outros Vs. Chile*. Sentença de 26 de setembro de 2006. Presidente: Sergio García Ramírez. San José, Costa Rica, 14 mar. 2001, p. 51. Disponível em: https://www.cnj.jus.br/wp-content/uploads/2016/04/7172fb59c130058bc5a96931e41d04e2.pdf. Acessado em: 31.08.2023.

Grau, para afastar a aplicação de tal precedente, baseada na tese de que a lei brasileira não foi uma "autoanistia" eis que fruto de "pacto político", caracterização em si mesma contestada, mostra-se equivocada.

No Caso Gomes Lund, cuja sentença data de 24 de novembro de 2010, a Corte IDH condenou a República Federativa do Brasil pelo desaparecimento forçado, detenção arbitrária e tortura de 70 pessoas, dentre as quais estavam membros do Partido Comunista do Brasil e camponeses atuantes no contexto da Guerrilha do Araguaia.[101] A Comissão Interamericana de Direitos Humanos, ao submeter o caso à Corte, destacou que o Estado brasileiro não vinha cumprindo adequadamente as determinações internacionais em prol da investigação e punição dos agentes da ditadura, citando como empecilho, justamente, a Lei n. 6.683/69. O caso é importante, pois a Corte destacou que crimes contra a humanidade foram praticados pela ditadura militar, com a utilização da "investidura oficial e recursos outorgados pelo Estado para [fazer] desaparecer a todos os membros da Guerrilha do Araguaia".[102]

---

101 CORTE INTERAMERICANA DE DIREITOS HUMANOS (CORTE IDH). *Caso Almonacid Arellano e outros Vs. Chile*. Sentença de 26 de setembro de 2006. Presidente: Sergio García Ramírez. San José, Costa Rica, 14 mar. 2001, pp. 3/4. Disponível em: https://www.cnj.jus.br/wp-content/uploads/2016/04/7172fb59c130058bc5a96931e41d04e2.pdf. Acessado em: 31.08.2023.

102 A Corte assenta, ainda, que não há qualquer dúvida acerca dos desaparecimentos forçados efetivados por agentes estatais: "A modo de conclusão, com base nas informações do Estado e nas considerações anteriores, o Tribunal encontra provado que, entre os anos 1972 e 1974, na região conhecida como Araguaia, agentes estatais foram responsáveis pelo desaparecimento forçado de 62 pessoas identificadas como supostas vítimas do presente caso. Transcorridos mais de 38 anos, contados do início dos desaparecimentos forçados, somente foram identificados os restos mortais de duas delas. O Estado continua sem definir o paradeiro das 60 vítimas desaparecidas restantes, na medida em que, até a presente data, não ofereceu uma resposta determinante sobre seus destinos. A esse respeito, o Tribunal reitera que o desaparecimento forçado tem caráter permanente e persiste enquanto não se conheça o paradeiro da vítima ou se encontrem seus restos, de modo que se determine com certeza sua identidade" (CORTE INTERAMERICANA DE DIREITOS HUMANOS (CORTE IDH). *Caso Gomes Lund e outros*

[103] Ainda assim, na ocasião em que o Presidente da República homenageou como herói nacional Sebastião "Curió", um dos agentes responsáveis por tais crimes na repressão à Guerrilha, o juiz federal do caso expressamente duvidou da prática dos delitos, como adiante demonstrado.

Finalmente, o caso Herzog refere-se à detenção arbitrária de Vladimir Herzog, ocorrida no dia 25 de outubro de 1975, que foi seguida de sua tortura e homicídio. O crime ocorreu em contexto no qual o Destacamento de Operações de Informação – Centro de Operações de Defesa Interna (DOI-CODI) de São Paulo intensificava a repressão no âmbito da Operação Radar, que buscava desmantelar o Partido Comunista Brasileiro (PCB) e seus membros, bem como intimidar jornalistas críticos ao regime.[104] O precedente é importante para reafirmar como a tese em torno de que haveria uma suposta legitimidade dos atos estatais brasileiros, em razão da existência de um suposto conflito bélico com forças de esquerda, é incorreta, pois, na verdade, foram praticados crimes comuns que mereciam ser julgados conforme o direito, o que não ocorreu.[105]

("Guerrilha do Araguaia") Vs. Brasil. Sentença de 24 de novembro de 2010. Presidente: Diego García-Sayán. San José, Costa Rica, 24 nov. 2010, pp. 44/45. Disponível em: https://www.corteidh.or.cr/docs/casos/articulos/seriec_219_por.pdf. Acessado em: 31.08.2023).

103 CORTE INTERAMERICANA DE DIREITOS HUMANOS (CORTE IDH). *Caso Gomes Lund e outros ("Guerrilha do Araguaia") Vs. Brasil.* Sentença de 24 de novembro de 2010. Presidente: Diego García-Sayán. San José, Costa Rica, 24 nov. 2010, p. 30. Disponível em: https://www.corteidh.or.cr/docs/casos/articulos/seriec_219_por.pdf. Acessado em: 31.08.2023.

104 CORTE INTERAMERICANA DE DIREITOS HUMANOS (CORTE IDH). *Caso Gomes Lund e outros ("Guerrilha do Araguaia") Vs. Brasil.* Sentença de 24 de novembro de 2010. Presidente: Diego García-Sayán. San José, Costa Rica, 24 nov. 2010, pp. 24/25 e 38. Disponível em: https://www.corteidh.or.cr/docs/casos/articulos/seriec_219_por.pdf. Acessado em: 31.08.2023.

105 "Do mesmo modo, antes de passar a estabelecer os aspectos de mérito relativos às alegações de direito apresentados pelas partes, cabe observar que as anistias aprovadas no ocaso de algumas das ditaduras sul-americanas da época – como foi o caso brasileiro, no qual a Lei de Anistia antecede o

A apresentação sumária de tais precedentes era importante para a presente pesquisa porque se constatam, a partir dos episódios por ela analisados, alguns vícios judiciais na utilização deles por juízes e tribunais brasileiros, tais como: a) má intepretação da decisão, supondo que a Corte IDH não determinara a persecução penal dos delitos, mas, meramente, outras formas de busca pela verdade;[106] b) completa ignorância da existência de decisão internacional aplicável ao caso, omitindo-se a decisão judicial mesmo diante da respectiva causa de pedir expressamente sustentar a aplicação do precedente;[107] c) a suposição de que um juiz federal

---

advento da democracia – pretenderam legitimar-se sob a ilusória existência de um conflito armado, cujos supostos vencedores, magnanimamente, encerravam o alegado conflito declarando típicos os crimes cometidos por todos os intervenientes. Não obstante, infere-se do contexto do presente caso a total ausência de atos bélicos, apresentando-se, no máximo, crimes de motivação política, que deviam ser julgados e punidos conforme o direito, mas que, na realidade, foram reprimidos por meios criminosos e serviram de pretexto para a perseguição de políticos, militantes, sindicalistas, jornalistas, artistas e qualquer pessoa que o regime ditatorial considerasse dissidente ou perigosa para seu poder" (CORTE INTERAMERICANA DE DIREITOS HUMANOS (CORTE IDH). *Caso Herzorg e outros Vs. Brasil.* Sentença de 15 de março de 2018. Presidente: Eduardo Ferrer Mac-Gregor Poisot. San José, Costa Rica, 15 mar. 2018, p. 43. Disponível em: https://www.corteidh.or.cr/docs/casos/articulos/seriec_353_por.pdf. Acessado em: 31.08.2023). Assim, a alegação de que a anistia foi necessária tendo em vista uma suposta generalização da luta armada da esquerda é retórica que não corresponde à verdade, sendo um exagero desenvolvido, unicamente, para promover um artificial estado de coisas apto a justificar uma anistia que abrangeu os crimes comuns cometidos.

106 BRASIL. Tribunal Regional Federal da Primeira Região. Seção Judiciária do Pará. Subseção Judiciária de Marabá. (2. Vara Federal Cível e Criminal). *Ação penal 0001162-79.2012.4.01.3901.* Sequestro qualificado praticado por Sebastião Rodrigues de Moura, "Major Curió". Marabá, 2012, p. 19.

107 BRASIL. Tribunal Regional Federal da Primeira Região. Seção Judiciária de Minas Gerais. (15. Vara Federal). *Ação Civil Pública 1000944-36.2018.4.01.3800.* Mudança no nome da rua Presidente Médici e das avenidas Presidente Castelo Branco e Presidente Costa e Silva, situadas no Parque de Material Aeronáutico de Lagoa Santa. Belo Horizonte, 2018.

pode promover até mesmo *overruling* de precedente internacional, superando-o, portanto.[108]

1.3 Casos analisados que merecem destaque

Dentre os casos analisados para esta pesquisa, alguns merecem especial destaque tendo em vista a quantidade de vícios aptos a caracterizar a atuação judicial como autoritária, não podendo ser isolados numa única categoria justamente porque ostentam características que dialogam entre si. Por exemplo, a partir do estudo da ação penal cuja vítima fora Etienne Romeu, será possível perceber de modo mais saliente dois dos vícios elencados no próximo capítulo, quais sejam, o rigor excessivo na avaliação da prova e aplicação da legalidade autoritária da ditadura. Desse modo, a fim de evitar repetições desnecessárias quando da análise de cada um dos dez vícios adiante elencados, faz-se no momento uma breve apresentação dos fatos pertinentes a cada ação considerada especialmente relevante.

Todos os casos devem ser lidos conferindo-se especial atenção para o aspecto colaborativo desenvolvido entre juízes e quaisquer agentes que busquem sustentar a tese em torno do negacionismo da ditadura militar, como o Presidente Jair Bolsonaro. O engajamento denota a "colaboração interinstitucional autoritária" elencada no capítulo final, a qual demonstra como uma prática apologética ao período de exceção desenvolvida, inicialmente, pelo Poder Executivo, acabou sendo aceita e, às vezes, potencializada, pelo Poder Judiciário. A tentativa de resistência constitucional também deve ser destacada, notando-se a dificuldade prática em se proteger adequadamente o regime democrático.

---

108 BRASIL. Tribunal Regional Federal da Segunda Região. Seção Judiciária do Rio de Janeiro. (2. Vara Federal). *Ação penal 0801434-65.2013.4.02.5101*. Rio de Janeiro, 2013, pp. 28/29.

1.3.1 Riocentro

Diversos militares insatisfeitos com as denominadas "abertura" e "distensão" do regime militar, promovidas nas administrações de Ernesto Geisel e João Figueiredo, tramaram um atentado a bomba quando da realização do tradicional *show* no centro de convenções Riocentro na véspera do Dia do Trabalhador, em 31 de abril de 1981, no Rio de Janeiro. Tal evento arrecadaria fundos para o PCB, de forma que um atentado lá realizado tinha alto valor simbólico, sendo capaz, em tese, de justificar novo endurecimento do regime, na medida em que se buscaria responsabilizar, falsamente, grupos comunistas pelo ataque.[109] No entanto, o atentado acabou sendo frustrado, tendo em vista que uma das bombas foi detonada acidentalmente no estacionamento do Riocentro, matando o sargento Guilherme Pereira do Rosário e ferindo o capitão Wilson Luís Chaves Machado, ambos militares. As vítimas estavam em um veículo Puma marrom e eram lotados no DOI-CODI do I Exército.[110] Além dessa bomba, uma segunda chegou a ser detonada na Casa de Força do Riocentro, mas não conseguiu atingir a alimentação da energia, de forma que não alcançou o objetivo pretendido, que era interromper o fornecimento de energia para o evento e, assim, causar pânico.[111]

---

109 BRASIL. Tribunal Regional Federal da Segunda Região. Seção Judiciária do Rio de Janeiro. (6. Vara Federal Criminal). *Ação penal 0017766-09.2014.4.02.5101*. Julgador: Ana Paula Vieira De Carvalho. Rio de Janeiro, 2014, pp. 9-11.

110 BRASIL. Comissão Nacional da Verdade. *Relatório*. Brasília, DF: CNV, 2014, p. 659. (Relatório da Comissão Nacional da Verdade; vol. 1). Disponível em: http://cnv.memoriasreveladas.gov.br/images/pdf/relatorio/volume_1_digital.pdf. Acessado em: 31.08.2023.

111 BRASIL. Comissão Nacional da Verdade. *Relatório*. Brasília, DF: CNV, 2014, p. 660. (Relatório da Comissão Nacional da Verdade; vol. 1). Disponível em: http://cnv.memoriasreveladas.gov.br/images/pdf/relatorio/volume_1_digital.pdf. Acessado em: 31.08.2023.

Na ação penal ajuizada, o MPF narra as circunstâncias nas quais duas bombas foram detonadas, destacando o intuito de que o referido pânico potencializasse o número de mortes e levando em conta a estimativa de cerca de 20.000 pessoas no local. Também foi considerado que não se alcançou o resultado pretendido por fatos alheios à vontade dos autores, de forma que se caracterizaria o delito de tentativa de homicídio qualificado pelo motivo torpe e utilização de explosivos.[112] Além disso, o MPF narra que tais agentes compunham um grupo de extrema direta nas Forças Armadas brasileiras, formado por diversas outras pessoas já falecidas ou não identificadas. O grupo estava insatisfeito com a gradativa perda de poder de órgãos de inteligência como o Serviço Nacional de Informações (SNI), sendo responsável por diversos outros atentados no Brasil.[113]

O caso é importante para demonstrar a compreensão do Poder Judiciário em relação aos crimes contra a humanidade, pois a questão chegou a ser debatida pelo Superior Tribunal de Justiça (STJ). Nas instâncias ordinárias, o negacionismo judicial em torno de tais crimes será evidenciado, diante da pretensa inexistência de uma política voltada, generalizada e sistematicamente, para ataques à população civil.

1.3.2 Rubens Paiva

Rubens Beyrodt Paiva foi um Deputado Federal por São Paulo que teve o seu mandato cassado pela ditadura militar através do

---

112 BRASIL. Tribunal Regional Federal da Segunda Região. Seção Judiciária do Rio de Janeiro. (6. Vara Federal Criminal). *Ação penal 0017766-09.2014.4.02.5101*. Julgador: Ana Paula Vieira De Carvalho. Rio de Janeiro, 2014, pp. 2-5.

113 BRASIL. Tribunal Regional Federal da Segunda Região. Seção Judiciária do Rio de Janeiro. (6. Vara Federal Criminal). *Ação penal 0017766-09.2014.4.02.5101*. Julgador: Ana Paula Vieira De Carvalho. Rio de Janeiro, 2014, p. 12.

procedimento previsto no primeiro ato institucional.[114] Em 20 de janeiro de 1971, Paiva foi sequestrado em sua casa por agentes da ditadura, em razão de ser um dos destinatários de cartas encaminhadas por exilados no Chile que haviam sido apreendidas no Aeroporto do Galeão quando da revista de Cecília Correia Viveiros de Castro e Marilene de Lima Corona.[115]

Diante da tortura praticada pelos agentes oficiais que o sequestraram, Paiva veio a falecer e, tendo em vista a condição de figura pública por ele ostentada, foi criado todo um cenário artificioso para tentar caracterizar sua suposta fuga das dependências do 1º Batalhão de Polícia do Exército, no Rio de Janeiro.[116] O caso é importante porque a superação da farsa montada pela ditadura para ocultar o crime se mostra essencial para evidenciar a falsidade do discurso de membros da Comissão da Anistia indicados pela então Ministra de Estado da Mulher, Família e Direitos Humanos, os quais puseram em dúvida o homicídio praticado.

1.3.3 Etienne Romeu

Inês Etienne Romeu era uma militante e dirigente que integrava a Vanguarda Popular Revolucionária. A jovem foi sido sequestrada, torturada e estuprada ao longo dos dias que seguiram à data de 5 de maio de 1971. Os abusos ocorreram especialmente depois do seu envio, três dias após o sequestro, à "Casa da Morte", localizada em Petrópolis, no Rio de Janeiro.

---

114 BRASIL. Tribunal Regional Federal da Segunda Região. Seção Judiciária do Rio de Janeiro. (6. Vara Federal Criminal). *Ação penal 0017766-09.2014.4.02.5101*. Julgador: Ana Paula Vieira De Carvalho. Rio de Janeiro, 2014, p. 562.

115 BRASIL. Tribunal Regional Federal da Segunda Região. Seção Judiciária do Rio de Janeiro. (6. Vara Federal Criminal). *Ação penal 0017766-09.2014.4.02.5101*. Julgador: Ana Paula Vieira De Carvalho. Rio de Janeiro, 2014, p. 562.

116 BRASIL. Tribunal Regional Federal da Segunda Região. Seção Judiciária do Rio de Janeiro. (6. Vara Federal Criminal). *Ação penal 0017766-09.2014.4.02.5101*. Julgador: Ana Paula Vieira De Carvalho. Rio de Janeiro, 2014, pp. 12-23.

Esses fatos foram narrados pelo MPF na denúncia ofertada contra Antônio Waneir Pinheiro Lima, o "Camarão".[117] Inês foi uma sobrevivente do mencionado centro clandestino de tortura, execuções e desaparecimentos forçados, o qual era mantido pelo Centro de Informações do Exército (CIE) como um centro de apoio ao DOI-CODI.[118] Diversos vícios tornam o estudo desse caso importante, como a aplicação da legalidade autoritária do período de exceção ou, novamente, a negação dos crimes contra a humanidade.

1.3.4 Antonio Torini

Livonete Aparecida Torini, herdeira do anistiado político Antonio Torini, ajuizou ação pleiteando danos morais em face das perseguições sofridas por seu esposo durante a ditadura militar. O estudo do caso é ainda mais rico tendo em vista que ele envolve a atuação de empresas em colaboração com a ditadura militar. No caso, tratava-se da Volkswagen, a qual procedeu, até mesmo, à detenção de Antonio Torini, realizada através da própria segurança da indústria.[119]

A argumentação desenvolvida pela 6ª Turma do Tribunal Regional Federal (TRF) da 3ª Região quando do julgamento de

---

117 BRASIL. Tribunal Regional Federal da Segunda Região. (8. Turma Especializada). *Agravo de Instrumento 0003169-41.2016.4.02.0000*. Acórdão. Relator: Marcelo Pereira da Silva, 27 out. 2016. Rio de Janeiro, 2016, pp. 2/3. Disponível em: https://www10.trf2.jus.br/consultas/?movimento=cache&q=cache:RFLgBIwgiJIJ:ementas.trf2.jus.br/apolo/databucket/idx%3Fprocesso%3D201600000031690%26coddoc%3D479215%26datapublic%3D2016-10-28%26pagdj%3D637/647+&site=v2_jurisprudencia&client=v2_index&proxystylesheet=v2_index&lr=lang_pt&ie=UTF-8&output=xml_no_dtd&access=p&oe=UTF-8. Acessado em: 31.08.2023.

118 BRASIL. Comissão Nacional da Verdade. *Relatório*. Brasília, DF: CNV, 2014, p. 798. (Relatório da Comissão Nacional da Verdade; vol. 1). Disponível em: http://cnv.memoriasreveladas.gov.br/images/pdf/relatorio/volume_1_digital.pdf. Acessado em: 31.08.2023.

119 BRASIL. Tribunal Regional Federal da Terceira Região. (6. Turma). *Apelação Cível 5000493-21.2020.4.03.6126*. Acórdão. Relator: Des. Fed. Johonsom Di Salvo, 05.03.2021. São Paulo, 2021, p. 16.

remessa necessária interposta no caso revela um conjunto de ofensas ao devido processo legal capazes de colocar em dúvida a própria imparcialidade do relator do caso, como também será pontuado no capítulo seguinte.

1.3.5 Homenagem a Sebastião "Curió" pelo Presidente da República

Em 4 de maio de 2020, o Presidente da República reuniu-se com Sebastião "Curió" Rodrigues de Moura, um dos agentes da ditadura militar responsáveis por graves violações de direitos humanos no contexto da Guerrilha do Araguaia, conforme estabelecido pelo relatório da Comissão Nacional da Verdade.[120] Tal reunião foi noticiada nas redes sociais oficiais da Secretaria de Comunicação, tendo tais postagens qualificado o Major Curió como "herói do Brasil".[121] O militar foi alvo de diversas ações penais por parte do MPF.[122]

---

120 BRASIL. Comissão Nacional da Verdade. *Relatório*. Brasília, DF: CNV, 2014, p. 927. (Relatório da Comissão Nacional da Verdade; vol. 1). Disponível em: http://cnv.memoriasreveladas.gov.br/images/pdf/relatorio/volume_1_digital.pdf. Acessado em: 31.08.2023.

121 BRASIL. Tribunal Regional Federal da Terceira Região. *Ação n. 5010000-84.2020.4.03.6100*. Direito de resposta em face de homenagem ao Major Sebastião Curió. São Paulo, 2020, p. 2.

122 BRASIL. Tribunal Regional Federal da Primeira Região. Seção Judiciária do Pará. Subseção Judiciária de Marabá. (2. Vara Federal Cível e Criminal). *Ação penal 0001162-79.2012.4.01.3901*. Sequestro qualificado praticado por Sebastião Rodrigues de Moura, "Major Curió". Marabá, 2012; BRASIL. Tribunal Regional Federal da Primeira Região. Seção Judiciária do Pará. Subseção Judiciária de Marabá. (1. Vara Federal). *Ação penal 0000342-55.2015.4.01.3901*. Marabá, 2015; BRASIL. Tribunal Regional Federal da Primeira Região. Seção Judiciária do Pará. Subseção Judiciária de Marabá. (1. Vara Federal Cível e Criminal). *PIC-MP 1004937-41.2019.4.01.3901*. 16 dez. Marabá, 2019; BRASIL. Tribunal Regional Federal da Primeira Região. Seção Judiciária do Pará. Subseção Judiciária de Marabá. (1. Vara Federal Cível e Criminal). *Ação Penal 0000208-86.2019.4.01.3901*. Marabá, 2019 e BRASIL. Tribunal Regional Federal da Primeira Região. Seção Judiciária

Tal fato levou familiares de vítimas da Guerrilha do Araguaia a solicitarem perante a administração pública direito de resposta, tendo em vista que as vítimas de Curió foram retratadas, na ocasião, como "inimigos nacionais". A resposta pleiteada pelas famílias seria proporcional ao agravo realizado, ostentando a mesma quantidade de caracteres da notícia e imagem preta ao fundo, levando em conta que a foto de Curió, ao lado do Presidente da República sorrindo, também fora veiculada na nota oficial sobre o encontro.[123] Contudo, tal pedido foi negado,[124] fazendo surgir o interesse de agir necessário para propositura da ação judicial com base no art. 5º da Lei n. 13.188/2015.[125]

---

do Pará. Subseção Judiciária de Marabá. (1. Vara Federal Cível e Criminal). *Ação Penal 1004994-59.2019.4.01.3901*. Marabá, 2019.

123 Eis o teor da nota de resposta pretendida: "O governo brasileiro, na atuação contra a guerrilha do Araguaia, violou os Direitos Humanos, praticou torturas e homicídios, sendo condenado pela Corte Interamericana de Direitos Humanos por tais fatos. Um dos participantes destas violações foi o Major Curió e, portanto, nunca poderá ser chamado de herói. A SECOM retifica a divulgação ilegal que fez sobre o tema, em respeito ao direito à verdade e à memória" (BRASIL. Tribunal Regional Federal da Terceira Região. *Ação n. 5010000-84.2020.4.03.6100*. Direito de resposta em face de homenagem ao Major Sebastião Curió. São Paulo, 2020, p. 25).

124 A Secretaria Especial de Comunicação Social negou o pleito, argumentando que: a) órgãos públicos em redes sociais não se enquadram no conceito de "veículos de comunicação social" em sentido estrito, nos termos da Lei n. 13.188/2015, havendo projeto de lei para criar tal obrigação para os órgãos; b) existe uma multiplicidade de visões historiográficas a respeito de um mesmo contexto histórico, assim desenvolvendo argumentação semelhante àquela veiculada no caso da comemoração do golpe de Estado pelo Ministério da Defesa; c) aplicavam-se ao caso as razões elencadas na decisão do Ministro Dias Toffoli na Reclamação 1.326/RN, a qual suspendeu a decisão judicial que determinava a retirada da ordem do dia para comemoração do golpe militar, estudada adiante (BRASIL. Tribunal Regional Federal da Terceira Região. *Ação n. 5010000-84.2020.4.03.6100*. Direito de resposta em face de homenagem ao Major Sebastião Curió. São Paulo, 2020, pp. 1-5).

125 BRASIL. Tribunal Regional Federal da Terceira Região. *Ação n. 5010000-84.2020.4.03.6100*. Direito de resposta em face de homenagem ao Major Sebastião Curió. São Paulo, 2020, pp. 1/2 e 19.

Para os autores da ação, a exaltação de torturadores como heróis e o tratamento em termos de "inimigos da nação" daqueles que se opuseram à ditadura de modo armado relativiza a vida humana e atinge o direito de personalidade das vítimas, sendo, portanto, o caso, no mínimo, de concessão de direito de resposta.[126] Em relação a esses mesmos fatos, ocorridos no dia 4 de maio de 2020, há, ainda, ação popular na qual se busca a retirada liminar da homenagem a Sebastião Curió por parte da União, bem como pagamento de indenização por danos morais coletivos, com fundamentos semelhantes aos elencados na ação que pleiteia o direito de resposta, sustentando também que teria havido prática de incitação ou apologia ao crime.[127] Esse caso demonstra, dentre outros vícios, como o Poder Judiciário não percebe a urgência em decidir demandas desse tipo, postergando injustificadamente a análise da tutela de urgência ou reformando decisões concessivas.

1.3.6 Homenagem aos agentes da ditadura em bens públicos

A Universidade Federal Rural do Semi-Árido (UFERSA), atenta ao Relatório da Comissão Nacional da Verdade (CNV) e à atuação da Procuradoria Federal dos Direitos do Cidadão do MPF, promoveu importante medida em prol de uma efetiva Justiça de Transição ao alterar o nome do Ginásio de Esportes "Costa e Silva" e vedar qualquer outro tipo de homenagem em favor dos autores de graves violações de direitos humanos listados pela CNV, conforme norma aprovada pelo próprio Conselho Universitário

---

126 BRASIL. Tribunal Regional Federal da Terceira Região. *Ação n. 5010000-84.2020.4.03.6100.* Direito de resposta em face de homenagem ao Major Sebastião Curió. São Paulo, 2020, p. 16.

127 BRASIL. Tribunal Regional Federal da Primeira Região. Seção Judiciária do Distrito Federal. (8. Vara Federal Cível). *Ação Popular 1027385-22.2020.4.01.3400.* Petição inicial. Julgador: Francisco Alexandre Ribeiro, 08 maio 2020. Brasília, 2020, p. 19.

(CONSUNI) da instituição.[128] Isso somente foi possível a partir da relevante atuação do Professor Rafael Lamera Giesta Cabral, da Faculdade de Direito de tal instituição, que liderava o Grupo de Pesquisa em História Constitucional e Direitos Sociais, tendo se debruçado especificamente sobre a necessidade de reformas institucionais para a democracia na Universidade.[129] A concretização do regime democrático de modo colaborativo entre aquelas diversas instituições (CNV, Procuradoria Geral da República e a Universidade) logo encontraria uma resposta também coordenada e engajada entre outros agentes públicos com compreensão bastante diversa sobre a ditadura militar, destacando-se a atuação judicial.

Nesse contexto, o MPF apurou possível ato de improbidade administrativa da Reitora da Universidade Federal Rural do Semiárido (UFERSA), nomeada pelo Presidente da República após figurar como terceira colocada na consulta pública à comunidade acadêmica, relacionada à fixação de quadro em homenagem ao Presidente Costa e Silva. A homenagem realizada foi ostensivamente publicizada por meio de fotografias e vídeos divulgados por tal autoridade nas

---

128 UNIVERSIDADE FEDERAL RURAL DO SEMI-ÁRIDO (UFERSA). *Decisão CONSUNI/UFERSA n. 76/2018*, de 24 de julho de 2018. "Vedação a qualquer tipo de homenagem aos responsáveis por graves violações de direitos humanos no contexto da ditadura militar". Disponível em: https://documentos.ufersa.edu.br/wp-content/uploads/sites/79/2018/07/DECISAO_CONSUNI_076_2018.pdf. Acessado em: 31.08.2023.

129 AMARAL, Maria Teodora Rocha Maia; REIS, Ulisses Levy Silvério. "Construindo a Justiça de Transição nas Instituições Públicas: apontamentos sobre a experiência da Universidade Federal Rural do Semiárido". *In*: BIELSCHOWSKY, Raoni Macedo; CASTRO, Felipe Araújo; SANTOS, Maria Clara (Coord.). *Crises da Democracia*: fissuras, impasses e perspectivas. 1ª ed. Mossoró: EdUFERSA, 2021, p. 168.

redes sociais.[130] [131] A notícia de tal fato foi fruto de representação do Sindicato Estadual dos Trabalhadores em Educação do Ensino Superior do Rio Grande do Norte, que narrou que haveria possível prática de improbidade consubstanciada na ofensa ao princípio da legalidade, pois o Conselho Universitário (CONSUNI) de tal instituição de ensino havia aprovado norma vedando qualquer tipo de homenagem aos responsáveis por graves violações de direitos humanos referenciados no relatório final da CNV.[132]

Em 2020, o CONSUNI reiterou a validade da norma editada em 2018, determinando que o referido quadro fosse imediatamente retirado das dependências da UFERSA. Contudo, em seguida, a Reitora veta tal deliberação, justificando que Costa e Silva inaugurara o prédio da antiga Escola Superior de Agricultura de Mossoró (ESAM), hoje sede da UFERSA. A Reitora buscou, assim,

---

130 No caso, há ainda componente de intimidação à comunidade acadêmica, pois em tais exibições havia o cuidado de se efetivar o correto enquadramento do homenageado nas imagens veiculadas, como se constata num dos vídeos divulgados (BRASIL. Tribunal Regional Federal da Quinta Região. Seção Judiciária do Rio Grande do Norte. (8. Vara). *Ação Civil Pública 0801192-72.2020.4.05.8401*. Anulação do ato de nomeação da Reitora da UFERSA. Natal, 2020).

131 BRASIL. Tribunal Regional Federal da Quinta Região. Seção Judiciária do Rio Grande do Norte. (8. Vara). *Ação Civil Pública 0801192-72.2020.4.05.8401*. Anulação do ato de nomeação da Reitora da UFERSA. Natal, 2020.

132 "Art. 1º Alterar o nome do Ginásio de Esportes "Costa e Silva" da UFERSA para ginásio de esportes da UFERSA. Parágrafo único. Deverá ser extinta toda e qualquer homenagem, sob quaisquer formas, tal como títulos honoríficos, nomeação de prédios, salas ou espaços, nomeação de ruas, praças, ou logradouros dos *campi* da Instituição, que citar os 377 autores de graves violações de direitos humanos praticados durante a ditadura, identificados no Relatório Final da Comissão Nacional da Verdade, citados no anexo ao Ofício-circular n. 11/2018/PFDC/MPF" (UNIVERSIDADE FEDERAL RURAL DO SEMI-ÁRIDO (UFERSA). *Decisão CONSUNI/UFERSA n. 76/2018*, de 24 de julho de 2018. "Vedação a qualquer tipo de homenagem aos responsáveis por graves violações de direitos humanos no contexto da ditadura militar". Disponível em: https://documentos.ufersa.edu.br/wp-content/uploads/sites/79/2018/07/DECISAO_CONSUNI_076_2018.pdf. Acessado em: 31.08.2023).

demonstrar uma espécie de "resgate histórico" em tal homenagem. Tal tese recebeu apoio, até mesmo da Procuradoria Federal de tal instituição, que emitiu parecer favorável à manutenção do quadro, entendendo não haver qualquer "homenagem a ditadores"[133] no caso. Esse posicionamento será abordado, adiante, no contexto no negacionismo dos crimes contra a humanidade praticados.

A Procuradoria sustentou, ainda, que o quadro merecia ser mantido tendo em vista a necessidade de se proteger o patrimônio cultural brasileiro, nos termos do art. 216 da Constituição, eis que o quadro era portador de referência à "identidade dos diferentes grupos formadores da sociedade brasileira". Foi mencionada, ainda a necessidade de proteção contra destruição ou descaracterização de bens de valor histórico, nos termos do art. 23, IV, também da Constituição, e, por fim, o fato de que Costa e Silva é homenageado em diversas outras instituições. Nessa linha de raciocínio, sustentou-se que o ato de retirada poderia ser interpretado como uma ofensa ao patrimônio público, passível de responsabilização administrativa, civil e penal.[134]

Em relação à possível improbidade praticada pela Reitora da UFERSA que promoveu homenagem a Costa e Silva, mesmo diante de comprovada violação à norma editada pelo CONSUNI, o MPF arquivou a representação descrita anteriormente, argumentando que: a) colocar tal quadro nas dependências do gabinete da Reitoria não implica em qualquer ofensa ao Estado de Direito ou

---

133 BRASIL. Ministério Público Federal. *NF 1.28.100.000129/2020-13*. 2º Ofício da Procuradoria da República no Município de Mossoró. Parecer 00264/2020/GAB/PF-UFERSA/PGF/AGU. Ausência de violação ao Estado Democrático de Direito na homenagem de Costa e Silva em quadro ostentado no Gabinete da Reitoria. Mossoró: PRM-MOSSORO, 04 nov. 2020.

134 BRASIL. Ministério Público Federal. *NF 1.28.100.000129/2020-13*. 2º Ofício da Procuradoria da República no Município de Mossoró. Parecer 00264/2020/GAB/PF-UFERSA/PGF/AGU. Ausência de violação ao Estado Democrático de Direito na homenagem de Costa e Silva em quadro ostentado no Gabinete da Reitoria. Mossoró: PRM-MOSSORO, 04 nov. 2020.

a seus bens jurídicos;[135] b) o veto efetivado pela Reitora atendeu aos requisitos legais da UFERSA; c) a Reitora promoveu consulta à Procuradoria Federal antes de decidir, tendo o procurador da República transcrito trechos do parecer na promoção de arquivamento; d) houve perda de objeto no caso, eis que a Reitora acabou por voluntariamente retirar o quadro;[136] e) haveria um caráter ideológico na disputa acadêmica em questão e que não caberia ao MPF "atuar com base em posicionamentos de cunho ideológico ou político-partidário, pois que a valoração dos atos reputados como ilegais deve ser feita com o mínimo de objetividade, não havendo espaço para tipificação de atos como ilegais com base em meras conjecturas".[137] Houve recurso contra tal promoção de arquivamento, mas, ainda assim, o pronunciamento foi homologado pela 1ª Câmara de Coordenação e Revisão do MPF, que utilizou os mesmos fundamentos elencados pelo procurador da República.[138]

---

135 Consta da decisão de arquivamento: "Dito isso, tem-se que a representação decorre de pura disputa ideológica que ocorre no universo acadêmico, não cabendo ao Ministério Público Federal e, em última análise, ao Poder Judiciário, discutir aspectos que devem ficar restritos ao campo das ideias, quando inexistentes atos que ataquem, diretamente, bens juridicamente protegidos" (BRASIL. Ministério Público Federal. *NF 1.28.100.000129/2020-13*. 2º Ofício da Procuradoria da República no Município de Mossoró. p. 175).

136 Em relação a essa suposta perda do objeto, tem-se um equívoco, na medida em que eventos posteriores à consumação de um ilícito não são suficientes para apagar tal fato. Retratações, assim, podem incidir, quando muito, na valoração da sanção aplicada. Nesse sentido, a retirada posterior do quadro de Costa e Silva não acarreta a perda de interesse do MPF em buscar a persecução da improbidade, pois essa efetivamente se consumou a partir do momento em que a decisão do CONSUNI, tomada em 2018, foi descumprida.

137 BRASIL. Ministério Público Federal. *NF 1.28.100.000129/2020-13*. 2º Ofício da Procuradoria da República no Município de Mossoró. pp. 174/175.

138 A postura de tal procurador da República não é isolada, havendo um diálogo entre outros membros da instituição o qual mantém intactos os legados autoritários. Cabe relembrar, por exemplo, que a procuradora da República que promoveu o arquivamento dos autos no qual se discutia a constitucionalidade da homenagem a Castelo Branco em prédio público também não constatou qualquer ofensa ao regime democrático (BRASIL. Tribunal Regional Federal

Finalizando o circuito de análise institucional, tem-se o papel do juízo da 10ª Vara Federal da Subseção Judiciária de Mossoró, provocado para se pronunciar sobre o caso a partir da utilização dele pelo MPF como uma das causas de pedir capazes de demonstrar a urgência em torno do deferimento de medida liminar para suspensão do ato de nomeação da Reitora da UFERSA.[139] Nesse contexto, ação civil pública fora ajuizada pelo referido órgão buscando o respeito à autonomia universitária e à gestão democrática do ensino, violadas pelo Presidente da República ao não respeitar a vontade da comunidade acadêmica na respectiva consulta formulada. A fim de demonstrar o perigo e o risco aos direitos fundamentais dos alunos e professores, alvos da referida intimidação com a ostentação do quadro, o MPF detalhou a responsabilidade de Costa e Silva pelas graves violações de direitos humanos na ditadura militar, destacando a edição do ato institucional n. 5, como elencado na conclusão dos trabalhos da CNV.[140]

Mesmo diante de tal sustentação, o pedido liminar foi negado, destacando-se a declaração do Juiz Federal sobre o ditador, qualificado pelo magistrado como um mero "personagem controverso da ditadura miliar".[141] Perceba-se que um membro do Poder Judiciário não estava convencido de que Costa e Silva fora um ditador responsável pela prática de crimes contra a humanidade,

---

da 4ª Região. *Ação ordinária 5028801-04.2015.4.04.7100*. 2020. 4ª Turma. 24.06.2020).

139 BRASIL. Tribunal Regional Federal da Quinta Região. Seção Judiciária do Rio Grande do Norte. (8. Vara). *Ação Civil Pública 0801192-72.2020.4.05.8401*. Anulação do ato de nomeação da Reitora da UFERSA. Natal, 2020.

140 BRASIL. Tribunal Regional Federal da Quinta Região. Seção Judiciária do Rio Grande do Norte. (8. Vara). *Ação Civil Pública 0801192-72.2020.4.05.8401*. Anulação do ato de nomeação da Reitora da UFERSA. Natal, 2020.

141 BRASIL. Tribunal Regional Federal da Quinta Região. Seção Judiciária do Rio Grande do Norte. (8. Vara). *Ação Civil Pública 0801192-72.2020.4.05.8401*. Anulação do ato de nomeação da Reitora da UFERSA. Natal, 2020.

mesmo havendo nos autos diversas provas neste sentido, incluindo documentos oficiais do próprio Estado brasileiro.

Além disso, importante destacar que tal juízo federal julgou improcedente mandado de segurança impetrado pela Reitora da instituição quando da derrubada do veto pelo CONSUNI, o qual buscava provimento judicial para manter o quadro afixado.[142] A argumentação do magistrado, no entanto, foi unicamente formal e concentrada na impossibilidade de intromissão na atuação administrativa, tendo em vista a aparente legalidade da atuação do CONSUNI levando em conta a norma aprovada em 2018. Em momento algum, assim, referiu-se expressamente à grave inconstitucionalidade em se homenagear um ditador em plena democracia, não tecendo considerações, assim, de ordem substancial. A homenagem somente foi desfeita com a retirada do quadro a partir da superação do referido veto por parte do próprio CONSUNI,[143] o qual, efetivamente, conseguiu exercer algum tipo de resistência constitucional.[144] O caso bem demonstra o fenômeno em torno do colaboracionismo interinstitucional autoritário, central em todos os casos vistos nesta obra.

Outra situação refere-se à homenagem de agentes da ditadura em nomes de prédios públicos, como ocorreu, por exemplo, no

---

142 BRASIL. Tribunal Regional Federal da Quinta Região. Seção Judiciária do Rio Grande do Norte. (10a. Vara). *Mandado de Segurança 0801534-83.2020.4.05.8401*. Decisão liminar proferida em 12.11.2020.

143 BRASIL. Ministério Público Federal. *NF 1.28.100.000129/2020-13*. 2º Ofício da Procuradoria da República no Município de Mossoró. Parecer 00264/2020/GAB/PF-UFERSA/PGF/AGU. Ausência de violação ao Estado Democrático de Direito na homenagem de Costa e Silva em quadro ostentado no Gabinete da Reitoria. Mossoró: PRM-MOSSORO, 04 nov. 2020.

144 No sentido atribuído por Paulo Bonavides no contexto da repolitização da legitimidade em prol de um Direito Constitucional de luta. (BONAVIDES, Paulo. *Teoria constitucional da democracia participativa*: por um Direito Constitucional de luta e resistência, por uma nova hermenêutica, por uma repolitização da legitimidade. 2ª ed. São Paulo: Malheiros, 2001).

prédio que estava em construção para ser sede do Comando da 7ª Região Militar do Exército, batizado de "Edifício Marechal Castelo Branco". Para a Administração Militar, a homenagem ao ditador justificava-se tendo em vista a campanha exitosa por ele desenvolvida durante a 2ª Guerra Mundial, durante a qual atuou na Força Expedicionária brasileira. A conduta de homenagear o ditador no nome do prédio foi tida como inserida no âmbito da discricionariedade administrativa pela procuradora da República que analisou o caso e arquivou o procedimento preparatório respectivo por não vislumbrar ofensa a qualquer bem jurídico.[145] No entanto, a Procuradoria Federal dos Direitos do Cidadão (PFDC) não homologou tal promoção de arquivamento, tornando possível o ajuizamento de Ação Civil Pública (ACP) buscando provimento que proibisse tal homenagem.[146] Casos semelhantes referem-se à necessidade de mudança no nome da rua Presidente Médici e das avenidas Presidente Castelo Branco e Presidente Costa e Silva, situadas no Parque de Material Aeronáutico de Lagoa Santa[147] ou da Ponte Rio Niterói, também nomeada de Costa e Silva pela Lei n. 5.595/70.[148]

---

145 BRASIL. Ministério Público Federal. *Inquérito Civil 1.26.000.002978/2018-81*. 9º Ofício da Procuradoria da República em Pernambuco. Recife: PR-PE/DICIV/PRPE, 24 ago. 2018.

146 BRASIL. Ministério Público Federal. *NF 1.34.001.002988/2020-50*. 12º Ofício da Procuradoria da República em São Paulo. São Paulo: PR-SP, 13 abr. 2020.

147 BRASIL. Tribunal Regional Federal da Primeira Região. Seção Judiciária de Minas Gerais. (15. Vara Federal). *Ação Civil Pública 1000944-36.2018.4.01.3800*. Mudança no nome da rua Presidente Médici e das avenidas Presidente Castelo Branco e Presidente Costa e Silva, situadas no Parque de Material Aeronáutico de Lagoa Santa. Belo Horizonte, 2018.

148 BRASIL. *Lei n. 5.595*, de 28 de julho de 1970. Denomina a Ponte Rio Niterói como "Presidente Costa e Silva". Brasília, DF: Presidência da República, 1970. Disponível em: http://www.planalto.gov.br/ccivil_03/leis/1970-1979/l5595.htm. Acessado em: 31.08.2023; BRASIL. Tribunal Regional Federal da Segunda Região. Seção Judiciária do Rio de Janeiro. (10. Vara Federal). *Ação Civil Pública 0002039-10.2014.4.02.5101*. Mudança de nome da Ponte Rio Niterói, nomeada em homenagem a Costa e Silva. Rio de Janeiro, 2014.

Em todos esses episódios, a argumentação para retirada das homenagens encontra pontos comuns, referindo: a) a necessidade de se concretizar as conclusões do relatório da CNV, especialmente aquela indicada na Recomendação 28;[149] b) que a reparação integral às vítimas da ditadura, um dos pilares da Justiça de Transição, demanda a alteração dos nomes de monumentos que se referem a agressores, como forma de respeitar a memória e a verdade ao não se promover tais tipos de homenagens; c) a erosão democrática que tal conduta acarreta, uma vez que reforça o negacionismo histórico em torno dos crimes contra a humanidade praticados durante a ditadura; d) a aplicação de precedentes internacionais, como o de Gomes Lund[150] ou o do caso Vladimir Herzorg, especialmente na

---

149 "Preservação da memória das graves violações de direitos humanos. Devem ser adotadas medidas para preservação da memória das graves violações de direitos humanos ocorridas no período investigado pela CNV e, principalmente, da memória de todas as pessoas que foram vítimas dessas violações. Essas medidas devem ter por objetivo, entre outros: a) preservar, restaurar e promover o tombamento ou a criação de marcas de memória em imóveis urbanos ou rurais onde ocorreram graves violações de direitos humanos; b) instituir e instalar, em Brasília, um Museu da Memória. 49. Com a mesma finalidade de preservação da memória, a CNV propõe a revogação de medidas que, durante o período da ditadura militar, objetivaram homenagear autores das graves violações de direitos humanos. Entre outras, devem ser adotadas medidas visando: a) cassar as honrarias que tenham sido concedidas a agentes públicos ou particulares associados a esse quadro de graves violações, como ocorreu com muitos dos agraciados com a Medalha do Pacificador; b) promover a alteração da denominação de logradouros, vias de transporte, edifícios e instituições públicas de qualquer natureza, sejam federais, estaduais ou municipais, que se refiram a agentes públicos ou a particulares que notoriamente tenham tido comprometimento com a prática de graves violações" (BRASIL. Comissão Nacional da Verdade. *Relatório*. Brasília, DF: CNV, 2014, p. 974. (Relatório da Comissão Nacional da Verdade; vol. 1). Disponível em: http://cnv.memoriasreveladas.gov.br/images/pdf/relatorio/volume_1_digital.pdf. Acessado em: 31.08.2023).

150 BRASIL. Comissão Nacional da Verdade. *Relatório*. Brasília, DF: CNV, 2014b. (Relatório da Comissão Nacional da Verdade; vol. 1). Disponível em: http://cnv.memoriasreveladas.gov.br/images/pdf/relatorio/volume_1_digital.pdf. Acessado em: 31.08.2023; BRASIL. Tribunal Regional Federal da Primeira Região. Seção Judiciária de Minas Gerais. (15. Vara Federal).

condenação referente à educação em direitos humanos nas Forças Armadas;[151] e) a necessidade de uma leitura democrática da regra constante no art. 37, parágrafo primeiro da Constituição, a qual proíbe a promoção pessoal de autoridades na publicidade de obras.

Todos esses casos, no entanto, foram julgados improcedentes. Na análise para esta pesquisa, foram identificados vícios que demonstram: a falta de interesse em analisar todas as causas de pedir elencadas, a criação de imunidade administrativa militar, a neutralidade ideológica, compondo o negacionismo da própria ideologia autoritária, e a negação dos crimes contra a humanidade praticados, como será abordado no próximo capítulo.

1.3.7 Celebração do Golpe Militar

Na ACP 1007756-96.2019.4.01.3400, a Defensoria Pública da União buscou evitar que unidades militares espalhadas pelo País comemorassem os 55 anos do golpe militar de 31 de março de 1964, levando em conta que o Presidente Jair Bolsonaro havia determinado ao Ministério da Defesa a promoção dos atos pertinentes a tal celebração.[152] É importante, nesse sentido, considerar o teor da ordem do dia, que estabelece que, para as Forças Armadas, os atos ocorridos em 31 de março de 1964 transcorreram nos estritos limites do regime democrático.[153]

Ação Civil Pública 1000944-36.2018.4.01.3800. Mudança no nome da rua Presidente Médici e das avenidas Presidente Castelo Branco e Presidente Costa e Silva, situadas no Parque de Material Aeronáutico de Lagoa Santa. Belo Horizonte, 2018.

151 BRASIL. Ministério Público Federal. *NF 1.34.001.002988/2020-50*. 12º Ofício da Procuradoria da República em São Paulo. São Paulo: PR-SP, 13 abr. 2020.

152 BRASIL. Tribunal Regional Federal da Primeira Região. Seção Judiciária do Distrito Federal. (6. Vara Federal Cível). *Ação Civil Pública n. 1007756-96.2019.4.01.3400*. Celebração do golpe de Estado de 1964. Brasília, 2019.

153 Consta da "Ordem do Dia Alusiva ao 31 de março de 1964", emitida pelo Ministério da Defesa em Brasília, DF, no dia 31 de março de 2019: "As

---

Forças Armadas participam da história da nossa gente, sempre alinhadas com as suas legítimas aspirações. O 31 de Março de 1964 foi um episódio simbólico dessa identificação, dando ensejo ao cumprimento da Constituição Federal de 1946, quando o Congresso Nacional, em 2 de abril, declarou a vacância do cargo de Presidente da República e realizou, no dia 11, a eleição indireta do Presidente Castello Branco, que tomou posse no dia 15. Enxergar o Brasil daquela época em perspectiva histórica nos oferece a oportunidade de constatar a verdade e, principalmente, de exercitar o maior ativo humano – a capacidade de aprender. Desde o início da formação da nacionalidade, ainda no período colonial, passando pelos processos de independência, de afirmação da soberania e de consolidação territorial, até a adoção do modelo republicano, o país vivenciou, com maior ou menor nível de conflitos, evolução civilizatória que o trouxe até o alvorecer do Século XX. O início do século passado representou para a sociedade brasileira o despertar para os fenômenos da industrialização, da urbanização e da modernização, que haviam produzido desequilíbrios de poder, notadamente no continente europeu. Como resultado do impacto político, econômico e social, a humanidade se viu envolvida na Primeira Guerra Mundial e assistiu ao avanço de ideologias totalitárias, em ambos os extremos do espectro ideológico. Como faces de uma mesma moeda, tanto o comunismo quanto o nazifascismo passaram a constituir as principais ameaças à liberdade e à democracia. Contra esses radicalismos, o povo brasileiro teve que defender a democracia com seus cidadãos fardados. Em 1935, foram desarticulados os amotinados da Intentona Comunista. Na Segunda Guerra Mundial, foram derrotadas as forças do Eixo, com a participação da Marinha do Brasil, no patrulhamento do Atlântico Sul e Caribe; do Exército Brasileiro, com a Força Expedicionária Brasileira, nos campos de batalha da Itália; e da Força Aérea Brasileira, nos céus europeus. A geração que empreendeu essa defesa dos ideais de liberdade, com o sacrifício de muitos brasileiros, voltaria a ser testada no pós-guerra. A polarização provocada pela Guerra Fria, entre as democracias e o bloco comunista, afetou todas as regiões do globo, provocando conflitos de natureza revolucionária no continente americano, a partir da década de 1950. O 31 de março de 1964 estava inserido no ambiente da Guerra Fria, que se refletia pelo mundo e penetrava no País. As famílias no Brasil estavam alarmadas e colocaram-se em marcha. Diante de um cenário de graves convulsões, foi interrompida a escalada em direção ao totalitarismo. As Forças Armadas, atendendo ao clamor da ampla maioria da população e da imprensa brasileira assumiram o papel de estabilização daquele processo. Em 1979, um pacto de pacificação foi configurado na Lei da Anistia e viabilizou a transição para uma democracia que se estabeleceu definitiva e enriquecida com os aprendizados daqueles tempos difíceis. As lições aprendidas com a História foram transformadas em ensinamentos para as novas gerações. Como todo processo histórico, o período que se seguiu experimentou avanços. As Forças

Na decisão liminar, a juíza federal atuante no caso determinou a que a União se abstivesse de veicular a ordem do dia, argumentando que: a) tal ato viola a prevalência dos direitos humanos previsto no art. 4º, II da Constituição, que é simbolizada, por exemplo, com discursos como o de Ulisses Guimarães na presidência da Assembleia Nacional Constituinte, partir do qual sustentava-se a repulsa à ditadura; b) a própria Constituição reconhece o caráter autoritário do regime anterior no art. 8º do ADCT; c) o ato administrativo afasta-se da busca por reconciliação na sociedade, não sendo compatível com o processo de reconstrução da democracia e violando direito fundamental à memória e à verdade; d) haveria violação à ordem acerca da educação contínua em direitos humanos, como determinado na sentença proferida no caso Gomes Lund; e) haveria violação ao princípio da legalidade, eis que as formalidades legais para criação de datas comemorativas não foram observadas.[154] Tal decisão, como será visto, foi suspensa monocraticamente pelo TRF da 1ª Região.

Um ano depois, a ação popular ajuizada pela Deputada Federal Natália Bonavides do Partido dos Trabalhadores (PT) do Rio

---

Armadas, como instituições brasileiras, acompanharam essas mudanças. Em estrita observância ao regramento democrático, vêm mantendo o foco na sua missão constitucional e subordinadas ao poder constitucional, com o propósito de manter a paz e a estabilidade, para que as pessoas possam construir suas vidas. Cinquenta e cinco anos passados, a Marinha, o Exército e a Aeronáutica reconhecem o papel desempenhado por aqueles que, ao se depararem com os desafios próprios da época, agiram conforme os anseios da Nação Brasileira. Mais que isso, reafirmam o compromisso com a liberdade e a democracia, pelas quais têm lutado ao longo da História. FERNANDO AZEVEDO E SILVA Ministro de Estado da Defesa (BRASIL. Tribunal Regional Federal da Primeira Região. Seção Judiciária do Distrito Federal. (6. Vara Federal Cível). *Ação Civil Pública n. 1007756-96.2019.4.01.3400.* Celebração do golpe de Estado de 1964. Brasília, 2019)".

154 BRASIL. Tribunal Regional Federal da Primeira Região. Seção Judiciária do Distrito Federal. (6. Vara Federal Cível). *Ação Civil Pública n. 1007756-96.2019.4.01.3400.* Celebração do golpe de Estado de 1964. Brasília, 2019, pp. 4-8).

Grande do Norte (RN) buscou a condenação da União em obrigação de fazer para que houvesse a retirada de nova ordem do dia 31 de março de 2020 do sítio eletrônico do Ministério da Defesa,[155] bem

155 Consta da "Ordem do Dia Alusiva ao 31 de março de 1964" emitida pelo Ministério da Defesa em Brasília, DF, no dia 31 de março de 2020: "O Movimento de 1964 é um marco para a democracia brasileira. O Brasil reagiu com determinação às ameaças que se formavam àquela época. O entendimento de fatos históricos apenas faz sentido quando apreciados no contexto em que se encontram inseridos. O início do século XX foi marcado por duas guerras mundiais em consequência dos desequilíbrios de poder na Europa. Ao mesmo tempo, ideologias totalitárias em ambos os extremos do espectro ideológico ameaçavam as liberdades e as democracias. O nazifascismo foi vencido na Segunda Guerra Mundial com a participação do Brasil nos campos de batalha da Europa e do Atlântico. Mas, enquanto a humanidade tratava os traumas do pós-guerra, outras ameaças buscavam espaços para, novamente, impor regimes totalitários. Naquele período convulsionado, o ambiente da Guerra Fria penetrava no Brasil. Ingredientes utópicos embalavam sonhos com promessas de igualdades fáceis e liberdades mágicas, engodos que atraíam até os bem-intencionados. As instituições se moveram para sustentar a democracia, diante das pressões de grupos que lutavam pelo poder. As instabilidades e os conflitos recrudesciam e se disseminavam sem controle. A sociedade brasileira, os empresários e a imprensa entenderam as ameaças daquele momento, se aliaram e reagiram. As Forças Armadas assumiram a responsabilidade de conter aquela escalada, com todos os desgastes previsíveis. Aquele foi um período em que o Brasil estava pronto para transformar em prosperidade o seu potencial de riquezas. Faltava a inspiração e um sentido de futuro. Esse caminho foi indicado. Os brasileiros escolheram. Entregaram-se à construção do seu país e passaram a aproveitar as oportunidades que eles mesmos criavam. O Brasil cresceu até alcançar a posição de oitava economia do mundo. A Lei da Anistia de 1979 permitiu um pacto de pacificação. Um acordo político e social que determinou os rumos que ainda são seguidos, enriquecidos com os aprendizados daqueles tempos difíceis. O Brasil evoluiu, tornou-se mais complexo, mais diversificado e com outros desafios. As instituições foram regeneradas e fortalecidas e assim estabeleceram limites apropriados à prática da democracia. A convergência foi adotada como método para construir a convivência coletiva civilizada. Hoje, os brasileiros vivem o pleno exercício da liberdade e podem continuar a fazer suas escolhas. As Forças Armadas acompanharam essas mudanças. A Marinha, o Exército e a Aeronáutica, como instituições nacionais permanentes e regulares, continuam a cumprir sua missão constitucional e estão submetidas ao regramento democrático com o propósito de manter a paz e a estabilidade. Os países que cederam às promessas de sonhos utópicos

como a abstenção de qualquer anúncio comemorativo relativo ao golpe de Estado de 1964 em rádio, televisão, internet ou qualquer meio de comunicação escrita e falada. Nesta segunda ação, a juíza federal Moniky Mayara Costa Fonseca, da 5ª Vara Federal da Seção Judiciária do RN, proferiu decisão liminar e sentença determinando que a União se abstivesse de veicular nova ordem do dia comemorativa. O caso merece cuidado tendo em vista que a manutenção da decisão liminar pelo TRF da 5ª Região acarretou a intervenção do próprio STF no caso, por meio de decisão do seu então Presidente, Ministro Dias Toffoli.

A decisão liminar não somente determinou a retirada da ordem do dia do sítio eletrônico do Ministério da Defesa como também a "abstenção de publicação de qualquer anúncio comemorativo relativo ao golpe de Estado praticado em 1964, em rádio e televisão, internet ou qualquer meio de comunicação escrita e/ou falada", nos limites, então do pedido inicial. Reconheceu-se, ainda: a) que a vedação à concessão de medida liminares satisfativas deve ser interpretada de acordo com a Constituição, no sentido de admitir tais decisões em casos excepcionais nos quais a não concessão acarretará o perecimento de direito; b) o caráter não informativo da ordem do dia, pois, na verdade, a nota buscava exaltar a ruptura institucional, contribuindo para a polarização política e contrariando estudos e pesquisas históricas sobre o regime militar; c) que devem ser aplicados o art. 8º do ADCT e as conclusões da CNV, como expressamente lembrado pelo MPF em parecer; d) a ilegalidade do ato, na medida em que o procedimento legal para criação de datas comemorativas não fora observado. Diferentemente dos demais casos, assim, percebe-se que o parecer do MPF teve um peso importante na decisão, pois fundamentos não elencados na inicial foram trazidos pelo procurador da República Luís de Camões Lima Boaventura e expressamente acolhidos pela magistrada.

---

ainda lutam para recuperar a liberdade, a prosperidade, as desigualdades e a civilidade que rege as nações livres. O Movimento de 1964 é um marco para a democracia brasileira. Muito mais pelo que evitou.

O TRF da 5ª Região não suspendeu a decisão em sede de agravo de instrumento, tendo em vista a não demonstração de risco de dano irreparável. A União havia argumentado, genericamente, acerca de riscos envolvendo quebra de hierarquia e disciplina nas Forças Armadas. No entanto, o argumento foi repelido pelo desembargador relator convocado, Gustavo de Paiva Gadelha, que considerou que a decisão judicial não pode ser vista como um estímulo à desobediência militar, até porque cabe ao Poder Judiciário exercer controle inclusive sobre atos da Administração Militar.[156] A citação de tal fundamentação é importante para auxiliar na compreensão do nível em que se encontra a relação entre o Judiciário e as instituições militares, com a necessidade de juízes relembrarem a possibilidade de que ocorra tal tipo de fiscalização judicial.[157] Como será demonstrado, no entanto, a tese de que é possível o controle judicial efetivo sobre tais atos não tem formado maioria nos Tribunais, prevalecendo ao invés dela uma posição que, na prática, garante uma discricionariedade absoluta à Administração Militar. Diante de tal estado de coisas, já é possível perceber, com Cristiano Paixão, como se tem "práticas desconstituintes" com a admissão judicial de tantas homenagens ao golpe militar.[158]

---

156 BRASIL. Tribunal Regional Federal da Quinta Região. (Terceira Turma). *Agravo de instrumento 0804364-05.2020.4.05.0000*. Relator: Rogério Fialho Moreira, 2020. Recife, 2020.

157 Na continuidade do julgamento do agravo, o Desembargador Fernando Braga acompanhou o voto citado, tendo o terceiro membro da Turma, o Desembargador Cid Marconi, pedido vista dos autos. Percebe-se como, para tal juiz, ainda há, no mínimo, dúvida acerca da necessidade de proteção do regime democrático, a ponto de o mesmo não se sentir apto a votar imediatamente em um caso grave como este. Em seguida, houve a declaração de perda de objeto do agravo, diante da prolação da sentença e da necessidade de julgamento da respectiva apelação interposta pela União.

158 PAIXÃO, Cristiano. "Entre nostalgia e memoricídio: o judiciário e a violação a direitos humanos no Brasil contemporâneo". *In*: RAMINA, Larissa (Coord.). *Lawfare e América Latina*: a guerra jurídica no contexto da guerra híbrida. Curitiba: Íthala, 2022, pp. 930-933.

1.3.8 Captura da Comissão de Anistia

O art. 8º do ADCT anistiou diversos agentes públicos e privados que foram atingidos por atos de exceção como os atos institucionais da ditadura militar. Trata-se de indivíduos que foram privados do exercício dos cargos públicos que então ocupavam ou, até mesmo, proibidos de exercer atividade profissional no âmbito privado.[159] A Lei n. 10.559 de 13 de novembro de 2002, por sua vez, regulamentou o dispositivo do ADCT, disciplinando o regime do anistiado político, a concessão de indenizações e criando a Comissão de Anistia. Tal comissão, conforme consta no art. 12 da respectiva lei, foi então ressignificada para atuar em prol da busca por uma reparação integral às vítimas da ditadura.[160]

Através da Portaria n. 378, de 27 de março de 2019, a Ministra de Estado da Mulher, Família e Direitos Humanos indicou sete membros militares para a referida comissão.[161] Em ofício encaminhado pela anistiada política Rosa Cimiana dos Santos à PFDC, noticiava-se a indicação, por exemplo, de João Henrique Nascimento Freitas, advogado que já atuara na busca por anulação judicial de anistia concedidas, e do General da reserva Luiz Eduardo Rocha Paiva, defensor de Carlos Alberto Brilhante Ulstra.[162]

---

159 BRASIL. *Constituição da República Federativa do Brasil de 1988*. Brasília, DF: Senado Federal, 1988. Disponível em: http://www.planalto.gov.br/ccivil_03/constituicao/constituicao.htm. Acessado em: 31.08.2023.

160 BRASIL. *Lei n. 10.559*, de 13 de novembro de 2002. Regulamenta o art. 8º do Ato das Disposições Constitucionais Transitórias e dá outras providências. Brasília, DF: Presidência da República, 2002. Disponível em: http://www.planalto.gov.br/ccivil_03/leis/2002/l10559.htm. Acessado em: 05.01.2022.

161 BRASIL. Ministério da Mulher, Família e Direitos Humanos. *Portaria n. 378, de 27 de março de 2019*. Brasília, DF: Gabinete da Ministra, 2019. Disponível em: https://www.in.gov.br/materia/-/asset_publisher/Kujrw0TZC2Mb/content/id/68946407/do2-2019-03-28-portaria-n-378-de-27-de-marco-de-2019-68946184. Acessado em: 31.08.2023.

162 BRASIL. Tribunal Regional Federal da Primeira Região. Seção Judiciária do Distrito Federal. (1. Vara Federal). *Ação civil pública 1011312-09.2019.4.01.3400*. Brasília, 2019, p. 42.

João Henrique Nascimento, na condição de assessor jurídico do então Deputado Federal Jair Bolsonaro, ajuizou AP buscando a suspensão e anulação de pagamentos aos anistiados políticos, sustentando que as atividades da Caravana da Anistia eram algo "ilegal e imoral", além de consistir em premiação para quem buscava implantar uma "ditadura socialista no Brasil".[163] Luiz Eduardo Rocha Paiva, por sua vez, é um crítico da CNV, além de ter duvidado do assassinato do Deputado Federal Rubens Paiva, descrito anteriormente.[164] O general já questionou, também, se a ex-Presidenta Dilma Rousseff realmente foi torturada por agentes da ditadura.[165]

---

163 Na sentença proferida na AP, que extinguiu a ação sem resolução do mérito, revogando decisão liminar antes concedida, tem-se os seguintes trechos, transcritos da petição inicial: "a Comissão de Anistia criou a chamada "... CARAVANA DA ANISTIA, que compreende uma espécie de unidade móvel do Ministério da Justiça, para procurar pessoas a serem indenizadas..." [*sic*] (fl. 05, destaque no original), o que é "...imoral e ilegal [e] estimula e faz apologia a uma total inversão de valores éticos vividos nos tempos atuais, (...) via indenizações pagas sem critério lógico-jurídico nem amparo legal..." [*sic*] (fl. 06); (2) a medida constitui "...uma recompensa a quem queria instaurar uma ditadura socialista no Brasil..." [*sic*] (fl. 06, em caixa alta, negrito e itálico no original); (6) em conclusão, "Se, além de prestigiarmos criminosos do passado, apontarmos o caminho equivocado, jamais alcançaremos o verdadeiro ESTADO DEMOCRÁTICO DE DIREITO; premiamos pessoas sob o manto de "pseudo-legalidade", com verba do patrimônio público, [o que], além de imoral é ilegal e merece punição severa..." [*sic*] (fl. 09, destaques no original), sendo certo que "...o agente público que age dessa maneira comete improbidade administrativa..."[*sic*] (fl. 09, destaque no original)" (BRASIL. Tribunal Regional Federal da Segunda Região. Seção Judiciária do Rio de Janeiro. (27. Vara Federal). *Ação popular 0015245-67.2009.4.02.5101–27*. Sentença Tipo C. Julgador: Marceli Maria Carvalho Siqueira, 28 out. 2011. Rio de Janeiro, 2011, p. 2. Disponível em: https://oabrj.org.br/arquivos/files/-Upload/sentenca_camponeses.pdf. Acessado em: 31.08.2023.

164 BRASIL. Tribunal Regional Federal da Primeira Região. Seção Judiciária do Distrito Federal. (1. Vara Federal). *Ação civil pública 1011312-09.2019.4.01.3400*. Brasília, 2019.

165 BRASIL. Tribunal Regional Federal da Primeira Região. Seção Judiciária do Distrito Federal. (1. Vara Federal). *Ação civil pública 1011312-09.2019.4.01.3400*. Brasília, 2019.

O contexto político dessas indicações, bem como das demais realizadas no mesmo ato, que também selecionaram membros provenientes do serviço militar, foi destacado pelo MPF a partir de diversas falas da Ministra Damares Alves. Essa já havia afirmado, por exemplo, que iria "abrir a caixa preta da Comissão",[166] realizar indeferimento em massa de pedidos e deixa de promover a reparação integral às vítimas.[167]

Assim, para o MPF, a Portaria atacada era ilegal, inconstitucional e danosa à promoção da Justiça de Transição, já que violava o direito à memória e à verdade. Por tanto, seria um ato passível de anulação em face da violação do princípio da moralidade administrativa e da ocorrência de desvio de poder, já que as autoridades não haviam sido nomeadas para concretizar a política pública existente, considerada essencial para a saúde do regime democrático, mas sim para promover revisionismos e atuar deliberadamente contra a própria finalidade pública da Comissão de Anistia.

O caso representa o ponto culminante de uma série de retrocessos na Comissão, iniciados desde a consumação do processo de *impeachment* em 31 de agosto de 2015, que teve sérios efeitos na política em torno da Justiça de Transição. De acordo com José Carlos Moreira da Silva Filho, por exemplo, o então Ministro da Justiça, Alexandre de Moraes,

---

166 BRASIL. Tribunal Regional Federal da Primeira Região. Seção Judiciária do Distrito Federal. (1. Vara Federal). *Ação civil pública 1011312-09.2019.4.01.3400*. Brasília, 2019.

167 "Aspecto que não se pode deixar de referenciar, tais atos ministeriais foram ainda acompanhados de diversas manifestações nas redes sociais da Ministra de Estado da Mulher, da Família e dos Direitos Humanos, Damares Alves, e pela imprensa, sobre pretensões em relação à condução dos trabalhos da Comissão de Anistia: (i) "abrir a caixa preta" da Comissão de Anistia; (ii) deixar de promover políticas públicas de reparação integral às vítimas; (iii) realizar indeferimento em massa de requerimentos e (iv) adotar novas interpretações restritivas à concessão de anistia" (BRASIL. Tribunal Regional Federal da Primeira Região. Seção Judiciária do Distrito Federal. (1. Vara Federal). *Ação civil pública 1011312-09.2019.4.01.3400*. Brasília, 2019, pp. 7/8).

> (...) operou um desmantelamento da Comissão de Anistia, com a dispensa unilateral e não justificada de seis dos seus membros mais antigos e a nomeação de vinte novos membros, dos quais nenhum é reconhecido por atuar no campo dos Direitos Humanos, o que fez sem qualquer consulta à sociedade civil organizada, como movimentos de familiares de mortos e desaparecidos políticos, organizações de direitos humanos, movimentos sociais, e sem a anuência dos conselheiros dispensados. Em toda a sua existência a mudança na composição do conselho sempre se deu a partir da espontânea decisão dos membros mais antigos em saírem e a partir da consulta aos movimentos e organizações mais envolvidos com a pauta.
>
> (...)
>
> As Caravanas da Anistia foram interrompidas. O Edital Marcas da Memória não foi renovado e não há qualquer perspectiva na sua continuidade. O Projeto Clínicas do Testemunho não conta no horizonte com qualquer indício de renovação pelo governo brasileiro. E a construção do Memorial da Anistia resta interrompida e inconclusa.[168]

Na análise do caso, será evidenciado o negacionismo dos crimes contra a humanidade, a partir de dúvidas sobre fatos históricos comprovados. A teorização judicial efetivada na sentença também será destacada, especialmente na medida em que tal pronunciamento judicial admitiu como equiparáveis discursos elogiosos e críticos à ditadura militar, em alegada homenagem à liberdade de expressão.

1.3.9 Paralisação das obras do Memorial da Anistia

Em 2019, a União havia sustentado desinteresse na continuidade da obra para construção do Memorial da Anistia, pois, segundo

---

168 SILVA FILHO, José Carlos Moreira. "Justiça de transição e usos políticos do Poder Judiciário no Brasil em 2016: um golpe de Estado institucional?" *Revista Direito e Práxis*, Rio de Janeiro, vol. 9, nº 3, set. 2018, pp. 1306/1307.

a Ministra de Direitos Humanos, das Mulheres e da Família, não havia recursos para tanto.[169] Em ofício, respondendo a questionamento do MPF, o respectivo Ministério foi ainda mais enfático, afirmando que não há dever algum do Estado brasileiro de gastar recursos públicos na construção do Memorial, sustentando que "um Memorial da Anistia seria algo como o Memorial do Esquecimento. Destarte é no mínimo questionável o gasto de tão grande soma de recursos para um espaço dessa natureza". Assim, descreveu-se a anistia como "esquecimento recíproco das divisões, das lutas e dos erros do passado em prol da unidade e do futuro da Pátria".[170] Diante de tal cenário, o MPF ajuizou ACP com pedido liminar para que as obras fossem retomadas o mais brevemente possível.[171]

Destacou-se, na fundamentação, que a discricionariedade administrativa estaria mitigada nesse caso, tendo em vista que a própria União, em conduta anteriormente efetivada, criou a obrigação de construir o Memorial. Assim, elencou-se que a União se comprometeu a construir tal espaço perante da Corte IDH, sendo tal compromisso utilizado como indício de que o Brasil estava levando a sério suas obrigações internacionais em termos de Justiça de Transição.[172] Nesse sentido, a Corte chegou a valorar positivamente a conduta do Estado brasileiro.[173] Além disso, o MPF ressaltou

---

169 BRASIL. Tribunal Regional Federal da Primeira Região. Seção Judiciária de Minas Gerais. (1. Vara Federal). *Ação civil pública 1016431-12.2019.4.01.3800*. Belo Horizonte, 2019.

170 BRASIL. Tribunal Regional Federal da Primeira Região. Seção Judiciária de Minas Gerais. (1. Vara Federal). *Ação civil pública 1016431-12.2019.4.01.3800*. Belo Horizonte, 2019, p. 44.

171 BRASIL. Tribunal Regional Federal da Primeira Região. Seção Judiciária de Minas Gerais. (1. Vara Federal). *Ação civil pública 1016431-12.2019.4.01.3800*. Belo Horizonte, 2019.

172 BRASIL. Tribunal Regional Federal da Primeira Região. Seção Judiciária de Minas Gerais. (1. Vara Federal). *Ação civil pública 1016431-12.2019.4.01.3800*. Belo Horizonte, 2019, p. 53.

173 CORTE INTERAMERICANA DE DIREITOS HUMANOS (CORTE IDH). *Caso Gomes Lund e outros ("Guerrilha do Araguaia") Vs. Brasil*. Sentença

que o Plano Plurianual então vigente previa como meta expressa, em termos de fortalecimento de ações educativas, a implantação e manutenção do Memorial.[174] Os argumentos desenvolvidos, como se vê, são coerentes com a proteção do regime democrático por parte do MPF, pois não se pode admitir uma discricionariedade administrativa que promova o esquecimento da ditadura militar. Assim, nesse caso, tem-se uma atuação clara do Estado brasileiro em prol do autoritarismo, negando-se a construir o Memorial.

Não bastassem esses aspectos cíveis, a construção do Memorial da Anistia ainda guarda relevância penal diante da denominada Operação "Esperança Equilibrista", deflagrada pela Polícia Federal em 2017 para investigar possíveis desvios de recursos públicos em tal obra. A denominação da Operação foi criticada, tendo em vista o sadismo na utilização de tal expressão,[175] eis que ocorreu uma apropriação "de passagem de música de Aldir Blanc e João Bosco, imortalizada na voz de Elis Regina, e que se tornou hino da luta por liberdades e direitos no País, especialmente daqueles que foram mortos, torturados ou desapareceram por força da repressão política durante a ditadura militar",[176] conforme destacou a PFDC em nota publicada. A nota mencionava, ainda, as tristes memórias oriundas da utilização da polícia no contexto acadêmico, ainda mais diante da prática, bastante difundida à época, de conduções

---

de 24 de novembro de 2010. Presidente: Diego García-Sayán. San José, Costa Rica, 24 nov. 2010, p. 101. Disponível em: https://www.corteidh.or.cr/docs/casos/articulos/seriec_219_por.pdf. Acessado em: 31.08.2023.

174 BRASIL. Tribunal Regional Federal da Primeira Região. Seção Judiciária de Minas Gerais. (1. Vara Federal). *Ação civil pública 1016431-12.2019.4.01.3800*. Belo Horizonte, 2019, p. 50.

175 BUSTAMANTE, Thomas. "Carta a um acusador anônimo (e meu respeito ao Ministério Público)". *Conjur*, São Paulo, 9 mai. 2019. Disponível em: https://www.conjur.com.br/2019-mai-09/thomas-bustamante-carta-acusador-meu-respeito-mp. Acessado em: 31.08.2023.

176 BRASIL. Ministério Público Federal. Procuradoria Federal dos Direitos do Cidadão. *Nota Pública 00499316/2017*. Brasília: PFDC/MPF-PGR, 07 dez. 2017.

coercitivas, que já começavam a chamar atenção em termos de proteção de direitos fundamentais.

Certamente as universidades públicas podem ser investigadas em face de possíveis ilícitos, mas a postura da Polícia Federal de solicitar a prisão dos investigados, mesmo diante de parecer contrário do MPF, aliado ao tom jocoso com que escolhida a denominação da operação, indicam que essa estava sendo utilizada para intimidar a academia e a própria Justiça de Transição. Ao final, o MPF arquivou a investigação em face de ausência de provas de quaisquer crimes.[177] Contudo, no aspecto cível, a postergação da análise da medida liminar compõe o vício mais marcante do caso.

1.3.10 A tentativa de não responsabilizar o torturador Carlos Alberto Brilhante Ustra

É bastante conhecida a homenagem prestada pelo então Deputado Federal Jair Bolsonaro a Carlos Alberto Brilhante Ulstra quando da votação do processo de impeachment em 2016, quando declarou que: "Pela memória do coronel Carlos Alberto Brilhante Ulstra, o pavor de Dilma Rousseff, pelo exército de Caxias, pelas Forças Armadas, pelo Brasil acima de tudo e por Deus acima de

---

177 MORAIS, Aloísio. "Memorial da Anistia não tem irregularidade, conclui Procuradoria em MG". *Vermelho*, 26 jun. 2020. Disponível em: https://vermelho.org.br/2020/06/26/memorial-da-anistia-nao-tem-irregularidade--conclui-procuradoria-em-mg/. Acessado em: 31.08.2023.

todos, o meu voto é sim".[178] [179] Tal agente do regime militar, no entanto, é um reconhecido torturador, como já assentou o próprio Poder Judiciário, não sem alguma tentativa de resistência interna no STJ, como será estudado neste momento.

Este caso refere-se à ação buscando indenização por danos morais proposta por César Augusto Teles, Maria Amélia de Almeida Teles, Crimélia Alice (irmã de Maria Amélia), Janaina de Almeida Teles e Edson Luís de Almeida Teles contra Carlos Alberto Brilhante Ulstra, coronel reformado do Exército e comandante do DOI-CODI no período de 1970 a 1974. Os dois primeiros são os pais dos dois últimos, os quais, mesmo enquanto crianças de 5 e 4 anos de idade, respectivamente, frequentaram[180] o local de custódia

178 Sobre o episódio, revelador da difusão do autoritarismo descrito no capítulo final, veja-se as palavras de André del Negri: "O discurso é grave, pelo qual caberia um processo por apologia à tortura. Afinal, seria o caso de indagar o que fez o Conselho de Ética da Câmara? Nada! E o Ministério Público? Nada! Há quem diga que naquela época as instituições funcionavam normalmente. Se esse é o aparato normal, a democracia então foi posta em risco". (NEGRI, André del. "Os juristas, o regime militar de 1964 e personalidades autoritárias que cruzaram o marco da Constituição de 1988". *História do Direito:* RHD, Curitiba, vol. 2, nº 3, jul.-dez. 2021, p. 329).

179 BARBA, Mariana D.; WENTZEL, Marina. "Discurso de Bolsonaro deixa ativistas 'estarrecidos' e leva OAB a pedir sua cassação". *BBC Brasil*, São Paulo, 19 abr. 2016. Disponível em: https://www.bbc.com/portuguese/noticias/2016/04/160415_bolsonaro_ongs_oab_mdb. Acessado em: 05.01.2022.

180 Em trecho do seu livro reproduzido na petição inicial, Ulstra nega o sequestro das crianças: "A propósito, convém citar o caso de um casal de uma Organização que foi preso porque ambos eram militantes. Neutralizado o 'aparelho' onde eles residiam, que aliás era um 'aparelho de imprensa', seus filhos, bem pequenos, não tinham para onde ir. Para não mandar as crianças para o Juizado de Menores, uma moça, Sargento da Polícia Feminina do Estado de São Paulo, ofereceu-se para tomar conta dos menores em sua casa, enquanto aguardávamos a chegada dos familiares do casal, que se encarregariam da guarda deles. Diariamente, a meu pedido, as crianças eram levadas ao DO para visitarem seus pais. Hoje, revoltado, vejo que este casal, no livro 'Brasil: Nunca Mais' nos acusar de levar os filhos até eles para que 'vissem seus pais marcados pelas sevícias sofridas e pressioná-los, dizendo que as crianças seriam torturadas, se não confessassem o que queríamos

em que seus pais eram mantidos presos e torturados, destacando-se que Crimélia Alice estava grávida de 7 meses.[181]

Sobre a prova da tortura, testemunhas confirmaram que ouviram gritos proferidos pelos presos, os quais ostentavam marcas pelo corpo e eram tratados aos gritos pelos agentes, sofrendo "com os sons que antecediam as torturas: o tilintar das chaves nos bolsos dos agentes".[182] Diante dos diversos testemunhos apontando que os presos ouviam os gritos de tortura dos outros, o acórdão sustentou que: "Não é crível que os presos ouvissem os gritos dos

---

saber'"). SÃO PAULO. Tribunal de Justiça. (23. Vara Cível do Foro Central da Comarca de São Paulo). *Ação Cível 583.00.2005.202853-5*. Petição Inicial. 29 jun. 2005, p. 16. Disponível em: http://cnv.memoriasreveladas.gov.br/images/documentos/Capitulo17/17%20-%20Nota%2030%20-%2000092.000104_2014-46.pdf. Acessado em: 05.01.2022.

181 SÃO PAULO. Tribunal de Justiça. (23. Vara Cível do Foro Central da Comarca de São Paulo). *Ação Cível 583.00.2005.202853-5*. Petição Inicial. 29 jun. 2005, p. 4. Disponível em: http://cnv.memoriasreveladas.gov.br/images/documentos/Capitulo17/17%20-%20Nota%2030%20-%2000092.000104_2014-46.pdf. Acessado em: 05.01.2022.

182 Eis o trecho do acórdão que manteve a procedência do pedido: "a testemunha Marly Rodrigues (fls. 362-364), que ficou presa cerca de 15 dias, em janeiro de 1973, na mesma cela que a autora Maria Amélia, relatou que esta foi torturada e tinha marcas disso pelo corpo. Essa testemunha disse que o réu lhe aplicou tortura psicológica, desmoralizando-a perante seus familiares e fazendo considerações sobre sua pessoa e posições políticas, sempre em tom de voz alto e agressivo, com emprego de palavras de baixo calão. Além disso, ouviu gritos de pessoas sendo torturadas e viu também marcas em outros presos, resultantes das torturas. Sofreu, como os outros presos, com os sons que antecediam as torturas: o tilintar das chaves nos bolsos dos agentes, o barulho da abertura da porta de aço da sala de tortura. Acrescentou que os presos na OBAN apontavam o então Major Ulstra como chefe daquela estrutura" (SÃO PAULO. Tribunal de Justiça (1. Câmara de Direito Privado). *Apelação n. 0347718-08.2009.8.26.0000*. Voto 22860. Acórdão. Por maioria de votos, negaram provimento ao Agravo retido, vencido o 3º Juiz que provia em parte e, à unanimidade negaram provimento à Apelação. Relator: Rui Cascaldi, 14 ago. 2012, p. 14. Disponível em: http://cnv.memoriasreveladas.gov.br/images/documentos/Capitulo17/Nota%2030%2032%20-%2000092.0001042014-46.121-155.pdf. Acessado em: 05.01.2022).

torturados, mas não o réu".[183] Por outro lado, o acórdão destacou como nenhuma das testemunhas levadas por Ulstra esteve no DOI--CODI do II Exército, sendo imprestáveis para explicar as razões das lesões ou dos gritos narrados pelas testemunhas dos autores, fazendo com que a tortura restasse comprovada.[184] A própria Corte IDH reconhece, utilizando como prova o trabalho desenvolvido pelo MPF na justiça de transição, que tal centro de repressão foi um dos mais violentos do regime militar, especialmente no período em que Ulstra esteve no comando.[185]

---

183 Continua o acórdão, assentando a responsabilidade de Ulstra acerca da tortura: "Se não o dolo, por condescendência criminosa, ficou caracterizada pelo menos a culpa, por omissão quanto à grave violação dos direitos humanos fundamentais dos autores César Augusto, Maria Amélia e Criméia, os quais certamente sofreram danos morais, pois tortura é ato suficiente, por si só, para provocar lesão à esfera jurídica extrapatrimonial da pessoa, como decorrência de sua condição humana", mantendo a sentença que julgou o processo procedente em parte, não acolhendo o pedido em relação aos filhos do casal. (SÃO PAULO. Tribunal de Justiça (1. Câmara de Direito Privado). *Apelação n. 0347718-08.2009.8.26.0000*. Voto 22860. Acórdão. Por maioria de votos, negaram provimento ao Agravo retido, vencido o 3º Juiz que provia em parte e, à unanimidade negaram provimento à Apelação. Relator: Rui Cascaldi, 14 ago. 2012, p. 17. Disponível em: http://cnv.memoriasreveladas.gov.br/images/documentos/Capitulo17/Nota%2030%2032%20-%20 00092.0001042014-46.121-155.pdf. Acessado em: 05.01.2022.

184 SÃO PAULO. Tribunal de Justiça (1. Câmara de Direito Privado). *Apelação n. 0347718-08.2009.8.26.0000*. Voto 22860. Acórdão. Por maioria de votos, negaram provimento ao Agravo retido, vencido o 3º Juiz que provia em parte e, à unanimidade negaram provimento à Apelação. Relator: Rui Cascaldi, 14 ago. 2012, p. 18. Disponível em: http://cnv.memoriasreveladas.gov.br/images/documentos/Capitulo17/Nota%2030%2032%20-%20 00092.0001042014-46.121-155.pdf. Acessado em: 05.01.2022.

185 Nessa linha: "O DOI do II Exército foi, notoriamente, um dos piores e mais violentos centros de repressão política do regime ditatorial, sobretudo no período em que Carlos Alberto Brilhante Ulstra esteve no comando, época em que se registrou o maior número de casos reconhecidos de tortura, execução sumária e desaparecimentos de opositores políticos" (BRASIL. Tribunal Regional Federal da Segunda Região. (8. Turma Especializada). *Apelação Cível 0184942-08.2017.4.02.5101*. Acórdão. Relator: Guilherme Diefenthaeler, 19/08/2018. Rio de Janeiro, 2018, p. 25. Disponível em: https://www10.trf2.jus.br/consultas/?movimento=cache&q=cache:uyWj7KUHU1MJ:ementas.

Julgando o recurso especial interposto contra tal acórdão, a Ministra Nancy Adrighi sustentou que os atos deveriam ser perdoados, aplicando a Lei de Anistia até mesmo para casos envolvendo responsabilização civil. Para tanto, chega a citar o Presidente Figueiredo, sustentando que as vítimas da tortura devem esquecer os fatos por elas vividos em prol de uma suposta pacificação social:

> Registrem-se, a propósito, as palavras do Presidente Figueiredo, em sua mensagem de encaminhamento, ao Congresso Nacional, do Projeto de Lei 14/1979, porque traduzem o espírito da lei depois promulgada: é preciso "evitar que se prolonguem processos que, com certeza e por muito tempo, irão traumatizar a sociedade com o conhecimento de eventos que devem ser sepultados em nome da paz".
>
> (...)
>
> A eternização de conflitos entre particulares, como o de que ora se cuida, traz em si mesmo um efeito pernicioso àquele ideal de reconciliação e pacificação nacional pretendido com o fim do regime militar; é a própria jurisdicionalização da vendeta, que não deve ser chancelada pelo Poder Judiciário, sobretudo passados mais de 40 anos dos acontecimentos".[186]

O voto foi seguido pelo Ministro João Otávio de Noronha, mas a posição restou vencida após o voto vista do Ministro Paulo de Tarso Sanseverino. Para este último, a anistia não incide sobre pedidos

---

trf2.jus.br/apolo/databucket/idx%3Fprocesso%3D201751011849421%-26coddoc%3D2189937%26datapublic%3D2018-10-25%26pagdj%3D584/606+0184942-08.2017.4.02.5101&site=v2_jurisprudencia&client=v2_index&proxystylesheet=v2_index&lr=lang_pt&ie=UTF=8-&output-xml_no_dtd&access=p&oe=UTF-8. Acessado em: 31.08.2023).

186 BRASIL. Superior Tribunal de Justiça. (Terceira Turma). *REsp n. 1.434.498 – SP (2013/0416218-0)*. Acórdão. Relator: Min. Nancy Andrighi, 05 fev. 2015. Brasília, 2015, pp. 9/10. Disponível em: https://processo.stj.jus.br/processo/revista/documento/mediado/?componente=ITA&sequencial=1341268&num_registro=201304162180&data=20150205&formato=PDF. Acessado em: 31.08.2023.

de indenização civis, ante a necessidade de se conhecer a verdade e promover a responsabilização dos responsáveis por graves violações de direitos humanos como forma de enfrentar os males do passado.[187]

Novamente, percebe-se o traço de continuidade entre a ditadura e o incipiente regime democrático atual no âmbito do Poder Judiciário brasileiro, que chega a utilizar, nas razões de decidir, trechos de mensagem presidencial que compunha a legalidade autoritária no contexto da anistia. Essa, aliás, não correspondeu a um pacto social, como a decisão naturaliza, como demonstrado anteriormente. Além disso, mostra uma falta de empatia quando se sustenta a necessidade de um esquecimento, para fins de mera indenização por danos morais, das torturas sofridas. Por outro lado, o precedente comprova que Brilhante Ulstra foi um torturador, fato indisputável no STJ até mesmo em decorrência das limitações de cognição judicial típicas de tal Tribunal. A decisão foi tomada em 2015, sendo a fala de Jair Bolsonaro efetivada em 2016, mostrando, novamente, como a Justiça de Transição do Brasil, baseada em meras reparações civis ou comissões da verdade, tem se mostrado insuficiente.

1.3.11 A censura judicial à Comissão Nacional da Verdade

Na ação ordinária movida pelos filhos e neto de Olinto de Souza Ferraz, Coronel da Reserva Remunerada na Polícia Militar do Estado de Pernambuco, buscava-se a condenação da União para que esta, nos termos da petição inicial: a) informasse quais

---

187 BRASIL. Superior Tribunal de Justiça. (Terceira Turma). *REsp n. 1.434.498 – SP (2013/0416218-0)*. Voto-vista pelo Min. Paulo De Tarso Sanseverino. Relator: Min. Nancy Andrighi, 05 fev. 2015. Brasília, 2015, pp. 3-10. Disponível em: https://processo.stj.jus.br/processo/revista/documento/mediado/?componente=ATC&sequencial=42372127&num_registro=201304162180&data=20150205&tipo=3&formato=PDF. Acessado em: 31.08.2023.

foram os dados concretos que levaram a Comissão Nacional da Verdade (CNV) a atribuir ao mencionado militar a responsabilidade por grave violação de direitos humanos na ditadura militar, fornecendo, ainda, todas as provas pertinentes; b) retirasse o nome dele "de qualquer menção à tortura com participação direta ou indireta por ação ou omissão já que restará demonstrada a sua não participação em qualquer ato nesse sentido".[188]

Para tais familiares, a atribuição de responsabilidade efetivada pelo Relatório Final da CNV não espelhava a realidade, eis que efetivada, unicamente, porque Olinto de Souza Ferraz ostentava a condição de Diretor do Centro de Detenção do Recife quando o preso Amaro Luiz de Carvalho lá morreu, sem nenhuma indicação precisa acerca da conduta do militar.[189] Argumenta-se, ainda, que, a partir de relatos colhidos por presos políticos na época e das conclusões da Comissão Estadual da Verdade, tinha-se uma imagem "humana" do militar, a qual não correspondia a de um torturador.[190]

O Advogado da União André Gustavo de Souza, contestando o pedido, sustentou que: a) há um aspecto informativo e educativo nos trabalhos da CNV, pois, com a apresentação dos dados respectivos, a própria sociedade seria capaz de julgar os acontecimentos; b) a CNV não imputou ao militar a prática direta de tortura, mas sim a responsabilidade em face de tais atos na condição de Diretor do

---

188 BRASIL. Tribunal Regional Federal da 5ª Região. 6ª Vara Federal da Seção Judiciária de Pernambuco. *Ação ordinária 082456144.2019.4.05.8300*. 2019, p. 11.

189 BRASIL. Tribunal Regional Federal da 5ª Região. 6ª Vara Federal da Seção Judiciária de Pernambuco. *Ação ordinária 082456144.2019.4.05.8300*. 2019, p. 5.

190 BRASIL. Tribunal Regional Federal da 5ª Região. 6ª Vara Federal da Seção Judiciária de Pernambuco. *Ação ordinária 082456144.2019.4.05.8300*. 2019, p. 5.

referido estabelecimento; c) ausência de provas acerca de qualquer ilegalidade nos trabalhos da Comissão.[191] [192]

Sentenciando o caso, o juiz federal Hélio Silvio Ourém Campos julgou o pedido procedente, sustentando que não havia qualquer prova de que Olinto de Souza Ferraz foi responsável por tortura ou por grave violações de direitos humanos, não se podendo fazer essa presunção, unicamente, por ele ter exercido a mencionada função de diretor. Nessa linha, determinou "a *retirada do nome do falecido OLINTO DE SOUZA FERRAZ de qualquer menção a tortura com participação direta ou indireta por ação ou omissão*".[193]

A AGU, através do Advogado da União Paulo Sérgio Souza Barbosa, não interpôs recurso contra tal sentença, acarretando o trânsito em julgado. A razão apresentada para tal conduta fez referência à Portaria AGU n. 487, de 27 de julho de 2016, a qual admite, em certos casos,[194] a não interposição ou desistência de

---

191 Além dessas questões de mérito, sustentou-se, preliminarmente, a falta de interesse de agir, levando em conta que os dados solicitados pelo autor poderiam ser obtidos diretamente perante o Arquivo Nacional, órgão destinatário dos documentos colhidos pela Comissão Nacional da Verdade. (BRASIL. Tribunal Regional Federal da 5ª Região. 6ª Vara Federal da Seção Judiciária de Pernambuco. *Ação ordinária 082456144.2019.4.05.8300*. 2019, p. 3) A ação, no entanto, não se limitava a tal pedido, razão pela qual não houve extinção do processo sem resolução do mérito, como pretendido.

192 BRASIL. Tribunal Regional Federal da 5ª Região. 6ª Vara Federal da Seção Judiciária de Pernambuco. *Ação ordinária 082456144.2019.4.05.8300*. 2019, pp. 3-8.

193 BRASIL. Tribunal Regional Federal da 5ª Região. 6ª Vara Federal da Seção Judiciária de Pernambuco. *Ação ordinária 082456144.2019.4.05.8300*. 2019, p. 6, destaques no original.

194 Art. 2º Os Advogados da União ficam autorizados a reconhecer a procedência do pedido, a abster-se de contestar e de recorrer e a desistir dos recursos já interpostos, quando a pretensão deduzida ou a decisão judicial estiver de acordo com:

I – súmula da Advocacia-Geral da União ou parecer aprovado nos termos dos artigos 40 ou 41 da Lei Complementar n. 73, de 10 de fevereiro de 1993;

II – súmula vinculante do Supremo Tribunal Federal;

III – acórdão transitado em julgado, proferido em sede de controle concentrado de constitucionalidade;

IV – acórdão transitado em julgado, proferido em sede de recurso extraordinário repetitivo, processado nos termos do artigo 1.036 do CPC;

V – acórdão transitado em julgado, proferido pelo Supremo Tribunal Federal em sede de recurso extraordinário em incidente de resolução de demandas repetitivas, processado nos termos do artigo 987 do CPC;

VI – acórdão transitado em julgado, proferido pelo Supremo Tribunal Federal em sede de incidente de assunção de competência, processado nos termos do artigo 947 do CPC; e

VII – acórdão transitado em julgado, proferido pelo plenário do Supremo Tribunal Federal ou súmula do Supremo Tribunal Federal, desde que observados os parâmetros estabelecidos em orientações específicas, aprovadas pela Secretaria-Geral de Contencioso, referentes a cada objeto de direito material.

Parágrafo único. A Secretaria-Geral de Contencioso dará imediata ciência aos Advogados da União da publicação de súmula ou de acórdão do Supremo Tribunal Federal, sem prejuízo da expedição de orientações sobre o seu alcance e parâmetros, quando necessário.

Art. 3º Os Advogados da União ficam autorizados a reconhecer a procedência do pedido, a abster-se de contestar e de recorrer e a desistir dos recursos já interpostos, quando a pretensão deduzida ou a decisão judicial estiver de acordo com:

I – acórdão transitado em julgado, proferido pelo Superior Tribunal de Justiça em sede de recurso especial repetitivo, processado nos termos do artigo 1.036 do CPC;

II – acórdão transitado em julgado, proferido pelo Superior Tribunal de Justiça em sede de recurso especial em incidente de resolução de demandas repetitivas, processado nos termos do artigo 987 do CPC;

III – acórdão transitado em julgado, proferido pelo Superior Tribunal de Justiça em sede de incidente de assunção de competência, processado nos termos do artigo 947 do CPC;

IV – acórdão transitado em julgado, proferido pela Corte Especial do Superior Tribunal de Justiça;

V – súmula do Superior Tribunal de Justiça;

VI – acórdão transitado em julgado, proferido pelo Tribunal Superior do Trabalho em sede de recurso de revista repetitivo, processado nos termos do art. 896-C da Consolidação das Leis do Trabalho (CLT);

recursos. Na manifestação na qual tomou ciência da sentença, o referido Advogado público, no entanto, não fundamentou especificamente em qual das hipóteses a irrecorribilidade inserir-se-ia, apresentando uma manifestação genérica de apenas duas linhas.[195] Além disso, analisando tal ato normativo, tem-se que este não albergava nenhuma previsão capaz de justificar a ausência de impugnação à referida sentença, eis que voltado para a observância de precedentes obrigatórios ou decisões administrativas da AGU autorizando a não interposição de recurso. Tais pressupostos autorizativos, no entanto, não existem.

Mesmo com o pedido da autora para intervenção do Ministério Público no caso,[196] o fato é que tal ação tramitou sem qualquer intervenção do *Parquet* federal, o qual, em momento algum, foi

---

VII – acórdão transitado em julgado, proferido pelo Tribunal Superior do Trabalho em sede de recurso de revista em incidente de resolução de demandas repetitivas, processado nos termos do artigo 987 do CPC, conforme o artigo 8º da Instrução Normativa n. 39/2016, aprovada pela Resolução n. 203, de 15 de março de 2016, do Pleno do TST;

VIII – acórdão transitado em julgado, proferido pelo Tribunal Superior do Trabalho em sede de incidente de assunção de competência, processado nos termos do artigo 947 do CPC, conforme o artigo 3º, XXV, da Instrução Normativa n. 39/2016, aprovada pela Resolução n. 203, de 15 de março de 2016, do Pleno do Tribunal Superior do Trabalho;

IX – acórdão transitado em julgado, proferido pelo Pleno do Tribunal Superior do Trabalho;

X – súmula do Tribunal Superior do Trabalho; ou

XI – acórdão transitado em julgado, proferido pela Turma Nacional de Uniformização dos Juizados Especiais Federais em sede de incidente repetitivo, processado nos termos do art. 17º, VII, a, do Regimento Interno da Turma Nacional de Uniformização, nos processos que tramitam nos Juizados Especiais Federais.

195 BRASIL. Tribunal Regional Federal da 5ª Região. 6ª Vara Federal da Seção Judiciária de Pernambuco. *Ação ordinária 082456144.2019.4.05.8300.* 2019, p. 736.

196 BRASIL. Tribunal Regional Federal da 5ª Região. 6ª Vara Federal da Seção Judiciária de Pernambuco. *Ação ordinária 082456144.2019.4.05.8300.* 2019, p. 14.

intimado para acompanhar a ação como fiscal da ordem jurídica. Quando tomou conhecimento acerca de tal ação, a Procuradoria Federal dos Direitos do Cidadão (PFDC), através da respectiva Procuradoria Regional no Estado de Pernambuco, efetivou representação à Procuradoria Regional da República na 5ª Região para que esta ajuizasse a respectiva ação rescisória perante o Tribunal Regional Federal da 5ª Região, buscando, assim, desconstituir a sentença transitada em julgado.[197]

O argumento central do MPF na mencionada representação referia-se à nulidade do processo, eis que a questão lá tratada não dizia respeito somente àquelas partes, pois também estavam em jogo direitos coletivos relacionados à memória, à verdade e à própria democracia, atraindo a intervenção obrigatória do órgão.[198] Além da rescisão em si, o MPF também sustentou a necessidade de promover novo julgamento da causa, exercendo-se juízo rescisório na medida em que o mérito da sentença encontrava-se equivocado, notadamente quando foi de encontro à: a) própria natureza da CNV, a qual não estipulava nenhum tipo de responsabilização cível ou penal aos responsáveis por graves violações de direitos humanos elencados no relatório final; b) metodologia empregada pela Comissão, a qual elencou Olinto de Souza Ferraz como responsável pelos ilícitos partindo de provas documentais que comprovavam

197 BRASIL. Ministério Público Federal. Procuradoria Regional da República na 5ª Região. *Notícia de fato 1.05.000.000047/2022-55*. 7º Ofício. 2022.

198 BRASIL. Ministério Público Federal. Procuradoria Regional da República na 5ª Região. *Notícia de fato 1.05.000.000047/2022-55*. 7º Ofício. 2022, p. 5.

a posição de comando por ele exercida na Casa de Detenção do Recife à época dos fatos.[199] [200]

A tentativa de resistência constitucional efetivada pelas procuradoras da República em tal representação, no entanto, logo encontraria obstáculos dentro do próprio MPF. Nesse sentido, Procurador Regional da República Domingos Sávio Tenório de Amorim, responsável por analisar a viabilidade em torno da propositura da ação rescisória, promove o arquivamento do pleito, argumentando que, apesar de ser procedente o pedido rescindente, diante da evidente nulidade ante a falta de intimação do MPF, o juízo rescisório não poderia prosperar, pois, no mérito, a sentença

---

199 Nessa linha, as procuradoras da República Natália Lourenço Soares e Carolina de Gusmão Furtado, subscritoras da representação, destacam que: "torna-se, dessa forma, descabido e insólito que um documento de tal relevância política, institucional e histórica, produzido precisamente para garantir a preservação da memória e da verdade no contexto da justiça de transição, esteja sendo agora modificado, 'amordaçado', apagado, com tarjas para omitir determinadas partes julgadas 'inconvenientes'. O provimento jurisdicional que altera ou apaga as conclusões da Comissão – as quais, como exposto, não ensejam responsabilidade jurídica –, constitui incursão indevida no mérito da atuação da CNV, para que outra verdade seja pronunciada e registrada. Este papel não é do Poder Judiciário: a lei atribuiu a missão de resgate histórico e construção de memória à Comissão. A decisão judicial compromete, dessa forma, o próprio processo de implementação da justiça de transição no Brasil, afrontando importantíssimos princípios e direitos fundamentais estabelecidos pela Constituição da República de 1988 e por tratados internacionais de direitos humanos, ligados ao direito à memória e à verdade. (...) A sentença da 6a VF/PE, ao determinar a retirada de trechos do relatório final da CNV, ofende diretamente o Direito Constitucional do povo brasileiro à construção da sua identidade, história e memória, no que se refere ao regime militar ditatorial, suas marcas, seus atores e suas vítimas. Prejudica, em última análise, o anseio civilizatório de conhecimento de graves fatos históricos atentatórios aos direitos humanos e representa retrocesso ao movimento de justiça transicional descrito no início desta representação". (BRASIL. Ministério Público Federal. Procuradoria Regional da República na 5ª Região. *Notícia de fato 1.05.000.000047/2022-55.* 7º Ofício. 2022, pp. 19 e 25).

200 BRASIL. Ministério Público Federal. Procuradoria Regional da República na 5ª Região. *Notícia de fato 1.05.000.000047/2022-55.* 7º Ofício. 2022, pp. 12 e 19.

estava correta. Assim, argumentou acerca da necessidade de se comprovar a conduta específica de Olinto de Souza Ferraz para imposição da responsabilização histórica efetivada pela CNV, tendo em vista se tratar de delito de omissão imprópria, destacando como houve abusos em ambos os grupos em litígio na ditadura, não se podendo apontar a responsabilidade em face de mero "preconceito contra quem exercia cargos de comando no período militar".[201] [202]

Irresignadas diante de tal conclusão, as procuradoras interpuseram recurso, o qual foi provido pela PFDC, tendo o Procurador Federal dos Direitos do Cidadão, Carlos Alberto Vilhena,

---

201 BRASIL. Ministério Público Federal. Procuradoria Regional da República na 5ª Região. *Notícia de fato 1.05.000.000047/2022-55*. 7º Ofício. 2022, p. 7.

202 O Procurador, assim, adota a tese em torno dos "dois demônios", nestes termos: "O período militar no Brasil, no entanto, não foi caracterizado como sendo aquele em que um Diabo atacava anjos, mas um período radical de luta entre duas concepções de Estado, ou seja, a daqueles que buscavam a manutenção de um forma de vida que decorria da evolução paulatina experiência do homem sobre a terra, com sua concepção política, moral e econômica (conservadores) contra um outro grupo que buscava uma alteração profunda nessas três âncoras estatais (liberais), de modo que integrantes mais sectários de cada um dos grupos praticaram abusos, usando a tortura e a morte de adversários, roubos de instituições financeiras, explosões de bombas com mortes de inocentes, sequestros de aviões, sequestro de morte de embaixadores de outros países, etc.". (BRASIL. Ministério Público Federal. Procuradoria Regional da República na 5ª Região. *Notícia de fato 1.05.000.000047/2022-55*. 7º Ofício. 2022, p. 7). Em outro caso semelhante, o Desembargador Federal Cândido Alfredo S. Leal Jr. também adotou tese semelhante, equiparando os crimes contra a humanidade praticados pelos agentes estatais com os delitos praticados por aqueles que lutavam contra a ditadura: "Essas reflexões trazidas pela CNV são importantes para reafirmar que nossas existências individuais e coletiva somente fazem sentido se vivermos num regime democrático, segundo regras a todos aplicáveis, ninguém estando fora ou acima das leis. E também para reafirmar que torturas, perseguições arbitrárias, violências contra adversários, mortes, prisões, sequestros, atentados são anômalos e patológicos, e não são a solução para nossos problemas, sejam quando praticados por agentes do Estado, seja quando praticados a pretexto de destituir ou refundar o Estado". (BRASIL. Tribunal Regional Federal da 4ª Região. *Ação ordinária 5028801-04.2015.4.04.7100*. 4ª Turma. 24/06/2020. p. 12).

argumentado que o juízo rescindente é independente do rescisório e, no caso, a só existência do primeiro já justificava o ajuizamento da ação rescisória tendo em vista a manifesta ofensa à norma jurídica que possibilita a intervenção do *Parquet*, nos termos do art. 966, V, do CPC.[203] No mérito, também sustentou a necessidade de novo julgamento, reconhecendo-se que a CNV não impôs qualquer responsabilização civil, penal ou administrativa, não se podendo admitir um direito ao esquecimento em torno daqueles que ocuparam cargos públicos, especialmente no período de exceção.[204]

Curiosamente, no entanto, o Juiz Federal prolator da sentença, após a repercussão social que o caso apresentou na imprensa,[205] chamou o feito à ordem em 17/05/2022 e, entendendo que fora proferida sentença ilíquida, determinou a remessa necessários dos autos ao TRF/5ª Região, nos termos do artigo 496 do CPC.[206] Desse modo, o trânsito em julgado, por enquanto, não restou perfeito, impedindo o ajuizamento imediato de ação rescisória pelo MPF.

Deve-se destacar que, em outros casos semelhantes, a Justiça Federal resistiu às investidas contra o trabalho da CNV, julgando improcedente pedido formulado pelos familiares do General de Brigada Leo Guedes Etchegoyen para que trechos do relatório final fossem suprimidos.[207] Houve, no entanto, um importante voto

---

203 BRASIL. Ministério Público Federal. Procuradoria Regional da República na 5ª Região. *Notícia de fato 1.05.000.000047/2022-55*. 7º Ofício. 2022, p. 7.

204 BRASIL. Ministério Público Federal. Procuradoria Regional da República na 5ª Região. *Notícia de fato 1.05.000.000047/2022-55*. 7º Ofício. 2022, p. 9.

205 MENA, Fernanda. "Justiça manda ocultar nome de ex-coronel da PM de dossiê da Comissão da Verdade". *Folha de São Paulo*, 2022. Disponível em: https://www1.folha.uol.com.br/poder/2022/02/justica-manda-ocultar-nome-de-ex-coronel-da-pm-de-dossie-da-comissao-da-verdade.shtml. Acessado em: 31.08.2023.

206 BRASIL. Tribunal Regional Federal da 5ª Região. 6ª Vara Federal da Seção Judiciária de Pernambuco. *Ação ordinária 082456144.2019.4.05.8300*. 2019.

207 BRASIL. Tribunal Regional Federal da 4ª Região. *Ação ordinária 5028801-04.2015.4.04.7100*. 4ª Turma. 24/06/2020. 2020.

vencido no caso, o qual será analisado no capítulo seguinte a partir da atuação judicial que busca deslegitimar os trabalhos da CNV.

Deve-se destacar, ainda, a fragilidade probatória do pleito autoral, não impugnado devidamente pela União, mas reconhecido, por exemplo, pela PFDC. Nessa linha, o e-mail tido como prova do pedido autoral, enviado pela União em resposta à consulta anteriormente formulada, não apresenta qualquer informação acerca da vinculação do servidor público remetente com os trabalhos efetivamente exercidos pela CNV.[208] Não se sabe, assim, se quem prestou a informação, efetivamente, tinha conhecimento técnico para tanto.

1.3.12 A tentativa de captura da CEMDP através do MPF

A Lei n. 9.140/95 prevê a criação de Comissão Especial sobre Mortos e Desaparecidos Políticos, voltada para a identificação das vítimas da ditadura, composta por sete membros indicados pelo Presidente da República, sendo que um deles deve ser escolhido dentre integrantes do MPF, nos termos do art. 5º, inciso III[209] Parte dos trabalhos da Comissão foram narrados em publicação oficial efetivada em 2007 a qual, dentre outros aspectos, mostra como os obstáculos autoritários à busca pela verdade e memória podem ocorrer em qualquer governo, mesmo naqueles tidos como mais progressistas. Um exemplo disso, típico dos embates entre ditadura e democracia mesmo pós-1988, ocorreu quando a CEMDP começava a exercer sua competência para identificação dos desaparecidos no

---

208 BRASIL. Ministério Público Federal. Procuradoria Regional da República na 5ª Região. *Notícia de fato 1.05.000.000047/2022-55*. 7º Ofício. 2022, p. 9.

209 BRASIL. *Lei n. 9.140*, de 04 de dezembro de 1995. Reconhece como mortas pessoas desaparecidas em razão de participação, ou acusação de participação, em atividades políticas, no período de 2 de setembro de 1961 a 15 de agosto de 1979, e dá outras providências. Brasília, DF: Presidência da República, 1995. Disponível em: http://www.planalto.gov.br/ccivil_03/leis/l9140compilada.htm. Acessado em: 31.08.2023.

contexto da Guerrilha do Araguaia e, mesmo diante da expertise já angariada pela Comissão, o governo entendeu por bem criar uma outra comissão que ficaria responsável por tal tarefa.[210]

---

210 De acordo com o relato contido na obra Direito à memória e à verdade – comissão especial sobre mortos e desaparecidos políticos: "Luiz Francisco Carvalho Filho, membro da Comissão Especial durante 10 anos e seu Presidente no período 2002-2004, reclama da falta de colaboração de inúmeras autoridades governamentais, o que sempre limitou o trabalho da equipe. Em sua visão, historicamente a CEMDP tem um status de independência. Ele registra que nunca sofreu qualquer tipo de pressão quando fazia parte do colegiado. Quando assumiu a presidência, passou a lidar com a busca de informações e percebeu resistência por parte de órgãos do governo em liberar documentos, por exemplo. Segundo ele, quando o Presidente Luiz Inácio Lula da Silva assumiu o governo, a expectativa era que os anseios da Comissão em relação à abertura de documentos seriam atendidos. Mas a resistência pareceu ainda mais forte, crescendo a decepção quando investigações sobre o Araguaia foram atribuídas a outra comissão, de caráter interministerial. (BRASIL. Secretaria Especial dos Direitos Humanos da Presidência da República. *Direito à memória e à verdade*: comissão especial sobre mortos e desaparecidos políticos. Brasília: Secretaria Especial dos Direitos Humanos, 2007, p. 43) Criada logo após o governo ter decidido recorrer contra sentença expedida pela juíza Solange Salgado, da 1ª Vara da Justiça Federal, determinando abertura dos arquivos militares e pronta localização dos desaparecidos no Araguaia, essa comissão interministerial foi instituída pelo decreto 4.850, de 2 de outubro de 2003, sendo composta, na época, pelos Ministros da Justiça, Marcio Thomas Bastos, da Defesa, José Viegas, e da Casa Civil, José Dirceu, além do advogado-geral da União, Álvaro Augusto Ribeiro Costa, e do Ministro da Secretaria Especial dos Direitos Humanos, Nilmário Miranda. O trabalho foi assistido pelos comandantes da Marinha, Exército e Aeronáutica – almirante-de-esquadra Roberto de Guimarães Carvalho, general-de-exército Francisco Roberto de Albuquerque, e tenente-brigadeiro-do-ar Luiz Carlos da Silva Bueno". (BRASIL. Secretaria Especial dos Direitos Humanos da Presidência da República. *Direito à memória e à verdade*: comissão especial sobre mortos e desaparecidos políticos. Brasília: Secretaria Especial dos Direitos Humanos, 2007, p. 43). Em 2006, no entanto, a animosidade entre as Comissões diminuiu, tendo em vista que o relatório final pela comissão interministerial recomendou que o Presidente da República determinasse aos Comandantes das Forças Armadas o fornecimento das informações requeridas pela Justiça Federal. (BRASIL. Secretaria Especial dos Direitos Humanos da Presidência da República. *Direito à memória e à verdade*: comissão especial sobre mortos e desaparecidos políticos. Brasília: Secretaria Especial dos Direitos Humanos, 2007, p. 43).

O legado autoritário, no entanto, ganha novos contornos nos dias atuais. Nesse sentido, é importante analisar a tentativa de o Presidente da República, Jair Bolsonaro, indicar para tal comissão o procurador da República Ailton Benedito, não tendo o Conselho Superior do MPF (CSMPF) admitido a perfeição de tal ato.[211] Em 9 de abril de 2019, o mencionado procurador da República recebera ofício encaminhado pelo Secretário Nacional de Proteção Global convidando-o para integrar a CEMDP, nos termos do art. 5º, parágrafo primeiro da Lei n. 9.140/95 e, diante de eventual aceitação, aguardar-se-ia manifestação do Presidente da República para que, eventualmente, se confirmasse a nomeação.[212] Diante de tal ato, o procurador encaminhou pedido ao CSMPF solicitando ao órgão designação para representar o MPF no CEMDP.[213]

A então PFDC, Deborah Duprah, em manifestação prévia à análise efetivada pelo CSMPF, opinou pela denegação do pedido, argumentando que o convite fora efetivado por autoridade incompetente, eis que tal atribuição é do Presidente da República, não do Secretário, atraindo considerações sobre o impacto do ato na autonomia administrativa do MPF, pois sequer o ofício fora

---

211 BRASIL. Ministério Público Federal. Conselho Superior. *Procedimento de gestão administrativa (PGEA) 1.00.001.000095/2019-14*. Indicação do procurador da República Ailton Benedito para integrar a Comissão Especial sobre Mortos e Desaparecidos Políticos. 2019. Disponível em: https://portal.mpf.mp.br/unico/home/inicio.action. Acessado em: 31.08.2023.

212 BRASIL. Ministério Público Federal. Conselho Superior. *Procedimento de gestão administrativa (PGEA) 1.00.001.000095/2019-14*. Indicação do procurador da República Ailton Benedito para integrar a Comissão Especial sobre Mortos e Desaparecidos Políticos. 2019, pp. 3/4. Disponível em: https://portal.mpf.mp.br/unico/home/inicio.action. Acessado em: 31.08.2023.

213 BRASIL. Ministério Público Federal. Conselho Superior. *Procedimento de gestão administrativa (PGEA) 1.00.001.000095/2019-14*. Indicação do procurador da República Ailton Benedito para integrar a Comissão Especial sobre Mortos e Desaparecidos Políticos. 2019, p. 2. Disponível em: https://portal.mpf.mp.br/unico/home/inicio.action. Acessado em: 31.08.2023.

encaminhado para a então PGR Raquel Dodge.[214] Destacara, ainda, a falta de experiência do procurador em temas como Justiça de Transição e Direito à Memória e à Verdade, nunca tendo integrado quaisquer dos Grupos de Trabalho do MPF sobre tais temas.[215]

Salientou, ainda, que, além de o mencionado procurador não manter interlocução com tais Grupos de Trabalho, ele atuava, deliberadamente, contra recomendações expedidas sobre o tema. Nessa linha, narra que, quando a PFDC solicitara informações aos Reitores de Universidades Públicas e Institutos Federais sobre homenagens aos responsáveis por graves violações de direitos humanos indicados no Relatório Final da CNV, Ailton Benedito solicitou às instituições estabelecidas no Estado de Goiás informações, para além das solicitadas pela PFDC, acerca de homenagens em relação a outros agentes políticos, tais como Adolf Hitler, Getúlio Vargas ou Fidel Castro.[216] Finalmente, demonstrou a falta de imparcialidade do procurador com as premissas básicas em torno do reconhecimento

---

214 Somente em 15 de abril, fora enviado ofício pelo Secretário Nacional de Proteção Global para a então Procuradora Geral da República Raquel Dodge. (BRASIL. Ministério Público Federal. Conselho Superior. *Procedimento de gestão administrativa (PGEA) 1.00.001.000095/2019-14*. Indicação do procurador da República Ailton Benedito para integrar a Comissão Especial sobre Mortos e Desaparecidos Políticos. 2019, p. 39. Disponível em: https://portal.mpf.mp.br/unico/home/inicio.action. Acessado em: 31.08.2023).

215 BRASIL. Ministério Público Federal. Conselho Superior. *Procedimento de gestão administrativa (PGEA) 1.00.001.000095/2019-14*. Indicação do procurador da República Ailton Benedito para integrar a Comissão Especial sobre Mortos e Desaparecidos Políticos. 2019, pp. 20/21. Disponível em: https://portal.mpf.mp.br/unico/home/inicio.action. Acessado em: 31.08.2023.

216 Eis a lista completa: "1) Adolf Hitler 2) Kim Il-Sung 3) Muammar Al-Gaddafi 4) Francisco Franco 5) Augusto Pinochet 6) Josef Stalin 7) Kim Jong-Il 8) Slobodan Milosevic 9) Omar Al-Bashir 10) Mao Tsé-Tung 11) Vladimir Lenin 12) Robert Mugabe 13) Benito Mussolini 14) Saddam Hussein 15) Pol Pot 16) Getúlio Vargas 17) Fidel Castro 18) Ernesto Che Guevara 19) Raul Castro 20) Hugo Chávez 21) Nicolás Maduro". (BRASIL. Ministério Público Federal. Conselho Superior. *Procedimento de gestão administrativa (PGEA) 1.00.001.000095/2019-14*. Indicação do procurador da República Ailton Benedito para integrar a Comissão Especial sobre Mortos e Desaparecidos

da culpa do Estado brasileiro pelos crimes contra a humanidade praticados a partir de diversas mensagens por ele veiculadas no *Twitter* com críticas às ações levadas a cabo pela Justiça de Transição, denominando o golpe de 64 como "revolução".[217]

Respondendo à manifestação da PFDC, o procurador sustentou que: a) não há previsão legal para manifestação da PFDC em casos como o dele, solicitando que tal manifestação fosse desentranhada e devolvida à PFDC "para o uso que melhor lhe aprouver"; b) sobre o mérito em si, sustentou que sua atuação é pautada pela defesa da Constituição e do regime democrático, nos anos em que foi procurador dos direitos do cidadão ou procurador regional dos direitos do cidadão, tendo atuação nos limites da independência

---

Políticos. 2019, p. 22. Disponível em: https://portal.mpf.mp.br/unico/home/inicio.action. Acessado em: 31.08.2023).

217 "8 de abril de 2019: 'O 'Regime Militar' instituído em 1964 é achincalhado há décadas e transformado em espantalho por esquerdistas, que o usam para aliviar as próprias culpas pelo mal que infligem ao Brasil. Agora, não perdem ocasião de promover confusão entre aquele 'Regime' e o governo Bolsonaro'.

5 de abril de 2019: 'Qualquer versão dos fatos políticos de 1964, se não coincidir exatamente com hagiografia de terroristas esquerdistas e a criminalização das FFAA, nunca satisfará a sanha mentirosa do establishment político-midiático'.

4 de abril de 2019: 'Vai vendo. A mesma turma esquerdista homiziada na imprensa, ONGs, ONU, universidades, instituições públicas etc. trata a 'Revolução de 64' por 'Golpe', o 'Regime de 64' por 'Ditadura', os 'terroristas comunistas' por 'democratas', o '*impeachment* de Dilma' por 'Golpe'.

30 de março de 2019: 'Durante 40 anos, os eventos de 31 de março de 1964 foram monopolizados pelos esquerdistas, a fim de propagandear a sua inocência passada presente e futura, enquanto silenciavam, achincalhavam e culpavam as FFAA, e cobravam pedágio ideológico e financeiro da sociedade'.

31 de março de 2019: 'O esforço ideológico esquerdista para resgatar e preservar a 'memória e a verdade histórica' não alcança a pior das ditaduras no Brasil: o 'Estado Novo', comandado pelo facistóide Getúlio vargas. A bem da verdade, esquerdistas o amam, idolatram, imitam". (BRASIL. Ministério Público Federal. Conselho Superior. *Procedimento de gestão administrativa (PGEA) 1.00.001.000095/2019-14*. Indicação do procurador da República Ailton Benedito para integrar a Comissão Especial sobre Mortos e Desaparecidos Políticos. 2019, pp. 22/23. Disponível em: https://portal.mpf.mp.br/unico/home/inicio.action. Acessado em: 31.08.2023).

funcional também em relação aos temas afetos à CEMDP, não estando, assim, vinculado às conclusões de tais Grupos de Trabalho; c) sustenta que, ao enviar tal ofício às instituições de ensino de Goiás, o fez para que se apurasse eventual homenagem "a ditadores genocidas responsáveis pelas piores ditaduras dos séculos XX e XXI, independentemente de coloração ideológica"; d) em relação à falta de independência e compatibilidade entre o procurador e as finalidades da CEMDP, sustentou que tal escolha cabe ao Presidente da República, não havendo na lei quaisquer requisitos em relação à ideologia do indicado; e) em relação às mensagens veiculadas no *Twitter*, sustentou que elas estão protegidas pela liberdade de expressão e que a PFDC busca censurá-lo, repetindo táticas do período militar.[218]

---

218 Sustenta o procurador: "Aqui, não posso deixar de destacar minha satisfação pessoal, ao perceber que a PFDC lê e aprecia as minhas postagens na rede social Twitter, tanto que colacionou algumas à sua impertinente manifestação.

A despeito disso, destaco que os membros do MPF são fontes de informações, conhecimentos e opiniões, acerca do Brasil e do mundo, sob as mais diversas perspectivas culturais, e sua essência é a liberdade expressão. Pretender afastar um Procurador da República da sua atuação funcional ou obstaculizar a sua participação em instâncias externas, por razões de ideológicas, só desnuda aqueles que, à falta de argumentos bastantes para contraditar o conteúdo de mensagens que lhes desagradam, "atacam o mensageiro", visando eliminá-lo dos espaços de debate público, o que tristemente vem atingindo diversos colegas da instituição.

A cidadania, a dignidade humana, a pluralidade política, valores fundamentais do Estado Democrático de Direito, além da liberdade de expressão da atividade intelectual, artística, científica e de comunicação, independentemente de censura ou licença, nos termos da Constituição da República, artigos 1 o, incisos II, III, e V, e 5 o, IX, da Constituição da República, protegem também os membros do MPF, inclusive para se expressar nas redes sociais da internet, a ágora cívica do século XXI, e não cabe à PFDC exercer nenhum tipo censura aos mesmos.

Se informações são falsas, se conhecimentos são equivocados, se opiniões são reprováveis, a essência do debate público os depurará, separará o "joio do trigo", independentemente das vontades individuais ou coletivas. De qualquer agente do MPF se espera que não queira transformar suas idiossincrasias em dogmas insusceptíveis de crítica interna ou externamente à instituição, encapsulando-se numa "imunização cognitiva" que o proteja da verdade.

É importante salientar o grau de confrontação envolvido no caso, com a utilização de uma linguagem nas manifestações repleta de adjetivações ou mesmo frases desrespeitosas, como se tem com o pedido para desentranhamento da manifestação da PFDC. Perceba-se que se tratava de um relacionamento entre um procurador da República e uma Subprocuradora Geral da República e, mesmo não havendo qualquer tipo de subordinação hierárquica no MPF, somente a certeza acerca da inexistência de qualquer tipo de responsabilização perante a Corregedoria de tal órgão justifica a tranquilidade com que se lançava mão da linguagem tão carregada. Essa sensação de soberania restará comprovada ao final do estudo do presente caso, pois, se é certo que o CSMPF não admitiu a consumação da referida indicação, o fez sem enfrentar nenhum dos sérios obstáculos de mérito relacionados à atuação funcional do procurador.

Em 22 de maio de 2019, o procurador da República Ivan Cláudio Marx, o qual representava à época o MPF no CEMDP, solicita intervenção no procedimento perante o CSMPF sustentando

---

Destarte, no âmbito do MPF, não se pode pretender punir, ainda que dissimuladamente, membros que veiculam pontos de vista dissonantes no espaço público, a pretexto de se praticar uma "censura do bem" contra o "herético"; fenômeno que esconde o medo de que o outro possa provocar "dissonância cognitiva" nos imunizados.

A ironia do caso é que o tema de fundo alcança tentativa de censura, que lamentavelmente marcou a história do "Regime de 1964", enquanto a instituição que deveria ser a primeira a combatê-la, nesta Casa, busca utilizá-la para, sem fundamentação jurídica, impedir a designação de um membro específico do MPF para a CEMDP". (BRASIL. Ministério Público Federal. Conselho Superior. *Procedimento de gestão administrativa (PGEA) 1.00.001.000095/2019-14*. Indicação do procurador da República Ailton Benedito para integrar a Comissão Especial sobre Mortos e Desaparecidos Políticos. 2019, pp. 36/37. Disponível em: https://portal.mpf.mp.br/unico/home/inicio.action. Acessado em: 31.08.2023).

BRASIL. Ministério Público Federal. Conselho Superior. *Procedimento de gestão administrativa (PGEA) 1.00.001.000095/2019-14*. Indicação do procurador da República Ailton Benedito para integrar a Comissão Especial sobre Mortos e Desaparecidos Políticos. 2019, pp. 34/35. Disponível em: https://portal.mpf.mp.br/unico/home/inicio.action. Acessado em: 31.08.2023.

que tem interesse em continuar no exercício da função, eis que previamente indicado pela PFDC e nomeado pela então Presidenta da República, Dilma Rousseff, apresentando, ainda, uma série de títulos acadêmicos e atuação ministerial na temática.[219] Nessa linha, sustentando a necessidade de manutenção do atual representante do MPF na Comissão, a procuradora regional da República Eugênia Augusta Gonzaga, a qual também já integrara a Comissão, ressaltou que a manobra do Poder Executivo em torno da indicação do procurador Ailton Benedito consistiu no feito inédito a partir do qual "uma autoridade do governo federal, inclusive de segundo escalão, pretende dizer ao Ministério Público Federal quem ele pretende que seja indicado representante do órgão, o que é lamentável".[220]

No voto proferido pela Conselheira Relatora, a Subprocuradora-Geral da República Maria Caetana Cintra Santos, o pedido foi deferido sem conter nenhuma manifestação sobre o conteúdo da manifestação da PFDC, mas contendo elogios à atuação funcional do procurador.[221] Acerca do mérito do pedido,

---

219 BRASIL. Ministério Público Federal. Conselho Superior. *Procedimento de gestão administrativa (PGEA) 1.00.001.000095/2019-14*. Indicação do procurador da República Ailton Benedito para integrar a Comissão Especial sobre Mortos e Desaparecidos Políticos. 2019, pp. 45/46. Disponível em: https://portal.mpf.mp.br/unico/home/inicio.action. Acessado em: 31.08.2023.

220 BRASIL. Ministério Público Federal. Conselho Superior. *Procedimento de gestão administrativa (PGEA) 1.00.001.000095/2019-14*. Indicação do procurador da República Ailton Benedito para integrar a Comissão Especial sobre Mortos e Desaparecidos Políticos. 2019, p. 101. Disponível em: https://portal.mpf.mp.br/unico/home/inicio.action. Acessado em: 31.08.2023.

221 "Neste diapasão, observa-se que, o Procurador da República Ailton Benedito de Souza foi diretamente convidado pelo Secretário Nacional de Proteção Global do Ministério da Mulher, da Família e dos Direitos Humanos, convite este que representa, de forma implícita, a escolha feita pelo Presidente da República, em observância ao disposto no artigo 5º da Lei n. 9140/95, assim como o reconhecimento pelos trabalhos desenvolvidos pelo Procurador da República, nos 12 anos de atuação no Ministério Público Federal, em especial como Procurador dos Direitos do Cidadão e como Procurador Regional dos Direitos do Cidadão, sempre respaldado na Constituição Federal e na legislação infraconstitucional, "em defesa da ordem jurídica, do regime

limitou-se a apontar que a competência para nomeação cabe ao Presidente da República, após designação efetivada pelo PGR, ouvido o Conselho Superior.[222]

Após tal voto, cinco Conselheiros acompanharam a Relatora, incluindo a própria PGR Raquel Dodge, tendo, em seguida, o Conselheiro Nicolau Dino pedido vista dos autos. No seu voto vista, divergiu da Relatora, sustentando que: a) haveria necessidade de compatibilizar as regras constantes na Lei n. 9.140/95 com a autonomia administrativa do MPF prevista na Constituição, devendo-se, assim, aplicar a Lei Complementar 75 no ponto em que realça que a designação para conselhos cabe ao PGR, de modo que a nomeação efetivada pelo Presidente da República para o CEMDP somente pode ocorrer após escolha de membro do MPF efetivada internamente no *Parquet*; b) a autoridade do Poder Executivo que fizera o convite ao procurador não tinha competência para tanto; c) a destituição do atual membro da Comissão, o procurador Ivan Claudio Marx, somente poderia ocorrer, em face do paralelismo das formas, adotando-se o mesmo procedimento para indicação, não se admitindo, portanto, a mera substituição pretendida pelo

---

democrático e dos interesses sociais e individuais indisponíveis". (BRASIL. Ministério Público Federal. Conselho Superior. *Procedimento de gestão administrativa (PGEA) 1.00.001.000095/2019-14*. Indicação do procurador da República Ailton Benedito para integrar a Comissão Especial sobre Mortos e Desaparecidos Políticos. 2019, p. 62. Disponível em: https://portal.mpf.mp.br/unico/home/inicio.action. Acessado em: 31.08.2023).

222 BRASIL. Ministério Público Federal. Conselho Superior. *Procedimento de gestão administrativa (PGEA) 1.00.001.000095/2019-14*. Indicação do procurador da República Ailton Benedito para integrar a Comissão Especial sobre Mortos e Desaparecidos Políticos. 2019, p. 62. Disponível em: https://portal.mpf.mp.br/unico/home/inicio.action. Acessado em: 31.08.2023.

Poder Executivo.[223] Tal voto tornou-se vencedor e a indicação do procurador não foi efetivada.[224]

O caso é marcante tendo em vista a informalidade com que autoridades do Poder Executivo promoveram tratativas com um membro de instituição independente, como revela a expedição de ofício diretamente para o mencionado procurador. Além disso, a tática em torno de suposta neutralidade ideológica por parte do procurador, relacionada à acusação por ele efetivada contra a PFDC acerca da atuação ideológica desta, insere-se no âmbito do negacionismo ideológico e demandaria uma resposta adequada do CSMPF, fato que não ocorrera, como será abordado no capítulo seguinte.

1.3.13 "Aproximações sucessivas": a palestra do General Hamilton Mourão

Um dos eventos recentes sempre lembrados pelos pesquisadores da politização militar diz respeito às manifestações públicas do General do Exército Antônio Hamilton Martins Mourão em crítica à classe política e, até mesmo, sugerindo a possibilidade de intervenção militar. Nesse sentido, em 15 de setembro de 2017, tal militar efetivou palestra na Loja Maçônica Grande Oriente, em

---

223 BRASIL. Ministério Público Federal. Conselho Superior. *Procedimento de gestão administrativa (PGEA) 1.00.001.000095/2019-14*. Indicação do procurador da República Ailton Benedito para integrar a Comissão Especial sobre Mortos e Desaparecidos Políticos. 2019, pp. 105-108. Disponível em: https://portal.mpf.mp.br/unico/home/inicio.action. Acessado em: 31.08.2023.

224 Em face de tal decisão, o procurador da República apresentou recurso, o qual, no entanto, não foi conhecido pelo Relator. Em seguida, o atual PGR, Augusto Aras, pediu vista do caso. (BRASIL. Ministério Público Federal. Conselho Superior. *Procedimento de gestão administrativa (PGEA) 1.00.001.000095/2019-14*. Indicação do procurador da República Ailton Benedito para integrar a Comissão Especial sobre Mortos e Desaparecidos Políticos. 2019, pp. 213/214. Disponível em: https://portal.mpf.mp.br/unico/home/inicio.action. Acessado em: 31.08.2023).

Brasília, sugerindo que caberia aos militares adotarem a prática das "aproximações sucessivas", no sentido de se admitir a intervenção militar como última possibilidade de atuação diante dos casos de corrupção vivenciados no Brasil: "Até chegar o momento em que ou as instituições solucionam o problema político, pela ação do Judiciário, retirando da vida pública esses elementos envolvidos em todos os ilícitos, ou então nós teremos que impor isso".[225] Em seguida, reitera a advertência, destacando as consequências graves em torno de tal atuação militar diante do eventual insucesso do Poder Judiciário: "Se não conseguirem, né, chegará a hora que nós teremos que impor uma solução. E essa imposição ela não será fácil, ele trará problemas, podem ter certeza disso aí".[226] Perceba-se que o verbo "impor" é reiteradamente utilizado pelo militar, desafiando a compreensão acerca dos limites da liberdade de expressão.

Tal autoridade mostra-se ressentida com as críticas que as Forças Armadas recebem tendo em vista o ocorrido na ditadura, compreendendo-as como "sucessivos ataques" efetivados "de forma covarde, de forma não coerente com os fatos que ocorreram no período de 64 a 85. E isso marcou a geração".[227] A declaração é coerente com a tese acerca de como os militares não aceitaram, por exemplo, o Relatório Final da CNV, em momento algum reconhecendo a prática de crimes contra a humanidade no período de exceção.

Os fatos foram representados ao MPF, o qual, inicialmente, adotou postura rigorosa para apuração deles, destacando-se no despacho inicial a compreensão de que a fala, em tese, poderia de

225 BRASIL. Ministério Público Federal. *Procedimento investigatório criminal no. 1.16.000.002931/2017-83*. Procuradoria da República no Distrito Federal. 2017, p. 1.

226 BRASIL. Ministério Público Federal. *Procedimento investigatório criminal no. 1.16.000.002931/2017-83*. Procuradoria da República no Distrito Federal. 2017, p. 1.

227 BRASIL. Ministério Público Federal. *Procedimento investigatório criminal no. 1.16.000.002931/2017-83*. Procuradoria da República no Distrito Federal. 2017, p. 1.

fato configurar os delitos de propaganda ou incitação ao golpe de Estado, então tipificado na Lei de Segurança Nacional nos artigos 22 e 23, além do crime de apologia ao delito, previsto no artigo 287 do Código Penal, possivelmente configurando também ato de improbidade administrativa.[228] O MPF teve sensibilidade para reconhecer a reiteração de conduta do representado, tendo em vista que, em 2015, já havia feito manifestações políticas em tom de crítica à então Presidenta Dilma Rousseff, concitando os presentes para "o despertar de uma luta patriótica".[229] Em ambos os casos, no entanto, não fora punido pelo Exército, tendo o próprio Comandante de tal Força, Eduardo Villas Bôas, declarado em entrevista ao jornalista Pedro Bial que não haveria qualquer imposição de sanção.[230]

Diante de tais fatos, o *Parquet* requereu a manifestação do Comandante do Exército e do próprio representado sobre eles, chegando-se a indagar ao então Comandante do Exército qual seria a interpretação dele acerca do artigo 142 da Constituição,[231] tida por militares como Hamilton Mourão como capaz de justificar a pretendida intervenção militar.

O Ministério da Defesa, por sua vez, sustentou que o Comandante do Exército se reunira com o General a fim de buscar esclarecimentos sobre os fatos, tendo este sustentando que: a) a reunião desenvolvia-se em ambiente privado, com a divulgação do vídeo ocorrido à revelia;

---

228 BRASIL. Ministério Público Federal. *Procedimento investigatório criminal no. 1.16.000.002931/2017-83*. Procuradoria da República no Distrito Federal. 2017, p. 18.

229 BRASIL. Ministério Público Federal. *Procedimento investigatório criminal no. 1.16.000.002931/2017-83*. Procuradoria da República no Distrito Federal. 2017, p. 21.

230 BRASIL. Ministério Público Federal. *Procedimento investigatório criminal no. 1.16.000.002931/2017-83*. Procuradoria da República no Distrito Federal. 2017, p. 22.

231 BRASIL. Ministério Público Federal. *Procedimento investigatório criminal no. 1.16.000.002931/2017-83*. Procuradoria da República no Distrito Federal. 2017, pp. 22 e 47.

b) não se estava comentando nenhum acontecimento específico, mas analisando "um contexto hipotético" em torno da política nacional.[232] Na manifestação apresentada ao MPF, o General também insistiu na tese acerca do caráter hipotético da fala, imaginando uma situação catastrófica na qual "apenas na eventualidade de colapso geral das instituições, sobretudo Poder Judiciário – algo que não se espera, mas que considera apenas para argumentar – é que seriam necessárias providências para no sentido de se restabelecer a ordem".[233] No âmbito jurídico-penal, negou que houvesse qualquer tipo de propaganda em público, tendo em vista o mencionado caráter privado na reunião.[234]

Para o referido Comandante do Exército, "A manifestação do General Mourão não foi de encontro a nenhuma norma constitucional", "não tendo havido quebra dos pilares da hierarquia e disciplina",[235] negando, ainda existir qualquer plano estratégico no âmbito das Forças Armadas para atuação em tais situações hipotéticas bem como disposição para efetivar qualquer tipo de intervenção fora dos limites do artigo 142 da Constituição, ou seja, sem que haja prévia ordem do Presidente da República.[236]

A atuação inicial do MPF, no entanto, acabaria não redundando no ajuizamento de ação penal, como bem demonstra a

---

232 BRASIL. Ministério Público Federal. *Procedimento investigatório criminal no. 1.16.000.002931/2017-83*. Procuradoria da República no Distrito Federal. 2017, p. 57.

233 BRASIL. Ministério Público Federal. *Procedimento investigatório criminal no. 1.16.000.002931/2017-83*. Procuradoria da República no Distrito Federal. 2017, p. 67.

234 BRASIL. Ministério Público Federal. *Procedimento investigatório criminal no. 1.16.000.002931/2017-83*. Procuradoria da República no Distrito Federal. 2017, p. 68.

235 BRASIL. Ministério Público Federal. *Procedimento investigatório criminal no. 1.16.000.002931/2017-83*. Procuradoria da República no Distrito Federal. 2017, p. 57.

236 BRASIL. Ministério Público Federal. *Procedimento investigatório criminal no. 1.16.000.002931/2017-83*. Procuradoria da República no Distrito Federal. 2017, pp. 57/58.

promoção de arquivamento efetivada. Em tal ato, o procurador da República oficiante sustentou que não haveria prática daqueles crimes em tese apontados, pois: a) o ato não ocorrera em público, não havendo elementos aptos a comprovar o caráter de incitação; b) a manifestação estaria protegida pela liberdade de expressão.[237]

Chama atenção no caso o fato de o MPF ter se contentado com meras manifestações por escrito do investigado, não cogitando diligências processuais penais como a busca e apreensão de bens capazes de conter maiores informações sobre o ocorrido, como telefones ou computador. Além disso, a máxima proteção ao regime democrático autorizaria interpretação das elementares dos tipos penais no sentido de que qualquer publicidade com intuito intimidatório ao Estado Democrático de Direito, quando proveniente de um oficial do Exército com histórico nesse sentido, seria capaz de perfazer a consumação do delito.

É levando em contas essas premissas que se pode sustentar que as alegações do General foram aceitas com muita facilidade pelo *Parquet*, pois, na verdade, não parecia que ele estava se manifestando hipoteticamente sobre a situação política brasileira. Primeiramente, deve-se destacar a completa falta de sentido no cenário apocalíptico de caos por ele imaginado, não havendo nenhum elemento concreto capaz de indicar tal situação. Além disso, a frase ou as instituições solucionam o problema político, pela ação do Judiciário, retirando da vida pública esses elementos envolvidos em todos os ilícitos, ou então nós teremos que impor isso"[238] é bastante específica e concreta, levando em conta o cenário de corrupção em torno da Operação Lava Jato e a possibilidade

237 BRASIL. Ministério Público Federal. *Procedimento investigatório criminal no. 1.16.000.002931/2017-83*. Procuradoria da República no Distrito Federal. 2017, pp. 70/71.

238 BRASIL. Ministério Público Federal. *Procedimento investigatório criminal no. 1.16.000.002931/2017-83*. Procuradoria da República no Distrito Federal. 2017, p. 1.

de o ex-Presidente Luiz Inácio Lula da Silva ser reeleito, o qual liderava pesquisas eleitorais à época.[239] No âmbito militar, também é digno de nota o traço de corporativismo envolvido no caso, não se cogitando de nenhum tipo de punição.

Deve-se ter a compreensão de que a fala do General Hamilton Mourão é grave por demonstrar um novo sentido de intervenção militar, como sustenta Rodrigo Lentz. É importante destacar que, mesmo após a Constituição de 1988, a doutrina da Segurança Nacional aplicada na ditadura militar continua exercendo influência nas Forças Armadas, mesmo com modificações, como demonstram as sucessivas reedições do respectivo manual.[240] Para Rodrigo Lentz, esse é o contexto da atual forma de intervenção militar na política, o qual se desenvolve a partir de uma metodologia da tutela que, levada a cabo pelo Estado Maior Conjunto e pelo Alto Comando de cada Força, desenvolve-se, estrategicamente, a partir de quatro fases:

> a primeira é o diagnóstico da realidade, por meio do amplo levantamento da conjuntura nacional em suas expressões de poder político, econômico, psicossocial, militar e científico-tecnológico; a segunda, a fixação dos objetivos nacionais fundamentais (existenciais de longo prazo), de Estado (médio prazo, independente de governos) e de governo (curto prazo, demandas conjunturais), incluindo a prospecção de cenários para orientar a decisão política; a terceira é a concepção estratégica, que define ações, opções, diretrizes e planos estratégicos no âmbito do Estado, especialmente

---

239 PESQUISA DATAPODER360 – agosto 2017. Disponível em: https://especiais.gazetadopovo.com.br/eleicoes/2018/pesquisas-eleitorais/datapoder360/pesquisa-datapoder360-agosto-2017/. Acessado em: 31.08.2023.

240 LENTZ, Rodrigo. *República de segurança nacional*: militares e política no Brasil. São Paulo: Expressão Popular; Fundação Rosa Luxemburgo, 2022, p. 288.

> de governo; e a quarta, de gestão, cuidando da execução e acompanhamento do planejamento em constante revisão.[241]

É nesse cenário que a declaração do General em torno das "aproximações sucessivas" mereceria maior atenção. No capítulo seguinte, a problemática em torno da tese da liberdade de expressão absoluta será analisada, especialmente no contexto da histórica politização militar no Brasil, a qual justificaria limitações a tal direito fundamental para além de uma perspectiva estritamente liberal.

1.3.14 Manifestações antidemocráticas: a difusão da ideia em torno do golpe militar

Pelo menos desde 2013, os pedidos em prol da implantação do regime militar ganharam mais visibilidade, com a realização de manifestações públicas nesse sentido. Em 10 de julho, por exemplo, grupo de pessoas reunidas em São Paulo pediam intervenção militar para salvar o Brasil do "comunismo e da corrupção",[242] enquanto em 15 de novembro cerca de três pessoas em frente ao Palácio do Planalto em Brasília faziam pleito semelhante.[243] Em 2014, novos protestos nesse sentido foram realizados, reunindo mais pessoas na medida em que a pressão pelo *impeachment* da Presidenta Dilma

---

241 LENTZ, Rodrigo. *República de segurança nacional*: militares e política no Brasil. São Paulo: Expressão Popular; Fundação Rosa Luxemburgo, 2022, p. 293.

242 TERRA. "SP: marcha 'em defesa da liberdade' pede volta dos militares ao poder". *Terra*, [*S.l.*], 10 jul. 2013. Disponível em: https://www.terra.com.br/noticias/brasil/politica/sp-marcha-em-defesa-da-liberdade-pede-volta-dos-militares-ao-poder,e5d130a67cacf310VgnVCM4000009bcceb0aRCRD.html. Acessado em: 31.08.2023.

243 G1. "Trio faz protesto na Esplanada e pede intervenção militar no Brasil". *G1 DF*, Brasília, 15 nov. 2013. Disponível em: http://g1.globo.com/distrito-federal/noticia/2013/11/trio-faz-protesto-na-esplanada-e-pede-intervencao-militar-no-brasil.html. Acessado em: 05.01.2022.

Rousseff intensificava-se.[244] O aprofundamento da crise, no entanto, ocorre em 2015, quando tais protestos, antes limitados a poucas cidades, difundem-se para cerca de 17 Estados em 15 de março.[245]

Tais acontecimentos começaram a chamar atenção de cidadãos que se opunham ao regime militar e à respectiva propagação de tal ideia ainda em 2014. Assim, logo após a reeleição da Presidenta Dilma Rousseff em tal ano, o MPF recebia a primeira representação nesse sentido, datada de 28/10/2014. Nela, o representante fazia menção a vídeos publicados no *Youtube* os quais já sugeriam, como saída para a reeleição, a intervenção militar, sustentando a existência de fraudes nas eleições a partir da utilização da urna eletrônica.[246] No contexto da greve dos caminhoneiros ocorrida em 2018, as manifestações em prol de intervenção militar também ocorreram, tendo o MPF, igualmente, sido demandado para investigar os fatos.[247] Em todos os casos, foi promovido arquivamento.[248]

O cenário de degradação institucional em torno dos pedidos de intervenção militar chegou à forma mais extremada a partir de

---

244 FLORÊNCIA, Olívia. "Manifestantes fazem ato contra Dilma na Avenida Paulista". *G1 São Paulo*, São Paulo, 15 nov. 2014. Disponível em: http://g1.globo.com/sao-paulo/noticia/2014/11/manifestantes-ocupam-avenida-paulista-em-protesto-contra-dilma.html. Acessado em: 31.08.2023.

245 FOLHA. "Protestos em ao menos 17 Estados pedem de impeachment a intervenção militar". *Folha*, São Paulo, 15 mar. 2015. Disponível em: https://www1.folha.uol.com.br/poder/2015/03/1603185-protestos-em-17-estados-pedem-de-impeachment-a-intervencao-militar.shtml. Acessado em: 31.08.2023.

246 BRASIL. Ministério Público Federal. *Manifestação PR-MG 00055280/2014*. Pedido de intervenção militar. Disponível em: https://portal.mpf.mp.br/unico/home/inicio.action. Acessado em: 31.08.2023.

247 BRASIL. Ministério Público Federal. *NF 1.34.001.006693/2019-19*. 1º Ofício da Procuradoria da República em São Paulo. São Paulo: PR-SP, 29 ago. 2019.

248 BRASIL. Ministério Público Federal. *Manifestação PR-MG 00055280/2014*. Pedido de intervenção militar. Disponível em: https://portal.mpf.mp.br/unico/home/inicio.action. Acessado em: 31.08.2023; BRASIL. Ministério Público Federal. *NF 1.34.001.006693/2019-19*. 1º Ofício da Procuradoria da República em São Paulo. São Paulo: PR-SP, 29 ago. 2019.

2020. Em 19 de abril de tal ano, diversos manifestantes reuniram-se em várias cidades do Brasil e em Brasília pleiteando intervenção militar com manutenção do Presidente Jair Bolsonaro no poder, fechamento do Congresso Nacional e do STF além de edição de novo AI-5. O próprio Presidente da República participou do ato, discursando contra a velha política em frente ao Quartel General do Exército, declarando que

> (...) nós não queremos negociar nada. Queremos é ação pelo Brasil. (...) Contem com seu presidente para fazer tudo aquilo que for necessário para que nós possamos manter a nossa democracia e garantir aquilo que há de mais sagrado que é a nossa liberdade.[249]

Em 7 de setembro de 2021, no contexto de grandes manifestações previamente organizadas, o Presidente da República chegou a sustentar, abertamente, a necessidade de se descumprir ordem judicial proferida pelo Ministro Alexandre de Moraes.[250] Nesse sentido, a PGR solicitara ao STF abertura de inquérito 4.828 para apurar os atos ocorridos em 2020, relatado pelo Ministro Alexandre de Moraes, o qual, no entanto, não envolvia o Presidente da República, mesmo diante do referido discurso.

O objeto do inquérito refere-se à possível prática dos delitos então tipificados nos artigos 16, 22 e 23 da LSN,[251] além do artigo

---

249 O GLOBO. "Bolsonaro discursa em ato com pedidos de intervenção militar e aglomeração de manifestantes". [*S.l.: s.n.*], 2020. 1 vídeo (3min 34 seg). *O Globo*. Disponível em: https://www.youtube.com/watch?v=553D8VHI8Mo. Acessado em: 31.08.2023.

250 G1. "Bolsonaro ataca Alexandre de Moraes e diz que não cumprirá mais decisões do ministro do STF". *G1 SP*, São Paulo, 07 set. 2021. Disponível em: https://g1.globo.com/sp/sao-paulo/noticia/2021/09/07/bolsonaro-ataca-alexandre-de-moraes-e-diz-que-ministro-tem-tempo-para-se-redimir-ou-se-enquadra-ou-pede-para-sair.ghtml. Acessado em: 31.08.2023.

251 "Art. 16 – Integrar ou manter associação, partido, comitê, entidade de classe ou grupamento que tenha por objetivo a mudança do regime vigente ou do

288 do Código Penal.[252] A PGR consignou que as manifestações objeto de investigação somente poderiam ter ocorrido com organização e planejamento, tendo em vista a difusão simultânea dos atos nas mais diversas regiões do Brasil.[253] Como elencado pelo Vice Procurador Geral da República, tais atos ostentavam carros de som e peças de propaganda "mais profissionais qual grandes bandeiras, grandes faixas e outras peças não amadoras",[254] sendo importante investigar: a) quem contrata tais serviços; b) a procedência dos respectivos recursos; c) a origem da iniciativa para a

---

Estado de Direito, por meios violentos ou com o emprego de grave ameaça. Pena: reclusão, de 1 a 5 anos; Art. 22 – Fazer, em público, propaganda: I – de processos violentos ou ilegais para alteração da ordem política ou social; II – de discriminação racial, de luta pela violência entre as classes sociais, de perseguição religiosa; III – de guerra; IV - de qualquer dos crimes previstos nesta Lei. Pena: detenção, de 1 a 4 anos. § 1º – A pena é aumentada de um terço quando a propaganda for feita em local de trabalho ou por meio de rádio ou televisão. § 2º – Sujeita-se à mesma pena quem distribui ou redistribui: a) fundos destinados a realizar a propaganda de que trata este artigo; b) ostensiva ou clandestinamente boletins ou panfletos contendo a mesma propaganda. § 3º – Não constitui propaganda criminosa a exposição, a crítica ou o debate de quaisquer doutrinas. Art. 23 – Incitar: I – à subversão da ordem política ou social; II – à animosidade entre as Forças Armadas ou entre estas e as classes sociais ou as instituições civis; III – à luta com violência entre as classes sociais; IV – à prática de qualquer dos crimes previstos nesta Lei. Pena: reclusão, de 1 a 4 anos".

252 "Art. 288. Associarem-se 3 (três) ou mais pessoas, para o fim específico de cometer crimes: (Redação dada pela Lei n. 12.850, de 2013) (Vigência). Pena – reclusão, de 1 (um) a 3 (três) anos".

253 BRASIL. Supremo Tribunal Federal. *INQ 4828*. Relator: Min. Alexandre de Moraes, 20 abr. 2020. Brasília, 2020, p. 678. Disponível em: https://politica.estadao.com.br/blogs/fausto-macedo/wp-content/uploads/sites/41/2020/12/leiaaintegra-compressed-compressed2_101220200216.pdf. Acessado em: 31.08.2023.

254 BRASIL. Supremo Tribunal Federal. *INQ 4828*. Relator: Min. Alexandre de Moraes, 20 abr. 2020. Brasília, 2020, p. 678. Disponível em: https://politica.estadao.com.br/blogs/fausto-macedo/wp-content/uploads/sites/41/2020/12/leiaaintegra-compressed-compressed2_101220200216.pdf. Acessado em: 31.08.2023.

realização dos atos e a respectiva propagação aos interessados.[255] Sendo assim, em 27 de maio de 2020, o Ministro Alexandre de Moraes deferiu uma série de medidas cautelares relacionadas à busca e apreensão, quebra de sigilo bancário e identificação de investigados solicitadas pela PGR.[256]

Inicialmente, a própria PGR vislumbrava a possível existência de associação criminosa bem-organizada,[257] dividida em grupos com

---

255 BRASIL. Supremo Tribunal Federal. *INQ 4828*. Relator: Min. Alexandre de Moraes, 20 abr. 2020. Brasília, 2020, p. 678. Disponível em: https://politica.estadao.com.br/blogs/fausto-macedo/wp-content/uploads/sites/41/2020/12/leiaaintegra-compressed-compressed2_101220200216.pdf. Acessado em: 31.08.2023.

256 BRASIL. Supremo Tribunal Federal. *INQ 4828*. Relator: Min. Alexandre de Moraes, 20 abr. 2020. Brasília, 2020. Disponível em: https://politica.estadao.com.br/blogs/fausto-macedo/wp-content/uploads/sites/41/2020/12/leiaaintegra-compressed-compressed2_101220200216.pdf. Acessado em: 31.08.2023.

257 Trechos do pedido cautelar da PGR acerca da divisão de tarefas da associação criminosa: "organizadores e movimentos" (item III), "influenciadores digitais e *hashtags*" (item IV), "monetização" (item V) e "conexão com parlamentares" (item VI) (...) "no ecossistema de redes sociais e propagação de ideias de mobilização social e realização de manifestação ostensivas nas ruas, há participação de parlamentares tanto na expressão e formulação de mensagens, quanto na sua propagação e visibilidade, quanto no convívio e financiamento de profissionais da área". (...) "rede estruturada de comunicação virtual voltada tanto à sectarização da política quanto à desestabilização do regime democrático para auferir ganhos econômicos diretos e políticos indiretos. Nesse entrelaçamento formam-se complexas relações de poder por cooperação, dependência e dominação. Estes mesmos relacionamentos denotam, igualmente, um alinhamento consciente entre os componentes dos grupamentos direcionado à realização de ações potencialmente típicas, independentemente da existência de um acordo propriamente dito para esse fim". (BRASIL. Supremo Tribunal Federal. *INQ 4828*. Relator: Min. Alexandre de Moraes, 20 abr. 2020. Brasília, 2020, pp. 676-704. Disponível em: https://politica.estadao.com.br/blogs/fausto-macedo/wp-content/uploads/sites/41/2020/12/leiaaintegra-compressed-compressed2_101220200216.pdf. Acessado em: 31.08.2023).

tarefas voltadas para a organização[258] dos atos, monetização[259] e difusão da ideia defendia.[260] Em tal investigação, é central a participação de Allan dos Santos na articulação de atos antidemocráticos, pois se trata de *youtuber* cujo canal "Terça Livre" é um dos mais expressivos, contando com mais de 800 mil inscritos.[261] No

---

258 A PGR lista os movimentos sociais que apoiam tais manifestações: a) "Movimento Conservador", dirigido pelo Deputado Estadual Douglas Garcia; b) coletivo "NasRuas", fundado pela Deputada Federal Carla Zambelli; c) grupo "300 do Brasil", organizado, dentre outros, por Sara Fernanda Giromini e Evandro de Araújo Paula, secretário parlamentar da Deputada Federal Bia Kicis. (BRASIL. Tribunal de Justiça do Distrito Federal e Territórios. 7ª Vara da Fazenda Pública. *Decisão liminar na Ação Civil Pública Pública 0703229-03.2020.8.07.0018*. 2020, pp. 680-684. Disponível em: https://www.conjur.com.br/dl/juiz-nega-desmobilizar-acampamento-300.pdf. Acessado em: 31.08.2023). Por exemplo, tem-se a utilização de influenciadores digitais e *hashtags*, demonstram a PGR, como a expressão "#TodoPoderEmanaDoPovo" alcançou altos índices de difusão no *twitter* a partir da conta do Deputado Federal José Medeiros. (BRASIL. Supremo Tribunal Federal. *INQ 4828*. Relator: Min. Alexandre de Moraes, 20 abr. 2020. Brasília, 2020, p. 688. Disponível em: https://politica.estadao.com.br/blogs/fausto-macedo/wp-content/uploads/sites/41/2020/12/leiaaintegra-compressed-compressed2_101220200216.pdf. Acessado em: 31.08.2023).

259 Com a monetização dos respectivos canais, eles passam a compor um mercado lucrativo, não sendo um espaço para liberdade de expressão desinteressada. Na manifestação da PGR quando do pedido de medidas cautelares, reconhece-se que as redes sociais tem sido utilizada de modo a potencializar a distinção "amigo-inimigo" no debate público, servindo para acarretar conflitos na vida real. (BRASIL. Supremo Tribunal Federal. *INQ 4828*. Relator: Min. Alexandre de Moraes, 20 abr. 2020. Brasília, 2020, p. 690. Disponível em: https://politica.estadao.com.br/blogs/fausto-macedo/wp-content/uploads/sites/41/2020/12/leiaaintegra-compressed-compressed2_101220200216.pdf. Acessado em: 31.08.2023).

260 Destacando-se o papel de diversos parlamentares investigados, tais como: Daniel Silveira; Cabo Júnior Amaral; José Medeiros; Otoni de Paula; Caroline de Toni; Carla Zambelli; Alê Silva; Bia Kicis; Aline Sleutjes; Senador Arolde de Oliveira.

261 BRASIL. Supremo Tribunal Federal. *INQ 4828*. Relator: Min. Alexandre de Moraes, 20 abr. 2020. Brasília, 2020, p. 692. Disponível em: https://politica.estadao.com.br/blogs/fausto-macedo/wp-content/uploads/sites/41/2020/12/leiaaintegra-compressed-compressed2_101220200216.pdf. Acessado em: 31.08.2023.

depoimento prestado no IPL, o jornalista nega que intervenção militar ou atos semelhantes seja o melhor caminho para a democracia.[262] No entanto, de acordo com mensagens de *Whatsapp* trocadas entre ele e Mauro César Barbosa Cid, Tenente Coronel do Exército e Chefe da Ajudância de Ordem do Presidente da República, também investigado no IPL, tem-se que eles discutiam a possibilidade de intervenção militar, sendo que o militar realizara ligações através do referido aplicativo em certos momentos da conversa. Num trecho, quando Allan dos Santos diz que "as FFAA precisam entrar urgentemente", Mauro César responde: "Opa!", tendo explicado que, na verdade, buscava unicamente cumprimentar o interlocutor, como se estivesse dizendo "bom dia".[263]

---

262 Declara que: "como jornalista tem conhecimento de que os manifestantes em geral não possuem conhecimento histórico-literário e por isso procura entender suas motivações e, nesse contexto, procurar mostrar para essas pessoas o melhor caminho, que não é a intervenção militar ou ato semelhantes". (BRASIL. Supremo Tribunal Federal. *INQ 4828*. Relator: Min. Alexandre de Moraes, 20 abr. 2020. Brasília, 2020, p. 32. Disponível em: https://politica.estadao.com.br/blogs/fausto-macedo/wp-content/uploads/sites/41/2020/12/leiaaintegra-compressed-compressed2_101220200216.pdf. Acessado em: 31.08.2023).

263 De acordo com o termo de declarações: "QUE não; indagado a respeito da mensagem do dia 20.04.2020 no aplicativo Whatsapp, na qual ALLAN DOS SANTOS enviou mensagens ao declarante sugerindo a necessidade de uma intervenção militar, o declarante respondeu: "já te ligo". O que o declarante disse a ALLAN DOS SANTOS?, respondeu QUE acredita que não realizou a ligação; indagado se já realizou conversas com ALLAN DOS SANTOS , por meio de chamada de áudio (aplicativo whatsapp), respondeu QUE acredita que sim, porém raramente; indagado sobre a mensagem de aplicativo no Whatsapp do dia 26.04.2020, na qual ALLAN DOS SANTOS enviou mensagens ao declarante afirmando "que não via solução por vias democráticas", o declarante mais uma vez disse: "já te ligo". Perguntado se o declarante ligou para ALLAN DOS SANTOS, Respondeu QUE acredita que não realizou a ligação; indagado sobre a mensagem de aplicativo no Whatsapp do dia 06/05/2020, na qual ALLAN DOS SANTOS, após citar decisões do STF, afirma: "Não dá mais...". o declarante responde: "Tá difícil". Perguntado o que o declarante quis dizer com a referida afirmação, respondeu QUE foi uma manifestação pessoal sobre a forma como os generais foram intimados, pois causou um desconforto no meio militar; indagado sobre a mensagem do dia 31.05.2020, onde ALLAN dos SANTOS envia um link de uma reportagem

Parte dos investigados acreditam que o pleito em torno da intervenção militar é legítimo, pois algum tipo de limite deve ser dado ao STF e aos Presidentes da Câmara e do Senado Federal, como, por exemplo, declara Emerson Teixeira de Andrade, um professor e *youtuber* alvo de medida de busca e apreensão.[264] Além

---

sobre grupos denominados "antifas". No dia seguinte, o declarante responde afirmando: "Grupos guerrilheiros/terroristas. Estamos voltando para 68, mas agora com apoio da mídia". ALLAN DOS SANTOS afirma: "As FFAA precisam ENTRAR URGENTEMENTE". O declarante responde: "Opa!". Indagado sobre o sentido da resposta "Opa" desse diálogo, respondeu QUE a expressão "Opa!" não está relacionada com as mensagens anteriores, mas apenas a uma saudação, como, por exemplo, Bom dia!; indagado sobre a posição do declarante no contexto de uma possível intervenção das Forças Armadas nas instituições, respondeu QUE discorda completamente, não aprofundando esse tipo de conversa com apoiadores, sejam eles, ALLAN DOS SANTOS ou qualquer outra pessoa; QUE esclarece que ALLAN tem um posicionamento ideológico mais radical; indagado se tem conhecimento se o Presidente da República concorda com o posicionamento ideológico de ALLAN DOS SANTOS em relação a intervenção militar, respondeu QUE não, tanto que o nunca foi ao canal TL dar entrevistas". (BRASIL. Supremo Tribunal Federal. *INQ 4828*. Relator: Min. Alexandre de Moraes, 20 abr. 2020. Brasília, 2020, p. 175. Disponível em: https://politica.estadao.com.br/blogs/fausto-macedo/wp-content/uploads/sites/41/2020/12/leiaaintegra-compressed-compressed2_101220200216.pdf. Acessado em: 31.08.2023).

BRASIL. Supremo Tribunal Federal. *INQ 4828*. Relator: Min. Alexandre de Moraes, 20 abr. 2020. Brasília, 2020, p. 175. Disponível em: https://politica.estadao.com.br/blogs/fausto-macedo/wp-content/uploads/sites/41/2020/12/leiaaintegra-compressed-compressed2_101220200216.pdf. Acessado em: 31.08.2023.

264 No depoimento, o investigado declara: "QUE por ter participado da manifestação acredita que a maioria das pessoas que estavam presentes tinham como intenção solicitar às forças armadas algum tipo de intervenção diante da situação caótica instalada no país; QUE chegou a essa conclusão pela faixas presentes e gritos ecoados na manifestação; QUE perguntado sobre sua opinião em relação ao que foi propagado nessa manifestação, o declarante afirmou que acha necessário a existência de alguma limitação aos atos praticados por alguns agentes públicos, como Presidentes da Câmara dos Deputados e Senado Federal e alguns Ministros do STF, por acreditar que a população não teria a quem recorrer diante de atos abusivos praticados por esses agente públicos". (BRASIL. Supremo Tribunal Federal. *INQ 4828*. Relator: Min. Alexandre de Moraes, 20 abr. 2020. Brasília, 2020, pp. 14/15. Disponível

disso, sustenta-se que as manifestações não buscavam intervenção militar, mas sim uma intervenção "popular", sendo uma minoria de infiltrados aqueles que não apoiavam a democracia, pleiteando novo AI-5, como narra o jornalista Oswaldo Eustáquio Filho quando de sua prisão preventiva, decretada ante o risco de fuga do país.[265] Mauro Cesar Barbosa Cid nega, de modo semelhante, que as manifestações tiveram cunho antidemocrático, servindo, "basicamente de apoio ao Presidente da República".[266] O cargo

---

em: https://politica.estadao.com.br/blogs/fausto-macedo/wp-content/uploads/sites/41/2020/12/leiaaintegra-compressed-compressed2_101220200216.pdf. Acessado em: 31.08.2023).

265 No depoimento, o investigado declara: "QUE não participou de manifestações antidemocráticas, que tenham incentivado atos contra as instituições; QUE participou de manifestações pelo Brasil, pelas instituições, pela manutenção da tripartição dos poderes e pela intervenção popular; QUE a intervenção popular seria a utilização do direito ao voto de forma consciente e colocar no parlamento pessoas que tenham o desejo de mudar a história da nação brasileira, para que haja paz sem fim; QUE presenciou alguns cartazes, faixas e falas que destoava da grande maioria que se manifestava em apoio ao Presidente da República, a Democracia, a defesa e manutenção da lei e da ordem no país; QUE não se recorda do que estava escrito nos cartazes e faixas que destoavam da grande maioria dos presentes nas manifestações; QUE não participou da manifestação ocorrida no dia 19 de abril de 2020 na frente do QG do Exército em Brasília/DF; QUE na manifestação do dia 21 de junho de 2020 presenciou algumas falas antidemocráticas especificamente contra o STF, especificamente no bloqueio policial na rua localizada na entrada da chapelaria do Congresso Nacional; QUE afirma que as pessoas que proferiram tais falas não pertencem a nenhum movimento conhecido pelo declarante; QUE tais pessoas foram identificadas pelos movimentos como infiltrados; QUE as pessoas se referiam ao Ministro do STF Alexandre de Moraes como "cabeça de ovo", "cabeça da minha piroca" e "advogado do PCC";"(BRASIL. Supremo Tribunal Federal. *INQ 4828*. Relator: Min. Alexandre de Moraes, 20 abr. 2020. Brasília, 2020, p. 39. Disponível em: https://politica.estadao.com.br/blogs/fausto-macedo/wp-content/uploads/sites/41/2020/12/leiaaintegra-compressed-compressed2_101220200216.pdf. Acessado em: 31.08.2023).

266 BRASIL. Supremo Tribunal Federal. *INQ 4828*. Relator: Min. Alexandre de Moraes, 20 abr. 2020. Brasília, 2020, p. 176. Disponível em: https://politica.estadao.com.br/blogs/fausto-macedo/wp-content/uploads/sites/41/2020/12/leiaaintegra-compressed-compressed2_101220200216.pdf. Acessado em: 31.08.2023.

exercido pelo citado militar é subordinado ao Chefe de Gabinete da Presidência da República, ostentando, assim, proximidade com a pessoa do Chefe do Poder Executivo. Outros investigados, no entanto, admitem que é inconstitucional a intervenção militar e edição de novo AI-5, mas reconhecem a legitimidade em torno da utilização de tais expressões como metáfora, uma espécie de "grito de desespero", como sustenta a Deputada Federal Alessandra da Silva, uma das investigadas.[267]

Em relação a Allan dos Santos, é importante consignar que o mesmo nutria expectativas acerca de algum tipo de apoio da PGR aos atos antidemocráticos praticados, pois, diante da publicação de nota da instituição apontando que a Constituição não admite intervenção militar, ele enviou a seguinte mensagem a Mauro César: "que bosta, pq isso" (SIC). O militar apagou a resposta que havia escrito no *Whatsapp*.[268]

Uma das linhas de investigação no inquérito corresponde à possível utilização de recursos públicos para auxiliar na monetização de canais na *internet* que divulguem atos antidemocráticos mediante veiculação de propaganda do Governo Federal.[269] Em relatório parcial elaborado pela autoridade policial em 9 de julho de 2020, tinha-se

267 BRASIL. Supremo Tribunal Federal. *INQ 4828*. Relator: Min. Alexandre de Moraes, 20 abr. 2020. Brasília, 2020, pp. 209/210. Disponível em: https://politica.estadao.com.br/blogs/fausto-macedo/wp-content/uploads/sites/41/2020/12/leiaaintegra-compressed-compressed2_101220200216.pdf. Acessado em: 31.08.2023.

268 BRASIL. Supremo Tribunal Federal. *INQ 4828*. Relator: Min. Alexandre de Moraes, 20 abr. 2020. Brasília, 2020, p. 176. Disponível em: https://politica.estadao.com.br/blogs/fausto-macedo/wp-content/uploads/sites/41/2020/12/leiaaintegra-compressed-compressed2_101220200216.pdf. Acessado em: 31.08.2023.

269 BRASIL. Supremo Tribunal Federal. *INQ 4828*. Relator: Min. Alexandre de Moraes, 20 abr. 2020. Brasília, 2020, p. 55. Disponível em: https://politica.estadao.com.br/blogs/fausto-macedo/wp-content/uploads/sites/41/2020/12/leiaaintegra-compressed-compressed2_101220200216.pdf. Acessado em: 31.08.2023.

a hipótese de investigação em torno de núcleos compostos por: a) agentes públicos possivelmente beneficiados com recursos públicos para praticarem os atos ou distribuírem com quem os praticara; b) produtores de material polarizador nos sites; c) operadores, compondo aqueles que saem às ruas para veicular as mensagens extremistas nas manifestações; d) difusores, compreendendo o importante papel dos agentes políticos, como os Deputados Federais investigados, no compartilhamento dos conteúdos produzidos, "potencializando o seguimento, visualização e consequente monetização, dessa feita mediante critérios da própria plataforma que sustenta os canais".[270] Tal linha de investigação, no entanto, foi abandonada pela PGR em promoção de arquivamento adiante analisada.

Por que é importante compreender as características dessa possível associação criminosa voltada para a disseminação de atos antidemocráticos? Para além do conhecimento em torno das motivações e das finalidades dos atos realizados em Brasília, há sérios indícios de que tal estrutura fora reproduzida difusamente nos demais Estados, promovendo as respectivas manifestações. Nesse sentido, é importante ter em mente que a organização de um dos grupos que estava sendo investigado no inquérito 4.828, os "300 do Brasil" tem sido difundida em outros Estados, como no Paraná.

Tal grupo, de acordo com o Ministério Público do Distrito Federal (MP/DFT), compunha uma milícia armada, voltada para propagação de ideias antidemocráticas, tendo os respectivos membros portado armas em acampamento montado em Brasília em maio de 2020, conforme confessado pela própria líder do movimento, Sara

---

270 BRASIL. Supremo Tribunal Federal. *INQ 4828*. Relator: Min. Alexandre de Moraes, 20 abr. 2020. Brasília, 2020, p. 58. Disponível em: https://politica.estadao.com.br/blogs/fausto-macedo/wp-content/uploads/sites/41/2020/12/leiaaintegra-compressed-compressed2_101220200216.pdf. Acessado em: 31.08.2023.

Geromini, conhecida como "Sara Winter".[271] O MP/DFT narra que, em mensagens de *Whatsapp*, o próprio grupo se denomina como formado não por militantes, mas por "militares, um militar com uma farda verde amarela, pronto para dar a vida pela sua nação".[272] Além das armas, integrantes do grupo agrediram jornalistas[273] e, em ato extremo, efetivaram manifestação na qual simulavam ataque ao STF, lançando fogos de artifício na direção da sede do Tribunal.[274]

O Juiz da 7ª Vara da Fazenda Pública do Distrito Federal negou o pedido para desmobilização do acampamento, mesmo diante da norma constitucional proibindo o exercício do direito de reunião com armas. Sustentou que, em tese, estaria ocorrendo o delito de milícia privada previsto no artigo 288-A do Código Penal, cabendo medidas persecutórias penais, não detendo competência para tanto.[275] Trata-se de mais um caso de omissão do

---

271 BRASIL. Tribunal de Justiça do Distrito Federal e Territórios. 7ª Vara da Fazenda Pública. *Petição inicial da Ação Civil Pública 0703229-03.2020.8.07.0018*. 2020. Disponível em: https://www.conjur.com.br/dl/denuncia-milicia.pdf. Acessado em: 31.08.2023.

272 BRASIL. Tribunal de Justiça do Distrito Federal e Territórios. 7ª Vara da Fazenda Pública. *Petição inicial da Ação Civil Pública 0703229-03.2020.8.07.0018*. 2020. Disponível em: https://www.conjur.com.br/dl/denuncia-milicia.pdf. Acessado em: 31.08.2023.

273 REDAÇÃO JORNAL DE BRASÍLIA. "Jornalista infiltrada em grupo de Sara Giromini apura que membros estavam prontos para agressões". *Jornal de Brasília*, Brasília, DF, 23 jun. 2020. Disponível em: https://jornaldebrasilia.com.br/noticias/politica-e-poder/jornalista-infiltrada-em-grupo-de-sara-giromini-apura-que-membros-estavam-prontos-para-agressoes/. Acessado em: 31.08.2023.

274 REDAÇÃO JORNAL DE BRASÍLIA. "Jornalista infiltrada em grupo de Sara Giromini apura que membros estavam prontos para agressões". *Jornal de Brasília*, Brasília, DF, 23 jun. 2020. Disponível em: https://jornaldebrasilia.com.br/noticias/politica-e-poder/jornalista-infiltrada-em-grupo-de-sara-giromini-apura-que-membros-estavam-prontos-para-agressoes/. Acessado em: 31.08.2023.

275 BRASIL. Tribunal de Justiça do Distrito Federal e Territórios. 7ª Vara da Fazenda Pública. *Decisão liminar na Ação Civil Pública Pública 0703229-03.2020.8.07.0018*. 2020, pp. 9/10. Disponível em: https://www.conjur.

Poder Judiciário em prol da proteção ao regime democrático, pois o pedido efetivado não se referia à imposição de medidas penais, sendo a desmobilização medida cível estritamente adequada para sancionar uma reunião inconstitucional, não impedindo, obviamente, a análise do caso na instância penal. A simples lição aprendida no curso de Direito em torno da independência das instancias cíveis, penais e administrativas é facilmente ignorada por um Juiz mesmo estando em jogo o regime democrático.

Perceba-se o poder de tal grupo, somente desmobilizado após decisão do Ministro Alexandre de Moraes determinando a prisão de Sara Geromini,[276] a qual sequer tem foro por prerrogativa de função. Nesse cenário, é possível sustentar que a falta de cuidado com o exercício do controle difuso de constitucionalidade tem contribuído para a fadiga do STF no enfrentamento ao autoritarismo, sendo a proteção deficiente da democracia uma característica de parcela do Judiciário, como o desenvolvimento dos diversos casos analisados nesta pesquisa comprovará.

Pois bem, esse modelo de associação é reproduzido em outros Estados no mesmo contexto dos atos antidemocráticos ocorridos em Brasília. No Paraná, por exemplo, representação efetivada ao MPF narra que integrantes do movimento "Avança Brasil" e "Acampamento com Bolsonaro": a) realizam manifestações públicas pedindo intervenção militar e fechamento do STF; b) agridem jornalistas; c) organizam-se na *internet* para obter financiamento

---

com.br/dl/juiz-nega-desmobilizar-acampamento-300.pdf. Acessado em: 31.08.2023.

276 "SARA WINTER é presa em Brasília por ordem de Alexandre de Moraes". *Conjur*, [*S.l.*], 15 jun. 2020. Disponível em: https://www.conjur.com.br/2020-jun-15/sara-winter-presa-brasilia-ordem-alexandre-moraes. Acessado em: 31.08.2023.

coletivo com finalidade expressa de promover viagem a Brasília e se unir aos "300 do Brasil".[277]

O MPF em Curitiba, no entanto, promoveu o arquivamento da representação sobre tais fatos, sustentando que não havia indícios de prática concreta de atos que atingissem os fins da LSN, como ofensa ao regime democrático, não atraindo a aplicação da Lei, ainda mais quando se constata o caráter autoritário dela, eis que editada no período militar.[278] A 2ª CCR homologou a promoção em 08.09.2020,[279] mesmo diante de um grupo que se reportaria aos referidos "300 de Brasília", organização com membros armados e finalidade antidemocrática, como já narrado, já tendo o STF, à data destes fatos, determinado a abertura do inquérito n. 4.828 para apurar fatos semelhantes justamente com base na LSN, fazendo uma recepção democrática desta, possibilidade interpretativa ignorada pelo MPF. Tais condutas demonstram omissão do órgão que deveria, no mínimo, promover investigações sobre tais atos, pois diversos esclarecimentos mostravam-se necessários, como o caso seguinte também demonstrará.

Diante de atos antidemocráticos ocorridos em Montes Claros/MG, com características semelhantes aos atos já narrados anteriormente, ou seja, com carro de som, cartazes e faixas, efetivou-se

---

277 BRASIL. Ministério Público Federal. *Notícia de fato 1.25.000.001989.20200-04*. Organização de atos antidemocráticos no Paraná. 2020, pp. 3-10. Disponível em: https://portal.mpf.mp.br/unico/home/inicio.action. Acessado em: 31.08.2023.

278 BRASIL. Ministério Público Federal. *Notícia de fato 1.25.000.001989.20200-04*. Organização de atos antidemocráticos no Paraná. 2020, p. 91. Disponível em: https://portal.mpf.mp.br/unico/home/inicio.action. Acessado em: 31.08.2023.

279 Em outro caso semelhante, envolvendo manifestações em Sergipe, a 2ª CCR já havia homologado arquivamento em sessão realizada em 09.06.2020. (BRASIL. Ministério Público Federal. *Notícia de fato 1.35.000.000487/2020-10*. Organização de atos antidemocráticos em Sergipe. Disponível em: https://portal.mpf.mp.br/unico/home/inicio.action. Acessado em: 31.08.2023).

representação ao MPF para apuração da conduta somente de parte dos manifestantes que, expressamente, manifestaram-se em prol do fechamento do STF ou do Congresso Nacional, como aquele que declarara frases como "Se, para salvar a nação, tiver que fechar o STF e tiver que fechar o Congresso, FODA-SE".[280] O procurador da República do caso minimizou a manifestação, sustentando que a defesa do fechamento das instituições mencionadas, não necessariamente, ocorreria de modo violento,[281] adotando concepção absoluta de liberdade de expressão, admitindo que esta protegeria tais discursos. Em tal interpretação, percebe-se a ausência de qualquer preocupação com o contexto dos atos, como se fosse possível o fechamento de um Poder de modo não violento. Como lembrado no recurso contra a promoção de arquivamento, não é possível fazer afirmações categóricas acerca da licitude da manifestação, sendo isolados eventuais atos antidemocráticos, sem haver qualquer investigação prévia, sequer a oitiva do referido manifestante.[282]

Além disso, o procurador da República utiliza lições de Claudio Heleno Fragoso para, a partir das críticas que este efetivara ao caráter aberto da LSN, sustentar que esta não deve ser utilizada para punir o dissenso, equiparando a utilização da lei na ditadura

280 BRASIL. Ministério Público Federal. *Notícia de Fato 1.22.005.000098/2020-94*. PRM-Montes Claros, Minas Gerais. 2020, p. 45.

281 Eis o trecho: "10. Ocorre que, como se pode perceber claramente da citada filmagem, o interlocutor fala com a câmera, mas não o faz no alto falante do carro de som – que toca música em alto volume durante toda a gravação. Ainda, embora sustente o fechamento do STF e do Congresso 'para salvar a nação', não defende que tais iniciativas ocorram, expressamente, com emprego de violência ou grave ameaça". (BRASIL. Ministério Público Federal. *Notícia de Fato 1.22.005.000098/2020-94*. PRM-Montes Claros, Minas Gerais. 2020, p. 59).

282 BRASIL. Ministério Público Federal. *Notícia de Fato 1.22.005.000098/2020-94*. PRM-Montes Claros, Minas Gerais. 2020, p. 81.

militar contra os comunistas com a utilização da mesma lei hoje para punir manifestações antidemocráticas.[283] [284]

Neste caso, no entanto, a 2ª CCR do MPF não homologou o arquivamento, sustentando que exercer o direito de crítica é algo diferente que fazer campanha por intervenção militar, em sessão ocorrida em 19.10.2020, após, portanto, os casos anteriormente arquivados. Ainda, destacou que há sérios indícios em torno da potencialidade lesiva em tais atos, pois não se tratou de algo isolado, mas sim reiterada e sistematicamente efetivados em todo o Brasil.[285]

---

283 "26. Inibir a discussão sobre a democracia, sem a presença clara da lesividade aos bens jurídicos protegidos pela Lei de Segurança Nacional, não é uma forma de preservá-la, mas sim estrangulá-la. A questão fica ainda mais grave quando se tem em mira o acentuado cenário de politização ideológica no Brasil. Não raramente, os fatos pouco importam e o argumento racional é deixado de lado. Qualquer manifestação do polo oposto, visto como "adversário", é rapidamente tachada como "comunista" ou "fascista", a depender do caso. Daí surge como induvidoso o raciocínio aqui sustentado: não cabe ao Estado, em qualquer caso, agir como polícia ideológica, mas sim fomentar e criar condições para que o livre debate promova o interesse público em uma sociedade plural, com indivíduos e grupos que compartilham, entre si, interesses e opiniões muitas vezes conflitantes.

27. Mais uma vez se mostra pertinente a citação da brilhante lição de Heleno Cláudio Fragoso, cunhada à época da vigência da Lei n. 6.620/78 (antiga Lei de Segurança Nacional) para afastá-la de uma aplicação com propósitos autoritários contra os dissidentes da ditadura" (BRASIL. Ministério Público Federal. *Notícia de Fato 1.22.005.000098/2020-94*. PRM-Montes Claros, Minas Gerais. 2020, p. 63).

284 BRASIL. Ministério Público Federal. *Notícia de Fato 1.22.005.000098/2020-94*. PRM-Montes Claros, Minas Gerais. 2020, p. 63.

285 O órgão revisor assim destacou: "Revisão de arquivamento (LC no 75/93, art. 62, IV). Entendimento de que criticar é substancialmente diferente de fazer campanha por uma intervenção militar, ou seja, de propor um método ilegal de afirmação das ideias, que traduz ruptura com a ordem democrática. Nos tipos dos arts. 22, I, e 23, I e II, da Lei n. 7.170/83 não é indispensável que haja violência (in verbis: Fazer, em público, propaganda: I de processos violentos ou ilegais...vart. 22, I, destacou-se). Caso em que a motivação deve ser apreciada com a persecução no julgamento do mérito, uma vez que só se autoriza arquivamento com base em juízo sobre o elemento subjetivo quando a ausência for manifesta, quando salta aos olhos sem necessidade de provas,

No entanto, não aceitando tal resultado, foi interposto recurso pelo procurador da República, solicitando ao Conselho Institucional do MPF, instância recursal que revisa as deliberações das Câmaras,[286] a reforma da decisão que não homologara o arquivamento. O voto do Subprocurador Geral da República Antônio Carlos Fonseca da Silva levanta uma série de dúvidas acerca dos atos antidemocráticos, mostrando como o arquivamento sem qualquer tipo de investigação é prematuro:

> É necessário avaliar, com profundidade, o potencial dessas manifestações. Deve-se questionar: têm elas a capacidade de provocar lesão ou ameaça de lesão ao bem jurídico protegido pela norma, isto é, a integridade e a soberania nacionais, o regime representativo e democrático, a Federação e o Estado de Direito? Elas contêm teor agressivo significativo às autoridades que representam os Poderes da União? Tendo em vista a sua replicação por todo o país, essas manifestações incitam a população à violência, ao arbítrio, ao desrespeito dos direitos fundamentais e princípios democráticos, sendo

---

está fora de dúvida. No evento em análise, verifica-se que a lesividade existia porque é notório que não foi um ato isolado, no mesmo dia e até em novas datas, havendo elementos indicativos de que se trata de uma ação coordenada e replicada por todo o país. Caracterização, em tese, de crime contra a segurança nacional. Não homologação do arquivamento. Designação de outro membro do Ministério Público Federal para dar prosseguimento às investigações, propondo, se for o caso, o acordo tratado na Resolução no 181, com as alterações promovidas pela Resolução no 183, ambas do CNMP". (SIC) (BRASIL. Ministério Público Federal. *Notícia de Fato 1.22.005.000098/2020-94*. PRM-Montes Claros, Minas Gerais. 2020, pp. 138/139).

286 De acordo com o artigo 4º. da Resolução 165 de 06 de maio de 2016, tem-se que: "Compete ao Conselho Institucional do Ministério Público Federal: I – julgar os recursos interpostos das decisões proferidas pelas Câmaras de Coordenação e Revisão". (BRASIL. Conselho Superior do Ministério Público Federal. *Resolução 165 de 06 de maio de 2016*. Disponível em: http://www.mpf.mp.br/o-mpf/conselho-institucional/institucional/documentos-e-publicacoes/resolucoes/Resolucaono165 Versocon solidadaRegimentoInternoCIMPFAlteradopelaRes201.pdf. Acessado em: 31.08.2023).

capaz de promover um golpe de Estado? Elas ultrapassam o mero inconformismo com a atual situação política do país?[287]

As questões são bastante pertinentes em termos de proteção do regime democrático, tendo sido persistentemente ignoradas. Prevaleceu, no entanto, o voto da Subprocuradora Geral da República Maria Iraneide Olinda Santoro dando provimento ao recurso do procurador da República que levou o caso para o Conselho Institucional, baseando-se: a) na liberdade de expressão e na falta de lesividade da conduta a partir da circunstância de que em 2013 também ocorrem diversas manifestações a nível nacional contra a corrupção,[288] as quais também ostentavam pedidos de intervenção militar; b) na possível superveniência da Lei de defesa do Estado Democrático de Direito, cujo projeto prevê a despenalização de tais condutas.[289]

A comparação é indevida, pois, como narrado anteriormente, de 2013 até 2021 a erosão democrática brasileira acentuou-se, muito em decorrência da própria "luta" contra a corrupção sem observância do devido processo legal desenvolvida pela operação Lava Jato, como reconhecida pelo STF na decisão que declarou a suspeição do ex-juiz Sérgio Moro. A tese em torno da superveniência da Lei de defesa do Estado Democrático de Direito revela, na verdade, o interesse em não promover a proteção à democracia,

---

287 BRASIL. Ministério Público Federal. *Notícia de Fato 1.22.005.000098/2020-94*. PRM-Montes Claros, Minas Gerais. 2020, p. 143.

288 "As manifestações populares no país ocorrem desde 2013, em metrópoles e nas pequenas cidades, fundadas seja no inconformismo contra a corrupção, os desvios, seja no apoio a personalidades que o povo admira. E sempre se constatou que algumas pessoas pregam a volta do regime militar, ou a intervenção de militares. Contudo, não pode o Ministério Público se tornar censor da população, de movimentos e manifestações populares pacíficas, sobretudo, no caso concreto, em que se viu manifestação isolada e pacífica, de um pensamento divergente". (BRASIL. Ministério Público Federal. *Notícia de Fato 1.22.005.000098/2020-94*. PRM-Montes Claros, Minas Gerais. 2020, p. 12 do voto).

289 BRASIL. Ministério Público Federal. *Notícia de Fato 1.22.005.000098/2020-94*. PRM-Montes Claros, Minas Gerais. 2020, p. 10.

pois apostava em evento futuro e incerto relacionado à eventual aprovação de tal projeto.

A mesma tese foi apresentada na promoção de arquivamento do inquérito n. 4.828 pelo Vice-PGR, adiante analisada, correspondendo a mais uma técnica furtiva em torno das omissões da PGR, convenientemente olvidando-se que, enquanto a Lei não é aprovada, deve-se utilizar os instrumentos existentes para a proteção penal do regime democrático. Além disso, há uma proposital confusão envolvida, pois a investigação que se propõe em tais casos não se relaciona com a expressão das ideias antidemocráticas em si, mas com a possibilidade de tal conduta estar inserida numa engrenagem maior, investigada no referido inquérito no STF, com real potencialidade lesiva para promover golpe de Estado através de milícia, conduta também tipificada no próprio projeto de Lei que, uma vez aprovado, comporia os crimes contra o Estado Democrático de Direito.[290]

Como os eventos de 8 de janeiro de 2023 bem demonstraram, o risco em torno de golpe de Estado era mesmo real, tendo o MPF, como um todo, se omitido no enfrentamento difuso às práticas golpistas disseminadas pelo Brasil. Diz-se isso porque, mesmo diante de eventuais resistências por parte de procuradores da República comprometidos efetivamente com o regime democrático, um precedente administrativo como aquele editado pelo Conselho Institucional apresentaria forte obstáculo para atuação, pois representava o entendimento de um órgão colegiado de cúpula da instituição.

---

290 Artigo 6º. do Projeto de Lei n. 2462/91. BRASIL. Câmara dos Deputados. *PL 2.462/1991*. Autor: Helio Bicudo - PT/SP. Define os crimes contra o Estado Democrático de Direito e a Humanidade. Situação: Transformado na Lei Ordinária 14197/2021. Data da apresentação: 05/03/1991. Disponível em: http://imagem.camara.gov.br/Imagem/d/pdf/DCD06MAR1992.pdf#page=102. Acessado em: 05.01.2022.

1.3.14.1 A promoção de arquivamento no inquérito 4.828

Como visto, a PGR solicitou ao STF abertura de IPL para apuração dos atos antidemocráticos ocorridos em 19 de abril de 2020, chegando a oferecer denúncia contra os Deputados Federais Otoni de Paula e Daniel Silveira. Tais ações, no entanto, não são capazes de superar a crítica em torno das omissões envolvendo o Presidente da República. Em tal inquérito, a PGR não solicitou investigação em face de tal autoridade, mesmo diante da participação dele no mencionado ato, efetivando o discurso elencado anteriormente. Relembre-se que o Presidente, naquela oportunidade, falara a favor da proteção da democracia. Compreendida no contexto de atos que pleiteavam a instalação de uma ditadura, atais expressões revelam a típica hipocrisia autocrática denunciada por Shepelle,[291] servindo unicamente para mascarar as intenções autoritárias na medida exata para órgãos de controle como a PGR não pedirem a inclusão dele na investigação de tais atos. Afinal, como investigar uma autoridade que, expressamente, manifestara-se em prol da democracia? A tática em não se proceder à interpretação contextualizada é autoritariamente interessada, sendo útil para colaborar com a erosão democrática.

A PGR, no entanto, promoveu o arquivamento parcial[292] do inquérito, argumentando que: a) a Polícia Federal não efetivou uma

---

291 SCHEPPELE, Kim Lane. "Autocratic legalism". *The University of Chicago Law Review*, Chicago, vol. 85, nº 2, mar. 2018, p. 562.

292 A conclusão da manifestação aponta para o arquivamento e remessa da investigação de certos fatos às instâncias ordinárias, nestes termos:

"(i) seja declarada a extinção da punibilidade do investigado Arolde de Oliveira, ante o que dispõe o art 107, inciso I, do Código Penal;

(ii) sejam levantadas as medidas restritivas de direito impostas durante a investigação;

(iii) sejam encaminhadas, com a documentação pertinente, para a Justiça Federal as proposições de n. 1 e de n. 2 e para a Justiça Estadual as proposições

série de diligências tidas como necessárias para o esclarecimento dos fatos; b) inovando, ainda, na linha investigativa; c) a continuidade da investigação violaria a razoável duração dela; d) razões de política criminal relacionadas à iminente aprovação de Lei de Proteção do Estado Democrático de Direito tornaria inútil, em face de futura *abolitio criminis*, toda a investigação, cujo projeto já foi aprovado na Câmara (PL 2.462/1991); e) haveria liberdade de expressão a ser protegida no caso, não devendo o direito penal intervir.[293]

---

de n. 3, n. 4, n. 5 e n. 6, todas constantes do campo "eventos identificados" do relatório da autoridade policial;

(iv) seja a Receita Federal do Brasil instada a apurar eventual omissão de declaração das receitas descritas nos relatórios de monetização de folhas 57 a 123 do RE 2020.0070028;

(v) seja desentranhado, por não interessar à investigação, o documento funcional acostado à folha 46 do apenso 2 do IPL 2020.0060052". (BRASIL. Supremo Tribunal Federal. *INQ 4828*. Relator: Min. Alexandre de Moraes. Promoção de arquivamento. Brasília, 2020m1, p. 1356).

293 "Em uma sociedade democrática, pessoas, ainda que no ponto de vista alheio estejam politicamente equivocadas, não possuem direito à expressão de ideias menor do que qualquer outro cidadão, inclusive catedráticos em Ciência Política. É a democracia: uma pessoa um voto; cada qual com sua convicção. Não se persegue opinião. A Constituição impõe ao Ministério Público defender o regime democrático. Todos os atos se presumem democráticos e no exercício de liberdades fundamentais, exigindo-se prudência na invocação da tutela penal ah initio para se afastar essa presunção, de forma tal que o meio ofenda o objeto que se quer proteger.

164. Na arena social com disputa da atenção do eleitor, com captura de bandeiras de potencial de geração de votos, e na visibilidade na mídia e nas redes sociais é esperável que homens públicos identifiquem espaços de sobrevivência de suas carreiras políticas medindo o quanto isso, ao fim e ao cabo, em bases utilitaristas pode lhe render desempenho eleitoral nas urnas.

165. A simpatia e antipatia políticas, a diferença entre concepções de mundo e práticas, bem como o pertencimento a campos distintos, não permitem o recurso ao direito penal, sob pena de contradição ou desproporção entre as consequências geradas para o resguardo do objeto de proteção. A adequação de comportamentos políticos deve ser feita, prioritariamente, na inter-relação entre agentes políticos, partidos e eleitores". (BRASIL. Supremo Tribunal Federal. *INQ 4828*. Relator: Min. Alexandre de Moraes. Promoção de arquivamento. Brasília, 2020, p. 1355).

As diligências não efetivadas referir-se-iam à ausência de: a) de oitiva dos donos dos caminhões e trios elétricos presentes na manifestação em frente ao Quartel General do Exército;[294] b) extração de dados de celulares de investigados, com realização de perícia;[295] c) oitiva de testemunhas ou inquirições deficientes, como a efetivada em relação ao Deputado Eduardo Bolsonaro, o qual não teria sido questionado sobre fatos que teria ciência;[296] d) requisição imotivada de relatórios de monetização de páginas do *Facebook* e de perfis no *Instagram;*[297] e) investigação em relação aos dirigentes dos provedores de aplicações de internet;[298] f) tratamento aos dados coletados na busca e apreensão deferida.[299]

Diante de tais omissões, a PGR não acredita que, num prazo razoável, a Polícia Federal poderia corrigir os apontados equívocos.[300] Para tanto, cita seis casos no qual o STF, de ofício, promoveu o arquivamento de inquéritos cuja investigação ultrapassara um ano.[301] Os casos, no entanto, não guardam similaridade relevante

---

294 BRASIL. Supremo Tribunal Federal. *INQ 4828*. Relator: Min. Alexandre de Moraes. Promoção de arquivamento. Brasília, 2020, p. 1325.

295 BRASIL. Supremo Tribunal Federal. *INQ 4828*. Relator: Min. Alexandre de Moraes. Promoção de arquivamento. Brasília, 2020, pp. 1327/1328.

296 BRASIL. Supremo Tribunal Federal. *INQ 4828*. Relator: Min. Alexandre de Moraes. Promoção de arquivamento. Brasília, 2020, p. 1329.

297 BRASIL. Supremo Tribunal Federal. *INQ 4828*. Relator: Min. Alexandre de Moraes. Promoção de arquivamento. Brasília, 2020, p. 1332.

298 BRASIL. Supremo Tribunal Federal. *INQ 4828*. Relator: Min. Alexandre de Moraes. Promoção de arquivamento. Brasília, 2020, p. 1335.

299 BRASIL. Supremo Tribunal Federal. *INQ 4828*. Relator: Min. Alexandre de Moraes. Promoção de arquivamento. Brasília, 2020, pp. 1337 e 1349.

300 BRASIL. Supremo Tribunal Federal. *INQ 4828*. Relator: Min. Alexandre de Moraes. Promoção de arquivamento. Brasília, 2020, p. 1353.

301 "Sem adentrar na polêmica inerente a esta prática, esse foi o caso, por exemplo, do Inquérito n. 4442/DF, da relataria do Ministro Roberto Barroso, que tramitou por 1 ano, 2 meses e 2 dias; do Inquérito n. 4429, da relataria de Vossa Excelência, que tramitou por 1 ano, 2 meses e 26 dias; do Inquérito n. 4393/DF, da relataria do Ministro Gilmar Mendes, que tramitou por 1 ano, 2 meses e 25 dias; do Inquérito n. 4391/DF, da relatoria do Ministro Dias

com o inquérito n. 4.828, tendo havido uma má interpretação dos precedentes do STF por parte da PGR.

Inicialmente, diga-se que o inquérito n. 4.454, último citado pela PGR na promoção de arquivamento, afigura-se como sigiloso,[302] não sendo possível traçar maiores análises. Os outros cinco precedentes analisados, no entanto, servem para sustentar que o STF fixa a seguinte tese quando promove arquivamentos de ofício: a) paralisação injustificada da investigação, sem diligências solicitadas por certo período, podendo até haver sugestão de arquivamento pela própria autoridade policial; b) mesmo havendo certas diligências pendentes, há fortes argumentos em torno da inutilidade delas. Logo, em havendo andamento da investigação e as diligências solicitadas afigurarem-se como úteis, não deve haver arquivamento prematuro. Como a PGR não entrou no mérito acerca da possível ofensa ao sistema acusatório em tal prática efetivada pela Corte, tal problemática também não será enfrentada no presente texto, eis que desnecessária para analisar a correção da aplicação dos mencionados precedentes.

Nos inquéritos n. 4.442 e 4429 tinha-se um único investigado e, após o arquivamento de ofício, a própria PGR Raquel Dodge reconheceu, após interposição de agravo regimental, que não havia elementos suficientes para provar a materialidade das infrações penais, não antevendo outras diligências possíveis.[303] No caso do

---

Toffoli, que tramitou por 1 ano, 2 meses e 25 dias; do Inquérito n. 4441/DF, da relatoria do Ministro Gilmar Mendes, que tramitou por 1 ano, 2 meses e 25 dias; e finalmente do Inquérito n. 4454/DF, também da relatoria do Ministro Gilmar Mendes, que tramitou por 1 ano, 2 meses e 11 dias". (BRASIL. Supremo Tribunal Federal. *INQ 4828*. Relator: Min. Alexandre de Moraes. Promoção de arquivamento. Brasília, 2020, pp. 1353/1354).

302 BRASIL. *Agravo regimental no Inquérito 4.454*. Relator Ministro Gilmar Mendes. Disponível em: http://portal.stf.jus.br/processos/detalhe.asp?incidente=5149848. Acessado em: 31.08.2023.

303 BRASIL. Supremo Tribunal Federal. *Inquérito 4.442*. Relator Ministro Luis Roberto Barroso. 2017. Disponível em: http://portal.stf.jus.br/

inquérito 4429, tem-se, ainda, que a própria autoridade policial efetivara relatório sugerindo o arquivamento, entendendo não haver mais diligências possíveis de serem realizadas, como assentara o Ministro Alexandre de Moraes na decisão de arquivamento.[304]

Os inquéritos n. 4.393, 4391 e 4441 foram arquivados mesmo com diligências pendentes, como oitiva de testemunhas e realização de perícias.[305] Nesse ponto, assim, esses inquéritos apresentam algumas semelhanças com o inquérito n. 4.828, ostentando complexidade reconhecida pelo próprio Ministro Gilmar Mendes na decisão de arquivamento.[306] No entanto, como elencado pelo STF no julgamento dos agravos regimentais que mantiveram as decisões, as referidas diligências requeridas seriam inúteis, pois relacionadas: a) a um sistema de dados que seria alimentado pelos próprios colaboradores, fazendo com que eventual perícia tivesse valor probatório semelhante à colaboração premiada destes, inútil para embasar, por

---

processos/detalhe.asp?incidente=5149825. Acessado em: 31.08.2023; BRASIL. Supremo Tribunal Federal. *Inquérito 4429*. Relator Ministro Alexandre de Moraes. 2017. Disponível em: http://portal.stf.jus.br/processos/detalhe.asp?incidente=5149825. Acessado em: 31.08.2023.

304 BRASIL. Supremo Tribunal Federal. *Inquérito 4429*. Relator Ministro Alexandre de Moraes. 2017, p. 7. Disponível em: http://portal.stf.jus.br/processos/detalhe.asp?incidente=5149825. Acessado em: 31.08.2023.

305 BRASIL. Supremo Tribunal Federal. *Agravo regimental no Inquérito 4393*. Relator Ministro Gilmar Mendes. 2018. Disponível em: http://portal.stf.jus.br/processos/detalhe.asp?incidente=5149825. Acessado em: 31.08.2023; BRASIL. Supremo Tribunal Federal. *Agravo regimental no Inquérito 4391*. Relator Ministro Dias Toffoli. 2020. Disponível em: https://redir.stf.jus.br/paginadorpub/paginador.jsp?docTP=TP&docID=755176150. Acessado em: 31.08.2023; BRASIL. *Agravo regimental no Inquérito 4.441*. Relator Ministro Dias Toffoli. 2018. Disponível em: https://redir.stf.jus.br/paginadorpub/paginador.jsp?docTP=TP&docID=754435817. Acessado em: 31.08.2023.

306 BRASIL. *Agravo regimental no Inquérito 4.441*. Relator Ministro Dias Toffoli. 2018, p. 11. Disponível em: https://redir.stf.jus.br/paginadorpub/paginador.jsp?docTP=TP&docID=754435817. Acessado em: 31.08.2023.

si só, eventual condenação;[307] b) ao depoimento de testemunhas que, em casos semelhantes, não confirmaram os fatos.[308]

É importante que o Poder Judiciário e o próprio MPF controlem o prazo da investigação para que ela se desenvolva de modo razoável, como a própria PGR Raquel Dodge acabou reconhecendo nos dois primeiros casos antes analisados. Tal análise, no entanto, deve levar em conta fatores como a complexidade da investigação e quantidade de pessoas envolvidas a fim de subsidiar a aplicação correta dos precedentes. O Vice PGR não teve esse cuidado ao promover o arquivamento do inquérito n. 4.828, pois, mesmo que se admita que os casos citados são sensíveis por envolverem delitos de corrupção no contexto da operação Lava Jato, é correto sustentar que eles são menos complexos que o inquérito n. 4.828, pois: a)

---

307 Trata-se de perícia com objeto idêntico àquela pleiteada no inquérito 4393, como assentado no voto do Ministro Dias Toffoli: "Note-se que, de modo geral, os registros identificados nos sistemas Drousys e MyWebDay B corroboram as declarações dos colaboradores, inexistindo informações técnicas mais específicas que permitam entender a metodologia de funcionamento dos sistemas. Ao que parece, esses sistemas eram alimentados pelos colaboradores, executivos da Odebrecht, ou a partir de determinação e/ou informações por eles repassadas. Sendo assim, quanto ao respectivo valor probatório, os elementos informativos provenientes desses sistemas não diferem das anotações produzidas unilateralmente pelos colaboradores, as quais têm sido rechaçadas como elementos externos de corroboração. Não há como se cogitar, portanto, de aplicação do art. 18 do Código de Processo Penal, ressalvada na decisão agravada, pois não se trata de nova prova de que teve notícia o Parquet, mas apenas de tentativa, pura e simples, de se dar continuidade a linha de investigação que já estava em curso. Tanto isso é verdade que a Procuradoria-Geral da República, mesmo em posse de tal análise (o Relatório de Análise n. 58/2018 – SPPEA/PGR), novamente, limita-se a pleitear a dilação de prazo para prosseguimento das investigações por mais 60 (sessenta) dias, sem requerer novas diligências ou apresentar denúncia". (BRASIL. Supremo Tribunal Federal. *Agravo regimental no Inquérito 4391*. Relator Ministro Dias Toffoli. 2020, p. 26. Disponível em: https://redir.stf.jus.br/paginadorpub/paginador.jsp?docTP=TP&docID=755176150. Acessado em: 31.08.2023).

308 BRASIL. Supremo Tribunal Federal. *Habeas Corpus 122.201*. Relator Ministro Luis Roberto Barroso. 2017, p. 39. Disponível em: http://portal.stf.jus.br/processos/detalhe.asp?incidente=5149825. Acessado em: 31.08.2023.

envolvem menos investigados,[309] enquanto o IPL 4.828 envolvia, pelo menos, 40 pessoas;[310] b) não se relacionam a um tipo novo de criminalidade que utiliza complexos esquemas em redes sociais e sítios eletrônicos para desestabilizar o sistema democrático como um todo, buscando a própria superação deste a ponto de se cogitar da aplicação da LSN.

Perceba-se que os precedentes até poderiam ser aplicados se as diversas diligências sugeridas pela PGR fossem também inúteis. Ocorre que a própria PGR, na promoção de arquivamento do inquérito n. 4.828, admite a possibilidade de eficácia das diligências sugeridas, como visto, não insistindo nelas, unicamente, em face

---

309 Eis o total de investigados em cada inquérito: a) no IPL 4393, são dois os investigados, o Senador Jorge Ney Viana Macedo Neves e o Governador do Estado do Acre, Sebastião Afonso Viana Macedo Neves (BRASIL. Supremo Tribunal Federal. *Agravo regimental no Inquérito 4393*. Relator Ministro Gilmar Mendes. 2018, p. 3. Disponível em: http://portal.stf.jus.br/processos/detalhe.asp?incidente=5149825. Acessado em: 31.08.2023); b) no 4391, somente o Deputado Federal Bruno Cavalcanti de Araújo era investigado (BRASIL. Supremo Tribunal Federal. *Agravo regimental no Inquérito 4391*. Relator Ministro Dias Toffoli. 2020, p. 4. Disponível em: https://redir.stf.jus.br/paginadorpub/paginador.jsp?docTP=TP&docID=755176150. Acessado em: 31.08.2023); c) no IPL 4441, também são dois os investigados, Deputado Federal Daniel Elias Carvalho Vilela e a Luiz Alberto Maguito Vilela (BRASIL. *Agravo regimental no Inquérito 4.441*. Relator Ministro Dias Toffoli. 2018, p. 5. Disponível em: https://redir.stf.jus.br/paginadorpub/paginador.jsp?docTP=TP&docID=754435817. Acessado em: 31.08.2023). Nos inquéritos 4.442 e 4.429 tinha-se um único investigado, como visto.

310 De acordo com informação que consta no despacho da autoridade policial que instaurou o respectivo IPL: "A petição n. 161128/20/MPF/PGR/HJ cita nominalmente cerca de 40 (quarenta) pessoas e menciona diversas outras ainda não identificadas (administradores de canais de redes sociais; locatários de veículos; usuários de redes sociais; mais "pessoas físicas e jurídicas vinculadas às originalmente atingidas e que tenham participado diretamente de transações econômicas, financeiras e patrimoniais suspeitas" (item 57.13)". (BRASIL. Supremo Tribunal Federal. *INQ 4828*. Relator: Min. Alexandre de Moraes, 20 abr. 2020. Brasília, 2020, nota de rodapé 2, p. 2. Disponível em: https://politica.estadao.com.br/blogs/fausto-macedo/wp-content/uploads/sites/41/2020/12/leiaaintegra-compressed-compressed2_101220200216.pdf. Acessado em: 31.08.2023).

do argumento em torno da razoável duração da investigação. De acordo com o precedente do STF nos inquéritos n. 4.393, 4391 e 4441, como visto, somente diligências inúteis poderiam caracterizar o excesso desarrazoado de prazo, compondo, portanto, diferença relevante entre os precedentes.

Finalmente, deve-se registrar que o despacho do Ministro Alexandre de Moraes que determinou a intimação da PGR para se manifestar sobre o relatório parcial da Polícia Federal é de 4 de janeiro de 2021, tendo aos autos no IPL recebidos na sede da instituição em 5 de janeiro.[311] Somente cerca de 5 meses depois, em 4 de junho, o Vice PGR oferece resposta ao relatório, promovendo o arquivamento.[312] Assim, parte considerável da demora na tramitação do IPL foi causada pelo próprio MPF.

É curiosa, ainda, a defesa da liberdade de expressão nos moldes absolutos, equiparando os discursos contra e a favor da democracia, sustentando que o direito penal não deve intervir em prol desta. Foi a própria PGR que admitiu a possibilidade de interferência do direito penal no caso, tanto que solicitou a abertura da investigação. A mudança de postura através de argumentos incoerentes como ora demonstrado comprova, novamente, a omissão inconstitucional da PGR na proteção do regime democrático. Analisadas em conjunto, a postura da PGR parece ser a de promover certas investigações na medida certa para não demonstrar uma total leniência, mas, no momento oportuno, não as levar adiante. Tal postura, em tese, não é indevida, eis que o as provas colhidas em investigação, obviamente, podem não ser suficientes para o desenvolvimento dela ou mesmo ajuizamento de ação penal. A situação ora em estudo, no

311 BRASIL. Procuradoria Geral da República. *Inquérito 4.828*. 2021. Disponível em: https://portal.mpf.mp.br/unico/modulo/judicial/painel/#/58453849/autuacao/8999512. Acessado em: 31.08.2023.

312 BRASIL. Procuradoria Geral da República. *Inquérito 4.828*. 2021. Disponível em: https://portal.mpf.mp.br/unico/modulo/judicial/painel/#/58453849/autuacao/8999512. Acessado em: 31.08.2023.

entanto, é diversa, pois outras diligências ainda eram necessárias para apuração do caso. Assim, a postura da PGR aproxima-se da falsificação argumentativa elencada no capítulo final desta obra, tendo a linguagem jurídica papel fundamental no desenvolvimento de tal estratégia.

Os casos antes sumarizados já começam a demonstrar a difusão de ideias antidemocráticas na sociedade e nas instituições, cujo enfrentamento encontrou graus diversos de eficácia. A resistência constitucional exercida pelo STF no inquérito n. 4.828 tem tido alguma utilidade, servindo, pelo menos, para descortinar as características e práticas de uma associação de pessoas voltadas para aprofundar o autoritarismo no Brasil, com apelo ao golpe de Estado militar. Postura diversa ocorreu no MPF, seja a partir da atuação na própria PGR em tal inquérito ou nos demais órgãos da instituição, não prevalecendo a tese elencada na 2ª CCR no sentido de se proceder à investigação dos atos. Novamente, tal omissão contribui para o excesso de trabalho no STF no contexto da proteção ao regime democrático, fazendo com que a Corte acabe, em muitos momentos, atuando isoladamente, desafiando seus próprios limites institucionais.

Quais são as demais lições ensinadas pelos casos? Em que medida a atuação em parte colaborativa entre diversos juízes e, em alguns casos, entre membros da AGU e do MPF impõe obstáculos à Justiça de Transição? A resistência constitucional desenvolvida foi efetiva? As questões são importantes na medida em que compreende o desenvolvimento de ações não isoladas, mas coordenadas, entre diversos agentes oficiais com notável poder estatal, compreendendo práticas que ganham gravidade considerável quando vistas, justamente, em conjunto. Eis o tema central a ser desenvolvido nos demais capítulos, perquirindo-se, inicialmente, quais as características da respectiva atuação judicial e ministerial, tanto em termos processuais como na argumentação relacionada aos direitos fundamentais envolvidos. Essa é a tarefa a ser desenvolvida em seguida.

CAPÍTULO II

ESTRATÉGIAS PARA CONSERVAÇÃO DO AUTORITARISMO

Leonardo Avritzer[313] destaca algumas das peculiaridades da Presidência de Jair Bolsonaro que considera capazes de explicar sua resiliência política mesmo diante da oposição sofrida por partes da opinião pública, do Poder Judiciário e, nos dois primeiros anos de governo, do Congresso Nacional, em especial: "a ampla base ratificadora de suas posições nas redes sociais, que lhe permite relativizar a oposição midiática por ele enfrentada". Argumenta-se, nesta pesquisa, que a postura de obediência atribuída a essa base social pode ser ampliada para as instituições, especialmente aquelas que compõe o Poder Judiciário e o Ministério Público brasileiros, uma vez que é possível identificar elementos do bolsonarismo em diversas manifestações jurídicas.

Nesse sentido, compreende-se que, como o bolsonarismo apresenta ideologia com características contrárias à Constituição,

313 PASSOS, Anaís Medeiros. "Militares e política no governo de Jair Bolsonaro". *In*: AVRITZER, Leonardo; KERCHE, Fábio; MARONA, Marjorie. *Governo Bolsonaro*: retrocesso democrático e degradação política. Belo Horizonte: Autêntica, 2021, p. 8.

seu endossamento por profissionais do direito é ainda mais sensível, compondo um quadro de erosão constitucional e de utilização furtiva da juridicidade. A difusão de tais práticas autoritárias no sistema de justiça, como dito, é o tema central deste capítulo. Na análise da fundamentação das decisões judiciais e manifestações ministeriais selecionadas para estudo, buscou-se realçar os aspectos procedimentais e argumentativos elencados na introdução desta obra. Optou-se, nesse sentido, por fazer uma análise não de cada ação em si, mas sim dos vícios mais salientes em conjunto, os quais, como será visto, repetem-se em diversos casos, sejam cíveis ou penais.

Em relação às ações penais, foram analisadas 51 ações propostas pelo MPF,[314] das quais: a) somente 12 foram recebidas;[315]

---

314 Como dito na introdução, na listagem das ações penais no respectivo sítio eletrônico da instituição, constam 53 denúncias, mas as de número 5000299-50.2020.403.6181 e 5003962-41.2019.4.03.6181 afiguram-se como repetições, não se sabendo se elas correspondem, efetivamente, a novas ações ou se uma mesma ação elencada mais de uma vez, em duplicidade. De todo modo, diante da reiteração da questão de direito posta nos casos, a análise efetiva das 51 ações mostra-se suficiente para o argumento da tese.

315 São elas: BRASIL. Tribunal Regional Federal da Primeira Região. Seção Judiciária do Pará. Subseção Judiciária de Marabá. (2. Vara Federal Cível e Criminal). *Ação penal 0001162-79.2012.4.01.3901*. Sequestro qualificado praticado por Sebastião Rodrigues de Moura, "Major Curió". Marabá, 2012; BRASIL. Tribunal Regional Federal da Primeira Região. Seção Judiciária do Pará. Subseção Judiciária de Marabá. (2. Vara Federal Cível e Criminal). *Ação penal 0006232-77.2012.4.01.3901*. Sequestro qualificado praticado por Lício Augusto Maciel. Marabá, 2012; BRASIL. Tribunal Regional Federal da Terceira Região. Seção Judiciária de São Paulo. (9. Vara Federal). *Ação penal 0011580-69.2012.4.03.6181*. Sequestro praticado por Carlos Alberto Brilhante Ulstra e outros. São Paulo, 2012; BRASIL. Tribunal Regional Federal da Terceira Região. Seção Judiciária de São Paulo. (5. Vara Federal). *Ação penal 0004823-25.2013.4.03.6181*. São Paulo, 2013; BRASIL. Tribunal Regional Federal da Segunda Região. Seção Judiciária do Rio de Janeiro. (6. Vara Federal Criminal). *Ação penal 0017766-09.2014.4.02.5101*. Julgador: Ana Paula Vieira De Carvalho. Rio de Janeiro, 2014; BRASIL. Tribunal Regional Federal da Segunda Região. Seção Judiciária do Rio de Janeiro. (4. Vara Federal Criminal). *Ação penal 0023005-91.2014.4.025101*. Julgador: Margareth De Cássia Thomaz. Rio de Janeiro, 2014; BRASIL. Tribunal Regional Federal da Segunda Região. Subseção Judiciária de Petrópolis/RJ. (1. Vara Federal).

b) 38 foram rejeitadas.[316] Cumpre considerar que em uma das ações ajuizadas contra Carlos Alberto Brilhante Ulstra, ocorreu o

---

Ação Penal 0170716-17.2016.4.02.5106. Sequestro e estupro praticados por Antônio Waneir Pinheiro Lima. Petrópolis, 2016; BRASIL. Tribunal Regional Federal da Terceira Região. Seção Judiciária de São Paulo. (5. Vara Federal). *Ação penal 0013526-03.2017.4.03.6181*. São Paulo, 2017; BRASIL. Tribunal Regional Federal da Segunda Região. Seção Judiciária do Rio de Janeiro. (8. Vara Federal Criminal). *Ação penal 0014922-47.2018.4.02.5101*. Julgador: Valeria Caldi Magalhaes. Rio de Janeiro, 2018; BRASIL. Tribunal Regional Federal da Terceira Região. Seção Judiciária de São Paulo. (5. Vara Federal). *Ação penal 0003737-43.2018.4.03.6181*. São Paulo, 2018; BRASIL. Tribunal Regional Federal da Segunda Região. Seção Judiciária do Rio de Janeiro. (2. Vara Federal de Campos). *Ação Penal 5005036-93.2019.4.02.5103*. Julgador: Flávia Rocha Garcia. Rio de Janeiro, 2019; BRASIL. Tribunal Regional Federal da Terceira Região. (5. Vara Criminal Federal de São Paulo). *Ação Penal n. 5002620-24.2021.4.03.6181*. Decisão. Denúncia recebida. Julgador: Maria Isabel do Prado, 27 out. 2021. São Paulo, 2021.

316 São elas: BRASIL. Tribunal Regional Federal da Terceira Região. Seção Judiciária de São Paulo. (10ª Vara Federal). *Ação penal 0004204.32.2012.4.03.6181*. Sequestro praticado por Carlos Alberto Brilhante Ulstra e outros. São Paulo, 2012; BRASIL. Tribunal Regional Federal da Segunda Região. Seção Judiciária do Rio de Janeiro. (2. Vara Federal). *Ação penal 0801434-65.2013.4.02.5101*. Rio de Janeiro, 2013; BRASIL. Tribunal Regional Federal da Primeira Região. Seção Judiciária de Goiás. Subseção Judiciária de Rio Verde. (Vara Única). *Ação penal 0003088-91.2013.4.01.3503*. Rio Verde, 2013; BRASIL. Tribunal Regional Federal da Terceira Região. Seção Judiciária de São Paulo. (1. Vara Federal). *Ação penal 0012647-98.2014.4.03.6181*. São Paulo, 2014; BRASIL. Tribunal Regional Federal da Terceira Região. Seção Judiciária de São Paulo. (1. Vara Federal). *Ação penal 0016351-22.2014.4.03.6181*. São Paulo, 2014; BRASIL. Tribunal Regional Federal da Primeira Região. Seção Judiciária do Pará. Subseção Judiciária de Marabá. (1. Vara Federal). *Ação penal 0000342-55.2015.4.01.3901*. Marabá, 2015; BRASIL. Tribunal Regional Federal da Terceira Região. Seção Judiciária de São Paulo. (1. Vara Federal). *Ação penal 0007502-27.2015.4.03.6181*. São Paulo, 2015; BRASIL. Tribunal Regional Federal da Terceira Região. Seção Judiciária de São Paulo. (1. Vara Federal). *Ação penal 0009756-70.2015.4.03.6181*. São Paulo, 2015; BRASIL. Tribunal Regional Federal da Terceira Região. Seção Judiciária de São Paulo. (1. Vara Federal). *Ação penal 0001147-74.2010.4.03.6181*. São Paulo, 2015; BRASIL. Tribunal Regional Federal da Terceira Região. Seção Judiciária de São Paulo. (1. Vara Federal). *Ação penal 0015358-42.2015.4.03.6181*. São Paulo, 2015;

BRASIL. Tribunal Regional Federal da Terceira Região. Seção Judiciária de São Paulo. (1. Vara Federal). *Ação penal 0015754-19.2015.4.03.6181*. São Paulo, 2015; BRASIL. Tribunal Regional Federal da Terceira Região. Seção Judiciária de São Paulo. (8. Vara Federal). *Ação penal 0001208-22.2016.4.03.6181*. São Paulo, 2016; BRASIL. Tribunal Regional Federal da Terceira Região. Seção Judiciária de São Paulo. (1. Vara Federal). *Ação penal 0001217-81.2016.4.03.6181*. São Paulo, 2016; BRASIL. Tribunal Regional Federal da Terceira Região. Seção Judiciária de São Paulo. (7. Vara Federal). *Ação penal 0003768-34.2016.4.03.6181*. São Paulo, 2016; BRASIL. Tribunal Regional Federal da Terceira Região. Seção Judiciária de São Paulo. (8. Vara Federal). *Ação penal 0007052-50.2016.4.03.6181*. São Paulo, 2016; BRASIL. Tribunal Regional Federal da Terceira Região. Seção Judiciária de São Paulo. (7. Vara Federal). *Ação penal 0008172-31.2016.4.03.6181*. São Paulo, 2016; BRASIL. Tribunal Regional Federal da Terceira Região. Seção Judiciária de São Paulo. (4. Vara Federal). *Ação penal 0009980-71.2016.4.03.6181*. São Paulo, 2016; BRASIL. Tribunal Regional Federal da Segunda Região. Subseção Judiciária de Petrópolis/RJ. (1. Vara Federal). *Ação Penal 0170716-17.2016.4.02.5106*. Sequestro e estupro praticados por Antônio Waneir Pinheiro Lima. Petrópolis, 2016; BRASIL. Tribunal Regional Federal da Terceira Região. Seção Judiciária de São Paulo. (1. Vara Federal). *Ação penal 0011051-11.2016.4.03.6181*. São Paulo, 2016; BRASIL. Tribunal Regional Federal da Terceira Região. Seção Judiciária de São Paulo. (1. Vara Federal). *Ação penal 0011528-34.2016.4.03.6181*. São Paulo, 2016; BRASIL. Tribunal Regional Federal da Terceira Região. Seção Judiciária de São Paulo. (9. Vara Federal). *Ação penal 0011715-42.2016.4.03.6181*. São Paulo, 2016; BRASIL. Tribunal Regional Federal da Terceira Região. Seção Judiciária de São Paulo. (1. Vara Federal). *Ação penal 0005946-82.2018.4.03.6181*. 2018; BRASIL. Tribunal Regional Federal da Terceira Região. Seção Judiciária de São Paulo. (1. Vara Federal). *Ação penal 0000827-43.2018.4.03.6181*. São Paulo, 2018; BRASIL. Tribunal Regional Federal da Terceira Região. Seção Judiciária de São Paulo. (7. Vara Federal). *Ação penal 0000915-81.2018.4.03.6181*. São Paulo, 2018; BRASIL. Tribunal Regional Federal da Primeira Região. Seção Judiciária do Tocantins. (1. Vara Federal de Araguaína). *Ação penal 0002631-17.2018.4.01.4301*. Araguaína, 2018; BRASIL. Tribunal Regional Federal da Terceira Região. Seção Judiciária de São Paulo. (1. Vara Federal). *Ação penal 0008031-41.2018.4.03.6181*. São Paulo, 2018; BRASIL. Tribunal Regional Federal da Quarta Região. Seção Judiciária de Santa Catarina. (7. Vara Federal). *Ação penal 5012165-46.2018.4.04.7200*. Florianópolis, 2018; BRASIL. Tribunal Regional Federal da Terceira Região. Seção Judiciária de São Paulo. (1. Vara Federal). *Ação penal 0013000-02.2018.4.03.6181*. São Paulo, 2018; BRASIL. Tribunal Regional Federal da Primeira Região. Seção Judiciária do Pará. Subseção Judiciária de Marabá. (1. Vara Federal Cível

falecimento do réu antes que pudesse ser analisado o recebimento da denúncia, com a consequente extinção da punibilidade.[317] Na maior parte dos 11 casos nos quais os juízes posicionaram-se com mais rigor em termos de proteção ao regime democrático, recebendo a denúncia, o tribunal revisor reformou a decisão, obstando a continuidade do processo. Nos casos em que o tribunal manteve a decisão de recebimento, duas situações ocorreram: a) Reclamações Constitucionais foram ajuizadas perante o STF, sustentando que

e Criminal). *PIC-MP 1004937-41.2019.4.01.3901*. 16 dez. Marabá, 2019; BRASIL. Tribunal Regional Federal da Primeira Região. Seção Judiciária do Pará. Subseção Judiciária de Marabá. (1. Vara Federal Cível e Criminal). *Ação Penal 0000208-86.2019.4.01.3901*. Marabá, 2019; BRASIL. Tribunal Regional Federal da Primeira Região. Seção Judiciária do Pará. Subseção Judiciária de Marabá. (1. Vara Federal Cível e Criminal). *Ação Penal 1004994-59.2019.4.01.3901*. Marabá, 2019; BRASIL. Tribunal Regional Federal da Terceira Região. Seção Judiciária de São Paulo. (1. Vara Federal Criminal). *Ação Penal 5003962-41.2019.4.03.6181*. São Paulo, 2019; BRASIL. Tribunal Regional Federal da Primeira Região. Seção Judiciária do Pará. Subseção Judiciária de Marabá. (1. Vara Federal Cível e Criminal). *Ação Penal 0000417-55.2019.4.01.3901*. Marabá, 2019; BRASIL. Tribunal Regional Federal da Terceira Região. (6. Turma). *Apelação Cível 5001270-92.2018.4.03.6120*. Acórdão. Relator: Diva Prestes Marcondes Malerbi, 08/09/2020. São Paulo, 2020. Disponível em: http://web.trf3.jus.br/acordaos/Acordao/BuscarDocumentoPje/141127580. Acessado em: 31.08.2023; BRASIL. Tribunal Regional Federal da Terceira Região. (5. Vara Criminal Federal de São Paulo). *Ação Penal n. 5001756-20.2020.4.03.6181*. Sentença. Punibilidade declarada extinta. Julgador: Rodrigo Boaventura Martins, 22 abr. 2020. São Paulo, 2020; BRASIL. Ministério Público Federal. *Notícia de Fato 1.22.005.000098/2020-94*. PRM-Montes Claros, Minas Gerais. 2020; BRASIL. Tribunal Regional Federal da Terceira Região. Seção Judiciária de São Paulo. (1. Vara Federal Criminal). *Ação Penal n. 5003562-56.2021.4.03.6181*. Decisão. Denúncia rejeitada. Julgador: Andreia Silva Sarney Costa Moruzzi, São Paulo, 22 jul. 2021; BRASIL. Tribunal Regional Federal da Primeira Região. Seção Judiciária do Pará. Subseção Judiciária de Marabá. (2. Vara Federal Cível e Criminal). *Ação Penal n. 1003680-10.2021.4.01.3901*. Denúncia rejeitada liminarmente. Julgador: Heitor Moura Gomes, 31 ago. 2021. Marabá, 2021.

317 BRASIL. Tribunal Regional Federal da Terceira Região. Seção Judiciária de São Paulo. (8. Vara Federal). *Ação penal 0008532-97.2015.4.03.6181*. São Paulo, 2015.

a própria tramitação das ações violava a autoridade da decisão da Corte na ADPF 153. Essa argumentação foi então acolhida pelo Tribunal, o qual determinou a suspensão das ações;[318] b) a ação ainda se encontra em tramitação, eis que não interposta reclamação.[319] Houve casos, no entanto, em que o TRF respectivo reformou a decisão de rejeição da denúncia.[320] Num único caso, houve condenação de agente da ditadura por meio de sentença proferida em 2021, o que consiste em ato de importância histórica para a Justiça de Transição brasileira.[321]

---

318 BRASIL. Supremo Tribunal Federal. *RCL 18686 MC / RJ*. Decisão monocrática do então Relator Min. Teori Zavascki. Relator: Min. Alexandre de Moraes, 01 out. 2014. Brasília, 2014. Disponível em: https://portal.stf.jus.br/processos/downloadPeca.asp?id=263694199&ext=.pdf. Acessado em: 31.08.2023.

319 BRASIL. Tribunal Regional Federal da Segunda Região. (8. Turma Especializada). *Agravo de Instrumento 0003169-41.2016.4.02.0000*. Acórdão. Relator: Marcelo Pereira da Silva, 27 out. 2016. Rio de Janeiro, 2016. Disponível em: https://www10.trf2.jus.br/consultas/?movimento=cache&q=cache:RFLgBIwgiJIJ:ementas.trf2.jus.br/apolo/databucket/idx %3Fprocesso%3D201600000031690%26coddoc%3D479215%26datapublic%3D2016-10-28%26pagdj%3D637/647+&site=v2_jurisprudencia&client=v2_index&proxystylesheet=v2_index&lr=lang_pt&ie=UTF-8&output=xml_no_dtd&access=p&oe=UTF-8. Acessado em: 31.08.2023.

320 BRASIL. Tribunal Regional Federal da Segunda Região. (Vice-Presidência). *Apelação Cível 0181842-27.2017.4.02.5107*. Acórdão. Relator: Ricardo Perlingeiro, 09/07/2018. Rio de Janeiro, 2018. Disponível em: https://www10.trf2.jus.br/consultas/?movimento=cache&q=cache:NfJXjTDcBI0J:acordaos.trf2.jus.br/apolo/databucket/idx%3Fprocesso%3D201751071818428%26coddoc%3D1017416%26datapublic%3D2018-07-13%26pagdj%3D494/510+0181842-27.2017.4.02.5107&site=v2_jurisprudencia&client=v2_index&proxystylesheet=v2_index&lr=lang_pt&ie=UTF-8&output=xml_no_dtd&access=p&oe=UTF-8. Acessaso em: 02.02.2022.

321 BRASIL. Tribunal Regional Federal da Terceira Região. Seção Judiciária de São Paulo. (9. Vara Federal). *Ação penal 0011580-69.2012.4.03.6181*. Sequestro praticado por Carlos Alberto Brilhante Ulstra e outros. São Paulo, 2012; BRASIL. Tribunal Regional Federal da Terceira Região. Seção Judiciária de São Paulo. (9. Vara Federal). *Ação penal 0011580-69.2012.4.03.6181*. Sentença. Julgador: Silvio César Arouck Gemaque, São Paulo, 2021. Disponível em: https://www.conjur.com.br/dl/0011580-6920124036181-mpf-obtem.pdf. Acessado em: 31.08.2023.

As ações cíveis, por sua vez, apresentam características semelhantes em termos aceitação judicial. Nos casos adiante analisados, decisões liminares contra os interesses dos militares: a) foram concedidas em poucos casos, nos quais, em seguida, houve suspensão pelo TRF respectivo ou mesmo pelo STF e pelo STJ, que atuaram monocraticamente; b) tiveram a sua análise postergada, como se não houvesse urgência em promover a proteção da democracia. Cenário semelhante ocorreu com as sentenças, as quais, quando procedentes, foram reformadas em seguida. Mesmo quando o Tribunal acabou acolhendo o pedido, como ocorrera no caso do pedido de resposta dos familiares das vítimas da ditadura diante da homenagem a Sebastião Curió pelo Presidente da República, foi possível constatar traços do bolsonarismo a partir de voto vencido e da não implementação imediata da decisão.

O cenário, portanto, é de forte resistência judicial à responsabilização penal dos agentes da ditadura ou à contraposição do legado autoritário na seara cível. Mesmo o caso da condenação penal efetivada em 2021 somente foi possível porque as duas Reclamações Constitucionais liminarmente deferidas pelo STF perderam o objeto em face do falecimento dos dois corréus, Carlos Alberto Brilhante Ulstra e Alcides Singillo.[322]

Levando em conta os aspectos processuais e materiais das decisões adiante analisadas, propõe-se a categorização em democráticas e autoritárias. A classificação é simples: enquanto a primeira categoria se refere à atuação judicial que busca promover o enfrentamento e superação aos legados da ditadura, a segunda representa decisões que

---

322 BRASIL. Tribunal Regional Federal da Terceira Região. Seção Judiciária de São Paulo. (9. Vara Federal). *Ação penal 0011580-69.2012.4.03.6181*. Sequestro praticado por Carlos Alberto Brilhante Ulstra e outros. São Paulo, 2012; BRASIL. Tribunal Regional Federal da Terceira Região. Seção Judiciária de São Paulo. (9. Vara Federal). *Ação penal 0011580-69.2012.4.03.6181*. Sentença. Julgador: Silvio César Arouck Gemaque, São Paulo, 2021. Disponível em: https://www.conjur.com.br/dl/0011580-6920124036181-mpf-obtem.pdf. Acessado em: 31.08.2023.

colaboram com a manutenção desse legado ou aprofunda tal estado de coisas. Foi possível constatar, no âmbito das decisões tidas como autoritárias, dois tipos de práticas distintas,[323] as quais podem ser

---

323 A classificação do autoritarismo em forte e fraco dialoga em parte com a tese de Davi Landau e Rosalind Dixon em torno do controle judicial de constitucionalidade abusivo. Apesar de os Tribunais serem vistos como guardiões da democracia constitucional liberal, tem sido possível encontrar decisões judiciais que atingem o núcleo da democracia eleitoral na medida em que: a) legitimam leis e práticas antidemocráticas; b) banem partidos de oposição; c) eliminam os limites aos mandados presidenciais e d) reprimem legisladores, compondo cenário denominado por David Landau e Rosalind Dixon como "controle judicial de constitucionalidade abusivo" (LANDAU, David; DIXON, Rosalind. "Abusive judicial review. Courts against democracy". *UC Davis Law Review*, vol. 53, nº 3, 2020, p. 1313). Isso ocorre a partir da captura das Cortes Constitucionais efetivadas por lideranças autoritárias, as quais utilizam a aparente legitimidade em torno do formalismo jurídico desenvolvido pelo Poder Judiciário para ocultar as manobras em prol da erosão democrática. (LANDAU, David; DIXON, Rosalind. "Abusive judicial review. Courts against democracy". *UC Davis Law Review*, vol. 53, nº 3, 2020, p. 1313) É preciso pontuar, no entanto, que o texto é voltado para a realidade americana, principalmente, como os próprios autores sustentam. (LANDAU, David; DIXON, Rosalind. "Abusive judicial review. Courts against democracy". *UC Davis Law Review*, vol. 53, nº 3, 2020, p. 1313), compondo mais um trabalho que se concentra praticamente de modo exclusivo no papel das Cortes Constitucionais, não alcançando o caráter difuso do autoritarismo. Nesse sentido, é possível perceber os limites que o liberalismo jurídico impõe à análise, quando temas sociais são afastados de qualquer "núcleo mínimo" do conceito de democracia constitucional. Isso fica muito claro na medida em que, para analisar se há um ataque judicial à democracia, elenca-se qual o conceito de democracia que está em jogo e, para os autores, tem-se de adotar uma concepção relativamente minimalista de democracia constitucional, consistindo em "eleições livres e justas, com controle independente em termos de freios e contrapesos sobre o governo eleito". (LANDAU, David; DIXON, Rosalind. "Abusive judicial review. Courts against democracy". *UC Davis Law Review*, vol. 53, nº 3, 2020, p. 1323) No âmbito das eleições, pode-se inserir aqueles direitos essenciais, tais como a liberdade de expressão, reunião e associação. (LANDAU, David; DIXON, Rosalind. "Abusive judicial review. Courts against democracy". *UC Davis Law Review*, vol. 53, nº 3, 2020, p. 1323) São os direitos de liberdade, assim, aqueles centralmente analisados. Com essa compreensão mínima de democracia, os autores não chegam a classificar como autoritária a tentativa do Presidente Roosevelt de intervir na Suprema Corte americana, eis que a

classificadas, a partir do nível de colaboracionismo envolvido entre os agentes, como: a) omissivas, quando, apesar de não se contrapor aos legados da ditadura, a decisão não manifesta, expressamente, qualquer espécie de saudosismo, negacionismo ou revisionismo, de forma que colabora com o legado autoritário a partir de atuação judicial indiferente com a democracia, apoiando-se, por exemplo, na ADPF 153 como se não houvesse outra alternativa, o que é falso, tendo em vista a possibilidade de controle de convencionalidade; b) ativas, quando, além de rejeitar o enfrentamento à ditadura, a decisão expressamente promove os mencionados saudosismo, negacionismo ou revisionismo, indo, às vezes, ainda mais longe, a ponto de desenvolver uma teoria ideologicamente autoritária para aplicar a legalidade de 1964 aos dias de hoje, promovendo, assim, uma revitimização das pessoas que tiveram seus direitos violados pelo Estados.

O rigor na tipologia das decisões judiciais ora proposta encontra coerência com as pesquisas em história do Direito, sendo uma descrição precisa da realidade apontar o caráter colaborativo entre juízes e agentes da ditadura ainda hoje. Nesse sentido, André del Negri, ao comentar a colaboração da Ordem dos Advogados do Brasil com os 8 anos iniciais da ditadura, sustenta que o "sono profundo" da entidade diante das graves violações de direitos humanos já possibilitada pelo AI-1 transformam os juristas em verdadeiros "corresponsáveis" dos atos na medida em que não assumem a respectiva responsabilidade em proteger o regime democrático.[324]

---

captura, neste caso, buscava influenciar no julgamento de ações voltadas para a política econômica e social, não as liberdades em si. (LANDAU, David; DIXON, Rosalind. "Abusive judicial review. Courts against democracy". *UC Davis Law Review*, vol. 53, nº 3, 2020, p. 1384) Perceba-se, assim, o vínculo com o liberalismo político, demonstrando os limites do texto para uma realidade como a brasileira, a qual apresenta uma Constituição com direitos sociais e passado em torno de ditadura militar.

324 NEGRI, André del. "Os juristas, o regime militar de 1964 e personalidades autoritárias que cruzaram o marco da Constituição de 1988". *História do Direito:* RHD, Curitiba, vol. 2, nº 3, jul.-dez. 2021, pp. 324 e 328.

A distinção ostenta interesse prático, pois acredita-se que o enfrentamento constitucional de ambos os tipos de decisão autoritária deve ser diferente. No que se trata das decisões autoritárias por omissão, é bastante provável que uma eventual superação do precedente firmado pelo STF na ADPF 153 seja suficiente para mudar o comportamento dos juízes, eis que, como dito, esses fundamentam seus posicionamentos, majoritariamente, a partir de tal precedente. O caso das decisões autoritárias mais fortes é diferente, pois há nessas algo a mais que a mera obediência ao precedente do STF, que se manifesta a partir dos vícios elencados adiante. Nesse cenário, diante de audaciosos juízes que se sentem à vontade para fazer claras apologias ao regime militar mesmo após 1988, a única forma de correção possível, conforme as disposições do sistema jurídico brasileiro, é a impugnação à decisão, pois é provável que decisões apologéticas desse gênero continuem a ser tomadas. A fragilidade desta solução é evidente, já que ela não impede a prolação de novas decisões autoritárias com as mesmas características. Maior efetividade, neste cenário, somente seria alcançado com reformas institucionais específicas em prol da Justiça de Transição, com a punição de juízes que utilizam a independência funcional para trair a Constituição e negar a ditadura.

O Poder Judiciário é um ator importante no processo de transição democrática, devendo-se, portanto, investigar o tipo de argumentação que é desenvolvida pelos juízes quando em contato com questões envolvendo o passado autoritário. Essa investigação tem a finalidade de perquirir se o caráter colaborativo que os juízes ostentaram em relação aos militares no período ditatorial ainda se faz presente e em que medida isso ocorre. Sendo assim, as questões centrais do capítulo são: quais as características dos pronunciamentos judiciais que dispõem sobre questões relacionadas à ditadura militar? Como esses atos se difundem entre as instituições?

Durante a investigação, os pronunciamentos autoritários serão classificados a partir dos critérios de manipulação de normas processuais e qualidade da argumentação desenvolvida na aplicação das normas materiais. Por manipulação das regras processuais, entende-se que há uma não concretização do devido processo legal e o desrespeito às garantais processuais quando há: a) obediência automática ao precedente firmado pelo STF na ADPF 153, enquanto recusa em efetivar controle de convencionalidade sobre a Lei de Anistia ou a discutir a aplicação de precedente internacionais, como o firmado no caso Gomes Lund; b) deficiências na fundamentação da decisão, no sentindo, por exemplo, de se julgar um pedido improcedente sem enfrentar todas as causas de pedir da parte vencida; c) rigor na análise das provas, desacreditando-se as evidências em prol dos crimes da ditadura e, em alguns casos, induzindo as partes em erro; d) o retardamento injustificado na análise do caso e/ou a postergação de pedido de tutela de urgência; e) atuação de ofício que lança dúvidas sobre a imparcialidade judicial.

Com relação à qualidade da argumentação desenvolvida na aplicação das normas de direito material, entende-se que essa se relaciona ao pré-comprometimento dos argumentos com o regime democrático constitucionalmente previsto, que é colocado em xeque a partir de fundamentações que: a) negam os crimes contra a humanidade cometidos na ditadura, atacando a credibilidade da CNV; b) admitem uma discricionariedade administrativa militar absoluta; c) sustentam uma liberdade de expressão absoluta; d) negam a ideologia autoritária, alegando neutralidade na decisão; e) aplicam a legalidade autoritária do período de exceção nos julgamentos hoje efetivados.

Em seguida, a partir da análise mais detalhada dos casos antes elencados no capítulo anterior, apresentar-se-á com maior profundidade os diversos vícios autoritários presentes na atuação das instituições de justiça do Brasil. Com isso, será possível compreender melhor os pronunciamentos judiciais e ministeriais, perquirindo os efeitos da politização militar e diversidade de condutas em torno da aceitação da ditadura militar e da respectiva resistência constitucional.

2.1. Estratégias processuais

2.1.1 Vícios na utilização dos precedentes

Nos casos estudados, destacam-se os seguintes vícios formais quando se considera a argumentação baseada em precedentes: a) promoção de superação de um precedente internacional através de decisões de instâncias ordinárias, aplicando-se mecânica e automaticamente a ADPF 153,[325] com a recusa em se efetivar controle de convencionalidade a partir de casos como Gomes Lund; b) interpretação equivocada de tal precedente internacional, supondo que ele não determina a persecução penal dos autores de crimes contra a humanidade.[326] Em seguida, cada questão será analisada.

---

325 BRASIL. Supremo Tribunal Federal. (Plenário). *ADPF 153*. Acórdão. Relator: Min. Eros Grau, 06 ago. 2010. Brasília, 2010. Disponível em: https://redir.stf.jus.br/paginadorpub/paginador.jsp?docTP=AC&docID=612960. Acessado em: 31.08.2023.

326 Destaca-se que esses não foram os únicos casos de má aplicação de precedentes. No caso Antônio Torini, a parte autora demonstra, a partir de diversos precedentes, como é possível cumular o dano moral com o reconhecimento da anistia na via administrativa, já que a pretensão tem natureza imprescritível (BRASIL. Tribunal Regional Federal da Terceira Região. (6. Turma). *Apelação Cível 5000493-21.2020.4.03.6126*. Acórdão. Relator: Des. Fed. Johonsom Di Salvo, 05.03.2021. São Paulo, 2021). Tais precedentes foram ignorados pela 6ª Turma do TRF da 3ª Região. No caso da celebração do golpe militar ocorrido em 2019, a sentença, proferida por juiz federal diferente da magistrada que deferiu o pedido liminar, julgou improcedente o pedido seguindo a mesma fundamentação lançada no agravo de instrumento, desenvolvendo fundamentação que não ultrapassa uma página (BRASIL. Tribunal Regional Federal da Primeira Região. Seção Judiciária do Distrito Federal. (6. Vara Federal Cível). *Ação Civil Pública n. 1007756-96.2019.4.01.3400*. Celebração do golpe de Estado de 1964. Brasília, 2019, pp. 4/5). Tal sentença, além de todos os vícios argumentativos adiante analisados em relação ao agravo, demonstra, ainda, uma incorreta aplicação de precedentes, já que a decisão proferida pelo tribunal em sede de agravo de instrumento não pode ser vista como um precedente obrigatório, uma vez que cabe o juiz, justamente, exercer cognição mais ampla na sentença, precisamente porque os pressupostos da decisão do tribunal em sede de agravo voltam-se para os critérios da relevância e urgência. Além disso, a

Em 2012, o MPF propôs a primeira ação penal contra um agente de repressão atuante no contexto da ditadura militar,

---

sentença sequer se constrange com o fato de não se reportar a uma decisão proferida pelo plenário ou pelo órgão especial do Tribunal Regional Federal, sendo que, nos termos do art. 927, V do Código de Processo Civil (CPC), este sim é um precedente obrigatório. Para o Juiz Federal, bastou citar uma decisão monocrática liminar para que fosse suficiente jugar improcedente o pedido de mérito. Da forma como lançada tal fundamentação, não é exagerado afirmar que não houve um julgamento independente, mas sim uma postura judicial que beira a pusilanimidade, sendo tal conduta incompatível com as garantias que a Magistratura ostenta na Constituição. Em outras palavras: o temor reverencial ao Tribunal verificado no caso não é uma conduta judicial adequada em termos de independência, imparcialidade, inamovibilidade e irredutibilidade de subsídios. Ainda, no caso Riocentro, o STJ utilizou precedentes do STF para afastar a possibilidade de crimes contra a humanidade serem reconhecidos com base apenas em normas de direito internacional, sustentando haver necessidade de leis internas sobre o tema. A tese vencedora no caso sustentou que: a) haveria necessidade de analisar a ocorrência de coisa julgada, tendo em vista que o STM já havia declarado extinta a punibilidade dos agentes, recorrendo ao entendimento firmado em precedentes do STF acerca da admissão da configuração da coisa julgada mesmo quando há vício de competência no órgão prolator da decisão (HC 83346); b) deveria haver aplicação da lei da anistia através da emenda constitucional n. 26/85, recorrendo-se aqui à classificação da tal lei como "lei-medida", efetivada pelo STF a partir do voto do Ministro Eros Grau; c) haveria necessidade de compatibilizar as decisões da Corte IDH com a Constituição, tratando-se de uma questão de soberania nacional; d) haveria ausência de tipificação, por lei formal no Brasil, de delitos contra a humanidade, utilizando-se, novamente, precedentes do STF que apontam para a impossibilidade de se adotar a estratégia de tipificação mediante norma internacional, já que essa violaria a legalidade penal (caso do crime de organização criminosa antecedente ao de lavagem de dinheiro antecedente ao de lavagem – HC 96007) (BRASIL. Tribunal Regional Federal da Primeira Região. Seção Judiciária do Distrito Federal. (6. Vara Federal Cível). *Ação Civil Pública n. 1007756-96.2019.4.01.3400.* Celebração do golpe de Estado de 1964. Brasília, 2019, p. 39). No entanto, ocorre que, no caso dos crimes contra a humanidade, não se trata de criar uma tipificação autônoma, como foi exigido quanto ao delito de organização criminosa como antecedente à lavagem, mas de meramente atribuir relevante qualificação jurídica a crimes já tipificados, como o homicídio ou sequestro. Além disso, nos precedentes citados para afastar a caracterização de crimes contra a humanidade, não estava em jogo o regime democrático em si, circunstância suficiente para gerar uma distinção relevante entre os casos em que foram indevidamente aplicados.

imputando ao então Major do Exército Sebastião Rodrigues de Moura, o "Curió", o delito de sequestro qualificado por maus tratos, nos termos do art. 148, parágrafo 2º do Código Penal.[327] Na decisão que rejeitou a denúncia, a influência da decisão proferida pelo STF na ADPF 153 é logo observada, ante a citação de trecho do voto do Ministro Eros Grau que contém o multicitado parecer de Sepúlveda Pertence, quando Conselheiro da OAB.[328] Assim, pode-se dizer que a rejeição da denúncia se baseou na argumentação de aplicabilidade da Lei de Anistia ao caso e na impossibilidade de se obedecer à sentença proferida no caso Gomes Lund, ante o caráter de "lei-medida" da lei brasileira, que não admite retroação de tal decisão internacional.[329] Todos os casos de rejeição de denúncia elencados anteriormente apresentam argumentação semelhante.

Tal decisão demonstra uma falta de compreensão acerca do papel das cortes internacionais, eis que as razões do precedente gerado pela Corte IDH não foram discutidas com um cuidado equivalente ao verificado no exame das razões do voto do Ministro Eros Grau na ADPF 153. Essa era a postura judicial minimamente esperada, mas o magistrado limitou-se a mencionar o precedente internacional e interpretá-lo com base na decisão do STF. Questões, por exemplo, voltadas para a necessidade de obediência das

---

327 BRASIL. Ministério Público Federal. Procuradoria da República no Município de Marabá. *Procedimento investigatório criminal n. 1.23.001.000180/2009-14*. Denúncia em face de Sebastião Curió Rodrigues de Moura. Marabá: PRM-MARABA, 23 fev. 2012, pp. 1-27. Disponível em: https://justicadetransicao.mpf.mp.br/documentos-1/ACRIM_1_Curio_Maraba.pdf. Acessado em: 31.08.2023.

328 BRASIL. Tribunal Regional Federal da Primeira Região. Seção Judiciária do Pará. Subseção Judiciária de Marabá. (2. Vara Federal Cível e Criminal). *Ação penal 0001162-79.2012.4.01.3901*. Sequestro qualificado praticado por Sebastião Rodrigues de Moura, "Major Curió". Marabá, 2012, p. 1.

329 BRASIL. Tribunal Regional Federal da Primeira Região. Seção Judiciária do Pará. Subseção Judiciária de Marabá. (2. Vara Federal Cível e Criminal). *Ação penal 0001162-79.2012.4.01.3901*. Sequestro qualificado praticado por Sebastião Rodrigues de Moura, "Major Curió". Marabá, 2012, pp. 2-6.

decisões da Corte IDH, tendo em vista o fato de o Brasil integrar seu sistema protetivo, não foram sequer aventadas.

Posteriormente, tal decisão foi reconsiderada por outro julgador, tendo-se promovido o recebimento da denúncia. Em face dela, a defesa do réu impetrou *habeas corpus*, no qual foi concedida medida liminar para suspender a tramitação da ação, com base: a) em citação da ementa da ADPF 153; b) na circunstância de que a sentença proferida no caso Gomes Lund não afetaria o direito de punir do Estado; c) na ocorrência de prescrição.[330]

Além do equívoco em considerar uma ementa como precedente, que já demonstrado pela doutrina nacional,[331] essa decisão, novamente, demonstrou uma recusa do Poder Judiciário em exercer controle de convencionalidade quanto à ADPF 153 e, ainda, mostrou-se contraditória ao afirmar que a determinação da Corte IDH para que se houvesse investigação dos fatos não afetaria o dever de punir do Estado nem a decisão do STF. Além de ser contraditória, a decisão manifesta desconhecimento acerca do que foi decidido pela Corte IDH, pois supõe que a decisão no caso Gomes Lund limitou o alcance dos deveres de busca pela verdade e respeito à memória à realização de pesquisas históricas sobre o tema da ditadura militar, ignorando que o precedente internacional determinou, expressamente, a necessidade de persecução penal dos delitos praticados.

Em outra rejeição baseada na ADPF 153, o julgador sustentou que o Ministro Eros Grau "analisou cuidadosamente o ambiente político da época".[332] Tal afirmação é feita, no entanto, sem que o juiz

---

330 BRASIL. Tribunal Regional Federal da Primeira Região. Seção Judiciária do Pará. Subseção Judiciária de Marabá. (2. Vara Federal Cível e Criminal). *Ação penal 0001162-79.2012.4.01.3901*. Sequestro qualificado praticado por Sebastião Rodrigues de Moura, "Major Curió". Marabá, 2012, p. 19.

331 LOPES FILHO, Juraci Mourão. *Os precedentes judiciais no constitucionalismo brasileiro contemporâneo*. 2ª ed. Salvador: Jus Podivm, 2016, p. 104.

332 BRASIL. Tribunal Regional Federal da Terceira Região. Seção Judiciária de São Paulo. (10ª Vara Federal). *Ação penal 0004204.32.2012.4.03.6181*.

em questão demonstre o parâmetro utilizado para tal julgamento. Ou seja, não há citação de fonte histórica capaz de comprovar que o magistrado tenha conhecimento acerca da realidade da época que o permita avaliar como correta a caracterização do ambiente político feita pelo Ministro Eros Grau. Novamente, percebe-se a falta de abertura para compreensões diversas acerca da suposta existência do "pacto político" tão propalado pelo STF quando do julgamento da ADPF 153.[333]

Além disso, acerca do controle de convencionalidade,[334] é importante destacar que muitos juízes reconhecem a condenação do Brasil na Corte IDH, no que se refere à postura adotada quanto à anistia, e admitem a falta de pronunciamento sobre o tema pelo STF. Contudo, ainda assim, sentem-se mais propensos a aplicar o precedente da Corte brasileira, amparando-se, por exemplo, na avaliação que os ministros fizeram de precedentes internacionais semelhantes, como o caso Barrios Altos, tidos como diversos do caso brasileiro.[335]

Sequestro praticado por Carlos Alberto Brilhante Ulstra e outros. São Paulo, 2012, p. 6.

333 BRASIL. Supremo Tribunal Federal. (Plenário). *ADPF 153*. Acórdão. Relator: Min. Eros Grau, 06 ago. 2010. Brasília, 2010. Disponível em: https://redir.stf.jus.br/paginadorpub/paginador.jsp?docTP=AC&docID=612960. Acessado em: 31.08.2023.

334 O controle de convencionalidade compreende na utilização das Convenções Internacionais de Direitos Humanos como parâmetro de controle para as normas internas, devendo ostentar, para André de Carvalho Ramos, uma dimensão mais aplicativa, significando que este não se exaure com a mera citação nominal dos tratados, mas sim com o engajamento efetivo, por parte do STF, na aplicação dos precedentes internacionais. (RAMOS, André de Carvalho. "Supremo Tribunal Federal brasileiro e o controle de convencionalidade: levando a sério os tratados de direitos humanos". *Revista da Faculdade de Direito (USP)*, vol. 104, 2009, p. 245) Tal controle pode, ainda, ser exercido por qualquer juiz, membro do Ministério Público ou mesmo pela Administração Pública.

335 BRASIL. Tribunal Regional Federal da Terceira Região. Seção Judiciária de São Paulo. (10ª Vara Federal). *Ação penal 0004204.32.2012.4.03.6181*. Sequestro praticado por Carlos Alberto Brilhante Ulstra e outros. São Paulo, 2012, p. 6.

No caso mais drástico, chega-se a afastar a aplicação do precedente firmado no caso Gomes Lund de modo radical, sustentando-se que: a) tal decisão tem efeito meramente declaratório para o Brasil; b) os fatos da denúncia não foram julgados pela Corte IDH; c) a Corte IDH errou ao admitir sua competência no caso, pois os fatos da Guerrilha do Araguaia são anteriores à adesão do Brasil à Convenção Interamericana de Direitos Humanos. Em tal pronunciamento, chega-se, ainda, a afirmar que a decisão da Corte sobre sua competência corresponde a mero *obter dictum*.[336]

Nesse sentido, deve-se considerar que as práticas de *overruling* (superação) e o *distinguish* (distinção), no âmbito da aplicação dos precedentes, referem-se a posturas de afastamento e não utilização dos entendimentos em casos futuros. A superação do precedente opera no plano da validade e é efetivada pelo mesmo órgão que o estabeleceu, ou seja, exige mudança no discurso de justificação, pois se trata de uma revogação da norma jurisprudencial anteriormente criada. Em decorrência, as razões que justificam a postura de superação devem ser mais robustas que aquelas relacionadas à distinção, pois, nesse segundo tipo de afastamento de precedente, a norma jurisprudencial mantém-se vigente, mas suas consequências não incidem no caso devido à existência de diferença relevante entre eles.[337] Contudo, é perceptível que a decisão ora analisada não se constrange em afastar o precedente internacional simplesmente por entendê-lo equivocado, postura que, na forma como efetivada, equivale à superação de um precedente internacional por juiz federal. O fato de que a mesma postura não seja observada quando da análise da ADPF 153 revela que, na verdade, há um prévio interesse do juízo em não aceitar a punição dos agentes da ditadura.

---

336 BRASIL. Tribunal Regional Federal da Segunda Região. Seção Judiciária do Rio de Janeiro. (2. Vara Federal). *Ação penal 0801434-65.2013.4.02.5101*. Rio de Janeiro, 2013, pp. 28/29.

337 BUSTAMANTE, Thomas. *Teoria do precedente judicial*: a justificação e a aplicação de regras jurisprudenciais. São Paulo: Noeses, 2012, p. 388.

Crítica semelhante à atuação da Corte IDH é efetivada também no âmbito doutrinário. Lauro Joppert Swesson Jr. tece observações sobre o precedente Gomes Lund, a partir das quais sustenta, basicamente, que a Corte Interamericana violou sua própria Convenção ao proferir tal decisão. Conforme o autor: a) nos termos do art. 62, 3, da Convenção Interamericana de Direitos Humanos, a Corte Interamericana não apresenta competência para julgar fotos ocorridos durante a ditadura militar, nem para anular a Lei de Anistia, pois somente em 08.11.2002 o Brasil reconheceu como obrigatória a jurisdição da Corte para fatos posteriores a 10.12.1998, nos termos do Decreto n. 4.463; b) a Corte violou as próprias prescrições da Convenção quando admitiu a imprescritibilidade dos fatos, pois em parte alguma de tal tratado há vedação à anistia ou previsão de invalidação de coisa julgada eventualmente formada no Estado;[338] c) há grave ilegitimidade na tomada de decisão da Corte, de forma a aproximá-la do realismo mais extremado e de um punitivismo quanto aos direitos humanos, o que gera insegurança jurídica; d) em tese, até seria possível admitir soluções criativas da Corte, desde que fosse para ampliar direitos, não para retirá-los no contexto de uma imputação penal.[339]

Ora, o autor ignora que há sim um direito humano a ser preservado a partir da punição dos crimes contra a humanidade: a democracia. Assim, deve-se considerar que, nesses casos, não se está tratando de criminalidade comum, mas sim do delito mais grave que pode ocorrer num sistema jurídico, tamanho o dano causado pelos referidos crimes, eis que está em jogo a própria deterioração democrática. Uma das premissas da presente pesquisa, como dito, é a constatação da degradação da democracia brasileira causada pela

---

338 SWENSSON JUNIOR, Lauro Joppert. *Responsabilidade penal para os crimes da ditadura militar*: a justiça de transição diante da lei. Curitiba: Juruá, 2017, pp. 270-275.

339 SWENSSON JUNIOR, Lauro Joppert. *Responsabilidade penal para os crimes da ditadura militar*: a justiça de transição diante da lei. Curitiba: Juruá, 2017, p. 276.

impossibilidade de se punir agentes da ditadura, como as evidências de homenagens aos torturadores demonstram. Nesse sentido, se Brilhante Ulstra tivesse sido processado e, uma vez comprovada sua culpa, condenado, o custo político da homenagem realizada pelo então Deputado Federal Jair Bolsonaro durante o processo de *impeachment* de Dilma Rousseff, em 2016, seria mais elevado. Isso porque haveria mais base para contestação pública de tal ato, diante da concretização do direito à memória e à verdade propiciado pela produção probatória penal. Nesse sentido, deve-se relembrar que as primeiras denúncias ofertadas contra Brilhante Ulstra datam de 2012. O mesmo pode ser dito em relação à homenagem efetivada, em 2020, pelo agora Presidente Jair Bolsonaro a Sebastião "Curió", o qual também vem sendo denunciado, desde 2012, pelo MPF.

Sob o ponto de vista formal da segurança jurídica, tão cara a Swesson Junior, deve-se reconhecer que o autor entra em contradição no momento em que admite que qualquer juiz no Brasil poderia funcionar como órgão capaz de fazer distinções ao precedente internacional e, ainda, superá-lo. É certo que os julgados internacionais não constam no rol de precedentes obrigatórios no CPC, mas tal omissão legislativa não corresponde à inexistência de dever jurídico de observância. Inclusive, o art. 68 da Convenção Interamericana prescreve que "os Estados Partes na Convenção se comprometem a cumprir a decisão da Corte em todo caso em que forem partes". Como pode haver tal comprometimento se qualquer juiz puder superar o precedente? Trata-se de uma quebra na hierarquização das normas que é frontalmente incompatível com parâmetros positivistas.[340] Nesse cenário, as críticas de Swesson

340 Percebe-se, assim, que o autor faz uma interpretação da decisão da Corte IDH, não somente apontando ilicitudes ínsitas a ela no campo formal, mas também questionando a interpretação que a Corte faz da Convenção Interamericana no que se trata da anistia. É certo que o autor sustenta uma tese que, apesar de positivista, não impede a avaliação crítica das práticas institucionais e do próprio direito positivo (SWENSSON JUNIOR, Lauro Joppert. *Responsabilidade penal para os crimes da ditadura militar*: a justiça

Junior somente poderiam levar a uma superação da decisão brasileira pela própria Corte IDH.

Além disso, é importante a sustentação de André de Carvalho Ramos, no sentido de que o caso Blake, no qual a Corte reconhece a permanência em torno da omissão em não se promover persecução penal de crimes contra a humanidade "foi sentenciado em 24 de janeiro de 1998, quase um ano antes do reconhecimento pelo Brasil da jurisdição da Corte Interamericana de Direitos Humanos".[341] Assim, reconhecendo que os precedentes são fontes do direito, afasta-se, até mesmo, qualquer alegação em termos de surpresa ou ofensa à segurança jurídica a partir de decisões como a efetivada no caso Gomes Lund, pois o Brasil já tinha conhecimento do precedente citado e da possibilidade de ele ser aplicado contra si.

Com o reconhecimento da jurisdição obrigatória da Corte Interamericana de Direitos Humanos pelo Brasil em 1998, a postura de, aparentemente, cumprir as convenções de direitos humanos passa a ser controlada de modo mais efetivo, pois o Estado poderá ser condenado internacionalmente em face da proteção "ilusória" dos direitos humanos.[342] Destaque-se que atos praticados pelo

---

de transição diante da lei. Curitiba: Juruá, 2017, p. 290). No entanto, Swensson Junior incorre em contradição quando adota posição interpretativista em relação à decisão da Corte, avaliando moralmente seu conteúdo. Reitera-se, assim que não se tratou somente de uma crítica formal acerca da ausência de competência da Corte IDH para o caso. O autor foi além para sustentar erro na interpretação dos dispositivos da Convenção no que se trata da anistia, a qual não estaria claramente vedada no tratado.

341 RAMOS, André de Carvalho. "Supremo Tribunal Federal brasileiro e o controle de convencionalidade: levando a sério os tratados de direitos humanos". *Revista da Faculdade de Direito (USP)*, vol. 104, 2009, p. 259.

342 RAMOS, André de Carvalho. "Responsabilidade internacional do Estado por violação de Direitos Humanos". *Revista CEJ*, Brasília, nº 29, abr./jun. 2005, p. 54.

Poder Executivo, Legislativo ou Judiciário podem acarretar responsabilização internacional.[343]

Um outro vício envolvendo argumentação com precedentes foi encontrado no voto vencido proferido pelo Desembargador Federal Cândido Alfredo S. Leal Jr., pois, ao buscar afastar a razão de decidir elencada em outro caso julgado pelo TRF/4ª Região e também voltado para o controle judicial do Relatório Final da CNV, efetivou distinção confessando que não conhecia

> os autos, as alegações e as provas produzidas naquele outro processo do julgado antes referido, porque daquele julgamento não participei, mas me parece que neste processo que movem os familiares do General Leo as questões preliminarmente postas são distintas.[344]

Ora, como se pode fazer um distinção entre precedentes se este não foi analisado detidamente? No ponto, tem-se a admissão de uma tentativa de distinção meramente retórica, compondo fundamentação judicial nula. É possível constatar, novamente, os impactos da ideologia autoritária na argumentação judicial, sendo esta a explicação real para se afastar um precedente sem sequer conhecê-lo.

2.1.2 Não enfrentamento de todas as causas de pedir da parte vencida

Em outro grupo de casos analisados, o ponto que merece atenção diz respeito a uma conduta deliberada de não levar a sério a argumentação elencada na petição inicial, escolhendo-se arbitrariamente

---

343 RAMOS, André de Carvalho. "Responsabilidade internacional do Estado por violação de Direitos Humanos". *Revista CEJ*, Brasília, nº 29, abr./jun. 2005, p. 55.

344 BRASIL. Tribunal Regional Federal da 4ª Região. *Ação ordinária 5028801-04.2015.4.04.7100.* 4ª Turma. 24.06.2020. p. 37.

quais causas de pedir analisar. Essa prática judicial não é novidade, tendo o CPC demonstrado preocupação com tal tipo de postura ao elencá-la como vício capaz de anular a decisão em face de ausência de fundamentação, nos termos do seu art. 489, parágrafo 1º, inciso IV. Contudo, o que se sustenta na presente obra é que, em casos que dizem respeito à ditadura militar e seus legados, tal vício não pode ser considerado como algo de menor importância, pois, em tais circunstâncias, a omissão é voltada, especificamente, a fatos históricos comprovados e que dizem respeito aos crimes contra a humanidade. A escolha judicial de não se manifestar sobre tais fundamentos pode ser lida como um indício de que o fato não interessa ao julgador ou, na hipótese mais extrema, de que ele aceita a legalidade autoritária combatida na ação.

Nesse sentido, nos casos da homenagem a Castelo Branco em prédio público e da mudança no nome da rua Presidente Médici, da avenida Presidente Castelo Branco e da avenida Presidente Costa e Silva, nenhum argumento é desenvolvido sobre os precedentes internacionais elencados pelo MPF como causas de pedir. Cumpre salientar, quanto ao primeiro episódio, que foi especificamente mencionada pelo *Parquet* a condenação das Forças Armadas à promoção de educação em direitos humanos e que o prédio em questão é gerido, precisamente, pelas forças militares.[345]

---

345 "3. Garantias de não repetição i. Educação em direitos humanos nas Forças Armadas 281. A Comissão solicitou à Corte que ordene ao Estado a implementação, em um prazo razoável, de programas de educação em direitos humanos permanentes dentro das Forças Armadas, em todos os níveis hierárquicos, os quais devem incluir o presente caso e os instrumentos regionais e internacionais de direitos humanos, especificamente os relacionados com o desaparecimento forçado de pessoas e a tortura. 282. O Estado declarou que, em decorrência da adesão a convenções das Nações Unidas, começou a investir em educação em direitos humanos para as Forças Armadas. A "Estratégia Nacional de Defesa" prevê expressamente que as instituições de ensino das três Forças Armadas ampliem as matérias de formação militar com assuntos relativos a noções de Direito Constitucional e Direitos Humanos. Desse modo, a Academia da Força Aérea ministra a matéria "Direito Geral", que aborda questões de direitos humanos, na parte relativa

No caso da captura da Comissão de Anistia, as causas de pedir elencadas pelo MPF incluíam o desvio de finalidade evidenciado pela incompatibilidade do perfil de indicados e as finalidades do órgão no contexto da Justiça de Transição. Esses pontos foram ignorados nos pronunciamentos judiciais. Na fundamentação apresentada, tem-se que o juízo não desenvolveu nenhum argumento contra a relativização de fatos históricos comprovados, mesmo diante das provas trazidas pelo MPF.[346] Agindo assim, o magistrado supôs que

---

ao exame dos dispositivos constitucionais referentes aos direitos e garantias fundamentais. No Exército, a Cátedra de "Direito" contempla assuntos de Direito Constitucional e Direitos Humanos, inclusive Direito Internacional Humanitário. Na Marinha, o conteúdo relativo aos direitos humanos é tratado na matéria "Direito Constitucional", especificamente no estudo dos "direitos e garantias fundamentais do homem", tema que também é abordado de maneira ampla na matéria "Direito Internacional Humanitário". 283. A Corte considera de maneira positiva a informação do Brasil sobre os programas de capacitação das Forças Armadas. Este Tribunal julga importante fortalecer as capacidades institucionais do Estado, mediante a capacitação de integrantes das Forças Armadas sobre os princípios e normas de proteção dos direitos humanos e os limites a que devem ser submetidos. Para essa finalidade, o Estado deve dar prosseguimento às ações desenvolvidas e implementar, em um prazo razoável, um programa ou curso permanente e obrigatório sobre direitos humanos, destinado a todos os níveis hierárquicos das Forças Armadas. Como parte dessa formação, deverá ser incluída a presente Sentença, a jurisprudência da Corte Interamericana a respeito do desaparecimento forçado de pessoas, de outras graves violações aos direitos humanos e à jurisdição penal militar, bem como às obrigações internacionais de direitos humanos do Brasil, derivadas dos tratados nos quais é Parte" (CORTE INTERAMERICANA DE DIREITOS HUMANOS (CORTE IDH). *Caso Gomes Lund e outros ("Guerrilha do Araguaia") Vs. Brasil.* Sentença de 24 de novembro de 2010. Presidente: Diego García-Sayán. San José, Costa Rica, 24 nov. 2010, pp. 102/103. Disponível em: https://www.corteidh.or.cr/docs/casos/articulos/seriec_219_por.pdf. Acessado em: 31.08.2023).

BRASIL. Tribunal Regional Federal da Primeira Região. Seção Judiciária de Minas Gerais. (15. Vara Federal). *Ação Civil Pública 1000944-36.2018.4.01.3800.* Mudança no nome da rua Presidente Médici e das avenidas Presidente Castelo Branco e Presidente Costa e Silva, situadas no Parque de Material Aeronáutico de Lagoa Santa. Belo Horizonte, 2018.

346 Segundo narra o MPF: "No documentário 'Uma história inacabada', da jornalista Miriam Leitão, do ano de 2012, identificou-se declarações do General

a causa de pedir limitava-se a questionar, genericamente, qualquer indicação de militares para a Comissão, quando, para além disso, o MPF apontava que os indivíduos especificamente indicados haviam praticado atos de negacionismo das práticas da ditadura militar.

A decisão também evidencia desconhecimento acerca das finalidades da Comissão de Anistia. Nesse sentido, no argumento final do pronunciamento, descreve-se o papel de tal órgão como limitado a aspectos indenizatórios.[347] Na verdade, como o MPF demonstra na inicial, trata-se de órgão de Estado capaz de promover reparação integral aos anistiados, inclusive com ações voltadas para a proteção da memória e a busca pela verdade.

Luiz Eduardo contra a instauração da Comissão Nacional da Verdade, na contramão dos compromissos constitucionais e internacionais de prestação de contas sobre as violações de direitos humanos praticadas pelo Estado: (...) eu sou contra a Comissão Nacional da Verdade (agora não adianta ser contra, ela vai existir), mas eu sou contra no momento em que ela pretende apurar a memória histórica do país e eu acho que isso é trabalho para pesquisadores e historiadores não para uma Comissão que eu vejo como uma comissão chapa branca. Ela também busca a reconciliação nacional depois de 30 anos quando não há mais cisão nenhuma que tenha ficado do regime militar, in- clusive porque as forças armadas são instituições da mais alta credibilidade no país. O novo membro relativiza as violações de Estado praticadas durante a ditadura e contesta a legitimidade das resistências políticas mediante os seguintes comentários: Eu não vi tortura dentro do Exército. (...) Aos 39:41 minutos, o declarante põe em dúvida as circunstâncias do assassinato de Rubens Paiva por responsabilidade dos agentes da ditadura. Importante notar que a responsabilidade do Estado pelas circunstâncias de tortura, assassinato e desaparição forçada do deputado federal Rubens Paiva foi reconhecida já em inquérito de 1985 e em atestado de óbito emitido pela Comissão Especial de Mortos e Desaparecidos (Relatório Direito à Memória e à Verdade, 2007, p. 143). (...) Sobre as torturas as quais foi submetida a ex-Presidente da República Dilma Roussef, finaliza pondo em dúvida o sucedido (45:25): 'Isso ela diz que foi submetida à tortura, a senhora tem certeza?' (BRASIL. Tribunal Regional Federal da Primeira Região. Seção Judiciária do Distrito Federal. (1. Vara Federal). *Ação civil pública 1011312-09.2019.4.01.3400*. Brasília, 2019, pp. 4/5 da inicial).

347 BRASIL. Tribunal Regional Federal da Primeira Região. Seção Judiciária do Distrito Federal. (1. Vara Federal). *Ação civil pública 1011312-09 2019.4.01.3400*. Brasília, 2019.

Em relação ao caso Costa e Silva na UFERSA, relembre-se de que a respectiva homenagem fora justificada a partir de suposto resgate histórico de tal figura, presente em ato de inauguração da instituição, fazendo com que o juiz federal que atuou no caso qualificasse tal ditador como um mero "personagem controverso", como visto no capítulo anterior. A presença na inauguração, no entanto, não é suficiente para gerar dúvida acerca da responsabilidade pelas graves violações de direitos humanos praticadas, já que não guarda qualquer pertinência com ele.[348]

Certamente, é bastante possível que um magistrado, por diversas razoes, não tenha conhecimento sobre história do direito. Quando tal autoridade, no entanto, ignora causas de pedir relacionadas às características do regime militar e do próprio AI-5 editado por Costa e Silva, tem-se uma postura que demonstra algum nível de aceitação do passado autoritário na medida em que não se tem uma ativa contraposição aos legados do período de exceção. Além disso, o que se tem nessa argumentação histórica, na verdade, é uma tentativa de utilizar um falso argumento para ocultar a busca por intimidação em torno da aposição do quadro em questão. Diz isso porque a criação de tal instituição decorreu muito mais de contingências locais, a partir da atuação efetiva de lideranças da cidade de Mossoró, como o prefeito Raimundo Soares

348 Analisando tal justificativa, Ulisses Reis e Maria Teodora também efetuam crítica, pontuando o desvirtuamento do direito à memória e à verdade: "Um dos desafios encontrados pela Justiça Transicional é a luta por proporcionar o Direito à memória e à verdade das vítimas e não daqueles que cometeram e lideraram graves violações de direitos humanos. A insistência em evitar a retirada e a própria tentativa de legitimar a homenagem mostram que ainda há um longo caminho nessa luta, pois o fim do regime militar não significou a extinção dos desígnios autoritários que ainda pairam na sociedade brasileira". (AMARAL, Maria Teodora Rocha Maia; REIS, Ulisses Levy Silvério. "Construindo a Justiça de Transição nas Instituições Públicas: apontamentos sobre a experiência da Universidade Federal Rural do Semiárido". *In*: BIELSCHOWSKY, Raoni Macedo; CASTRO, Felipe Araújo; SANTOS, Maria Clara (Coord.). *Crises da Democracia*: fissuras, impasses e perspectivas. 1ª ed. Mossoró: EdUFERSA, 2021, p. 170).

de Souza ou o mossoroense Dix-huit Rosado Maia, Presidente do então Instituto Nacional do Desenvolvimento Agrário – INDA, do que de suposto papel ativo do referido ditador militar. Isso fica claro quando se analisa a história da Universidade a partir das informações constantes no próprio sítio eletrônico da instituição, havendo uma única menção a Costa e Silva quando da inauguração do prédio.[349] Não há, assim, qualquer evidência histórica em torno de um interesse direto de Costa e Silva na universidade.

---

349 Eis o texto: "Há exatos 50 anos, no dia 18 de abril de 1967, a Prefeitura Municipal de Mossoró publicara o Decreto de número 003/67 assinado pelo então chefe do executivo, o prefeito Raimundo Soares de Souza, criando a Escola Superior de Agricultura de Mossoró – ESAM. O ato é resultado de uma parceria com o Instituto Nacional do Desenvolvimento Agrário – INDA, à época, presidido pelo mossoroense Dix-huit Rosado Maia, que assegurou a totalidade dos recursos necessários.

O sonho de ver uma escola superior em Mossoró, no entanto, é ainda mais antigo. Em um discurso pronunciado durante a transformação da ESAM em Universidade Federal Rural do Semi-Árido, em agosto de 2005, o agrônomo Jerônimo Vingt-un Rosado, relembra que tudo começou quando nos anos de 1860/70 chegou a Mossoró o industrial suíço Johan Ulrich Graff encabeçando a luta por uma estrada de ferro ligando o litoral do Rio Grande do Norte ao rio São Francisco.

Em um texto publicado em 1876, o visionário defende a importância da obra para o desenvolvimento do Estado e, já naquela ocasião, prospecta a criação de uma escola de agricultura na cidade. A semente plantada por Ulrich Graff germinou em Vingt-un Rosado Maia, que articulou a criação da Instituição.

Criada oficialmente em abril de 1967, a ESAM foi inaugurada no dia 22 de dezembro do mesmo ano. Dois anos depois passa a incorporar a Rede Federal de Ensino Superior na condição de autarquia em regime especial. O curso de Agronomia foi o primeiro autorizado a funcionar, com o primeiro vestibular sendo realizado em 1968 e, em seguida, Medicina veterinária, criado em 1994.

Trinta e oito anos depois, em agosto de 2005, a ESAM é transformada em Universidade Federal Rural do Semi-Árido e, hoje, se consolida como uma das mais importantes instituições de ensino superior do Brasil. São 40 cursos de graduação distribuídos por 4 campi em diferentes cidades, sendo 21 deles em Mossoró, que continua sediando o centro administrativo da Universidade, e ainda 5 cursos em Angicos, 7 em Caraúbas e 7 em Pau dos Ferros". (BRASIL. *Decreto de criação da ESAM completa 50 anos.* Disponível em: https://assecom.ufersa.edu.br/2017/04/18/

Por fim, no caso da celebração do golpe militar em 2019,[350] o juiz federal responsável proferiu decisão minimalista, na medida em que simplesmente repetiu uma decisão monocrática do TRF da 1ª Região. Ao assim fazer, o magistrado incorreu nas mesmas omissões que haviam sido cometidas por essa, que não se manifestou sobre as graves violações de direitos humanos ocorridas na ditadura.[351]

2.1.3 Rigor excessivo na avaliação da prova e deslegitimação

Através desta estratégia, tem-se a adoção de exigentes padrões probatórios pelos juízes, prejudicando as partes que lutam

---

decreto-de-criacao-da-esam-completa-50-anos/. Publicado em: 18 de abril de 2017. Acessado em: 31.08.2023).

350 A causa de pedir da ação compreendia: a) a necessidade de se impedir tais comemorações como forma de proteger os recursos públicos, os quais não podem ter aplicação desvirtuada do regime democrático; b) a narração inicial dos atos de tortura praticados pelo regime militar, com depoimentos também de casos de violência sexual; c) repercussão nacional e internacional da determinação do Presidente da República; d) violação ao princípio da legalidade da Administração Pública, que não observou que a instituição de datas comemorativas deve observar a Lei n. 12.345/2010; e) violação à moralidade administrativa, na medida em que a comemoração proposta atingiria a memória de todos aqueles atacados pelo regime militar, normalizando um golpe de Estado; f) aplicação de precedentes internacionais, como o caso Gomes Lund, transcrevendo-se o trecho no qual a Corte IDH condenou o Brasil em obrigações de fazer referentes à garantia de não repetição do estado de exceção a partir, por exemplo, da instituição de educação para a democracia e para os direitos humanos no âmbito das Forças Armadas; g) ainda no plano internacional, a necessidade de respeito ao direito à democracia, nos termos do art. 21, item 3 da Declaração Universal dos Direitos Humanos (BRASIL. Tribunal Regional Federal da Primeira Região. Seção Judiciária do Distrito Federal. (6. Vara Federal Cível). *Ação Civil Pública n. 1007756-96.2019.4.01.3400*. Celebração do golpe de Estado de 1964. Brasília, 2019).

351 BRASIL. Tribunal Regional Federal da Primeira Região. Seção Judiciária do Distrito Federal. (6. Vara Federal Cível). *Ação Civil Pública n. 1007756-96.2019.4.01.3400*. Celebração do golpe de Estado de 1964. Brasília, 2019.

contra alguns dos legados autoritários, seja no âmbito penal ou civil. Tal conduta judicial pode desenvolver-se a partir da busca pela deslegitimação das provas presentes nos autos ou, até mesmo, induzindo o leitor ao erro a partir da argumentação e da forma como apresenta certas expressões, destacadas para aparentar um cenário o qual, na verdade, não corresponde à realidade. Além disso, há casos em que determinados fatos são tidos como introversos pelos juízes sem que haja, no entanto, qualquer indicação de fonte apta a comprovar a argumentação empírica delineada.

No caso Etienne Romeu, a decisão que rejeitou a denúncia, para além de aplicar a legalidade autoritária do regime militar, como será adiante analisado, desconsiderou as provas das torturas sofridas, limitando-se a lançar dúvidas sobre a confiabilidade do depoimento da vítima. Tal decisão, ao negar valor probatório ao depoimento de Etienne Romeu, bem como ao destacar que a vítima havia sido condenada pela Justiça Militar da época, promoveu sua revitimização. Na medida em que desconsidera a importância do depoimento da vítima, essencial em casos envolvendo violência sexual diante da dificuldade em se obter material probatório por outras fontes, a decisão judicial em comento se releva colaborativa com legados autoritários, pois denota-se uma intenção de, logo no momento do recebimento da denúncia, desqualificar os depoimentos da vítima por meio de referência a uma condenação efetivada com base na lei de segurança nacional em pleno período de exceção.

Não se trata de admitir como verdadeiras, necessária e absolutamente, as alegações das vítimas, mas reconhecer que há uma presunção de violência por parte do regime ditatorial militar, advindo daí padrões probatórios mais realistas. Nessa linha, deve-se destacar que, a partir do Relatório Final da Comissão Nacional da Verdade, treinamento oferecido na Escola Nacional de Informações do SNI sobre "Cobertura de ponto e neutralização de aparelhos", havia a previsão de que os interrogatórios poderiam ser "graduados em intensidade", admitindo-se, assim, a realização de torturas.[352] Não é desarrazoado, assim, conferir um peso mais elevado ao depoimento das vítimas, diante da análise sistemática em torno das comprovadas violações de direitos humanos ocorridas nos porões da ditadura.

No caso Antonio Torini, a estratégia para negar a tortura ocorrida foi semelhante à verificada no caso de Etienne Romeu. Ao exigir um tipo de prova impossível de ser produzida pela vítima, os juízes desconsideram, deliberadamente, o cenário de ataque sistemático e generalizado que existia na época da ditadura. Ademais, ignoraram que está historicamente provado que a tortura era sim um método de atuação desse regime, ainda mais em casos envolvendo militantes ligados ao operariado. Tais fatos foram indicados pelo relatório da CNV, entre outras fontes.[353] Tratando-se de um caso cível, era justificável considerar tais indícios para constatar que seria altamente provável que Antonio Torini houvesse sido torturado. Assim, o que deve se destacar nesses casos é o rigoroso padrão probatório exigido pelos juízes às vítimas da ditadura, bem como utilização de uma argumentação que lança dúvidas sobre seus relatos e certezas sobre a adequação dos procedimentos judiciais desenvolvidos na ditadura militar.

O MPF e Defensoria Pública da União (DPU) interpuseram embargos de declaração a essa decisão, solicitando que fosse autorizada sua intervenção em vista da proteção ao regime democrático envolvida no caso e demonstrando contradições no acórdão.

---

352 BRASIL. Tribunal Regional Federal da Segunda Região. Seção Judiciária do Rio de Janeiro. (4. Vara Federal Criminal). *Ação penal 0023005-91.2014.4.025101*. Julgador: Margareth De Cássia Thomaz. Rio de Janeiro, 2014, p. 210.

353 BRASIL. Comissão Nacional da Verdade. *Relatório*. Brasília, DF: CNV, 2014, p. 343. (Relatório da Comissão Nacional da Verdade; vol. 1). Disponível em: http://cnv.memoriasreveladas.gov.br/images/pdf/relatorio/volume_1_digital.pdf. Acessado em: 31.08.2023.

Essas estariam relacionadas ao indevido conhecimento da remessa necessária, à revitimização e à valoração equivocada de provas.[354]

Nos embargos interpostos pelo MPF,[355] a revitimização foi explorada como circunstância decorrente da aplicação da legalidade autoritária do regime militar para promover um novo julgamento da vítima, baseado em suposto estudo efetivado pela Fundação Getúlio Vargas (FGV). Diz-se suposto porque, como percebido pelo MPF, não consta qualquer indicação da respectiva fonte nas notas de rodapé do acórdão.[356] Assim, os desembargadores imputaram fatos criminosos à vítima sem oferecer-lhe qualquer possibilidade

354 BRASIL. Tribunal Regional Federal da Terceira Região. (6. Turma). *Apelação Cível 5000493-21.2020.4.03.6126*. Acórdão. Relator: Des. Fed. Johonsom Di Salvo, 05.03.2021. São Paulo, 2021, pp. 1-49.

355 BRASIL. Tribunal Regional Federal da Terceira Região. (6. Turma). *Apelação Cível 5000493-21.2020.4.03.6126*. Acórdão. Relator: Des. Fed. Johonsom Di Salvo, 05.03.2021. São Paulo, 2021.

356 Com base no suposto estudo, o acórdão sugere que a vítima integraria o Movimento pela Emancipação do Proletariado (MEP), "Organização política revolucionária, de âmbito nacional, que começou a se estruturar na clandestinidade em 1972 na luta contra o regime militar e pela criação das condições subjetivas para a revolução socialista. No final dos anos 1970 e início da década seguinte participou ativamente na construção do Partido dos Trabalhadores (PT), vindo a se unificar, em 1985, à Ala Vermelha, constituindo uma das tendências do partido. (...) Participaram da organização do movimento, entre outros, Ivan Valente (deputado estadual pelo PT paulista entre 1987 e 1995 e deputado federal entre 1995 e 1999), Nílson Benoni, Luís Felipe Falcão, Jorge Hue, Sidnei Lianza, Franklin Coelho, André Papi, Luís Sérgio Gomes da Silva, Luís Arnaldo Dias Campos, Luís Dulci (deputado federal pelo PT mineiro entre 1983 e 1987), Celso Daniel (prefeito de Santo André, pelo PT, entre 1989 e 1992 e pela segunda vez a partir de 1997, e deputado federal pelo PT paulista de 1995 a 1996), Edmílson Rodrigues (deputado estadual pelo PT paraense e prefeito de Belém desde 1997), Jorge Paz, Regina Carvalho, Paulo Frateschi (ex-deputado estadual em São Paulo pelo PT), Gumercindo Milhomen Neto (deputado federal pelo PT paulista entre 1987 e 1991 e constituinte em 1987-1988), Paulo Rubens (deputado estadual pelo PT pernambucano) e Fernanda Carísio (Presidente do Sindicato dos Bancários do Estado do Rio de Janeiro)" (BRASIL. Tribunal Regional Federal da Terceira Região. (6. Turma). *Apelação Cível 5000493-21.2020.4.03.6126*. Acórdão. Relator: Des. Fed. Johonsom Di Salvo, 05.03.2021. São Paulo,

de contraditório. Além disso, o desenvolvimento de uma postura judicial ativa em busca de evidências, quando somado aos demais vícios processuais elencados, lança fundadas dúvidas sobre a imparcialidade do órgão julgador.

Ao reproduzir o suposto estudo da FGV, o Relator usa destaque em negrito para ressaltar passagens tidas como relevantes e determinantes para o julgamento. Isso ocorre, por exemplo, no trecho que trata da descrição da suposta luta armada travada pela organização à qual a vítima pertencia, dando a entender que Torini era pessoa perigosa e violenta. A sugestão judicial, no entanto, afigura-se equivocada, pois, como narrado na própria inicial,[357] o delito imputado à vítima perante a Justiça Militar da ditadura foi o de buscar reorganizar partido político já dissolvido ou exercer atividade nociva aos interesses nacionais, nos termos do art. 43 do Decreto Lei n. 898/69.[358] De acordo com trechos do Inquérito

---

2021). A citação encerra-se desse modo, sem a respectiva nota de rodapé e consequente indicação da fonte.

357 "Antonio Torini esteve PRESO, para fins de averiguação, no DOPS, no período de 02.08.72 a 19.09.12, tendo respondido, neste Juízo, ao Processo n. 784/72. Denunciado em 16.11.72 e recebida em 05.12.72, como incurso nas sanções do art. 43, do DL 898/69. Julgado em 26.06.73, tendo sido PERDOADO, por maioria de votos. Apelou o MPM e o STM, em sessão de 27.08.74, reformou a sentença para CONDENÁ-LO à pena de 02 (dois) anos de reclusão, como incurso nas sanções do art. 43, do DL 898/69. Foi PRESO em 09.09.74, quando de sua apresentação, tendo sido encaminhado ao Presídio do Hipódromo. Em 09.09.75, por decisão deste Juízo foi-lhe concedido Livramento Condicional, através do of. n. 1080, foi encaminhado o ALVARÁ DE SOLTURA em 11.09.7" (BRASIL. Tribunal Regional Federal da Terceira Região. (6. Turma). *Apelação Cível 5000493-21.2020.4.03.6126*. Acórdão. Relator: Des. Fed. Johonsom Di Salvo, 05.03.2021. São Paulo, 2021).

358 "Art. 43. Reorganizar ou tentar reorganizar de fato ou de direito, ainda que sob falso nome ou forma simulada, partido político ou associação, dissolvidos por fôrça de disposição legal ou de decisão judicial, ou que exerça atividades prejudiciais ou perigosas à segurança nacional, ou fazê-lo funcionar, nas mesmas condições, quando legalmente suspenso: Pena: reclusão, de 2 a 5 anos" (BRASIL. *Decreto-Lei n. 898*, de 29 de setembro de 1969. Brasília, DF: Presidência da República, 1969. Disponível em: https://www2.camara.leg.

Policial Militar, as condutas desenvolvidas por Antonio Torini foram as seguintes, como citado pelo MPF:

> Desde que ingressou na Volkswagen do Brasil, passou a militar no PCB, colaborando com pequenas quantias em dinheiro, recebendo documentos partidários e fazendo reuniões políticas.
>
> Durante a campanha sindical para a diretoria do Sindicato dos Metalúrgicos de São Bernardo do Campo, por orientação da direção do PCB, disputou uma vaga e, no caso de ter sido eleito, lá deveria seguir a linha política da organização.
>
> Participou de reuniões com elementos da base da Volkswagen, onde eram discutidos problemas do PCB e recebiam aulas da sua "cartilha", que eram ministradas por ANITA LEOCADIA PRESTES, vulgo "Alice".
>
> Substituiu ANNEMARIE BUSCHEL, vulgo "Mariza", no Setor de Finanças da base da Volkswagen.
>
> Esteve presente na reunião realizada no segundo semestre de 1970, na Praia Grande, onde estiveram presentes elementos de sua base, bem como, ANITA LEOCADIA PRESTES, vulgo "Alice" e CARLOS NIEBEL, vulgo "Cid".
>
> No início de seu envolvimento no PCB, em meados de 1969, conheceu JAro RIBEIRO, vulgo "Carlos", (sic) JOSE PANEQUI, vulgo "Oscar", e HILARIO GOLÇALVES PINHA, vulgo "Nilo-Norberto", além de outros não identificados, com quem fez reuniões políticas.[359]

Os "delitos" impressionaram o procurador regional da República Marlon Alberto Weichert, que, nos citados embargos de declaração, destacou que os fatos se referiam, unicamente, à

---

br/legin/fed/declei/1960-1969/decreto-lei-898-29-setembro-1969-377568-publicacaooriginal-1-pe.html. Acessado em: 31.08.2023).

359 BRASIL. Tribunal Regional Federal da Terceira Região. (6. Turma). *Apelação Cível 5000493-21.2020.4.03.6126*. Acórdão. Relator: Des. Fed. Johonsom Di Salvo, 05.03.2021. São Paulo, 2021, p. 35.

participação de Torini em reuniões e à sua realização doações a partido político, de forma que se tratava de um "caso típico de repressão política arbitrária e violadora de direitos fundamentais".[360] A partir de tal falsidade na avaliação da prova, argumentação judicial ecoa o negacionismo do golpe militar na medida em que a "revolução março" seria justificada preventivamente tendo em vista a violência dos grupos de esquerda, tese historicamente não verdadeira, eis que a militância armada somente começou a atuar em 1968,[361] ou seja, após a deposição inconstitucional de João Goulart pelos militares. Logo, pode-se dizer, sem qualquer exagero, que as farsas utilizadas pelo regime militar para ocultar seus delitos, como ocorreu nos casos Rubens Paiva ou Riocentro, continuam presentes em parte do Poder Judiciário, o qual não se constrange em falsear fatos levados a juízo de ofício a partir de imputações imprecisas e destoantes das provas constantes nos autos.

Já no caso da comemoração do golpe militar, a relatora do caso no TRF da 1ª Região suspendeu a decisão liminar, justificando que não haveria violação à legalidade e aos direitos humanos em tal conduta administrativa, já que "houve manifestações similares nas unidades militares nos anos anteriores, sem nenhum reflexo negativo na coletividade".[362] Trata-se de um argumento empírico sem qualquer indicação de fonte de prova apta a comprovar a falta de "reflexo negativo na sociedade" na admissão da comemoração do golpe militar. Por outro lado, as evidências elencadas neste capítulo

---

360 BRASIL. Tribunal Regional Federal da Terceira Região. (6. Turma). *Apelação Cível 5000493-21.2020.4.03.6126*. Acórdão. Relator: Des. Fed. Johonsom Di Salvo, 05.03.2021. São Paulo, 2021, p. 35.

361 ALMADA, Pablo Emanuel Romero. "O negacionismo na oposição de Jair Bolsonaro à Comissão Nacional da Verdade". *Revista Brasileira de Ciências Sociais*, vol. 36, nº 106, 2021, p. 13.

362 BRASIL. Tribunal Regional Federal da Primeira Região. *Agravo de instrumento n. 0000038-80.2019.4.01.0000*. Decisão - 7925889. Julgador em Plantão Judicial: Desembargadora Federal Maria Do Carmo Cardoso, 30 mar. 2019. Disponível em: https://www.conjur.com.br/dl/desembargadora-trf-derruba-proibicao.pdf. Acessado em: 31.08.2023.

e em toda a tese apontam, em sentido contrário, que há um processo de erosão democrática no Brasil que se desenrola, justamente, a partir da admissão de condutas como a impugnada judicialmente.

Sendo assim, é razoável levantar suspeitas sobre o real comprometimento de tal decisão judicial com premissas democráticas. É lícito supor que a magistrada buscou decidir a favor da União como forma de colaboração com o poder do Executivo, e, por isso, não se preocupou oferecer razões que pudessem ser objetivamente controláveis ou abertas à contestação pública racional. Percebe-se, assim, que o órgão julgador não sentiu qualquer constrangimento em proferir uma decisão com fundamentação aleatória.

Ainda nesse contexto, uma prática desenvolvida pelo Desembargador Federal Cândido Alfredo S. Leal Jr merece destaque, quando do julgamento do caso do general Leo Guedes referido no capítulo anterior no contexto da tentativa de censura ao Relatório Final da CNV. Em certa passagem do voto, elenca que os familiares de tal militar buscaram informações perante a CNV acerca das razões para inclusão dele no rol de responsáveis por graves violações de direitos humanos. Em seguida, o Desembargador passa a desqualificar a informação prestada, apontando que ela fora produzida de modo apócrifo, sem a possibilidade de alcançar quem, efetivamente, elaborou o documento e sua efetiva relação com os trabalhos desenvolvidos pela Comissão.[363]

Em outro trecho, dá a entender que a informação prestada se refere "a visitas e saudações que o general Leo Guedes eventualmente tivesse feito durante sua carreira militar, especialmente quando exercendo os três cargos referidos nas quatro linhas do Relatório da CNV",[364] não informando, no entanto, quem eram

---

363 BRASIL. Tribunal Regional Federal da 4ª Região. *Ação ordinária 5028801-04.2015.4.04.7100*. 4ª Turma. 24.06.2020. p. 34.

364 BRASIL. Tribunal Regional Federal da 4ª Região. *Ação ordinária 5028801-04.2015.4.04.7100*. 4ª Turma. 24.06.2020. p. 35.

esses agentes que haviam se encontrado com o mencionado militar. A discrição leva a cabo pelo magistrado, no entanto, não foi efetivada em seguida, quando, transcrevendo trecho da réplica, expressamente assenta:

> *1- A Viúva e os Filhos do saudoso General Leo Guedes Etchegoyen ante a situação esdrúxula de verem seu pai e esposo acusado de crime contra a humanidade por ter ele, no exercício de sua profissão, enquanto secretário de estado, saudado um visitante.*
>
> *2- O fato obrigaria a considerar criminoso quem se solidariza com os ditadores mais cruéis da humanidade: Vejamos alguns atos que os amigos da Comissão Nacional da Verdade fizeram:*
>
> *"O ex-presidente do Brasil, Luiz Inácio Lula da Silva se encontrou ao menos quatro vezes com Muammar Kadhafi".*
>
> *"De origem humilde, Idi Amin foi um ditador mortal e não deixou saudade real entre os ugandenses, pois matou mais de 100.000 pessoas em..."*
>
> *"O ENCONTRO: Lula visita Teodoro Obiang Nguema Mbasogo, presidente de Guiné Equatorial, em 5 de julho de 2010".*
>
> *"Apoio de Lula: Apesar da tradição democrática da diplomacia brasileira, Lula agrada líderes autoritários e menospreza direitos humanos. Tudo em nome de bons negócios".*
>
> *A presidente Dilma Rousseff não esconde seu amor por ditadores que violam direitos humanos e mantêm opositores e jornalistas sob constante perseguição.*
>
> *"7 ditaduras financiadas pelo governo brasileiro nos últimos anos - As ditaduras que o PT apoia são a prova que não gostam de democracia,..."*
>
> *"O anúncio ocorreu semana passada, na Etiópia, durante a visita da presidente Dilma Rousseff, que tirou foto sorridente com os líderes africanos presentes. Com anistia, Brasil beneficia países africanos acusados de corrupção..."*

> *"Ditador do Sudão é rejeitado até no céu. Dilma com o presidente do Gabão, Ali Bongo: anistia de US$ 3, Senado brasileiro quer novas regras...".*[365]

Percebe-se que o general Leo Guedes havia se encontrado com alguma liderança da ditadura militar, cuja citação fora poupada na decisão judicial. Mesmo que se admita que tal encontro seja um mero ato sem maiores consequências, o que é relevante na análise da argumentação judicial é a omissão do magistrado em nomear o referido agente do período de exceção no seu voto, adotando padrão completamente diverso ao, expressamente, elencar os ditadores que visitaram os Presidentes Luiz Inácio Lula da Silva e Dilma Rousseff, triunfando, ao final da transcrição do trecho da defesa, quando escreve "Que mais precisa ser dito além do que foi mostrado pela réplica?"[366] A postura judicial reverbera práticas do bolsonarismo na medida em que vincula relações internacionais do Brasil com ditaduras a uma eventual adesão ideológica às mesmas.

Nesse sentido, falta lastro probatório nas decisões judiciais que: a) presumem de modo absoluto a força de condenação penal efetivada na ditadura militar, deslegitimando depoimento da vítima acerca de tortura; b) supõem a prática de violência por parte de anistiado político, sequer mencionando a evidência para tanto; c) fazem afirmações de fato sem qualquer base empírica para tanto; d) buscam censurar a Comissão Nacional da Verdade adotando padrão para avaliar a prova apresentada pela parte mais receptiva com os interesses da ditadura militar.

Tais práticas judiciais violam o devido processo legal no âmbito probatório, atingindo o dever de motivação da decisão de modo grave na medida em que colaboram, ativamente e de

---

365 BRASIL. Tribunal Regional Federal da 4ª Região. *Ação ordinária 5028801-04.2015.4.04.7100.* 4ª Turma. 24.06.2020. pp. 35/36, destaques no original.

366 BRASIL. Tribunal Regional Federal da 4ª Região. *Ação ordinária 5028801-04.2015.4.04.7100.* 4ª Turma. 24.06.2020. p. 36.

modo engajado, com algum legado da ditadura militar. No caso da tortura, tem-se um cenário ainda mais grave, demonstrando como parcela do Poder Judiciário brasileiro não se preocupa com a proteção do regime democrático e o direito à memória e à verdade típicos da Justiça de Transição.

Na sua última obra, Frederick Schauer sustenta a importância em torno da correta utilização das fontes probatórias para a comprovação de tudo aquilo que seja pertinente para a política ou para o Direito, mesmo reconhecendo que o livro não é, na sua visão, propriamente jurídico.[367] A preocupação política é evidenciada em diversas passagens na qual a falsidade de discursos em torno da pandemia do COVID-19 é destacada a partir, por exemplo, da defesa oficial que se chegou a fazer de remédios como a hidroxicloroquina.[368]

Mas é no cenário da política eleitoral que tal obra ganha uma importância considerável para realidades como a brasileira, levando em conta os diversos momentos em que Schauer, citando expressamente a conduta de Donald Trump, elenca os ataques à eleição perpetrados pelo ex-Presidente, o qual, sem qualquer comprovação, alegou que as eleições americanas de 2020 tinham sido fraudadas, tendo ele, ne verdade, vencido o pleito.[369] A tentativa frustrada de golpe de Estado praticada pelos apoiadores de Donald Trump em 6 de janeiro de 2021 dialoga com a realidade brasileira em torno do avanço da extrema direita, a qual, no Brasil, apresenta continuidades com a política desenvolvida na ditadura militar, eis que o bolsonarismo tem tal regime como modelo de bom governo.[370]

---

367 SCHAUER, Frederick. *The proof*: uses of evidence in law, politics, and everything else. Harvard: University Press, 2022, p. 9.

368 SCHAUER, Frederick. *The proof*: uses of evidence in law, politics, and everything else. Harvard: University Press, 2022, p. 2.

369 SCHAUER, Frederick. *The proof*: uses of evidence in law, politics, and everything else. Harvard: University Press, 2022, pp. 21, 28, 51, 116 e 235.

370 LYNCH, Christian Edward Cyril; CASSIMIRO, Paulo Henrique. *O populismo reacionário*. São Paulo: Contracorrente, 2022, p. 74.

[371] Ocorre que, como Schauer sustenta, as fontes de prova somente interessam para aqueles preocupados com a verdade, não sendo claro que tal virtude interessa a todos, pois tem-se uma espécie de competição entre ela e outras preferências, como afeto, amizade, riqueza ou felicidade e uma série "de outras emoções e condições as quais podem, às vezes, entrar em conflito ou mesmo ser mais importante que a verdade".[372]

A lembrança em torno do afeto e das emoções é importante, dialogando com a tradição não racionalista da política como sustentavam, por exemplo, Carl Schmitt[373] ou Francisco Campos.[374] É a partir da irracionalidade ligada à preferência subjetiva com um líder que se torna possível explicar como juízes federais duvidam dos crimes contra a humanidade praticados na ditadura militar, relativizando fatos históricos comprovados através de diversas evidências, inclusive a partir de precedentes de Cortes Internacionais.

---

371 Pelo menos duas fontes compõem essa apologia ao governo militar. Através da primeira, tem-se uma tentativa de justificação teórica para as graves violações de direitos humanos ocorridas na ditadura militar efetivada em manuscrito anônimo produzido na caserna em 1985, denominado *Orvil: tentativas de tomada do poder,* no qual os crimes contra a humanidade então praticados são negados ou vistos como meros acidentes de percurso, inevitáveis quando se tratava uma guerra contra o inimigo comunista presente no jornalismo, na academia ou na política. (LYNCH, Christian Edward Cyril; CASSIMIRO, Paulo Henrique. *O populismo reacionário*. São Paulo: Contracorrente, 2022, pp. 75/76) A segunda fonte teórica é o livro de memórias de Carlos Alberto Brilhante Ulstra, *A verdade sufocada*, na qual o autor se coloca como um grande heroi nacional e não como um torturador, ressentindo-se de ser assim retratado pelos defensores de direitos humanos, os quais, agora, levariam adiante o comunismo. (LYNCH, Christian Edward Cyril; CASSIMIRO, Paulo Henrique. *O populismo reacionário*. São Paulo: Contracorrente, 2022, p. 76).

372 SCHAUER, Frederick. *The proof*: uses of evidence in law, politics, and everything else. Harvard: University Press, 2022, p. 6.

373 SCHMITT, Carl. *O conceito do político*: teoria do partisan. Trad. Geraldo de Carvalho. Belo Horizonte: Del Rey, 2009.

374 CAMPOS, Francisco. *O estado nacional*. (Coleção Biblioteca Básica Brasileira). Brasília: Senado Federal, Conselho Editorial, 2001.

Nessa perspectiva, é possível perceber como Schauer está preocupado em desenvolver uma tese sobre epistemologia, investigando como é possível conhecer determinado fato, estabelecendo se ele realmente existe na sociedade.[375] Como visto, a comprovação da tortura passa, muitas vezes, por um enfrentamento do julgador contra suas próprias preferências políticas,[376] não conseguindo resistir quando está em jogo aspecto importante do regime democrático. Nesse ponto, não se pode, propriamente, surpreender-se, eis que o papel da ideologia no processo de tomada da decisão judicial já é conhecido a partir, por exemplo, do trabalho de Duncan Kennedy.[377] Frederick Schauer está atento a essa realidade complexa e desafiadora em torno da erosão constitucional, desenvolvendo seu texto a partir da premissa em torno da defesa do regime democrático. Isso é possível perceber, para além dos exemplos em torno do ex-Presidente dos Estados Unidos, a partir da argumentação por ele desencadeada quando está diante de uma possível prova capaz de gerar a responsabilização, mesmo que política, de Donald Trump.

Veja-se, por exemplo, quando Schauer analisa toda a problemática e dificuldade em se admitir um testemunho referido, ou seja, aquela prática na qual uma testemunha afirma que outrem lhe disse algo, o *hearsay*, no original. O autor inicia o ponto a partir das dúvidas levantadas acerca do real conhecido de Melania Trump, esposa de Donald Trump, de outras idiomas, como o francês. A dúvida surgia a partir da fala de diversas pessoas que trabalhavam com Melania, os quais afirmavam que ela falava poucas palavras em outras línguas.[378]

---

375 SCHAUER, Frederick. *The proof*: uses of evidence in law, politics, and everything else. Harvard: University Press, 2022, p. 5.

376 SCHAUER, Frederick. *The proof*: uses of evidence in law, politics, and everything else. Harvard: University Press, 2022, p. 1.

377 KENNEDY, Duncan. *A critique of adjudication*. Harvard: University Press, 1997.

378 SCHAUER, Frederick. *The proof*: uses of evidence in law, politics, and everything else. Harvard: University Press, 2022, p. 87.

Tratava-se, assim, de uma espécie de testemunho referido que poderia ser verdade ou não, mas, acima de tudo, não seria tão importante quanto um outro *hearsay* que apontasse como Donald Trump "deixou claro que não iria ligar para os manifestantes que naquele momento estavam atacando o Capitólio".[379] Em situações como essa, Schauer sustenta que a desqualificação do testemunho referido, pura e simples, é equivocada pois se trata de uma fonte de prova, merecendo assim ser considerada.[380]

O autor está sustentando que vale tudo para condenar Donald Trump pela incitação ao golpe de Estado? Não, ele está fazendo uma análise contextual a qual, não admitindo preliminarmente a deslegitimação de uma evidência, reconhece, a princípio, sua utilidade. E é exatamente o cuidado com o contexto que torna a obra em análise tão importante para o conhecimento do autoritarismo, pois o autor não está fechando os olhos para a realidade em torno do processo de erosão constitucional já comprovadamente levado a cabo, por diversos atos, por lideranças autocratas como Donald Trump e Jair Bolsonaro.

De modo semelhante, não se está sustentando nesta obra a desnecessidade de prova das alegações efetivadas pelas vítimas da ditadura e respectivos familiares, mesmo que desenvolvidas contra os interesses da ditadura militar. O que se buscou desenvolver é que a postura colaborativa do Poder Judiciário com o regime de exceção demonstrada nos casos, caracterizada pela maior receptividade nas teses que interessavam ao regime, não é correta numa realidade constitucional que busca ser democrática. É necessário, assim, inverter essa presunção judicial em prol da democracia, presumindo-se, no âmbito cível, a prática de crimes contra a humanidade, não a inexistência deles.

---

379 SCHAUER, Frederick. *The proof*: uses of evidence in law, politics, and everything else. Harvard: University Press, 2022, p. 86.

380 SCHAUER, Frederick. *The proof*: uses of evidence in law, politics, and everything else. Harvard: University Press, 2022, p. 90.

2.1.4 Negação da urgência e postergação injustificada da análise de tutela antecipada

No caso da homenagem a Sebastião "Curió" por parte do Presidente da República, a decisão monocrática do desembargador do TRF da 3ª Região concedeu liminarmente o direito de resposta pleiteado em apelação. No entanto, em movimento semelhante ao ocorrido no caso da ordem do dia acerca da celebração do golpe militar, o Presidente do STJ, Ministro Humberto Martins, suspendeu tal decisão. Para justificar tal ato, o Ministrou utilizou os seguintes argumentos, organizados em pouco mais de uma página de fundamentação:[381] a) caráter satisfativo da liminar,

---

381 Assim consta da decisão: "Cabe a suspensão de segurança em ações movidas contra o Poder Público se houver manifesto interesse público ou flagrante ilegitimidade e para evitar grave lesão à ordem, à saúde, à segurança ou à economia públicas, não servindo o excepcional instituto como sucedâneo recursal para exame do acerto ou do desacerto da decisão impugnada (art. 4º da Lei n. 8.347 de 1992). Frise-se que a lesão ao bem jurídico deve ser grave e iminente, sendo ônus do requerente demonstrar, de modo cabal e preciso, tal aspecto da medida impugnada (STF, SS n. 1.185/PA, relator Ministro Celso de Mello, DJ de 4/8/1998; STJ, AgRg na SLS n. 845/PE, relator Ministro Humberto Gomes de Barros, DJe de 23/6/2008). No caso, a grave lesão à ordem público-administrativa ficou plenamente configurada, porquanto a decisão impugnada, proferida de forma monocrática e a título de antecipação de tutela, na prática, exclui a possibilidade de defesa da União ao determinar providência satisfativa, que por si só já esgota de maneira definitiva e irreversível a pretensão dos autores sem que antes tenha havido um processo contraditório submetido aos ditames da ampla defesa e do devido processo legal. Vale destacar que não se deve analisar o mérito da discussão na via excepcional da suspensão de liminar e de sentença. A legalidade ou verdade da publicação feita pela SECOM será objeto de análise e julgamento no momento oportuno. Nesta via estreita da suspensão de liminar e de sentença, deve-se apenas verificar se a decisão impugnada tem o potencial de causar o grave risco de lesão à ordem público-administrativa e, no caso, é evidente a satisfatividade da decisão (com a publicação do texto de direito de resposta nos exatos termos em que determinado), na medida em que tal providência significa impor à União a condenação pretendida e de forma definitiva, pois, depois de publicado o texto pretendido, não será possível voltar à situação anterior. E mais. A providência satisfativa tem por pressuposto a ilegalidade do ato administrativo sem que se tenha possibilitado sequer a defesa da União,

impossibilitando o direito de defesa da União; b) suposta impossibilidade de se retornar ao estado anterior, caso improcedente o pedido recursal; c) inexistência de urgência ou de perigo de demora, pois os autores poderiam esperar até o final do processo para efetivar seu eventual direito de resposta.[382]

A decisão desconsidera completamente o caráter urgente de uma reparação relacionada a fatos históricos que ocorreram há mais de 40 anos. Negar urgência numa situação dessas, sustentando que os familiares das vítimas poderiam esperar um pouco mais, como se já não houvessem sofrido o bastante com a demora, equivale a fazer com que esses revivam as atrocidades do regime militar. A presente sustentação não é exagerada, podendo se considerar que houve, no mínimo, falta de exercício da virtude da empatia[383] por parte do referido Ministro. Nesse sentido, o caráter satisfativo da decisão restaria plenamente justificado diante dos bens jurídicos em

---

violando, portanto, a presunção de legitimidade dos atos da administração pública. Vale destacar ainda que há proibição legal à concessão de antecipação de tutela de cunho irreversível, dada a natureza provisória da medida (art. 273, § 2º, do CPC). Por outro lado, não existe periculum in mora reverso, uma vez que a pretensão dos autores não sofre risco de perecimento caso seja acolhida depois de instaurado o devido processo legal, sob a égide da ampla defesa e do contraditório. Assim, entendo demonstrados os elementos concretos para a comprovação da ofensa aos bens tutelados pela legislação de regência. Ante o exposto, defiro o pedido para suspender os efeitos da decisão proferida na Apelação Cível n. 5010000-84.2020, em trâmite no Tribunal Regional Federal da 3ª Região, até o trânsito em julgado da decisão de mérito na ação popular referida" (BRASIL. Supremo Tribunal Federal. (Segunda Turma). *HC 164493*. Acórdão. Relator: Min. Edson Fachin, 04 jun. 2021. Brasília, 2021. Disponível em: https://redir.stf.jus.br/paginadorpub/paginador.jsp?docTP=TP&docID=756048250. Acessado em: 31.08.2023).

382 BRASIL. Supremo Tribunal Federal. (Segunda Turma). *HC 164493*. Acórdão. Relator: Min. Edson Fachin, 04 jun. 2021. Brasília, 2021. Disponível em: https://redir.stf.jus.br/paginadorpub/paginador.jsp?docTP=TP&docID=756048250. Acessado em: 31.08.2023.

383 MENDES, Conrado Hübner. *Constitutional courts and deliberative democracy*. Oxford: Oxford University Press. 2013, p. 17.

jogo, quando se constata que os próprios pré-comprometimentos em torno do regime democrático estão em questão no caso.

Assim, deve-se realçar que, para parcela do Poder Judiciário, a proteção às questões burocráticas envolvidas na publicação de um direito de resposta, muito embora essas sejam facilmente resolvidas, pode ser converter em uma crise política digna de uma medida como a suspensão de segurança. Novamente, percebe-se que o poder militar busca se impor em assuntos civis e encontra, para isso, guarida em certas decisões judiciais que, na prática, imunizam as questões tidas como mais sensíveis às Forças Armadas. Nessa mesma linha de raciocínio, supor que a decisão monocrática seria irreversível não é argumentação convincente, pois a nota em resposta poderia ser retirada ao final do processo, caso a sentença não fosse reformada. Decidindo de modo diverso, o Ministro acaba negando, em grau elevado, o próprio direito de resposta em si, cuja celeridade, ainda mais em tempos de publicações em redes sociais, é um aspecto manifestamente importante.

Na AP ajuizada em face dos mesmos fatos, a qual pleiteava a retirada da publicação, houve conflito de competência suscitado entre juízes federais. O TRF da 1ª Região determinou, então, que o juízo da 8ª Vara Federal do Distrito Federal analisasse o pedido liminar enquanto o incidente não fosse definitivamente julgado. No entanto, mesmo passados mais de oito meses da postagem tida como ofensiva, o juiz federal Francisco Alexandre Ribeiro entendeu por bem não analisar tal pedido, sustentando que, diante de diversas postagens efetivadas posteriormente à impugnada, a urgência restaria esmaecida. Determinou-se, assim, a suspensão da ação até o julgamento do conflito de competência.[384]

---

384 O pronunciamento sustenta: "Considerando que a postagem considerada ofensiva data de 04.05.2020, há mais de 8 (oito) meses atrás, e já foi sucedida por centenas de postagens diversas, não vislumbro urgência, no momento, que justifique qualquer deliberação deste juízo a respeito" (BRASIL. Tribunal Regional Federal da Terceira Região. *Ação n. 5010000-84.2020.4.03.6100.*

Novamente, percebe-se que há uma parcela do Poder Judiciário que se sente completamente à vontade diante de graves violações ao regime democrático. Assim, para tal juiz federal, a demora na tramitação da ação não é capaz de se converter em argumento adicional para a análise e o deferimento da medida liminar, mas, precisamente o contrário. Impressiona, ainda, a argumentação sobre a suposta perda da urgência diante de postagens posteriores, como se tal fato tivesse o condão de apagar a mensagem anterior, não vislumbrando-se que o dano em tal exposição é permanente, renovando-se a cada momento, ainda mais na realidade virtual da *internet*.

No caso do Memorial da Anistia, é possível perceber uma postura judicial marcada pela reiterada falta de interesse em efetivamente envolver-se com o problema e solucioná-lo de modo minimante célere. Diz-se isso porque a ação foi ajuizada em 29 de setembro de 2019, contendo pedido liminar para que a União fosse compelida a adotar todas as medidas necessárias para retomadas das obras do Memorial da Anistia Política do Brasil.[385] Ocorre que, pelo menos até 20 de abril de 2021, tal pedido sequer havia sido analisado. Novamente, isso ocorreu em razão da incidência de questões processuais que acarretaram demora na prestação jurisdicional, que deveria, no entanto, ter sido mais célere que o habitual, tendo em vista que estão em jogo questão intimamente relacionada ao regime democrático.

Nesse sentido, o que aconteceu foi que, com a declaração de suspeição por parte de um dos juízes do caso,[386] o processo foi redistribuído.

Direito de resposta em face de homenagem ao Major Sebastião Curió. São Paulo, 2020, p. 1).

BRASIL. Tribunal Regional Federal da Terceira Região. *Ação n. 5010000-84.2020.4.03.6100*. Direito de resposta em face de homenagem ao Major Sebastião Curió. São Paulo, 2020.

385 BRASIL. Tribunal Regional Federal da Primeira Região. Seção Judiciária de Minas Gerais. (1. Vara Federal). *Ação civil pública 1016431-12.2019.4.01.3800*. Belo Horizonte, 2019, p. 20.

386 O juiz não declinou as razões pelas quais entendeu-se por suspeito (BRASIL. Tribunal Regional Federal da Quarta Região. Seção Judiciária do Rio Grande

Em seguida, foi suscitado conflito negativo de competência, tendo em vista que nenhum dos juízos da 18ª e da 19ª Varas Federais da Seção Judiciária de Minas Gerais entenderam-se competentes para julgamento. Em situações desse tipo, a regra do CPC é que o relator do caso no tribunal pode determinar, de ofício e liminarmente, ou seja, antes do julgamento do mérito do conflito de competência, qual juiz será competente para julgar o pedido liminar, tendo em vista, precisamente, a urgência desse, nos termos do art. 955.[387] No entanto, o desembargador federal Souza Prudente, em despacho datado de 8 de abril de 2021, limitou-se a determinar a intimação da Procuradoria Regional da República para emissão de parecer.[388]

Enquanto isso, o Brasil continua sem cumprir uma das obrigações fundamentais no contexto da Justiça de Transição, relacionada à preservação da memória do período de exceção em um espaço físico especialmente desenvolvido para tal fim. Assim, torna-se perceptível que há retrocesso, também, nas medidas não penais de transição, aprofundando-se ainda mais o legado da ditadura, em especial quando se considera que, mesmo que realizadas com êxito, tais medidas cíveis e administrativas, por si sós, não seriam suficientes. Assim, o caso do Memorial da Anistia representa outra valiosa contribuição do Poder Judiciário para a manutenção do autoritarismo, pois, embora não haja uma decisão abertamente apologética à ditadura militar, tem-se um comportamento omisso da institucionalidade, que não conferiu ao caso a tramitação célere merecida.

---

do Sul. (3. Vara Federal de Porto Alegre). *Ação civil pública 5065787-15.2019.4.04.7100*. Julgador: Micheli Polippo. Porto Alegre, 2019).

387 BRASIL. *Lei n. 13.105*, de 16 de março de 2015. Código de Processo Civil. Brasília, DF: Presidência da República, 2015. Disponível em: http://www.planalto.gov.br/ccivil_03/_ato2015-2018/2015/lei/l13105.htm. Acessado em: 05.01.2022.

388 BRASIL. Tribunal Regional Federal da Primeira Região. *Conflito de competência 1010220-40.2021.4.01.0000*. Retomada das obras do Memorial da Anistia. Brasília, 2021, p. 7.

Sobre o tempo em momentos de autoritarismo, Yascha Mounk[389] aponta que as incertezas nesse contexto são muito mais expressivas, tendo em vista o ritmo e profundidade das mudanças políticas vivenciadas ou propostas e seu desenrolar em uma realidade cada vez mais caótica. Wanderley Guilherme dos Santos, no contexto do *impeachment* de 2016, desenvolveu raciocínio semelhante quanto ao Brasil, afirmando que a distância percebida entre os eventos de 2010 e 2014 não se compara, por exemplo, à passagem dos anos entre 1213 e 1214, aleatoriamente escolhidos.[390]

Assim, quando se leva em conta a velocidade com que as transformações sociais têm se desenvolvido nos últimos anos, o vício processual de demora na prestação judicial se revela ainda mais grave para a proteção do direito à verdade e à memória e da própria democracia em si. No contexto das patologias na relação entre direito e tempo, ou seja, no âmbito da destemporalização, Ost elenca como o abandono do tempo físico leva à destruição. Para construir seu argumento, o autor recorre, até mesmo, aos ensinamentos dos físicos, afirmando "quanto mais o tempo passa, mais a energia se dissipa e mais a desordem aumenta".[391] A desordem física citada é facilmente adaptável, no contexto do caso analisado, para a desordem social gerada com a manutenção de homenagem àqueles que atacam a democracia.

Desse modo, uma omissão judicial consubstanciada no retardamento de tutela de urgência, o que, por si só, já representa uma contradição com relação à própria finalidade processual da medida, acaba por gerar efeitos irreversíveis, tendo em vista que o estado de coisas anterior já terá sido superado ou deteriorado ainda mais com

389 MOUNK, Yascha. *O povo contra a democracia*: porque nossa liberdade corre perigo e como salvá-la. Trad. Cássio de Arantes Leite e Débora Landsberg. São Paulo: Companhia das Letras, 2019.

390 SANTOS, Wanderley Guilherme. *A democracia impedida*: o Brasil do século XXI. Rio de Janeiro: FGV, 2017, posição 231.

391 OST, François. *O tempo do direito*. Trad. Élcio Fernandes. Bauru: Edusc, 2005, p. 15.

o transcurso do precioso tempo garantido judicialmente. Precioso, obviamente, para aquele que violou os direitos fundamentais das vítimas da repressão ditatorial, que vê premiadas e perpetuadas no tempo homenagens como a realizada a Sebastião "Curió", mantida em rede social com a conivência do Poder Judiciário. Por meio de tais ações, o debate público sobre a Justiça de Transição no Brasil é degradado cotidianamente, além de se causar impactos negativos aos familiares das respectivas vítimas.

2.1.5 Ofensa ao devido processo legal em atuação de ofício

Como visto, Livonete Aparecida Torini, herdeira do anistiado político Antonio Torini, ajuizou ação pleiteando danos morais em face das perseguições sofridas por seu esposo durante a ditadura militar. Posteriormente, a autora interpôs apelação buscando a majoração da indenização por danos morais concedida na sentença proferida contra a União. No despacho que impulsionou o processo após a interposição da apelação, determinou-se a intimação da ré para ofertar contrarrazões, procedendo-se, em seguida, à remessa dos autos para o TRF competente. Tal remessa, no entanto, foi efetivada quando ainda corria o prazo recursal para que a União apresentasse eventual apelação, circunstância que acabou impedindo a interposição de tal recurso.

Em 31 de janeiro de 2021, a União peticionou nos autos da apelação, informando o TRF da situação e solicitando que o vício procedimental fosse corrigido, com o reenvio do caso à Vara Federal originária para interposição do recurso e posterior oferecimento de contrarrazões pela parte autora. Alternativamente, a União solicitou que a apelação anexada à petição fosse processada, eis que tempestiva.[392] Essa importante petição, no entanto, foi ignorada

392 BRASIL. Tribunal Regional Federal da Terceira Região. (6. Turma). *Apelação Cível 5000493-21.2020.4.03.6126*. Acórdão. Relator: Des. Fed. Johonsom Di Salvo, 05.03.2021. São Paulo, 2021.

pelo Relator e pela 6ª Turma da Corte, que apenas determinou a inclusão da apelação da autora em pauta.

Os vícios procedimentais, no entanto, não pararam por aí. O acórdão conheceu de ofício da remessa necessária, sustentando que a sentença, mesmo fixando o montante de indenização em 150 mil reais, com juros e atualização monetária nos parâmetros lá elencados, era ilíquida.[393] O tribunal desenvolveu esse raciocínio para contornar o artigo 496, parágrafo 3º, I do CPC, que prevê a desnecessidade de remessa em condenação envolvendo a União quando o proveito econômico na causa for de valor certo e líquido inferior a 1000 salários-mínimos. Contudo, como a sentença fixava a necessidade de atualização monetária e juros, entendeu-se que ela era ilíquida, afastando-se a exceção à remessa necessária.

Ocorre que, como sustentando pela autora em embargos de declaração, a sentença, diferentemente do que sustentando no acórdão, foi líquida, fixando especificamente o montante de indenização e estipulando, unicamente, a correção monetária e incidência de juros, nos parâmetros usuais. Isso porque, nos termos do art. 786 do CPC, tem-se que é considerada líquida a sentença na qual o valor exato da condenação é alcançado a partir de meros

---

393 Na parte final da sentença, tem-se que procedência do pedido "para condenar a UNIÃO FEDERAL ao pagamento de indenização por danos morais à autora, herdeira do anistiado Antonio Torini, no valor total de R$ 150.000,00 (cento e cinquenta mil reais) nesta data, corrigidos monetariamente nos termos da Resolução CJF em vigor desde a data da sentença (súmula 362-STJ), acrescidos de juros de mora de 1% ao mês desde a data da sentença (REsp n. 903258/RS-STJ). Fixo honorários advocatícios em 10% (dez por cento) sobre o valor da condenação", apontando a desnecessidade de remessa necessária (BRASIL. Tribunal Regional Federal da Terceira Região. (3. Vara Federal de Santo André). *Ação Cível 5000493-21.2020.4.03.6126*. Sentença. Julgador: José Denilson Branco, 04/11/2020. Santo André, 2020).

cálculos aritméticos.[394] [395] Dessa forma, não havia justificativa para o conhecimento da remessa necessária.

A questão sobre o conhecimento de ofício da remessa necessária merece cuidadosa análise, pois pode indicar uma ideologia autoritária do julgador, que, atuando sem provocação, conhece uma remessa necessária incabível nos parâmetros do CPC. Não bastasse o erro procedimental no conhecimento da remessa necessária, o tribunal em questão não oportunizou à parte autora elaborar as devidas contrarrazões à apelação da União, violando o princípio do contraditório e as regras de devido processo legal previstas no CPC.

Todo esse conjunto de ilegalidades, materiais e processuais, torna possível indagar se não houve quebra de parcialidade do órgão julgador, caracterizando suspeição em face de interesse na causa, seja por inimizade ou interesse nela, nos termos do art. 145 I e IV do CPC.[396] Diversos elementos do caso autorizam formular hipóteses sobre suspeição: a) vícios processuais na remessa prematura dos autos ao tribunal que foram ignorados pelo órgão julgador, mesmo diante de petição da União noticiando isso, imprimindo-se celeridade indevida no julgamento da apelação da autora; b) interesse em conhecer de ofício remessa necessária que, embora inaplicável ao caso, representaria a única forma de reverter a condenação efetivada, tendo

394 "Art. 786. A execução pode ser instaurada caso o devedor não satisfaça a obrigação certa, líquida e exigível consubstanciada em título executivo. Parágrafo único. A necessidade de simples operações aritméticas para apurar o crédito exequendo não retira a liquidez da obrigação constante do título" (BRASIL. *Lei n. 13.105*, de 16 de março de 2015. Código de Processo Civil. Brasília, DF: Presidência da República, 2015. Disponível em: http://www.planalto.gov.br/ccivil_03/_ato2015-2018/2015/lei/l13105.htm. Acessado em: 05.01.2022).

395 BRASIL. Tribunal Regional Federal da Terceira Região. (6. Turma). *Apelação Cível 5000493-21.2020.4.03.6126*. Acórdão. Relator: Des. Fed. Johonsom Di Salvo, 05.03.2021. São Paulo, 2021, p. 26.

396 BRASIL. *Lei n. 13.105*, de 16 de março de 2015. Código de Processo Civil. Brasília, DF: Presidência da República, 2015. Disponível em: http://www.planalto.gov.br/ccivil_03/_ato2015-2018/2015/lei/l13105.htm. Acessado em: 05.01.2022.

em vista a ausência de recurso da União regularmente interposto na primeira instância; c) interesse em imputar falsos fatos criminosos à vítima da ditadura, agindo, novamente, de ofício e surpreendendo a autora, a qual, subitamente, passou a ser vista como ré, conforme foi debatido em seção anterior.

2.2 Estratégias materiais

2.2.1 Deslegitimação da Comissão Nacional da Verdade: a negação dos crimes contra a humanidade

Uma das estratégias mais utilizadas pelos juízes para conservar a memória saudosa da ditadura militar refere-se à desqualificação dos trabalhos da CNV, especialmente a partir do respectivo relatório final, não raro equiparando a violência praticada pelo Estado com aquela desenvolvida pelos militantes armados. Cinco crimes praticados pelos agentes da ditadura, basicamente, são qualificados como crimes contra a humanidade: prisões arbitrárias, acarretando detenções equiparáveis a sequestros, execução sumária, tortura, desaparecimento forçado, ocultação de cadáver.

Para Emílio Peluso Neder Meyer, a caracterização de tais condutas como crimes contra a humanidade é adequada ao sistema jurídico brasileiro, não violando a legalidade penal na medida em que, desde a Segunda Guerra Mundial, já havia "um 'Estado de Direito Humanitário' internacional que não poderia ter sido olvidado pelos agentes da ditadura".[397] A aproximação entre Estado de Direito e Direito Humanitário pode ocorrer "de dentro para fora", ou seja, a partir das experiências domésticas de cada

---

397 MEYER, Emilio Peluso Neder. "Crimes contra a humanidade, justiça de transição e Estado de Direito: Revisitando a ditadura brasileira". *Brasiliana – Journal for Brazilian Studies*, vol. 4. nº 1, ago. 2015, p. 209.

Estado no contexto da Justiça de Transição, tornando possível "a emergência de identidades constitucionais próprias".[398] É nessa linha que Paige Arthur sustenta que o campo em torno da Justiça de Transição desenvolveu-se, no final de 1980 e início de 1990, a partir de conhecimento formado pelo método de estudo comparativo entre as experiências internas de diversos Estados, as quais emergiram para o plano internacional.[399]

O negacionismo dos crimes contra a humanidade praticados na ditadura militar é uma das marcas do bolsonarismo, como destaca Pablo Emanuel Romero Almada em pesquisa na qual investiga o papel do então Deputado Federal Jair Bolsonaro nas críticas efetivadas aos trabalhos da Comissão Nacional da Verdade a partir de diversos discursos proferidos na Câmara dos Deputados contra os direitos humanos, democraticamente admitidos nos termos do pluralismo democrático.[400] [401] Por negacionismo entenda-se uma manipulação política da história, pretendendo "não apenas eximir a culpa de

---

398 MEYER, Emilio Peluso Neder. "Crimes contra a humanidade, justiça de transição e Estado de Direito: Revisitando a ditadura brasileira". *Brasiliana – Journal for Brazilian Studies*, vol. 4, nº 1, ago. 2015, p. 220.

399 ARTHUR, Paige. "How 'transitions' reshaped Human Rights: a conceptual history of transitional justice". *Human rights quarterly*, vol. 31, nº 2, mai. 2009, p. 326.

400 Acerca da trajetória política de Jair Bolsonaro, tem-se que: "foi eleito pela primeira vez como Deputado Federal pelo Rio de Janeiro em 1990, acumulando outros seis mandatos e passagem por diversos partidos políticos. Com posicionamentos políticos conservadores, sua base eleitoral primária era inicialmente composta por militares e defensores do regime militar, construindo, ao longo dos anos, discursos pela defesa da segurança pública e falas polêmicas contra os direitos das mulheres e do reconhecimento da diversidade sexual. Dois elementos destacam sua identidade política: sua ancoragem em discursos contrários aos Direitos Humanos, embora permitidos pela pluralidade democrática". (ALMADA, Pablo Emanuel Romero. "O negacionismo na oposição de Jair Bolsonaro à Comissão Nacional da Verdade". *Revista Brasileira de Ciências Sociais*, vol. 36, nº 106, 2021, p. 7).

401 ALMADA, Pablo Emanuel Romero. "O negacionismo na oposição de Jair Bolsonaro à Comissão Nacional da Verdade". *Revista Brasileira de Ciências Sociais*, vol. 36, nº 106, 2021, pp. 1, 7 e 21.

algozes quanto a determinadas violências e extermínios, mas apagar os próprios fatos e sua memória, para que não exista algozes e que estes sejam vistos como heróis".[402] Para o bolsonarismo, os trabalhos da CNV comporiam uma espécie de revanche em relação aos militares eis que, por exemplo, não conferiu a mesma atenção aos crimes cometidos pelos militantes de esquerda.[403]

Como destacado no capítulo anterior, a Justiça Federal resistiu às investidas contra o trabalho da CNV, julgando improcedente pedido formulado pelos familiares do General de Brigada Leo Guedes Etchegoyen para que trechos do relatório final fossem suprimidos.[404] No entanto, deve-se pontuar a existência de voto vencido no TRF 4ª Região, a partir do qual o Desembargador Federal Cândido Alfredo S. Leal Jr. sustentou argumentos em torno da ofensa à honra e à imagem de um militar "que, durante toda sua vida, serviu de forma exemplar ao Exército Nacional"[405] e fora, objetivamente, considerado responsável por graves violações de direitos humanos pela CNV. Em determinado trecho do voto, o Desembargador lista diversos títulos e menções honrosas existentes na ficha funcional de Leo Guedes,[406] compondo uma espécie de desagravo completamente estranho à prática processual eis que tais honrarias não são suficientes para elidir eventual responsabilidade histórica.

---

402 ALMADA, Pablo Emanuel Romero. "O negacionismo na oposição de Jair Bolsonaro à Comissão Nacional da Verdade". *Revista Brasileira de Ciências Sociais*, vol. 36, nº 106, 2021, p. 3.

403 ALMADA, Pablo Emanuel Romero. "O negacionismo na oposição de Jair Bolsonaro à Comissão Nacional da Verdade". *Revista Brasileira de Ciências Sociais*, vol. 36, nº 106, 2021, pp. 10/11.

404 BRASIL. Tribunal Regional Federal da 4ª Região. *Ação ordinária 5028801-04.2015.4.04.7100*. 4ª Turma. 24.06.2020.

405 BRASIL. Tribunal Regional Federal da 4ª Região. *Ação ordinária 5028801-04.2015.4.04.7100*. Acórdão. 4ª Turma. 24/06/2020. p. 12.

406 BRASIL. Tribunal Regional Federal da 4ª Região. *Ação ordinária 5028801-04.2015.4.04.7100*. Acórdão. 4ª Turma. 24/06/2020. pp. 29-31.

Nessa linha, ainda, desqualificou os trabalhos da CNV, sustentando que ela: a) repetiu "com o general Leo Guedes, agora em tempos democráticos e com pretextos democráticos, o que muitas vezes foi feito contra inimigos do regime militar";[407] b) fora parcial e unilateral, desenvolvendo, na verdade, uma forma de vingança;[408] c) atuara ideologicamente e de forma autoritária, pois promovera "acusação sem provas e o indiciamento sem motivos";[409] d) equipara a tese que limita o controle judicial sobre os atos da CNV às hipóteses típicas do AI-5;[410] e) nega que a estrutura administrativa do Estado brasileiro na ditadura militar estava sistematicamente orientada para a prática de crimes contra a humanidade na medida em que cargos como aqueles ocupados pelo general compunha, "a estrutura do próprio Estado Brasileiro e em nada estavam aprioristicamente maculadas por vícios, excessos ou ilegalidades que fossem inerentes aos cargos ou às funções;[411] f) fora contraditória ao apontar que, durante a ditadura, militares foram perseguidos diante de acusações genéricas, sendo tal prática repetida pela própria Comissão em pleno regime democrático.[412] Não pode ser minimizada a existência de um voto divergente com tais argumentos, seja pela fundamentação desenvolvida ou pelo poder processual que tal pronunciamento ostenta, pois, de acordo com Código de Processo Civil, tal decisão já serve para fins de prequestionamento, tornando mais facilitado o conhecimento de eventuais recursos extraordinários para os Tribunais Superiores em Brasília.

---

407 BRASIL. Tribunal Regional Federal da 4ª Região. *Ação ordinária 5028801-04.2015.4.04.7100*. 4ª Turma. 24.06.2020. p. 67.

408 BRASIL. Tribunal Regional Federal da 4ª Região. *Ação ordinária 5028801-04.2015.4.04.7100*. Acórdão. 4ª Turma. 24/06/2020. p. 18.

409 BRASIL. Tribunal Regional Federal da 4ª Região. *Ação ordinária 5028801-04.2015.4.04.7100*. Acórdão. 4ª Turma. 24/06/2020, p. 19.

410 BRASIL. Tribunal Regional Federal da 4ª Região. *Ação ordinária 5028801-04.2015.4.04.7100*. Acórdão. 4ª Turma. 24/06/2020, p. 20.

411 BRASIL. Tribunal Regional Federal da 4ª Região. *Ação ordinária 5028801-04.2015.4.04.7100*. Acórdão. 4ª Turma. 24/06/2020, p. 21

412 BRASIL. Tribunal Regional Federal da 4ª Região. *Ação ordinária 5028801-04.2015.4.04.7100*. Acórdão. 4ª Turma. 24/06/2020, p. 23.

Diversas decisões judiciais negam o caráter sistemático e generalizado dos ataques à população civil perpetrados pelo regime militar, mesmo diante das numerosas evidências em sentido contrário presentes, por exemplo, nos trabalhos da CNV.[413] Argumenta-se, nesse sentido, que foram poucas as mortes causadas pelos agentes militares, não se podendo comparar sua atuação a situações de genocídio, essas sim caracterizadoras de crimes contra a humanidade.[414]

---

413 Sobre o caráter sistemático e reiterado dos atos do regime militar que os caracterizaria como crimes contra a humanidade, a CNV atestou: "As obrigações de investigar, julgar e sancionar os responsáveis, o direito de acesso à informação e a adoção de medidas de não repetição decorrem do cometimento de qualquer grave violação de direitos humanos. Um ato isolado de tortura, por exemplo, é capaz de obrigar o Estado a investigar, julgar e sancionar os responsáveis, a franquear acesso a informações sobre o caso, e também a adotar medidas para que não se repita. Ao debruçar-se sobre as graves violações de direitos humanos praticadas entre 1946 e 1988, a CNV não se deparou com atos isolados, mas, no curso do regime militar, com prática disseminada em larga escala. Ainda que este Relatório confira tratamento individualizado a alguns casos tidos como emblemáticos, estes apenas ilustram a dimensão sistêmica alcançada pela ação violadora da estrutura estatal, seja por seus agentes, seja por terceiros agindo com sua aquiescência ou conivência. Uma vez que as graves violações examinadas foram praticadas em um contexto sistemático e generalizado de ataque contra a população civil, como resta demonstrado neste Relatório final, a CNV concluiu, em diversas ocasiões, ter havido a ocorrência de crimes contra a humanidade. Ainda que não tenha sido considerado um preceito fundamental para os trabalhos da CNV, o contexto sistemático e generalizado das graves violações e seu impacto sobre diversos grupos sociais impulsionaram a CNV a caracterizar tais práticas como crimes contra a humanidade" (CABRAL, Gustavo César Machado. "A política no jovem Miguel Reale, o teórico do Integralismo". *Revista da Faculdade de Direito* – UFPR, Curitiba, vol. 59, nº 3, set./dez. 2014, p. 40.

BRASIL. Tribunal Regional Federal da Segunda Região. Seção Judiciária do Rio de Janeiro. (6. Vara Federal Criminal). *Ação penal 0017766-09.2014.4.02.5101*. Julgador: Ana Paula Vieira De Carvalho. Rio de Janeiro, 2014, pp. 11-41.

414 BRASIL. Tribunal Regional Federal da Terceira Região. Seção Judiciária de São Paulo. (1. Vara Federal). *Ação penal 5002674-87.2021.4.03.6181*. São Paulo, 2021.

O atentado Riocentro é um dos casos centrais em torno dos quais o negacionismo judicial da ditadura se manifesta. Nele, juízes do TRF da 2ª Região relativizaram a circunstância de ataques generalizados e sistemáticos à população civil, restringindo a aplicação dos delitos contra a humanidade. Ainda, como os fatos do caso ocorreram em 1981, eles são posteriores à Lei de Anistia, sendo essa uma questão relevante para fins de aplicação ou não da lei, ainda mais quando se leva em conta a Emenda Constitucional n. 26/85. Assim, caso se afastasse a aplicação da Lei da Anistia, com um dos julgadores efetivamente fez em seu voto, seria questão de analisar se os delitos imputados aos militares corresponderiam a crimes contra a humanidade pois, caso não fossem, restariam prescritos.

A juíza federal do caso recebeu a denúncia, reconhecendo que houve crime contra a humanidade, bem como atestando o caráter imprescritível desse, decorrente de norma de *jus cogens*.[415] [416] Contudo, mesmo diante do cenário de tentativa de ataques à população civil, o TRF da 2ª Região reformou a decisão de primeiro grau, desenvolvendo os seguintes argumentos: a) a denúncia revelaria inconformismo do MPF somente em relação a um dos lados envolvidos nos conflitos ocorridos durante a ditadura; b) haveria competência da Justiça Militar para julgar o caso, eis que os atos foram praticados por militares, e já haveria coisa julgada material sobre a questão em tal âmbito; c) a decisão de primeiro grau que recebeu a denúncia seria um exercício de "justiçamento".

---

415 Fontes citadas: a) estatuto do Tribunal de Nuremberg; b) resolução ONU 3074 3 de dezembro de 1973, art. 1 e 8, tido como costume internacional; c) Convenção sobre leis e usos da guerra terrestre, Haia, 1907, ratificada pelo Brasil, reconhecendo o caráter normativo dos princípios de *jus gentium* (BRASIL. Tribunal Regional Federal da Segunda Região. Seção Judiciária do Rio de Janeiro. (6. Vara Federal Criminal). *Ação penal 0017766-09.2014.4.02.5101*. Julgador: Ana Paula Vieira De Carvalho. Rio de Janeiro, 2014, p. 5).

416 BRASIL. Tribunal Regional Federal da Segunda Região. Seção Judiciária do Rio de Janeiro. (6. Vara Federal Criminal). *Ação penal 0017766-09.2014.4.02.5101*. Julgador: Ana Paula Vieira De Carvalho. Rio de Janeiro, 2014, p. 5.

Nesse ponto, o acórdão trata com grande deferência e respeito os denunciados, tidos pelos julgadores como "anciãos, homens com cerca de 80 anos de idade", o que também implicaria que a prescrição fosse contada pela metade; d) inexistência de crime de lesa humanidade, não sendo pertinente a comparação com julgamentos do Tribunal de Nuremberg feita em primeira instância.[417]

Para o desembargador relator, assim, estar-se-ia diante de crimes rotineiros, não de crimes contra a humanidade com a marca da imprescritibilidade. É pertinente, também, a sensibilização com a idade dos autores que foi manifestada. Além disso, fica subentendido que crimes contra a humanidade somente poderiam ser caracterizados em situações de genocídio como a ocorrida na Alemanha nazista, admitindo-se como criminalidade normal a tentativa de dizimar vidas civis com intuito político. Por tudo isso, a Lei de Anistia deveria ser aplicada sem necessidade de qualquer consideração sobre a data dos fatos ser-lhe posterior.

De acordo com a tese vencedora, não haveria crimes contra a humanidade no caso porque o atentado não decorreu de uma política oficial, mas sim da atuação de setores das Forças Armadas descontentes com a mencionada política oficial, que se construía, na época, em torno da abertura política do país. Nessa linha de raciocínio, o atentado afetaria os interesses, até mesmo, dos Presidentes militares que estavam provendo tal processo de distensão.[418] Percebe-se, no entanto, que tal fundamentação é voltada para o mérito em si dos fatos, demandando a análise de provas para que, efetivamente, possa ser comprovada a existência ou não de tal

---

417 BRASIL. Tribunal Regional Federal da Segunda Região. Seção Judiciária do Rio de Janeiro. (6. Vara Federal Criminal). *Ação penal 0017766-09.2014.4.02.5101*. Julgador: Ana Paula Vieira De Carvalho. Rio de Janeiro, 2014, pp. 11-41.

418 BRASIL. Tribunal Regional Federal da Segunda Região. Seção Judiciária do Rio de Janeiro. (6. Vara Federal Criminal). *Ação penal 0017766-09.2014.4.02.5101*. Julgador: Ana Paula Vieira De Carvalho. Rio de Janeiro, 2014, pp. 39/40.

política oficial no período. Como a concessão do *habeas corpus*, tal análise probatória pela primeira instância restou impedida.

O terceiro julgador do caso, mesmo tecendo profundos elogios à ditadura militar, confessando sua admiração pelos militares e demonstrando sua fé católica, denegou o *habeas corpus* e compôs voto vencido em prol da tese sustentada pelo MPF. Nessa linha, o julgador revelou que não "gostava" do uso da expressão "ditadura" para se referir ao golpe militar de 1964, preferindo falar em "troca de regime". O desembargador declarou, ainda, seu apreço aos militares, pois eles são "patriotas, são organizados, são pessoas que são honestas, em regra, tudo funciona direito",[419] e qualificou como "bom" o golpe militar, pois o "desmando" era grande na sociedade à época.[420] Em seguida, seu voto admite que os militares, realmente, passaram um pouco de tempo demais no poder. Esse sincero trecho é concluído pelo julgador com o apontamento de que ele se considera um homem de fé profunda, tendo "compromisso com Deus, porque ele me botou aqui".[421] Continuando a menção

---

419 BRASIL. Tribunal Regional Federal da Segunda Região. Seção Judiciária do Rio de Janeiro. (6. Vara Federal Criminal). *Ação penal 0017766-09.2014.4.02.5101*. Julgador: Ana Paula Vieira De Carvalho. Rio de Janeiro, 2014, pp. 41/42.

420 BRASIL. Tribunal Regional Federal da Segunda Região. Seção Judiciária do Rio de Janeiro. (6. Vara Federal Criminal). *Ação penal 0017766-09.2014.4.02.5101*. Julgador: Ana Paula Vieira De Carvalho. Rio de Janeiro, 2014, p. 43.

421 Eis o trecho na íntegra: "Eu comecei a estudar esse assunto, a ver toda essa conjuntura, paralelamente, somente por interesse na história do país. Desde novo, sempre admirei – e admiro até hoje, e tenho grandes amigos – três profissões – posso incluir a quarta para agradar Vossas Excelências –, que são: juiz, médico e militar. Eu tenho uma admiração enorme pelos militares, paralelamente ao que eu contei do dia 31 de março de 1964, com quinze anos – não tinha feito dezesseis. Então, comecei a verificar isso, e sempre me postei nesse sentido. Hoje tenho grandes amigos. Recentemente, viajei e fiquei na casa de um adido militar no exterior, na Europa. É meu amigo pessoal, admiro. Ele chegava com aquela farda bonita e eu ficava perguntando o que é isso, o que é aquilo. Eu gosto, acho bonito. Admiro os militares. São patriotas, são organizados, são pessoas que são honestas, em regra, tudo

funciona direito. Entretanto, de uma certa forma, eu pensei assim: "Mas no Brasil o poder constituído foi tomado". Mais tarde, me reportei um pouco lá atrás: "Será que foi bom?" Foi, sim, porque o desmando que tinha em 1963, 1964, era muito grande neste país, que já veio de uma ditadura anterior, de Vargas. Então, achei que foi uma coisa que o povo quis, a sociedade quis, eles foram acolhidos pela sociedade com amor. É lógico que depois eu pensei o seguinte: "Os militares ficaram um pouco mais no poder do que deveria". Eles deveriam ter entregado esse poder logo depois de Castelo Branco, como o próprio Castelo Branco queria, porque isso foi gerando um desgaste. E o poder, como o dinheiro – não é por causa do dinheiro, mas o poder especificamente –, é algo que, de uma certa forma, seduz a pessoa humana. As pessoas fazem coisas que ninguém acredita que se poderia fazer, por causa de poder. Talvez por isso, pela natureza humana desses militares, que não saíram desse poder em um tempo melhor, eles tenham continuado e tenhamos tido alguns desmandos, mas reconhecendo, por outro lado, que esses militares – até oitenta e pouco, quando Figueiredo fez a abertura – estavam no meio de uma guerra. Muitos militares foram mortos. Eu não gosto de falar de uma forma preconceituosa, mas chamavam de guerrilheiros, que eram os opositores. Eu não gosto dessa forma preconceituosa. Era uma guerra que tinha ali no meio daquilo. Quem estava ali fora não sabia nem o que estava acontecendo. E muitos desmandos, muitas violências foram praticadas dos dois lados. Então, eu comecei a pensar sobre esse caso do ponto de vista histórico. Em que sentido? Em primeiro lugar, será que é verdade o que Sua Excelência o Doutor Advogado falou da tribuna, que as palavras "militar" e "ditadura" são palavras fortes, preconceituosas? Eu não acredito nisso, não, principalmente hoje. Estou dizendo que eu tenho a maior admiração pelos militares. Tenho tanta admiração por eles que tenho medalha. Vossa Excelência falou em medalhas. Não sei se eles poderiam ou não cassar minhas medalhas, mas eu tenho três medalhas – uma do Exército, uma da Aeronáutica e uma da Marinha –, de tanta amizade que eu tenho, tanta admiração que eu tenho. Só que eu tenho que julgar um caso, e tenho que julgar um caso à luz daquilo que me trazem, porque tenho compromisso com a sociedade. Mais do que isso: eu não tenho compromisso só com a sociedade. Eu, como homem de fé, e fé profunda, tenho compromisso com Deus, porque ele me botou aqui – eu falei na minha posse. Aliás, falei na minha posse quando eu era do Ministério Público, em 1982 – foi um ano depois disso que tomei posse. Nessa época, inclusive, em 1981, eu estava no final dos cinco anos de estudo que desenvolvi para fazer concurso para o Ministério Público, que é um concurso muito difícil. Eu nem sabia de nada, nunca me envolvi, não gosto também. Eu não gosto muito das palavras "ditadura" e "militar". O militar, para mim, é positivo. Admiro os militares, gosto dos militares, com toda a sinceridade da minha alma. Ditadura, muito menos. Isso foi uma transição que os militares dizem – e dizem bem, historicamente – que

religiosa, o desembargador declara que professa a religião católica, sustentando, a partir daí, que a anistia consiste num perdão, devendo esse ser compreendido nos termos em que é ensinado pelo mais importante ídolo de sua vida: "Jesus Cristo".[422]

---

eles fizeram para assumir o poder porque o Brasil estava em um desmando que não tinha controle, em um regime jurídico que não era o nosso regime democrático. Eu não gosto de falar a palavra "ditadura". Eles estiveram no poder, mas demoraram um pouco, e isso causou e causa – vou ser sincero – uma certa inquietação, um desconforto para os militares atuais, que não têm nada a ver com isso. Eu convivi agora com um militar que tem quarenta e sete anos e nem sabe, não foi dessa época, mas ele sofre isso que Vossa Excelência falou. O Judiciário precisa falar com a sociedade, sim, porque não é só o Ministério Público que tem a função de defender os interesses basilares da sociedade, e defende bem quando ele tem convicção de que aquilo deve ser revisto ou deve ser apurado para resolver aquela lesão de direito sofrida pela sociedade" (BRASIL. Tribunal Regional Federal da Segunda Região. Seção Judiciária do Rio de Janeiro. (6. Vara Federal Criminal). *Ação penal 0017766-09.2014.4.02.5101*. Julgador: Ana Paula Vieira De Carvalho. Rio de Janeiro, 2014, pp. 43/44).

422 BRASIL. Tribunal Regional Federal da Segunda Região. Seção Judiciária do Rio de Janeiro. (6. Vara Federal Criminal). *Ação penal 0017766-09.2014.4.02.5101*. Julgador: Ana Paula Vieira De Carvalho. Rio de Janeiro, 2014, p. 45. O caso chegou ao STJ, que confirmou a concessão da ordem de *habeas corpus*. O voto vencido proferido pelo Ministro Rogério Schietti Cruz efetivou controle de convencionalidade, aplicando as razões de decidir dos casos Gomes Lund e Vladimir Herzog (BRASIL. Superior Tribunal de Justiça. (Terceira Seção). *REsp n. 1.798.903 – RJ 2015/0256723-4)*. Relatório e Voto. Relator: Min. Ministro Rogério Schietti Cruz, 25 set. 2019. Brasília, 2019. Disponível em: https://processo.stj.jus.br/processo/revista/documento/mediado/?componente=ATC&sequencial=100226055&num_registro=201502567234&data=20191030&tipo=91&formato=PDF. Acessado em: 31.08.2023). Tal voto é rico em considerações históricas, feitas a partir do relatório da CNV, da obra de Elio Gaspari sobre a ditadura e de de obras como a do delegado da polícia civil do Espírito Santo, Claudio Guerra, "Memórias de uma Guerra Suja", no qual há a confissão do autor acerca do atentado e as finalidades políticas dele. A tese vencedora, no entanto, sustentou que: a) haveria necessidade de analisar a ocorrência de coisa julgada, tendo em vista que o STM já havia declarado extinta a punibilidade dos agentes, recorrendo ao entendimento firmado em precedentes do STF acerca da admissão da configuração da coisa julgada mesmo quando há vício de competência no órgão prolator da decisão (HC 83346); b) deveria haver aplicação da lei da anistia através da emenda constitucional n. 26/85,

Em outros casos, faz-se uma comparação com a situação de suposta "guerra civil" hoje vivenciada no Brasil diante da criminalidade e da quantidade de homicídios praticados nos centros urbanos, como se a impunidade diante desse nível de delitos fosse um fator que deveria ser levado em conta para não se punir crimes

---

recorrendo-se aqui à classificação da tal lei como "lei-medida", efetivada pelo STF a partir do voto do Ministro Eros Grau; c) haveria necessidade de compatibilizar as decisões da Corte IDH com a Constituição, tratando-se de uma questão de soberania nacional; d) haveria ausência de tipificação, por lei formal no Brasil, de delitos contra a humanidade, utilizando-se, novamente, precedentes do STF que apontam para a impossibilidade de se adotar a estratégia de tipificação mediante norma internacional, já que essa violaria a legalidade penal (caso do crime de organização criminosa antecedente ao de lavagem de dinheiro antecedente ao de lavagem – HC 96007); e) haveria, ainda impossibilidade de aplicação retroativa da lei penal, não se admitindo, também por esse motivo, a aplicação do regramento sobre crimes contra a humanidade previsto no Estatuto de Roma do Tribunal Penal Internacional (TPI); f) não houve internalização da Convenção sobre a Imprescritibilidade dos crimes de guerra e dos crimes contra a humanidade, devendo-se, na interpretação sobre a caracterização da imprescritibilidade como norma de *jus cogens*, seguir o precedente firmado pelo STF na Extradição 1362, o qual não admitiu que tal construção pudesse, automaticamente, garantir a imprescritibilidade sem a necessária ratificação dos tratados; g) é necessário reconhecer que eventual punição dos denunciados, "quase 40 anos após os fatos, não restabelece os direitos humanos supostamente violados, além de violar outros direitos fundamentais de igual magnitude" (BRASIL. Superior Tribunal de Justiça. (Terceira Seção). *REsp n. 1.798.903 – RJ 2015/0256723-4)*. Relatório e Voto. Relator: Min. Ministro Rogério Schietti Cruz, 25 set. 2019. Brasília, 2019. Disponível em: https://processo.stj.jus.br/processo/revista/documento/mediado/?componente=ATC&sequencial=100226055&num_registro=201502567234&data=20191030&tipo=91&formato=PDF. Acessado em: 31.08.2023, p. 39). O último fundamento utilizado merece cuidadosa consideração, pois, quando o Ministro Reynaldo Soares da Fonseca elenca que uma punição efetivada mais de 40 anos após os fatos não teria o condão de reparar os "supostos" direitos humanos violados, ele está admitindo que a imprescritibilidade de certos crimes é algo injusto. Em outras palavras, está admitindo que mesmo fatos graves como os narrados na denúncia devem ser esquecidos e não processados como uma garantia de segurança jurídica. Esse garantismo aos violadores de direitos humanos equivale à própria negação da democracia e da Constituição, contribuindo para a persistente submissão do poder civil ao poder militar, de forma que esse permanece convicto de que poderá gozar das garantias constitucionais negadas aos seus inimigos.

contra a humanidade. Algumas decisões chegam, ainda, a sugerir que o "homem comum" poderia muito bem sentir-se mais seguro na época da ditadura militar que nos dias de hoje,[423] desenvolvendo um claro elogio ao suposto "passado glorioso da ditadura militar". Esse tipo de comentário compõe, como estipula Isabela Kalil, um dos perfis do bolsonarismo.[424] Além disso, busca-se, nesse tipo de

---

423 Eis o trecho em questão: "Primeiramente, sobre o alegado 'caráter sistemático e generalizado dos ataques cometidos por agentes da ditadura militar contra a população brasileira', tal argumento não se sustenta para o fim pretendido, ou seja, para afastar a extinção da punibilidade dos fatos, ao se caracterizar o fato como crime de lesa-humanidade. Encontramos, com muito mais propriedade, um exemplo de ataque generalizado a população, com a certeza de se estar diante de um autêntico crime de lesa-humanidade, no genocídio ocorrido em Ruanda em 1994, onde as estatísticas apontam o extermínio, em alguns meses, de centenas de milhares de pessoas, variando os números entre 500 mil e 1 milhão de vítimas. Outro exemplo é o chamado genocídio armênio, ocorrido no início do século passado, para o qual se aponta a ocorrência de 600.000 a 1.800.000 vítimas. E se nos restringirmos apenas ao número de pessoas mortas, o que dizer de um dado estatístico que aponta a morte de mais de 62 mil pessoas no Brasil durante o ano de 2016? Tal cifra indica a grande violência e medo com que a população tem de aprender a conviver nos tempos presentes. Estaríamos, então, diante de uma situação análoga a de uma guerra? E quais as providências que o Estado brasileiro deve tomar para fazer cessar esse mal? Há risco de o Brasil ser responsabilizado no âmbito internacional a conta de tal dado estatístico, já que o compromisso assumido é o de proteger e assegurar a vida do ser humano? Poderia o popular leigo, de mediano conhecimento, afirmar que é bem mais 'perigoso' viver nos dias atuais do que na época do regime de exceção? Tais provocações têm a mera finalidade de proporcionar uma reflexão mais detida e contextualmente mais ampla sobre o tema. Existe, portanto, uma distância muito expressiva entre essa suposta 'vitória' do regime de exceção e a afirmação de que havia 'ataques generalizados contra a população brasileira' não se pode dizer que a repressão a opositores do regime de exceção, por mais dura que tenha sido, tenha estendido a grande massa da população brasileira. O argumento peca pelo caráter hiperbólico e não é suficiente para os fins pretendidos" (BRASIL. Tribunal Regional Federal da Terceira Região. Seção Judiciária de São Paulo. (1. Vara Federal). *Ação penal 0005946-82.2018.4.03.6181*. 2018, pp. 54/55).

424 KALIL, Isabela Oliveira. *Quem São e no que Acreditam os Eleitores de Jair Bolsonaro*. São Paulo: Fundação Escola de Sociologia e Política de São Paulo, 2018, p. 23. Disponível em: https://www.fespsp.org.br/upload/usersfiles/2018/Relatório% 20para%20Site%20FESPSP.pdf. Acessado em: 05.01.2022.

pronunciamento judicial, caracterizar uma suposta incoerência na atuação do MPF, que deixaria de atuar na persecução dos diversos crimes praticados pelos opositores do regime autoritário, que vitimaram até mesmo pessoas inocentes que nada tinham a ver com a luta armada.[425]

No caso da homenagem a Sebastião Curió, o juiz federal Hong Kou Hen, em decisão bastante sucinta, de cerca de uma página de fundamentação,[426] acatou a argumentação da União, extinguindo a

---

425 Nesse sentido: "Lembre-se, também, que não apenas opositores ao regime de exceção pereceram durante aquele difícil período. Há relator e dados estatísticos que apontam a morte de inúmeras pessoas, militares e civis, que ou estavam em serviço ou eram meros inocentes, alheios às questões políticas que fervilhavam à época, os quais se encontravam na hora errada, no local errado e na circunstância errada, e morreram da mesma forma que a vítima deste processo. Para estas vítimas também seria válido o raciocínio desenvolvido pelo órgão ministerial, que poderia equivaler a anulação dos efeitos da anistia? Há vida que seja mais importante? A do opositor de um regime autoritário? A do defensor de tal regime? A do inocente que nada tinha a ver com tal disputa de poder? A resposta é uma só: todas as vidas são importantes e todas devem ser protegidas" (BRASIL. Tribunal Regional Federal da Terceira Região. Seção Judiciária de São Paulo. (1. Vara Federal). *Ação penal 0005946-82.2018.4.03.6181*. 2018, pp. 58/59). Tal tipo decisão também foi proferido em pelo menos uma outra ação penal, identificada nessa pesquisa (BRASIL. Tribunal Regional Federal da Terceira Região. (6. Turma). *Apelação Cível 5001270-92.2018.4.03.6120*. Acórdão. Relator: Diva Prestes Marcondes Malerbi, 08/09/2020. São Paulo, 2020. Disponível em: http://web.trf3.jus.br/acordaos/Acordao/BuscarDocumentoPje/141127580. Acessado em: 31.08.2023).

426 Eis o trecho da decisão: "Afasto a alegação de conexão ou continência do presente feito com a ação popular 1026995-52.2020.4.01.3400, em trâmite perante o MM. Juízo Federal da 8ª Vara do Distrito Federal. Apesar de tratarem sobre os mesmos fatos, as ações possuem causas de pedir e pedidos distintos, o que é suficiente para afastar eventual continência ou conexão entre as ações. Por outro lado, merece acolhimento a alegação de inadequação da via processual. O objeto sob tutela da lei n. 13.188/2015 é o direito de resposta ou retificação a publicada em ofensa veículo de comunicação. O § 1º do art. 2º da lei n. 13.188/2015 elencou, de forma exaustiva, as hipóteses que autorizam a utilização do direito de resposta, limitando às ofensas proferidas "contra a honra, a intimidade, a reputação, o conceito, o nome, a marca ou a imagem de pessoa física ou jurídica identificada ou passível de identificação". Portanto, o pressuposto lógico e objetivo para manejo do

ação sem resolução do mérito. Como fundamento para tal postura, argumentou, inicialmente, que havia fundadas dúvidas acerca dos

---

instrumento processual que visa, exclusivamente, o direito de resposta, é a publicação de informação, declaração ou material de conteúdo, inquestionavelmente ofensivo. Na presente ação, a parte autora se insurge contra matéria veiculada por meio de conta social da SECOM, com o seguinte conteúdo: 'A Guerrilha do Araguaia tentou tomar o Brasil via luta armada. A dedicação deste e de outros heróis ajudou a livrar o país de um dos maiores flagelos da História da Humanidade: o totalitarismo socialista, responsável pela morte de aprox. 100 MILHÕES de pessoas em todo o mundo', seguida com fotografia do Sr. Presidente da República cumprimentando o militar reformado Sebastião Rodrigues de Moura (supostamente denominado como 'Major Curió'), com os dizeres: 'Presidente'. Bolsonaro recebe Tenente-Coronel que combateu a guerrilha comunista no Araguaia Assim, os autores, na condição de familiares das alegadas 'vítimas' do Major Curió, invocam o direito de resposta por suposta ofensa provocada pelo material publicado pela SECOM. Em razão da especialidade e celeridade do rito previsto na lei n. 13.188/2015, a utilização do instrumento processual previsto na lei em questão, exige indubitável certeza quanto a natureza ofensiva do material divulgado, pois, na hipótese de subsistir dúvidas a respeito do caráter ou da capacidade ofensiva do material publicado, inadequado será o procedimento especial de direito de resposta. No presente caso, a publicação indicada pela parte autora não ostenta os elementos mínimos necessários a caracterizá-la como ofensiva a honra, intimidade ou reputação das supostas vítimas de Major Curió, no evento conhecido como 'guerrilha do Araguaia', limitando-se a SECOM em indicar o evento como mera referência histórica, e sem qualquer indicação nominal ou pessoal, direta ou indireta, daqueles que dele participaram. A superficialidade do conteúdo do material divulgado pela SECOM, não permite que se extraia, de uma simples leitura, tratar-se, efetivamente, de material ofensivo a permitir a utilização do instrumento especial do direito de resposta. A complexidade dos fatos em análise, que mesmo após décadas ainda carecem de esclarecimentos convincentes, é óbice objetivo a aplicação do rito célere, mas de cognição sumária e superficial, da lei n. 13.188/2015. As dúvidas que ainda permeiam a verdade dos fatos e eventos ocorridos durante o período do regime militar, descaracterizam a certeza de que fato ofensivo, de fato, foi veiculado pela SECOM, certeza essa, cuja comprovação é necessária para a adequada utilização do instrumento processual previsto na lei n. 13.188/2015. O instrumento processual eleito pela parte autora, portanto, é inadequado. Ante o exposto, caracterizada a inadequação da via processual eleita, JULGO O PROCESSO EXTINTO, sem o exame do mérito" (BRASIL. Tribunal Regional Federal da Terceira Região. *Ação n. 5010000-84.2020.4.03.6100*. Direito de resposta em face de homenagem ao Major Sebastião Curió. São Paulo, 2020, pp. 1/2).

fatos narrados e da possibilidade de eles gerarem ofensa à parte autora, pressuposto para incidência da Lei n. 13.188/2015. O Juiz chegou a duvidar, até mesmo, acerca da existência de supostas "vítimas do Major Curió". Em seguida, e de modo contraditório, sustentou que, na verdade, a publicação não ostentava qualquer cunho ofensivo, limitando-se a indicar evento histórico sem citar nominalmente seus participantes. O material publicado seria, ainda, superficial, circunstância que, diante da complexidade de fatos "que mesmo após décadas ainda carecem de esclarecimentos convincentes",[427] constituiria óbice para aplicação da mencionada lei.

É importante analisar as características da decisão, a qual: a) não se manifestou sobre os diversos textos normativos e precedentes trazidos pela parte autora na petição inicial, sequer mencionando o relatório da CNV ou o caso Gomes Lund, atraindo, dessa forma, também o vício processual em torno da omissão na análise das causas de pedir relevantes; b) manifesta falta de conhecimento sobre a história do direito, a qual, mesmo que minimamente, poderia ser acessada a partir da contextualização fática trazida na inicial, sustentada por diversas fontes de provas, tais como denúncias do MPF, além de fontes normativas; c) incorre na contradição antes apontada, na qual, inicia-se sustentando, apesar das provas documentais trazidas, a existência de dúvida sobre evento histórico, para depois avançar-se, na análise do mérito, a argumentação de que não havia ofensa alguma à honra no presente caso. Ora, se há dúvida sobre os eventos, não se pode, em seguida, afirmar categoricamente que não há ofensa à honra dos familiares das vítimas.

A decisão, assim, padece de sérios vícios de fundamentação, como omissões e contradições. É importante destacar que não há qualquer esforço argumentativo para enfrentar o relatório da CNV ou as razões de decidir do caso Gomes Lund. Mais que isso: há um

---

427 BRASIL. Tribunal Regional Federal da Terceira Região. *Ação n. 5010000-84.2020.4.03.6100*. Direito de resposta em face de homenagem ao Major Sebastião Curió. São Paulo, 2020.

verdadeiro negacionismo histórico, colocando-se dúvidas acerca de um período classificado como de exceção pela própria Constituição, bem como pela CNV e pela Corte IDH. A decisão, assim, não é somente mal fundamentada, mas também representa um exercício claro de autoritarismo judicial, já que o negacionismo, especialmente o histórico, é uma das marcas centrais de posturas antidemocráticas.

Novamente, no entanto, deve-se relembrar que os membros das instituições não formam um corpo monolítico, com condutas e pensamentos completamente unificados. Nessa linha, o desembargador federal André Nabarrete Neto, ao analisar monocraticamente a apelação interposta contra a respectiva sentença, concedeu o pedido liminar pleiteado, sustentando que: a) a publicação efetivada pela Secretaria de Comunicação contrastava com diversos atos normativos, dentre os quais a Lei n. 9.140/95, que reconhece a responsabilidade do Estado em face dos desaparecimentos efetuados durante a ditadura, bem como com publicações da própria Presidência da República, como o livro "Direito à Memória e à Verdade", o qual descreve condutas efetivadas pelo Major Curió; b) a sentença no caso Gomes Lund estabelece a responsabilização do Estado brasileiro diante dos eventos ocorridos no contexto da guerrilha do Araguaia. Esse pronunciamento da Corte IDH é então analisado em diversos pontos da decisão monocrática, de modo a não se admitirem versões alternativas sobre os eventos históricos; c) haveria, no caso, ofensa ao direitos dos familiares das vítimas, autorizando a aplicação da Lei n. 13.188 de 2015 e atraindo a legitimidade para propositura da ação não somente aos familiares das vítimas, mas a todos os brasileiros, diante do direito difuso à memória e à verdade; d) haveria necessidade de deferimento da tutela de urgência, potencializada pela demora na tramitação do caso, levando em conta os prazos exíguos da Lei n. 13.188 de 2015, bem como a dinâmica das redes sociais, que demanda respostas céleres;[428] e) a decisão recorrida merece crítica, em

428 O trecho sobre esse ponto assim discorre: "O legislador estabeleceu prazos exíguos, porque entendeu que a ofensa deve ter uma resposta rápida, para

termos semelhantes às considerações efetivadas anteriormente;[429] f) as alegações da União não se afiguravam corretas, pois, superadas questões processuais invocadas, o direito de resposta é regido por lei específica, sendo aplicável ao caso.

Tal decisão analisou efetivamente os argumentos lançados pelas partes, chegando, em certa medida, a promover algum nível de teorização ao se abstrair do caso e sustentar a legitimidade de qualquer pessoa para uma ação desse tipo, tendo em vista o referido aspecto difuso do direito à memória e à verdade. Assim, essa fundamentação é importante em termos de proteção ao regime democrático, ainda mais diante de uma sentença negacionista e mal fundamentada

---

que surta efeitos. O tempo, na situação, provoca o esquecimento e solidifica versões da história não condizentes com a memória e a verdade que o Estado assumiu oficialmente. A pletora de comunicações dos órgãos públicos e a dinâmica das redes sociais reclamam uma resposta urgente, a fim de que o ofendido apresente os fatos, sobretudo dado o caráter histórico de que se revestem. Ademais, os eventos da Guerrilha do Araguaia já alcançaram quase 50 anos. Após a redemocratização, o Estado brasileiro e os familiares das vítimas e setores da sociedade civil, antes de 1985, vêm realizando esforços para reconstituir a memória e a verdade. A partir da Lei n. 9.140/95 e da sentença da CTEIDH, em 2010, não sobejam dúvidas a respeito da condição de vítimas do movimento de resistência e de seus familiares, assim como a condição de violadores de direitos humanos dos agentes da repressão, incluindo-se Sebastião Rodrigues Moura" (BRASIL. Tribunal Regional Federal da Terceira Região. *Ação n. 5010000-84.2020.4.03.6100*. Direito de resposta em face de homenagem ao Major Sebastião Curió. São Paulo, 2020, p. 12).

429 O trecho sobre esse ponto assim discorre: "À evidência, a sentença recorrida, sob o pretexto de extinguir o processo sem resolução do mérito por inadequação da via eleita, na verdade examina o mérito, porque afasta o caráter ofensivo da nota sem se deter nos argumentos principais da petição inicial, sobretudo a sentença da Corte Internacional. Em decisão enxuta indica a Guerrilha do Araguaia como mera referência histórica, esquecendo-se da densidade do evento para a história recente do Brasil. Rotula de complexos os fatos e que carecem de esclarecimentos convincentes, quando o Estado brasileiro assumiu a responsabilidade por eles na Lei n. 9.140/95 e perante a CTEIDH, sendo inadmissível a alegação de dúvidas". (BRASIL. Tribunal Regional Federal da 3ª Região. *Ação n. 50100008420204036100*. Direito de resposta em face de homenagem ao Major Sebastião Curió. 2020, p. 12. Disponível em: https://pje1g.trf3.jus.br/pje/ConsultaPublica/listView.seam. Acessado em: 31.08.2023).

que não reconheceu sequer o direito de resposta aos familiares das vítimas, e muito menos o da coletividade do povo brasileiro.

Pelo exposto, pode-se concluir que o negacionismo em torno da ditadura militar é uma característica marcante das decisões judiciais autoritárias no contexto da Justiça de Transição. Em específico, tais pronunciamentos minimizam os atos de exceção e relativizam ou mesmo ocultam fatos históricos, podendo, ainda, manifestar algum tipo de saudosismo a tal período. Nesse sentido, decisões como as analisadas podem ser classificadas como autoritárias e merecem, no mínimo, uma reação institucional adequada quando do julgamento do recurso respectivo. A classificação enquanto pronunciamentos autoritários sustenta-se na medida em que não se limitam a julgar o pedido efetivado, mas também desenvolvem afirmações que são historicamente incorretas e que tentam exaltar as supostas virtudes da ditadura militar em relação aos dias atuais.

O negacionismo histórico é ainda mais evidente quando as decisões optam por não atentar para os diversos ataques efetivados pelo regime militar contra a população civil, convenientemente limitando o conceito de crimes contra a humanidade ao delito de genocídio. Nesse caso, a gravidade da fundamentação é ainda mais acentuada, pois demonstra-se um relativismo com a vida humana, no sentido de considerar que delitos de lesa-humanidade somente se caracterizam quando há a ocorrência de milhares de mortes.

Uma variação do argumento acerca da negação dos crimes contra a humanidade é a falsa equiparação dos delitos cometidos pelos militares e pelos militantes, dando a entender que todos aqueles que foram vítimas do regime militar eram “terroristas” ou pessoas que se envolveram na luta armada. Uma versão desse argumento pode ser observada no parecer da Procuradoria Federal que atua junto à UFERSA no caso da homenagem a Costa e Silva. Nessa manifestação, o Procurador Federal em questão sustentou tal equiparação, destacando que pode haver “desproporção” entre o quantitativo de crimes cometidos pelos regimes e pelos grupos de resistência, mas deixando de reconhecer que houve a prática de crimes contra a humanidade por parte dos agentes militares.[430] Tal construção é autoritária porque reitera uma das propagandas desenvolvidas durante a ditadura militar, que justificava a repressão operada pelo regime por meio da generalização do caráter violento dos seus opositores. Constrói-se, assim, uma imagem distorcida da realidade, pois os ataques sistemáticos e generalizados à população civil foram efetivados mesmo em contextos nos quais não havia luta armada. Bastaria citar, nesse sentido, os casos de Rubens Paiva ou Antonio Torini, vítimas de repressão sem terem praticado qualquer tipo de violência.

A tese dos "dois demônios", ou seja, de que existiria uma luta armada, à época da ditadura, entre dois grupos que buscavam o poder, os militares e os militantes, é defendida por aqueles que buscam sustentar o caráter bilateral da anistia, aduzindo que crimes foram cometidos por ambos os lados, mesmo se reconhecendo a desproporção entre as condutas de cada um. Quem defende essa tese, no entanto, fala pouco sobre essa desproporção,

---

430 Consta do parecer: "A consulta encerra uma legítima preocupação da Reitoria, porquanto eventuais questionamentos sobre a regularidade da medida adotada exigem um preciso esclarecimento da área administrativa, sobretudo, para destacar que a decisão tomada não se encontra destituída de amparo jurídico-institucional. Desde logo, é preciso pontuar que a Anistia ampla e geral concedida pela Lei n. 6.683 de 1979 possui caráter bilateral, portanto, contemplando não apenas os opositores do regime político, isto é, da Ditadura Militar, mas, igualmente, os agentes do próprio regime, denotando, de modo claro, que violações aos direitos humanos foram realizadas por todos os envolvidos, não podendo extrair da realidade histórica uma visão romântica de mocinhos e bandidos, ainda que se possa questionar maior ou menor desproporção sobre as violações de direitos entre os guerrilheiros ou terroristas (grupos armados) contrários ao regime político e os agentes militares do Estado defensores do regime político contestado" (BRASIL. Ministério Público Federal. *NF 1.28.100.000129/2020-13*. 2º Ofício da Procuradoria da República no Município de Mossoró. Parecer 00264/2020/GAB/PF-UFERSA/PGF/AGU. Ausência de violação ao Estado Democrático de Direito na homenagem de Costa e Silva em quadro ostentado no Gabinete da Reitoria. Mossoró: PRM-MOSSORO, 04 nov. 2020).

que, quando analisada detidamente, pode ser classificada como considerável. Nesse sentido, deve se pontuar que se está diante de um contexto de crimes praticados pelo Estado, com todo o seu aparato repressor, contra pequenos grupos que decidiram realizar luta armada contra o regime. No contexto da Guerrilha do Araguaia, por exemplo, mobilizou-se de 3 a 10 mil militares para combater cerca de 75 militantes.[431]

É nessa linha que se entende como relevante o *obter dictum* do Ministro Luís Roberto Barroso no julgamento da Extradição 1362. No contexto da distinção entre crimes políticos e crimes contra a humanidade, tal Ministro considerou que os "atos praticados pelo Estado, em nome do Estado ou incentivado pelo Estado têm uma gravidade diversa dos crimes praticados por grupos que eventualmente se insurjam contra o poder ilegítimo no Estado".[432] Esse é um caminho importante para combater a tese de uma suposta bilateralidade da anistia, justificada pelos crimes dos militantes, pois trata-se de argumentação que estabelece, justamente, que os atos desses não podem ser tidos como igualmente reprováveis com relação àqueles praticados pelos militares. Na linha sustentada pelo Ministro, a equiparação é indevida, pois o poder estatal após 1964 não era legítimo.

O Estado que age desse modo, com ataque generalizado e sistemático à população civil, desenvolve terrorismo de Estado. Contudo, com a utilização de táticas furtivas de legalidade autoritária e com o apoio do Poder Judiciário, torna-se possível para tais Estados esconderem a violência perpetrada na exata medida

---

431 SILVA FILHO, José Carlos Moreira. *Justiça de transição da ditadura civil-militar ao debate justransicional*: direito à memória e à verdade e os caminhos da reparação e da anistia no Brasil. Porto Alegre: Livraria do Advogado, 2015, p. 103.

432 BRASIL. Supremo Tribunal Federal. (Plenário). *Ext 1362*. Acórdão. Relator: Min. Edson Fachin, 09 nov. 2016. Brasília, 2016, p. 4. Disponível em: https://redir.stf.jus.br/paginadorpub/paginador.jsp?docTP=TP&docID=748042903. Acessado em: 31.08.2023.

em que qualifica como terroristas os opositores ao regime.[433] Para José Carlos Moreira da Silva Filho, no entanto, quem decidiu pela luta armada contra a ditadura não pode ser classificado como terrorista, pois exerceu legítimo direito de resistência. Conforme argumentação do autor, esse funciona como uma espécie de legítima defesa da democracia e pode ser fundamentado a partir do art. 5º XLIV da Constituição, que prevê a impossibilidade de prescrição e anistia em relação à ação de grupos armados civis ou militares contra a ordem constitucional e o Estado democrático.[434]

O autor reconhece que a resistência ao terrorismo estatal poderia exceder o objetivo pretendido, quando praticados atos que causassem danos ou mesmo a morte de pessoas sem nenhum tipo de relação com a luta travada. Em situações desse tipo, o autor considera que é possível conceber a possibilidade de punições pelo excesso de resistência, devendo-se, no entanto, observar os seguintes cuidados:

> É certo, igualmente, que em meio às ações de resistência poderão ser praticados crimes que excedam claramente o contexto e os propósitos da resistência, muitas vezes expondo a perigo, de modo desnecessário e fatal, terceiros sem relação direta com os conflitos. Nestes casos, haveria em tese a possibilidade de posterior responsabilização dos autores desses crimes, o que, de todo modo, jamais poderia ser feito em meio ao regime de exceção, mas apenas em meio a instituições democráticas e seus mecanismos transicionais, devendo ainda haver uma análise caso a caso para se avaliar

---

433 SILVA FILHO, José Carlos Moreira. *Justiça de transição da ditadura civil-militar ao debate justransicional*: direito à memória e à verdade e os caminhos da reparação e da anistia no Brasil. Porto Alegre: Livraria do Advogado, 2015, p. 149.

434 SILVA FILHO, José Carlos Moreira. *Justiça de transição da ditadura civil-militar ao debate justransicional*: direito à memória e à verdade e os caminhos da reparação e da anistia no Brasil. Porto Alegre: Livraria do Advogado, 2015, p. 149.

> em que medida houve ou não um excesso em relação aos atos de resistência. É preciso também levar-se em conta se tais atos já não foram punidos, em muitos casos até de forma extrema na vigência do próprio regime autoritário, caso em que se fariam desnecessárias as medidas de responsabilização. Por fim, é preciso assinalar que tais atos não poderiam ser considerados atos terroristas, visto que se qualificam como atos de resistência diante da prática do terrorismo estatal, sendo simplesmente, na medida do seu excesso, atos criminosos, a serem enquadrados no ritmo e nos princípios próprios do direito penal interno, e sujeitos, portanto, à prescrição.[435]

A estratégia para negação dos crimes contra a humanidade também pode passar pela relativização, quando não pelo desprezo, dos trabalhos da CNV. Nesse sentido são as argumentações de que tal comissão teria sido parcial ao tratar de modo diferente os atos dos militantes e dos militares, assentando que não há unanimidade entre historiadores acerca dos fatos lá investigados ou desconsiderando as conclusões por ela trazidas, tendo em vista que configurariam meras recomendações.

Nesse sentido, no caso do prédio em homenagem a Castelo Branco, o magistrado assentou que o relatório da CNV em si é uma mera recomendação, mesmo para a administração pública, não tendo caráter vinculante. Além disso, sustentou, sem indicar fonte, que o fato de Castelo Branco, quando Presidente, ter editado os atos que criaram o SNI para "obter dados informativos tendentes à defesa dos interesses do país, não o acumpliciam a eventuais desvios que tenham sido praticados por alguns membros desse Órgão", referindo ainda que tal autoridade era considerado "um

---

435 SILVA FILHO, José Carlos Moreira. *Justiça de transição da ditadura civil-militar ao debate justransicional*: direito à memória e à verdade e os caminhos da reparação e da anistia no Brasil. Porto Alegre: Livraria do Advogado, 2015, p. 149, nota de rodapé 17, pp. 151/152.

militar moderado que até pensava em realizar eleições antes do final do seu mandato".[436] A argumentação faz transparecer que o julgador aceita o autoritarismo, desde que ele seja um pouco mais brando, sendo curiosa a condescendência demonstrada com relação a Castelo Branco, como se ele também não tivesse sido um ditador. Ainda, a colocação de que haveria apenas "eventuais" desvios do SNI contribui para a negação do caráter sistemático e reiterado dos ataques à população civil praticados.

O tema do acompanhamento da implementação das medidas de Justiça de Transição propostas no relatório final da CNV demonstra como a ineficácia dessas também está relacionada à falta de poder político para promoção dessa fiscalização. Elementos para tal demonstração são trazidos por Marina Basso Lacerda em sua tese sobre o avanço do autoritarismo na Câmara dos Deputados a partir de 2015. Conforme aponta a pesquisa realizada, em tal ano, a Deputada Luiza Erundina teve de solicitar a retirada de pauta de requerimento efetivado perante a Comissão de Direitos Humanos (CDHM) que buscava criar subcomissão especializada em acompanhar o cumprimento das recomendações da CNV. A retirada de pauta deveu-se à iminente derrota que tal parlamentar sofreria, pois, "uma aliança de feição neoconservadora fez prevalecer o interesse da corporação militar/policial, interditando que a CDHM monitorasse, em caráter oficial, a implantação das recomendações da CNV".[437] Assim, parte do monitoramento foi efetivado pelo MPF no âmbito da PFDC.

Tal prática em torno do negacionismo apresenta consequências perigosas ainda hoje, pois pode desencadear uma criminalização geral da esquerda, especialmente a partir da ênfase dada por Bolsonaro

---

436 BRASIL. Tribunal Regional Federal da Quinta Região. Seção Judiciária de Pernambuco. (2. Vara Federal). *Ação civil pública 0812782-58.2020.4.05.8300*. Homenagem a Castelo Branco em prédio público. Recife, 2020.

437 LACERDA, Marina Basso. *O novo conservadorismo brasileiro*: de Reagan a Bolsonaro. Porto Alegre: Zouk, 2019, p. 121.

aos crimes dos militantes em detrimento dos comprovados crimes contra a humanidade praticados pela ditadura:

> A alusão aos crimes da esquerda no período militar é algo que ultrapassa o jogo retórico, funcionando como uma linguagem política derivada do negacionismo, que busca ser atrativa aos opositores do PT e das esquerdas, estando salientada na ideia de que a violência era proveniente da luta armada e não dos militares. O cometimento de crimes por parte dos governos militares que são amplamente atestados nas fontes históricas é ocultado, transparecendo uma única preocupação em torno do discurso de um suposto "mal maior": a possível tomada de poder dos comunistas. Por isso, compreende-se que a associação direta entre a esquerda e diversos crimes não é uma especificidade da luta armada ou a casos particulares: essa construção pode ser incorporada no trato do tempo presente, de modo a sugerir, por linhas sinuosas, a necessidade de um projeto político que possa propor a criminalização da esquerda, ou o que se possa supor que ela seja. Aqui reside, portanto, a perversidade desse negacionismo.[438]

Quando tal negacionismo é levado a cabo por juízes, dialogando com o interesse dos demais Poderes e, especialmente, do bolsonarismo, o perigo se amplifica, diante da possibilidade de o direito, especialmente o processual penal, ser utilizado para promover a mencionada criminalização política. Como será elencado no capítulo seguinte, a operação Lava Jato insere-se nesse contexto colaborativo interinstitucional autoritário.

---

438 ALMADA, Pablo Emanuel Romero. "O negacionismo na oposição de Jair Bolsonaro à Comissão Nacional da Verdade". *Revista Brasileira de Ciências Sociais*, vol. 36, nº 106, 2021, p. 17.

2.2.2 Admissão de discricionariedade administrativa militar absoluta

Diversas decisões apontam para a impossibilidade de controle dos atos da administração pública militar em face da possibilidade de discricionariedade executiva quanto a tais medidas e do respeito à separação de poderes. Exemplos relevantes dessa prática são os casos da captura da Comissão de Anistia,[439] a autorização da celebração do golpe militar em decisão de menos de uma página de fundamentação[440] e a admissão da homenagem a responsáveis por

---

439 BRASIL. Tribunal Regional Federal da Primeira Região. Seção Judiciária do Distrito Federal. (1. Vara Federal). *Ação civil pública 1011312-09.2019.4.01.3400*. Brasília, 2019, pp. 105-130.

440 A decisão refere somente que "Nos termos do disposto no artigo 300 do Código de Processo Civil, a tutela de urgência será concedida quando houver elementos que evidenciem a probabilidade do Direito e o perigo de dano ou o risco ao resultado útil do processo. Ao deferir as medidas liminares ora questionadas, entendeu a magistrada a quo que o ato administrativo impugnado não é compatível com o processo de reconstrução democrática promovida pela Assembleia Nacional Constituinte de 1987 e pela Constituição Federal de 1988; contraria a ordem de manter a educação contínua em direitos humanos, como instrumento de garantia de não repetição, bem assim ofende o princípio da legalidade, por estabelecer celebração de data sem a previsão expressa em lei. Em que pese a fundamentação adotada na origem, reputo não preenchidos os requisitos exigidos pelo artigo 300 do Código de Processo Civil para a concessão da tutela de urgência. Não obstante reconheça a sensibilidade do tema em análise, confiro relevância à argumentação da agravante, no sentido de que a recomendação deduzida pelo Presidente da República insere-se no âmbito do poder discricionário do administrador. Não visualizo, de outra parte, violação ao princípio da legalidade, tampouco violação a direitos humanos, mormente se considerado o fato de que houve manifestações similares nas unidades militares nos anos anteriores, sem nenhum reflexo negativo na coletividade. Constato, ademais, que a nota divulgada pelo Ministério da Defesa, já amplamente veiculada pela imprensa, não traz nenhuma conotação ou ideia que reforce os temores levantados pelos agravados, de violação à memória e à verdade, ao princípio da moralidade administrativa ou de afronta ao estado democrático de direito – o qual pressupõe a pluralidade de debates e de ideais. Com essas breves considerações, defiro o pedido, para determinar seja imediatamente suspensa a execução das liminares deferidas na Ação Civil Pública 1007756-96.2019.4.01.3400 e na Ação Popular 1007656-44.2019.4.01.3400"

graves violações de direitos humanos em prédios públicos, como nos casos de Castelo Branco, Costa e Silva e Médici.[441]

No caso da comemoração do golpe militar em 2020, a manutenção pelo TRF da 5ª Região da medida liminar concedida na primeira instância ensejou a interposição de suspensão de medida liminar perante o STF. Nesse âmbito, o Ministro Dias Toffoli determinou a suspensão e admitiu a publicação da ordem do dia, considerando que: a) a suspensão da publicação poderia causar grave lesão à ordem político-administrativa da União, tendo em vista que tal ato se destinava ao ambiente castrense, tendo sido proferido por autoridade competente; b) o Judiciário não poderia

---

(BRASIL. Tribunal Regional Federal da Primeira Região. *Agravo de instrumento n. 0000038-80.2019.4.01.0000*. Decisão - 7925889. Julgador em Plantão Judicial: Desembargadora Federal Maria Do Carmo Cardoso, 30 mar. 2019, pp. 1/2. Disponível em: https://www.conjur.com.br/dl/desembargadora-trf-derruba-proibicao.pdf. Acessado em: 31.08.2023).

BRASIL. Tribunal Regional Federal da Primeira Região. *Agravo de instrumento n. 0000038-80.2019.4.01.0000*. Decisão - 7925889. Julgador em Plantão Judicial: Desembargadora Federal Maria Do Carmo Cardoso, 30 mar. 2019, p. 2. Disponível em: https://www.conjur.com.br/dl/desembargadora-trf-derruba-proibicao.pdf. Acessado em: 31.08.2023.

441 BRASIL. Tribunal Regional Federal da Segunda Região. Seção Judiciária do Rio de Janeiro. (10. Vara Federal). *Ação Civil Pública 0002039-10.2014.4.02.5101*. Mudança de nome da Ponte Rio Niterói, nomeada em homenagem a Costa e Silva. Rio de Janeiro, 2014; BRASIL. Tribunal Regional Federal da Segunda Região. (Vice-Presidência). *Apelação Cível 0218327-26.2017.4.02.5107*. Acórdão. Relator: Poul Erik Dyrlund, 23/08/2018. Rio de Janeiro, 2018. Disponível em: https://www10.trf2.jus.br/c onsultas/?movimento=cache&q=cache:oEjqvyuxiyQJ:ementas.trf2.jus.br/apolo/databucket/idx%3Fprocesso%3D201751072183273%2 6coddoc%3D2190509%26datapublic%3D2018-08-29%26pagdj%3D557-+0218327-26.2017.4.02.5107&site=v2_jurisprudencia&client=v2_index&proxystylesheet=v2_index&lr=lang_pt&ie=UTF-8&output=xml_no_dtd&access=p&oe=UTF-8. Acessado em: 31.08.2023; BRASIL. Tribunal Regional Federal da Primeira Região. Seção Judiciária de Minas Gerais. (15. Vara Federal). *Ação Civil Pública 1000944-36.2018.4.01.3800*. Mudança no nome da rua Presidente Médici e das avenidas Presidente Castelo Branco e Presidente Costa e Silva, situadas no Parque de Material Aeronáutico de Lagoa Santa. Belo Horizonte, 2018.

exercer controle sobre o conteúdo de tal ato, de forma que a decisão atacada seria um "excesso de judicializaçao", já que o Poder Judiciário se manifestar sobre qualquer "querela" e nem buscar substituir o papel dos historiadores na análise dos eventos históricos; c) a decisão, ao instituir verdadeira censura na livre expressão do Ministro da Defesa e dos chefes das Forças Armadas, acarretaria grave risco de violação à ordem político administrativa.[442]

Nas razões elencadas para a suspensão de segurança, percebe-se uma tentativa de fazer com que certos atos militares não gozem de controle judicial, criando-se uma espécie de imunidade para a Administração Militar. Evidentemente, o mérito de atos administrativos não pode ser controlado pelo juiz como se esse fosse o administrador. Contudo, alegações genéricas sobre possíveis quebra de hierarquia e disciplina geradas por uma decisão judicial não são compatíveis com a necessidade democrática de submissão do poder militar ao civil. Diante dessa postura vacilante, tem-se uma forte evidência de que o STF ou parte de seus membros tem atuado para proteger a democracia somente até certo ponto, tolerando algumas práticas autoritárias.

Ainda em relação ao caso da celebração do golpe militar, no julgamento da apelação interposta pela União, a 3ª Turma do TRF da 5ª Região reformou a sentença por maioria de votos, fazendo incidir a regra do CPC que determina a ampliação do colegiado, nos termos do art. 942. Na continuidade ampliada do julgamento, mais dois julgadores opinara pela reforma da sentença, entendendo que não havia ameaça à democracia na mensagem publicada. No voto do desembargador federal Alexandre Costa de Luna Freire, é possível constatar uma clara falta de comprometimento intelectual do próprio julgador com o caso, uma vez que esse confessa

442 BRASIL. Supremo Tribunal Federal. *SL 1326*. Decisão monocrática. Relator: Ministro Dias Toffoli, 06 mai. DJE nº 110, 05 mai. 2020, pp. 2-4. Disponível em: http://portal.stf.jus.br/processos/detalhe.asp?incidente=5902782. Acessado em: 31.08.2023.

que "somente ontem à noite é que consegui ler o material que achei fundamental para o exame da matéria".[443] Tendo em vista a fundamentação desenvolvida por Freire, no entanto, é possível que o investimento de maior tempo na elaboração do voto levasse, unicamente, a um conjunto maior de argumentações favoráveis à comemoração do golpe militar, com manifesta exaltação às Forças Armadas. Isso porque, após transcrever o artigo 142 da Constituição, o mencionado julgador destaca que:

> Então, esse dispositivo é uma instituição que todos os cidadãos devem respeitar. Não se trata de concessão unilateral, pessoal ao respeito, se trata de dever, juridicamente se quisermos a Constituição também como do Estado para fazer ou valer a preservação de suas instituições e dos seus valores. Isso é o que entendo nas lições ensinadas nos bancos acadêmicos.[444]

Percebe-se que, no entendimento do desembargador, a observância do art. 142 da Constituição seria um dever imposto aos cidadãos para que o Estado pudesse preservar instituições e valores. Infere-se que a autora da AP a respeito do caso, ao buscar controlar atos da administração militar, não estaria respeitando tal instituição devidamente. Nesse sentido, dentre os quatro julgadores que opinaram pela reforma da sentença, tal desembargador foi o único que entendeu pela extinção do feito sem resolução do mérito, sustentando que sequer era a hipótese de AP. O voto somente adentrou no mérito unicamente em razão de já haver maioria formada no sentido de julgar a ação improcedente, acatando-se o entendimento

---

443 BRASIL. Tribunal Regional Federal da Quinta Região. (Terceira Turma). *Apelação Cível 0802121-11.2020.4.05.8400*. Acórdão. Relator: Rogério Fialho Moreira, 18 out. 2021. Recife, 2021, p. 3.

444 BRASIL. Tribunal Regional Federal da Quinta Região. (Terceira Turma). *Apelação Cível 0802121-11.2020.4.05.8400*. Acórdão. Relator: Rogério Fialho Moreira, 18 out. 2021. Recife, 2021, p. 7.

da maioria acerca da superação de questões preliminares.[445] Além disso, o desembargador minimizou a gravidade da publicação da ordem do dia na internet, sustentando que "ninguém mais vai ler, vai ler agora, depois do acatamento de uma ação popular contra uma instituição".[446] Ao assim fazer, a decisão sugeriu, novamente, que a instituição militar teria algum tipo de imunidade judicial e que o exercício de ação seria um ato afrontoso.

2.2.3 Liberdade de expressão absoluta

No caso da captura da Comissão de Anistia, a decisão judicial sustentou que o princípio da liberdade de expressão admite críticas como as efetivadas pelos indicados à política de Justiça de Transição, sendo que existência de membros com ideias distintas é algo a ser valorado positivamente em um órgão colegiado, ainda mais quando se está deliberando sobre indenizações que envolvem recursos públicos bilionários e em uma época "de euforia econômica e arrecadatória".[447] Além disso, a decisão liminar considerou como igualmente aceitáveis os discursos daqueles que se posicionam criticamente e a favor da ditadura, como se a liberdade de expressão admitisse tal intepretação. Nesse sentido, o juiz sustenta que, como os antigos membros da comissão criticavam a ditadura, o elogio feito pelos atuais ocupantes seria justificável. Ainda, acusa-se o MPF desenvolver uma tese "subjetiva" e "interpretativa".[448]

---

445 BRASIL. Tribunal Regional Federal da Quinta Região. (Terceira Turma). *Apelação Cível 0802121-11.2020.4.05.8400*. Acórdão. Relator: Rogério Fialho Moreira, 18 out. 2021. Recife, 2021, p. 7.

446 BRASIL. Tribunal Regional Federal da Quinta Região. (Terceira Turma). *Apelação Cível 0802121-11.2020.4.05.8400*. Acórdão. Relator: Rogério Fialho Moreira, 18 out. 2021. Recife, 2021, p. 9.

447 BRASIL. Tribunal Regional Federal da Primeira Região. Seção Judiciária do Distrito Federal. (1. Vara Federal). *Ação civil pública 1011312-09.2019.4.01.3400*. Brasília, 2019, p. 84.

448 BRASIL. Tribunal Regional Federal da Primeira Região. Seção Judiciária do Distrito Federal. (1. Vara Federal). *Ação civil pública*

Tal argumentação falsifica a causa de pedir da ação, pois, como narrado anteriormente, o MPF não estava impugnando meras críticas à política de Justiça de Transição, mas sim discursos que colocavam em dúvida a própria prática de tortura e de crimes contra a humanidade pela ditadura militar.[449]

No caso da comemoração do golpe militar, a relatora do caso no TRF da 1ª Região suspendeu a decisão liminar concedida em primeira instância mediante argumento de que a manutenção da ordem do dia deveria ser admitida como requisito para uma sociedade democrática pluralista, não havendo nenhum risco em torno da repetição dos eventos do passado.[450] Assim, haveria interesse público na proteção de tais discursos, pois eles seriam essenciais para o pluralismo político. Ainda, na decisão liminar proferida pelo Ministro Dias Toffoli para admitir a celebração do golpe militar, argumentou-se que a liberdade de expressão do Ministro da Defesa havia sido tolhida pela juíza federal que deferiu a medida liminar.[451]

1011312-09.2019.4.01.3400. Brasília, 2019, p. 84.

449 BRASIL. Tribunal Regional Federal da Primeira Região. Seção Judiciária do Distrito Federal. (1. Vara Federal). *Ação civil pública 1011312-09.2019.4.01.3400*. Brasília, 2019, p. 84.

450 BRASIL. Tribunal Regional Federal da Primeira Região. Seção Judiciária do Distrito Federal. (1. Vara Federal). *Ação civil pública 1011312-09.2019.4.01.3400*. Brasília, 2019, p. 2.

451 Destaca-se como, novamente, a liberdade de expressão é utilizada como salvaguarda para qualquer tipo de discurso, mesmo quando seu teor se coloca contra o regime democrático. Nesse ponto, a incoerência do Ministro Dias Toffili chega a ser impressionante, pois, no contexto do inquérito das denominadas *Fake News*, esse adotou tom enfático, em diversas passagens, para defender a necessidade de se fixar limites à liberdade de expressão que atente contra as instituições, especialmente o STF. Nessa linha, chegou a reconhecer que discursos que busquem fechar instituições democráticas constituem práticas de ódio, não podendo ser protegidas pela liberdade de expressão porquanto geram erosão democrática: "Não por acaso, temos presenciado: táticas de enfrentamento, ameaças e ataques às instituições; flertes com ruptura da ordem democrática; discursos de incitação ao ódio e à violência; antagonismo exasperado; pedidos de fechamento de instituições democráticas, como o STF e o Congresso Nacional; chamamentos à retomada de atos autoritários fracassados

O MPF também adotou, reiteradas vezes, o argumento em torno da liberdade de expressão absoluta para não efetivar resistência constitucional. Assim, no caso dos atos antidemocráticos difundidos pelos Estados, no arquivamento do Inquérito n. 4.828 ou do procedimento investigatório criminal que investigava a fala do General Hamilton Mourão, foi preponderante a argumentação acerca da livre manifestação do pensamento para não se adotar alguma medida efetiva de proteção à democracia.

2.2.3.1 A politização militar como limite para a liberdade de expressão e o artigo 142 da Constituição

A liberdade de expressão compreendida de modo estritamente liberal e abstrato admite os referidos discursos contra a democracia. Tal tese mostra-se problemática na medida em que não leva a sério a história do Direito brasileiro, capaz de conferir maior concretude ao autoritarismo militar gerado a partir da histórica politização das Forças Armadas. A presente seção, assim, buscará demonstrar

---

de nossa história. Ou seja, trata-se de lenta e gradual desestabilização das instituições promovida por métodos que corroem a democracia" (BRASIL. Supremo Tribunal Federal. (Plenário). *ADPF 572*. Acórdão. Relator: Ministro Edson Fachin, 18 jun. 2020. Brasília, 2020, p. 355. Disponível em: https://redir.stf.jus.br/paginadorpub/paginador.jsp?docTP=TP&docID=755791517/. Acessado em: 31.08.2023). Ora, fazer homenagem e apologia à ditadura militar é prática, num certo sentido, muito mais grave do que sustentar o fechamento do STF, uma vez que se está diante de elogio aos crimes contra a humanidade. A contradição e falta de integridade denotada nos posicionamentos do Ministro só pode ser explicada a partir de algum cálculo político de afago à política do Presidente da República, conduta inaceitável em uma democracia que busca se proteger. Essa necessidade de proteção do regime democrático foi assentada, inclusive, pelo próprio STF no âmbito da ADFP 572, a qual validou o inquérito das *fake news*.

BRASIL. Supremo Tribunal Federal. *SL 1326*. Decisão monocrática. Relator: Ministro Dias Toffoli, 06 mai. DJE nº 110, 05 mai. 2020. Disponível em: http://portal.stf.jus.br/processos/detalhe.asp?incidente=5902782. Acessado em: 31.08.2023.

como a luta em prol da neutralidade dos militares impõe outra compreensão acerca da liberdade de expressão.

A politização militar pode ser compreendida como a tentativa de membros das Forças Armadas em influenciar a atuação política civil, se necessário através da força ou da intimidação, relegando para o segundo plano a estrita disciplina na medida em que a obediência fica condicionada ao compartilhamento de ideologia semelhante àquela do Chefe do Poder Executivo, não consistindo mais, portanto, em um dever em si mesmo.[452] Tal fenômeno compõe processo que pode ser compreendido desde o fim da Monarquia, com a relevante atuação militar para implantação da República e outras sucessivas intervenções, pontuais ou mais demoradas, no curso da história. Recentemente, o tema tem ganhado ainda mais destaque tendo em vista a ampla participação de militares na Administração Pública no governo do ex-Presidente Jair Bolsonaro, além de diversas manifestações em prol de uma suposta "intervenção militar constitucional", as quais culminaram com a tentativa de golpe de Estado efetivada em 8 de janeiro de 2023.

Para além das considerações de ordem jurídica positiva a partir do Direito Constitucional ou Direito Administrativo Militar adiante efetivadas, é importante conceber como, na realidade atual e histórica, as Forças Armadas têm atuado a fim de perquirir a dualidade entre uma atuação protagonista e coadjuvante nos assuntos políticos. Nesse sentido, Oliveiros Ferreira esclarece essa

---

452 A militarização da política também pode consistir na indicação de militares para exercício de cargos na Administração Pública civil. Sobre tal fenômeno, deve-se ter clareza de ele não se iniciou no governo de Jair Bolsonaro, sendo possível encontrar tal prática desde o governo Fernando Henrique Cardoso, com aumento da participação militar nos Governos de Lula e de Dilma Rousseff. (LENTZ, Rodrigo. *República de segurança nacional*: militares e política no Brasil. São Paulo: Expressão Popular; Fundação Rosa Luxemburgo, 2022, p. 14). Apesar de compor importante dimensão da politização, este não será propriamente o caso estudado no texto, o qual restringir-se-á à busca pela subjugação do poder civil a partir do apoio militar de natureza político-partidária.

dúplice atuação, destacando que em: a) certos momentos, as Forças Armadas atuaram como "inimigas do Poder Constitucional", exercendo protagonismo com capacidade decisória própria; b) outros, consorciam-se com os civis para, de certo modo, resolver problemas que estes, alegadamente, não poderiam resolver sozinhos na luta política, conduzindo-se como coadjuvantes.[453] O autor denomina como "partido fardado", justamente, os grupos militares, os quais, de tempos em tempo diante das crises políticas, "se julgam com o direito de interpretar o que sejam a lei e a ordem".[454]

Momento decisivo para politização militar foi o contexto no qual eclodiu o golpe militar de 1964, fato histórico o qual, além de recente, apresenta efeitos notáveis ainda hoje na sociedade e, especificamente, na prática judicial. Nelson Werneck Sodré ensina que, tão logo João Goulart conseguiu tomar posse no cargo de Presidente da República após a renúncia de Jânio Quadros, os militares iniciam conspiração para retirá-lo do poder.[455] Para o autor, a recusa de João Goulart em adotar os próprios métodos dos setores reacionários do Brasil, negando-se a promover a repressão ao movimento popular de base que apoiava as reformas em prol de maior igualdade defendidas pelo então Presidente, foi fundamental para a eclosão do golpe militar.[456]

Sobre a violência política, é importante a compreensão do autor acerca de como "as forças do atraso", apesar de acusar "as forças do avanço" de violência, são aquelas que lançam mão de tal estratégia:

---

453 FERREIRA, Oliveiros S. *Vida e morte do partido fardado*. São Paulo: Senac, 2019, p. 5.

454 FERREIRA, Oliveiros S. *Vida e morte do partido fardado*. São Paulo: Senac, 2019, p. 41.

455 SODRÉ, Nelson Werneck. *A história militar do Brasil*. 2ª ed. São Paulo: Expressão Popular, 2010, p. 465.

456 SODRÉ, Nelson Werneck. *A história militar do Brasil*. 2ª ed. São Paulo: Expressão Popular, 2010, pp. 466/467.

> A perspectiva de emprego da violência para interferir no processo político se apresentava crescente. Convém verificar, a tal respeito, como as forças do atraso, aqui e por toda a parte, ao mesmo passo que acusam as forças populares de ameaçar com a violência ou até de empregá-la, são sempre as responsáveis, concretamente, pelo emprego desse processo de luta, são sempre as que lançam mão dele. De sorte que a violência é uma saída que depende muito mais das forças do atraso do que das forças do avanço, e não só no caso brasileiro, evidentemente.[457]

Assim, tem-se que a radicalização da política brasileira decorreu muito mais do golpe de 1964 em si do que de discursos inflamados ou comícios efetivados pelos grupos populares.[458] A desproporção de poder entre os grupos em conflito e o discurso falso são marcas evidentes ainda hoje no contexto das relações entre civis e militares, sendo importante e atual relembrar a questão da violência política na exata medida que ela se repetiu no Brasil em 8 de janeiro de 2023 após a conivência militar com os diversos acampamentos golpistas efetivados pelo país.

A cláusula que prevê o limite legal para atuação das Forças Armadas nos "limites da lei" ou para preservar a "lei e a ordem" tem despertado fortes controvérsias desde sua positivação na Constituição de 1891. Na interpretação de Seabra Fagundes, a expressão comporia um limite para os militares em poder de comando, no sentido de que somente poderiam ordenar dentro da lei.[459] A exceção em torno da hierarquia seria no caso de ordens para golpe de Estado, justificando-se, neste caso específico, a desobediência, pois,

---

457 SODRÉ, Nelson Werneck. *A história militar do Brasil*. 2ª ed. São Paulo: Expressão Popular, 2010, p. 467.

458 SODRÉ, Nelson Werneck. *A história militar do Brasil*. 2ª ed. São Paulo: Expressão Popular, 2010, p. 467.

459 FAGUNDES, Miguel Seabra. "As forças armadas na Constituição". *Revista de Direito Administrativo*, vol. 9, jul./set. 1947, p. 12.

do contrário, ter-se-ia um respeito absoluto ao princípio hierárquico, o qual é regido "por um princípio geral de legalidade, norteando e supervisionando todas as atividades dos agentes do poder público, cuja violação elimina o dever de obedecer".[460] Numa realidade na qual as Forças Armadas mostram-se dispostas a aceitar os referidos acampamentos em prol de golpe militar, tem-se como temerária a cogitação de que os respectivos membros comportar-se-iam em estrita legalidade, resistindo às ordens golpistas. A discussão é atual e passa pela própria compreensão do emprego das Forças Armadas como uma espécie de "poder moderador".

A atuação política das Forças Armadas passa pela interpretação do artigo 142 da Constituição, cuja redação tem despertado discussões no pensamento nacional acerca do possível emprego da violência oficial contra os próprios Poderes, notadamente o Judiciário. A suposta competência "moderadora" da instituição militar será explorada na presente seção na medida em que interessa ao processo de erosão democrática numa dupla perspectiva: a) no contexto da crise de representação política, certos grupos sentem-se representados pelos militares a ponto de pleitearem intervenção; b) tal conduta, grave por si só, gera intimidação aos demais grupos civis, os quais não dispõem de armas e nem as buscam para solucionar os desacordos políticos.

Na doutrina jurídica nacional, é possível encontrar as seguintes posições sobre o papel das Forças Armadas no Brasil a partir do artigo 142 da Constituição, partindo: a) da admissão da suposta competência moderadora, como defende Ives Gandra Martins;[461] b) da oposição a tal tese a partir de hermenêutica que desconsidera

---

460 FAGUNDES, Miguel Seabra. "As forças armadas na Constituição". *Revista de Direito Administrativo*, vol. 9, jul./set. 1947, p. 14.

461 MARTINS, Ives Gandra da Silva. "O ativismo judicial e a ordem constitucional". *Revista Brasileira de Direito Constitucional*, nº 18, jul./dez. 2011.

aspectos históricos acerca das razões que levaram os Constituintes a adotarem a redação de tal texto, como sustenta Lenio Streck.[462]

Em texto publicado ainda em 2011, Ives Gandra da Silva Martins já sustentava a possibilidade de atuação das Forças Armadas para garantir a harmonia entre os Poderes, a fim de reestabelecer a lei e a ordem. Para o autor, no contexto do "ativismo judicial", ou seja, "da atuação do Poder Judiciário, em especial do Supremo Tribunal Federal, como legislador positivo e, até mesmo, como constituinte derivado",[463] até mesmo a referida atuação militar estaria justificada. O texto é um importante referencial teórico dos juristas ligados ao bolsonarismo, eis que a expressão "ativismo" empregada em contexto no qual se buscava fechar o STF através de intervenção militar foi frequentemente utilizada.

O autor inicia o texto diferenciando a função de guardião da Constituição em aspecto negativo, tida como a correta, daquela desenvolvida em prol de uma suposta justiça, de modo positivo e em prejuízo ao Congresso Nacional.[464] Em nenhum momento, no entanto, o autor faz considerações de ordem fática, seja atual ou histórica, em torno das características efetivas do Poder Legislativo brasileiro, provavelmente por não considerar tal empreitada uma tarefa do jurista, mas sim do político. Diante de tal cenário, relembra, inicialmente, a harmonia e independência ente os poderes, passando pela atribuição do Congresso Nacional em zelar pela sua competência em face da função normativa dos demais poderes, nos

---

462 STRECK, Lenio. "São as Forças Armadas o Poder Moderador na República? Uma correta hermenêutica do Artigo 142 da Constituição no Brasil". *In*: VALE, André Rufino (Coord.). *Forças Armadas e democracia no Brasil*: a interpretação do art. 142 da Constituição de 1988. Brasília: Observatório Constitucional, 2020.

463 MARTINS, Ives Gandra da Silva. "O ativismo judicial e a ordem constitucional". *Revista Brasileira de Direito Constitucional*, nº 18, jul./dez. 2011, p. 23.

464 MARTINS, Ives Gandra da Silva. "O ativismo judicial e a ordem constitucional". *Revista Brasileira de Direito Constitucional*, nº 18, jul./dez. 2011, pp. 24/25.

termos do artigo 49, XI da Constituição para, finalmente, chegar no referido artigo 142, capaz de reorganizar a relação entre os Poderes.[465] A cogitação em torno desta atuação das Forças Armadas seria justificada a partir da garantia da lei e da ordem, "se houver invasão de sua competência por qualquer dos outros poderes".[466]

Ora, é possível indagar: onde está posto na Constituição que o motivo para requerimento de intervenção das Forças Armadas em determinado Poder seria a violação da competência deste? Esse argumento textual é necessário para analisar a contradição no pensamento do autor, tão cioso, em certos casos, por uma interpretação mais próxima da literal, em homenagem ao aspecto negativo da jurisdição constitucional mesmo diante de injustiça. Parece claro que o autor interpretou o artigo 142 conferindo, deliberadamente, uma enorme facilidade para tal atuação militar, eis que não estaria restrita a atos de violência contra os Poderes, com o efetivo impedimento ao funcionamento destes, por exemplo, bastando a alegada ofensa à competência.

Há exemplos recentes na história constitucional brasileira de movimentos políticos atuando violentamente contra determinado poder a ponto de impedir que este funcione. Para além dos eventos ocorridos em 8 de janeiro de 2023, pode-se destacar como movimento de policiais militares na Bahia ocorrido em 2012 ocupou o prédio da Assembleia Legislativa do Estado, levando o MPF a oferecer denúncia em face de crime contra a segurança nacional, então vigentes à época e interpretados em prol da proteção da democracia.[467] Ora, numa situação dessas poder-se-ia cogitar o uso

---

465 MARTINS, Ives Gandra da Silva. "O ativismo judicial e a ordem constitucional". *Revista Brasileira de Direito Constitucional*, nº 18, jul./dez. 2011, p. 25.

466 MARTINS, Ives Gandra da Silva. "O ativismo judicial e a ordem constitucional". *Revista Brasileira de Direito Constitucional*, nº 18, jul./dez. 2011, p. 27.

467 FERREIRA, Emanuel de Melo. *A difusão do autoritarismo e resistência constitucional.* Fortaleza: Universidade Federal do Ceará, 2022, pp. 211-214. (Tese de Doutorado).

das Forças Armadas como medida extrema, num cenário limite no qual as forças de segurança pública não mais pudessem atuar, sem olvidar dos riscos democráticos envolvidos nisso. No entanto, de modo inteiramente desproporcional, Ives Gandra Martins aceita a atuação militar, como visto, a partir de suposta ofensa à competência constitucional.

Dentre as decisões analisadas pelo autor para embasar a crítica feroz ao STF, está a da união homoafetiva, chegando a sustentar que a Corte desfigurou "o conceito de família como base da sociedade, ou seja, de união entre homem e mulher capaz de gerar prole".[468] Ora, onde está a suposta neutralidade do jurista, abertamente conservador ao adotar como único padrão de família o modelo patriarcal? O questionamento é importante, pois a base da crítica de Ives Gandra repousa numa suposta falta de imparcialidade com a fidelidade da Corte com a Constituição, quando, ele próprio, também não é ideologicamente neutro. Não convence a tese de que foi a Constituição quem assim decidiu e não a interpretação do pensador, pois é possível sustentar que o artigo 226 da Constituição, ao regulamentar a união entre homem e mulher, não vedou outros tipos, sendo caso de omissão passível de superação por outras normas constitucionais, como a que garante o princípio da igualdade. Tese defensável, ainda mais quando, honestamente, assume-se como progressista, não escondendo o parcial papel da ideologia política na interpretação constitucional, como buscam fazer os juristas conservadores ou os "juristas do *status quo*".[469]

O conservadorismo do autor é, ainda, autoritário na exata medida em que admite a intervenção das Forças Armadas, "obrigando

---

468 MARTINS, Ives Gandra da Silva. "O ativismo judicial e a ordem constitucional". *Revista Brasileira de Direito Constitucional*, nº 18, jul./dez. 2011, p. 30.

469 BONAVIDES, Paulo. *Teoria constitucional da democracia participativa*: por um Direito Constitucional de luta e resistência, por uma nova hermenêutica, por uma repolitização da legitimidade. 2ª ed. São Paulo: Malheiros, 2001.

o Supremo Tribunal Federal a cumprir a Constituição".[470] O procedimento seria adotado de modo gradual, incialmente com o Congresso Nacional sustando decisões como a referida união homoafetiva ou aquela que garantiu a interrupção da gestação em caso de fetos anencéfalos, justificando-se a atuação militar somente se a Corte descumprisse a suspensão.[471]

Com a maior facilidade intelectual, sem nenhum tipo de consideração sobre o passado em torno da politização dos militares e dos crimes contra a humanidade cometidos durante da ditadura militar, o festejado tributarista, irresponsavelmente, admite o poder de as Forças Armadas subjugarem o poder civil, utilizando a linguagem constitucional para tanto. Eis mais um dentre tantos exemplos de como juristas atuam contra a democracia com a utilização autoritária do direito.[472]

Lenio Streck, por sua vez, após síntese histórica a qual demonstra como o Poder Moderador, resquício do absolutismo presente na Constituição de 1824, não mais subsiste na República constitucionalizada em 1891,[473] pois determina que os conflitos, mesmo entre os

---

470 MARTINS, Ives Gandra da Silva. "O ativismo judicial e a ordem constitucional". *Revista Brasileira de Direito Constitucional*, nº 18, jul./dez. 2011, p. 33.

471 MARTINS, Ives Gandra da Silva. "O ativismo judicial e a ordem constitucional". *Revista Brasileira de Direito Constitucional*, nº 18, jul./dez. 2011, p. 33.

472 SEELAENDER, Airton Cerqueira Leite. "Juristas e ditaduras: uma leitura brasileira". *In*: FONSECA, Ricardo Marcelo; SEELAENDER, Airton Cerqueira Leite (Coord.). *História do direito em perspectiva*: do antigo regime à modernidade. Curitiba: Juruá, 2009.

473 Marcelo Casseb Continentino esclarece como não há qualquer sentido em buscar fundamentar a existência de um poder moderador na Constituição de 1988. Sustenta que, enquanto a Constituição de 1824 expressamente previa tal função imperial, elencando como ela poderia ser exercida a partir da ideia da infalibilidade do monarca, nenhum dispositivo semelhante é encontrado na atual Constituição, a qual fundamenta-se em base mais racional acerca do poder. (CONTINENTINO, Marcelo Casseb. "Qual o lugar para o Poder Moderador na Constituição Federal de 1988?" *In*: VALE, André Rufino (Coord.). *Forças Armadas e democracia no Brasil*: a interpretação do art.

Poderes, agora devem ser resolvidos pelo Poder Judiciário, sustenta que "diante da historicidade que nos molda, não há hermenêutica que permita ler o artigo 142 da Constituição de 1988 como legítima atuação, das Forças Armadas, do Poder Moderador".[474] Opondo-se à tese de Ives Gandra Martins acerca do papel das Forças Armadas como órgão capaz de, até mesmo, controlar decisões do Supremo Tribunal Federal, Lenio Streck sustenta que há uma contradição em tal leitura do artigo 142 da Constituição na medida em que, a pretexto de se alcançar harmonia entre os Poderes, pede-se o fechamento deles através da atuação militar.[475]

Além disso, aponta como a admissão da tese de Ives Gandra levaria a uma "retumbante aporia: se dois Poderes – que por força constitucional são inoponíveis – convocarem as Forças Armadas,

---

142 da Constituição de 1988. Brasília: Observatório Constitucional, 2020, pp. 67/68) Além disso, dissertando sobre a realidade histórica e política em torno da competência moderadora prevista na Constituição de 1824, o autor sustenta que "a pecha de ilegitimidade do Poder Moderador e, por conseguinte, da Constituição de 1824 perseguiu o imperador dom Pedro I até sua renúncia", (CONTINENTINO, Marcelo Casseb. "Qual o lugar para o Poder Moderador na Constituição Federal de 1988?" *In*: VALE, André Rufino (Coord.). *Forças Armadas e democracia no Brasil*: a interpretação do art. 142 da Constituição de 1988. Brasília: Observatório Constitucional, 2020, p. 65) sendo tal atribuição vista como autoritária, ainda mais porque exercido pelo Imperador, o qual também era o chefe do Poder Executivo. (CONTINENTINO, Marcelo Casseb. "Qual o lugar para o Poder Moderador na Constituição Federal de 1988?" *In*: VALE, André Rufino (Coord.). *Forças Armadas e democracia no Brasil*: a interpretação do art. 142 da Constituição de 1988. Brasília: Observatório Constitucional, 2020, p. 63).

474 STRECK, Lenio. "São as Forças Armadas o Poder Moderador na República? Uma correta hermenêutica do Artigo 142 da Constituição no Brasil". *In*: VALE, André Rufino (Coord.). *Forças Armadas e democracia no Brasil*: a interpretação do art. 142 da Constituição de 1988. Brasília: Observatório Constitucional, 2020, pp. 42/43.

475 STRECK, Lenio. "São as Forças Armadas o Poder Moderador na República? Uma correta hermenêutica do Artigo 142 da Constituição no Brasil". *In*: VALE, André Rufino (Coord.). *Forças Armadas e democracia no Brasil*: a interpretação do art. 142 da Constituição de 1988. Brasília: Observatório Constitucional, 2020, pp. 44/45.

por exemplo, com que critérios um lado seria escolhido?"[476] O argumento leva em conta a parte final do artigo 142 o qual prevê que, a partir da provocação de quaisquer dos Poderes, as Forças Armadas podem atuar para garantir a lei e a ordem. Se o Executivo buscasse fechar o Judiciário, em face de suposta exorbitância da competência constitucional, a pretexto de garantir a lei e a ordem através dos militares, o que impediria de o STF pedir auxílio a esses mesmos militares, sob o mesmo argumento da garantia da lei e da ordem? Essa é a concretização da aporia elencada pelo autor, a qual, efetivamente, demonstra como, no plano de uma interpretação desvinculada de fatos históricos próximos à aprovação de tal dispositivo pela Assembleia Nacional Constituinte, as Forças Armadas não devem ter tal poder.

Ocorre que a tese, ao não levar a sério a facticidade em torno da aceitação militar do golpismo, ou seja, a existência real de agentes com intenção de efetivar intervenção militar com base naquele dispositivo constitucional, não confere a devida atenção à dinâmica da luta entre os graves interesses contrapostos no processo de interpretação jurídico. Qual a vantagem de se adotar uma interpretação que atribua mais peso à tal história recente, bem como ao comportamento real dos militares? A principal aspecto positivo é não gerar um alívio e acomodação no intérprete no sentido de que, diante de tal interpretação, não haveria necessidade de os juristas se empenharem na luta para mudança constitucional formal do artigo 142, tida por desnecessária diante de tal tese jurídica vencedora nos debates ou mesmo em pronunciamentos judiciais.

Nesse âmbito da formação dos precedentes, é importante lembrar que o Ministro Luiz Fux proferiu medida liminar, ainda pendente

---

476 STRECK, Lenio. "São as Forças Armadas o Poder Moderador na República? Uma correta hermenêutica do Artigo 142 da Constituição no Brasil". *In*: VALE, André Rufino (Coord.). *Forças Armadas e democracia no Brasil*: a interpretação do art. 142 da Constituição de 1988. Brasília: Observatório Constitucional, 2020, p. 52.

de referendo pelo plenário do STF, deferindo parcialmente pedido efetivado pelo partido Democrático Trabalhista em Ação Direta de Inconstitucionalidade.[477] Na fundamentação da decisão, sustentou que a "autoridade suprema" do Presidente da República, na chefia das Forças Armadas, refere-se às demais autoridades militares, não se cogitando, assim, de qualquer tipo de competência do Chefe do Poder Executivo Federal para atuar contra os demais Poderes ou a própria Constituição.[478] Nessa linha, relembrou que a relação entre os Poderes é de independência e harmonia, no sentido de que, em caso de desacordo entre eles, a Constituição já prevê mecanismos de ações normais no contexto dos freios e contrapesos, sustentando

---

477 Na ADI 6457, o Partido Democrático Trabalhista impugnou os artigos 1º e 15 da lei complementar n. 97, a qual dispõe sobre organização, emprego e preparo das Forças Armadas, sustentando que a atuação das referidas Forças no exercício da competência constitucional em torno da defesa da Pátria, da garantia dos poderes constitucionais e da lei e da ordem somente poderiam ser efetivadas no contexto de intervenção federal, estado de defesa e estado de sítio, não se cogitando, assim, de utilização contra os Poderes. (BRASIL. Tribunal Regional Federal da Segunda Região. (8. Turma Especializada). *Apelação Cível AC 0210565-56.2017.4.02.5107*. Acórdão. Relator: Guilherme Diefenthaeler, 31/08/2020. Rio de Janeiro, 2020, p. 4. Disponível em: https://www10.trf2.jus.br/consultas/?movimento=cache&q=-cache:K4leo9ygpL8J:acordaos.trf2.jus.br/apolo/databucket/idx%3Fprocesso%3D201751072105651%26coddoc%3D2317938%26datapublic%3D2020-09-03%26pagdj%3D457/478+0210565=56-2017.4.02.5107.+&site-v2_jurisprudencia&client=v2_index&proxystylesheet=v2_index&lr=lang_pt&ie=UTF-8&output=xml_no_dtd&access=p&oe=UTF-8. Acessado em: 31.08.2023). Além disso, buscava delimitar a intepretação da expressão "sob autoridade suprema do Presidente da República", presente tanto no artigo 142 da Constituição como no artigo 1º da referida lei complementar, argumentando que o caráter hiperbólico da expressão poderia conferir autorização para a própria suspensão da Constituição, devendo-se, desse modo, limitar a referida autoridade do Presidente às regras de competência constitucionais previstas no artigo 84. (BRASIL. Supremo Tribunal Federal. *Ação direta de inconstitucionalidade no. 6.457*. Relator Ministro Luiz Fux. Petição inicial. 12 de junho de 2020, p. 11).

478 BRASIL. Supremo Tribunal Federal. *Ação direta de inconstitucionalidade no. 6.457*. Relator Ministro Luiz Fux. Decisão liminar pendente de referendo. 12 de junho de 2020, pp. 7/8.

que a "garantia dos poderes constitucionais refere-se à proteção de todos os três Poderes contra ameaças alheias a essa tripartição", quando se tem, por exemplo, a ameaça de golpe de Estado.[479] A tese em torno da "intervenção militar", agora no contexto do emprego das Forças Armadas para garantia da lei e da ordem, também é rechaçada pelo Ministro, levando em conta que, numa democracia, todo poder emana do povo.[480]

Trata-se de decisão monocrática, mas, mesmo se fosse uma decisão unânime do STF, ela não poderia ser interpretada no sentido de que, a partir dela, os militares não buscariam mais apoiar movimentos golpistas. O estado de constante alerta, neste tema, justifica-se a partir da história constitucional brasileira, cabendo ao jurista atuar como garantidor da luta política, deixando claro que a decisão judicial é somente um aspecto do enfrentamento aos legados da ditadura militar, não sendo algo definitivo.

Sendo assim, o debate jurídico na linha hermenêutica proposta por Lenio Streck é importante e deve ser feito, mas é insuficiente, pois somente com o engajamento da política ter-se-ia mais um obstáculo para o golpismo, com a retirada da Constituição de qualquer referência ao papel das Forças Armadas como garantidoras da lei e da ordem. E tal engajamento passa pela compreensão mais realística de que, para setores militares, o artigo 142 autoriza a intervenção na política, sendo esta a razão de ser de sua positivação, como esclarece Jorge Zaverrucha.[481] O cenário da luta constitucional pela democracia a partir da interpretação

---

479 BRASIL. Supremo Tribunal Federal. *Ação direta de inconstitucionalidade no. 6.457*. Relator Ministro Luiz Fux. Decisão liminar pendente de referendo. 12 de junho de 2020, p. 14.

480 BRASIL. Supremo Tribunal Federal. *Ação direta de inconstitucionalidade no. 6.457*. Relator Ministro Luiz Fux. Decisão liminar pendente de referendo. 12 de junho de 2020, p. 20.

481 ZAVERUCHA, Jorge. *FHC, forças armadas e polícia*: entre autoritarismo e a democracia (1999 a 2002). São Paulo: Record, 2005, pp. 64/65.

jurídica levada a cabo por autoridades que aplicam o Direito será adiante explanado, perquirindo-se o poder daqueles que almejam o controle militar pelos civis.

No âmbito da ética militar, é dever do militar acatar as autoridades civis, de acordo com a norma prescrita no artigo 28, inciso XI da Lei. Mesmo na inatividade, o militar deve abster-se de usar designações hierárquicas em atividades político-partidárias, nos termos do inciso XVIII, "a". Além disso, para os militares são proibidas quaisquer manifestações coletivas, tanto sobre atos superiores quanto as de caráter reivindicatório ou político, de acordo com o artigo 45 da Lei.[482] Finalmente, o militar, enquanto em serviço ativo, não pode estar filiado a partidos políticos, de acordo com o art. 142, parágrafo 3º, inciso V da Constituição.[483] Quando tais normas não são levadas a sério nem mesmo pelos oficiais que deveriam disciplinar os subordinados, há politização dos militares, ocorrendo um processo perigoso em termos democráticos, pois ofende-se a subordinação deles ao poder civil, pois "os militares obedecem ao governo não porque é o seu dever, mas porque se identificam plenamente com a ideologia oficial".[484] É para evitar o desenvolvimento dessa perniciosa politização militar que a tese da liberdade de expressão absoluta em tal âmbito é injustificável.

---

482 BRASIL. Presidência da República. *Lei n. 6.880,* de 9 de dezembro de 1980, 1980.

483 BRASIL. *Constituição da República Federativa do Brasil de 1988*. Brasília, DF: Senado Federal, 1988. Disponível em: http://www.planalto.gov.br/ccivil_03/constituicao/constituicao.htm. Acessado em: 31.08.2023.

484 PASSOS, Anaís Medeiros. "Militares e política no governo de Jair Bolsonaro". *In*: AVRITZER, Leonardo; KERCHE, Fábio; MARONA, Marjorie. *Governo Bolsonaro*: retrocesso democrático e degradação política. Belo Horizonte: Autêntica, 2021, p. 205.

2.2.4 Neutralidade ideológica

Em todas as decisões que mantiveram os legados autoritários, foi perceptível a construção argumentativa no sentido de que as ações ajuizadas apresentavam um caráter político e, sendo o Poder Judiciário uma instância "neutra", deveria aplicar o direito tecnicamente, afastando-se da "ideologia" desenvolvida por advogados e procuradores da República. Veja-se, por exemplo, a sentença que extinguiu, sem resolução do mérito, a ação proposta pelo MPF para alteração do nome da Ponte Rio Niterói. Neste caso, o juiz, além de sustentar que o debate em torno de tal questão era meramente política, argumentou, por meio de comparações com outras hipóteses, que a tese ministerial, caso adotada, teria consequências absurdas. Nesse sentido, o julgador sustentou que, se levados ao extremo, os argumentos apresentados pelo MPF implicariam que até mesmo a certidão de nascimento e de óbito de Costa e Silva deveriam ser "eliminadas".[485] Essa busca por uma coerência entre situações supostamente idênticas demonstra, no mínimo, o receio em se contrapor à memória saudosa da ditadura.

---

485 Em tal trecho, a decisão argumenta que: "Levando-se o raciocínio do Ministério Público Federal ao extremo, até mesmo os registros de nascimento e óbito do ex-Presidente Costa e Silva deveriam ser eliminados, afinal, os "documentos" (art. 216, IV CF/88) também integram o "patrimônio cultural brasileiro". Idêntica providência teria que ser tomada com outros documentos históricos, como o selo "Centenário de Portugal", emitido em 01.12.1940 contendo a efígie do Presidente Getúlio Vargas; as moedas de um cruzeiro cunhadas de 08.11.1972 a 16.01.1989, que continham a efígie do Presidente Médici ao lado da de D. Pedro I; as moedas de dez cruzeiros cunhadas de 31.03.1975 a 01.07.1987, com a efígie do Presidente Castello Branco; canções como marchinha de autoria de João de Barro ("Braguinha") e José Maria de Abreu – "Ai, Gegê!", e "A Primavera e a Revolução de Outubro", da escola de samba Deixa Falar, tida como a primeira do Brasil, que homenagearam Getúlio Vargas; e assim por diante" (BRASIL. Tribunal Regional Federal da Segunda Região. Seção Judiciária do Rio de Janeiro. (10. Vara Federal). *Ação Civil Pública 0002039-10.2014.4.02.5101*. Mudança de nome da Ponte Rio Niterói, nomeada em homenagem a Costa e Silva. Rio de Janeiro, 2014).

Ainda nesse sentido, um dos argumentos reiteradamente oferecidos pela União nas contestações ou razões recursais nos casos analisados é que a questão corresponde a uma controvérsia ideológica, não cabendo ao Judiciário intervir. No caso da celebração do golpe militar, por exemplo, sustentou-se que a ação, na verdade, tinha cunho político-ideológico e não jurídico, pois, na verdade, revelava desacordo da parte autora com a visão política do Presidente da República. Assim, a propositura da ação representaria um excesso de judicialização, o que viola a separação de poderes, já que tais questões deveriam ser debatidas no parlamento ou nas eleições.[486] Similarmente, no caso da captura da Comissão

486 Consta da decisão: "Evidencia-se, dessa forma, que as teses lançadas na presente demanda entram numa seara eminentemente política, de caráter ideológico, que se torna até mesmo difícil rebater juridicamente; toda a explanação remonta à rediscussão da história e acontecimentos de fatos históricos brasileiros, com uma determinada percepção. Em que pese se tenha ultimamente admitido no terreno teórico a "juridicização da política", processos como o presente somente acabam por abarrotar o Poder Judiciário, com consequências em casos reais que afetam a vida cotidiana da população brasileira. Com efeito, não seria razoável se permitir o prosseguimento de uma demanda com um viés quase metafísico, pois em nada na Ordem do Dia 31 de março compromete qualquer postulado da Administração Pública, com reflexos na vida do cidadão. Parece haver uma aparente pretensão de se procurar debater ou rebater politicamente as posições do Presidente da República em uma seara que não é própria. Embora se reconheça o caráter aberto e democrático da inafastabilidade da jurisdição, a esfera de discussão política não permite que seja travada em cenários de decidibilidade jurídica; o ambiente adequado para a presente discussão não se centra nas Cortes ou Tribunais, mas sim no Parlamento ou por ocasião das eleições periódicas. Contudo, considerando o debate instaurado pela presente ação, ainda que sem um viés de correspondência com a realidade, é necessário que se procure fazer a discussão de forma mais correta, evitando subjetividades que não encontrariam espaço no ordenamento jurídico brasileiro. Nesse sentido, pede-se vênia para fazer a defesa que segue, em função da ação ter sido proposta com nítidos interesses políticos. Ainda em face dessas considerações iniciais, será utilizada a expressão "movimento" para não se afirmar a concepção de "Golpe" ou "Revolução", conforme já externado pelo Ministro Dias Toffoli em ulteriores oportunidades. Em que pese as críticas feitas a Sua Excelência pela imprensa brasileira, a expressão é única capaz de se desvencilhar de uma determinada concepção ou outra. Assim, nas linhas que seguem, a utilização

de Anistia, diz-se que a diversidade de posições no órgão seria uma garantia que opera em prol do pluralismo, não podendo o MPF buscar escolher membros para a comissão base em ideologia.[487]

É importante constatar que em nenhum caso os pronunciamentos judiciais subsequentes repeliram essa construção argumentativa constante na defesa apresentada pela União. É possível inferir dessa atuação sistemática parte dos juízes concordam com essa argumentação, ou, ao menos, a toleram. Essa omissão na fundamentação das decisões, aliada aos diversos outros vícios anteriormente analisados, caracteriza um cenário mais amplo de autoritarismo. Uma das características desses contextos é que a liderança autocrata nega sua própria ideologia, sustentando que tem posições neutras, enquanto seus inimigos é que são movidos ideologicamente. Assim, quando se diz que determinada atuação é ideológica, está-se buscando atacar e desqualificar um adversário que não se mostra "puro" na construção do autocrata. Na verdade, no entanto, lideranças ostentam, no mínimo, uma ideologia flexível, sendo que Viktor Orbán, por exemplo, já declarou que não possui qualquer ideologia, saudando a vitória de Donald Trump em 2016

---

das expressões "Golpe" ou "Revolução" serão feitas considerando as citações de textos pesquisados. Ressalte-se, por oportuno, que a argumentação expendida nesta peça processual parte da pressuposição de legitimidade que se reveste todo o agir administrativo, devendo ser encarada, portanto, como uma defesa eminentemente jurídica" (BRASIL. Tribunal Regional Federal da Primeira Região. Seção Judiciária do Distrito Federal. (6. Vara Federal Cível). *Ação Civil Pública n. 1007756-96.2019.4.01.3400*. Celebração do golpe de Estado de 1964. Brasília, 2019, p. 10).

BRASIL. Tribunal Regional Federal da Primeira Região. Seção Judiciária do Distrito Federal. (6. Vara Federal Cível). *Ação Civil Pública n. 1007756-96.2019.4.01.3400*. Celebração do golpe de Estado de 1964. Brasília, 2019, p. 11.

487 BRASIL. Tribunal Regional Federal da Primeira Região. Seção Judiciária do Distrito Federal. (1. Vara Federal). *Ação civil pública 1011312-09.2019.4.01.3400*. Brasília, 2019, pp. 105-130.

como uma espécie de libertação das ideologias pelo ocidente.[488] É possível, assim, perceber uma clara continuidade entre o discurso que nega a ideologia e a acusação de que teses que buscam proteger a democracia compõem meros exercícios ideológicos.

No caso da indicação do procurador da República Ailton Benedito para a CEMDP, é possível constatar como a ideologia autoritária manifesta-se a ponto de: a) buscar-se subjugar a autonomia do MPF em prol do poder do Presidente da República; b) negar a própria ideologia e atacar aqueles que buscam concretizar os pilares da Justiça de Transição como "militantes ideólogos". Assim, é possível fazer algumas considerações que auxiliam a compreender como o autoritarismo consegue nascer e se desenvolver em instituições como o MPF, a partir de circunstâncias relacionadas: a) à relação informal e direta entre autoridades do Poder Executivo e do MPF; b) ao mérito da decisão efetivada pelo CSMPF, a qual, em momento algum, tece considerações sobre o desvio de finalidade em tal indicação, levando em conta a falta de parcialidade do indicado, narrada na manifestação da PFDC.

Inicialmente, destaque-se o caráter de informalidade mantido na relação entre o Secretário Nacional e o procurador da República pois, mesmo tendo o convite sido formalizado por ofício, é fácil comprovar como ele decorreu de prévios acertos informais, pois o convite inicial, ao invés de ter sido dirigido diretamente à PGR, autoridade competente para promover a designação, foi efetivado diretamente ao procurador. Somente em 15 de abril de 2019, como dito, o encaminhamento é corrigido com o envio de ofício à PGR.

O procedimento ilegal adotado pelo procurador da República e pelo Secretário Nacional de Proteção Global mostrou-se ainda mais afrontoso quando tornou a autonomia do MPF uma garantia inferior à lei ordinária, pois admitia como correta uma nomeação presidencial

---

488 SCHEPPELE, Kim Lane. "Autocratic legalism". *The University of Chicago Law Review*, Chicago, vol. 85, nº 2, mar. 2018, p. 574, nota 102.

que seria, unicamente, ratificada pela PGR e pelo respectivo CSMPF. Tratava-se, assim, de uma intervenção do Presidente da República em assuntos internos do MPF, pois esta instituição, a partir dos devidos canais de escolha internos, tem interesse em escolher quem a representará em conselhos externos. Para o procurador, assim, a autoridade do Poder Executivo poderia subjugar a do MPF.

É curiosa, assim, a menção por vezes efetivada pelo indicado acerca da criação de pretensos requisitos "ideológicos" contra sua indicação, os quais seriam inventados, artificialmente, por seus críticos, como a PFDC. Não haveria ideologia alguma em se admitir a mencionada intervenção do Presidente da República no MPF, mas mero cumprimento da lei ordinária. Com isso, busca-se esconder uma ideologia que nega juridicidade à Constituição e também à própria Lei Complementar. Tem-se, portanto, mais um exemplo de como a tese da neutralidade é utilizada tanto para atacar interlocutores como para mascarar a própria ideologia autoritária na tese sustentada.

Desse modo, é correta a tese fixada no voto vencedor, a qual mostra-se cada vez mais importante como instrumento para garantia da independência do MPF diante de um cenário no qual a autonomia, especialmente no âmbito da própria PGR, tem sido cada vez mais atingida nas relações com o Poder Executivo. Por outro lado, aquilo que não foi dito na decisão também impressiona, pois, mesmo tendo conhecimento acerca da atuação e das manifestações públicas do procurador, o CSMPF não efetivou sequer uma crítica, nem em sede de *obter dictum*, a tais fatos narrados pela PFDC.

Perceba-se que, nos termos do voto vencedor, cabe ao próprio MPF fazer a escolha do membro que comporá o CEMDP, escolha, obviamente, que deve levar em conta a atuação funcional do membro em relação à temática respectiva. Assim, além da ilicitude formal indicada, o CSMPF tinha ampla liberdade para avançar em questões de mérito para, muito claramente, assentar que as teses defendidas por Ailton Benedito são incompatíveis com o regime democrático, eis que negam e relativizam a ditadura militar, ofendendo a memória das famílias das vítimas, além do próprio direito difuso à verdade histórica. Esse silêncio é propício para o desenvolvimento de práticas autoritárias na instituição, pois, ante a ausência de uma reprimenda minimante aplicada, continua-se à vontade para proferir discursos negacionistas. Esse é um dos poderes do autoritarismo brasileiro, qual seja, a capacidade de se manter oculto ou não ser contestado adequadamente, abrindo-se espaço para posteriores manifestações. Neste caso, essa marca é evidenciada a partir da omissão efetivada pelo Conselho Superior do MPF, o qual rejeitou tal indicação somente argumentando com base em aspectos formais, não havendo resposta expressa ao negacionismo efetivado pelo procurador indicado.

No caso da homenagem a Costa e Silva na UFERSA, é possível constatar de modo mais saliente na argumentação do MPF na promoção de arquivamento o vício acerca da neutralidade ideológica ora discutido, destacando-se que, para o procurador da República oficiante, a democracia não parece ser um bem jurídico digno de proteção, eis que nenhum argumento é lançado no contexto das graves violações de direitos humanos cometidos durante a ditadura. Ao invés disso, reduz tal debate a uma questão meramente ideológica, como se o MPF não tivesse o dever funcional de proteger a democracia, nos termos do artigo 127 da Constituição.

Uma importante metodologia de análise para se descortinar a atuação ideológica autoritária é buscar elaborar comparação entre casos a fim de perquirir sobre a coerência na respectiva atuação funcional. Nesse sentido, o mesmo procurador da República que sustentava o "caráter ideológico" da disputa sobre o quadro na UFERSA, buscou censurar evento acadêmico realizado na mesma instituição por envolver a Deputada Estadual Isolda Dantas, pelo simples fato de ela ser filiada ao Partido dos Trabalhadores, eis que iniciativa ministerial semelhante em relação a outros políticos que também participam de atos na referida instituição não foi encontrada.

O evento relacionava-se a uma audiência pública com a finalidade de debater acerca do tema "alternativas e desafios da juventude potiguar",[489] devendo-se destacar que tal procurador determinou instauração de ofício[490] para apurar o fato em 19 de setembro de 2019, ou seja, quando já havia se formado o precedente no STF vedando a prática de censura nas universidades motivadas por interesse político, nos termos do ADPF 548[491] O caso não foi distribuído para tal procurador e acabou arquivado liminarmente.[492]

Em outro momento, no entanto, ocorreu o Fórum de Desenvolvimento do Semiárido 2020, contando com a presença dos deputados Bia Kicis (PSL-DF), João Maia (PL-RN), Beto Rosado (PP-RN) e Benes Leocádio (Republicanos-RN). Também estava prevista a participação do vice-Presidente da República, Hamilton Morão, de acordo com notícia veiculada no sítio eletrônico da Câmara dos Deputados.[493] No entanto, repita-se, não houve qualquer instauração de notícia de fato de ofício por parte do procurador para apurar o caso, mesmo ele ocorrendo no Teatro Municipal da UFERSA em Mossoró.

---

489 BRASIL. Ministério Público Federal. *NF 1.28.100.000184/2019-61*. 1º Ofício da Procuradoria da República no Município de Mossoró-RN. Mossoró: PRM-MOSSORO, 18 set. 2019, p. 8.

490 BRASIL. Ministério Público Federal. *NF 1.28.100.000184/2019-61*. 1º Ofício da Procuradoria da República no Município de Mossoró-RN. Mossoró: PRM-MOSSORO, 18 set. 2019, p. 3.

491 BRASIL. Supremo Tribunal Federal. (Plenário). *ADPF 548*. Acórdão. Relator: Min. Carmen Lúcia, 15 fev. 2020. Brasília, 2020. Disponível em: https://redir.stf.jus.br/paginadorpub/paginador.jsp?docTP=TP&docID=752896813. Acessado em: 05.01.2022.

492 BRASIL. Ministério Público Federal. *NF 1.28.100.000184/2019-61*. 1º Ofício da Procuradoria da República no Município de Mossoró-RN. Mossoró: PRM-MOSSORO, 18 set. 2019, pp. 8-10.

493 DA REDAÇÃO. Frente parlamentar promove Fórum de Desenvolvimento do Semiárido. *Agência Câmara de Notícias*. Brasília, DF, 03 dez. 2020. Disponível em: https://www.camara.leg.br/noticias/712417-frente-parlamentar-promove-forum-de-desenvolvimento-do-semiarido/. Acessado em: 31.08.2023.

A falta de sinceridade judicial já é investigada por pensadores como Duncan Kennedy, quando, realisticamente, descreve como os juízes veem sua própria atuação, negando qualquer papel da ideologia, promovendo despolitização na medida em que se passa a imagem ilusória de uma decisão "neutra", beirando à má-fé judicial.[494] [495] Nesse sentido, há uma séria mistificação em torno do Estado de Direito, pois o discurso oficial de agentes públicos, incluindo políticos e juízes, que defendem o poder estatal normalmente esconde dois fenômenos importantes relacionados: a) às normas positivadas que buscam empoderar certos grupos às expensas de outros, reproduzindo hierarquias sociais; b) aos limites e às ambiguidades do sistema jurídico, cuja indeterminação vai demandar atuação jurisdicional na qual juízes perseguirão "consciente, quase-conscientes ou inconscientemente projetos ideológicos com respeito àquelas questões de hierarquia".[496] Essa postura, em realidades desiguais como a brasileira, vai reproduzir a hierarquia e, no contexto de um governo que exalta a ditadura

---

494 A tese dele é a de que, pelo menos "alguma parte da criação judicial do direito no processo de tomada de decisão é melhor descrito como uma escolha ideológica levada a cabo num discurso no qual há uma forte convenção que nega tal escolha, escolha esta mantida por agentes, muitos dos quais estão agindo de má-fé". (KENNEDY, Duncan. *A critique of adjudication.* Harvard: University Press, 1997, p. 4) É preciso ter em mente os limites da importante teoria de Duncan Kennedy quando transportada para o Brasil, eis que ele, como visto, está concentrado na realidade americana, quando muito tecendo comparações com o Reino Unido. (KENNEDY, Duncan. *A critique of adjudication.* Harvard: University Press, 1997, p. 4) No entanto, parte da compressão de que os juízes norte-americanos são poderosos, quando comparados com a realidade mais próxima de uma soberania parlamentar europeia. (KENNEDY, Duncan. *A critique of adjudication.* Harvard: University Press, 1997, p. 4) Nesse cenário, é possível fazer aproximações, pois os juízes brasileiros também ostentam poderes semelhantes aos norte-americanos quando se constata, por exemplo, a força do controle de constitucionalidade.

495 KENNEDY, Duncan. *A critique of adjudication.* Harvard: University Press, 1997, pp. 1-2 e 4.

496 KENNEDY, Duncan. *A critique of adjudication.* Harvard: University Press, 1997, p. 14.

militar, vai aprofundar a violência estatal, tudo isso escondido, deliberadamente, a partir de fundamentações judiciais como as estudadas nesta obra.

Como será elencado no capítulo seguinte, um dos caminhos para a resistência constitucional é expor essa pretensa neutralidade ideológica, a qual serve para acusar defensores da democracia e dos direitos humanos de atuação interessada ou insincera, compondo uma estratégia com duplo objetivo: a) esconder a ideologia autoritária de quem profere tal ataque; b) deslegitimar atos que, na verdade, buscam preservar o regime democrático, ignorando o caráter de proteção constitucional neles envolvido. Uma das maneiras de expor o componente ideológico dessa estratégia é atentar para o conveniente silêncio judicial diante das mencionadas acusações.

2.2.5 Aplicação da legalidade autoritária da ditadura

Anthony Pereira[497] considera seriamente o papel da lei e, em sentido amplo, do Direito, na manutenção de aparente legalidade em regimes autoritários. Nesse sentido, ditaduras formam uma "legalidade autoritária" a partir de uma "manipulação jurídica" na qual há uma utilização do Direito para finalidades autoritárias. Essa seria uma das características marcantes da ditadura militar brasileira.[498] Nesse sentido, destaca-se a atuação expressiva da

---

497 PEREIRA, Anthony W. *Ditadura e repressão*: o autoritarismo e o Estado de Direito no Brasil, no Chile e na Argentina. Trad. Patrícia Zimbres. São Paulo: Paz e Terra, 2010, p. 36.

498 Conforme o autor, é possível explicar essa maior tendência à judicialização ou à busca por uma legalidade autoritária a partir do elevado grau de consenso e integração entre as elites judiciárias e militares: "As elites judiciárias e militares constituem-se em grupos corporativos de grande prestígio, todos eles contando com uma forte organização interna do aparato estatal. Além disso, nos regimes autoritários, esses grupos poderosos influenciam fortemente a formulação e a aplicação da lei. (...) Os fatores chave na formação do consenso entre esses grupos são os contornos institucionais do sistema de justiça militar, o grau em que as facções militares dominantes e seus

Justiça Militar na punição daqueles que se opunham ao regime, compondo um aparato de repressão que buscava dar ares de legalidade à ditadura através do Judiciário. Com a possibilidade de julgar civis em face de crimes contra a segurança nacional ou as instituições militares, a Justiça Militar "tornou-se uma genuína retaguarda judicial para a burocracia e para a repressão ditatoriais, mostrando-se, muitas vezes, conivente ou omissa em relação às denúncias de graves violações de direitos humanos".[499]

Nos casos estudados para esta pesquisa, foi possível constatar situações de aplicação dessa legalidade autoritária do regime militar – ou seja, da Lei de Segurança Nacional conforme então interpretada pela Justiça Militar – mesmo em julgamentos efetivados sob a égide da Constituição de 1988. Nesse sentido, no caso Antônio Torini, ao julgar a remessa necessária tida como interposta, a 6ª Turma do TRF da 3ª Região reformou a sentença, sustentando, unanimemente, que: a) o autor, na verdade, fazia parte de movimento "esquerdista" que buscava implantar um governo comunista no Brasil, subvertendo o regime iniciado em 1º de abril de 1964; b) as condutas por ele praticadas como militante iam de encontro à legalidade então vigente, sendo tipificadas como crimes contra a segurança nacional; c) é suficiente a anistia administrativa

---

partidários se veem como ameaçados, a história das relações entre o alto oficialato das forças armadas e o judiciário, e o grau de conflito existente entre esses grupos no tocando às interpretações da lei de segurança nacional" (PEREIRA, Anthony W. *Ditadura e repressão*: o autoritarismo e o Estado de Direito no Brasil, no Chile e na Argentina. Trad. Patrícia Zimbres. São Paulo: Paz e Terra, 2010, p. 41). Para medir o grau de integração, recorre-se à organização do sistema de justiça militar, pois "o grau de conexão formal entre as elites militares e judiciárias na aplicação das leis de segurança nacional é primordial" (PEREIRA, Anthony W. *Ditadura e repressão*: o autoritarismo e o Estado de Direito no Brasil, no Chile e na Argentina. Trad. Patrícia Zimbres. São Paulo: Paz e Terra, 2010, p. 42).

499 BRASIL. Comissão Nacional da Verdade. *Relatório*. Brasília, DF: CNV, 2014, p. 948. (Relatório da Comissão Nacional da Verdade; vol. 1). Disponível em: http://cnv.memoriasreveladas.gov.br/images/pdf/relatorio/volume_1_digital.pdf. Acessado em: 31.08.2023.

concedida, não cabendo ao Judiciário deferir indenização, tendo em vista que Torini, voluntariamente, buscou se contrapor ao regime, devendo arcar com as consequências de seus atos; d) não há prova de que houve tortura no caso, pois a mera juntada de documentos acerca de processo sofrido há mais de 40 anos não é suficiente para demonstrar a prática que o anistiado fora seviciado.[500]

Tal ato dialoga com a rejeição da ação penal proposta pelo MPF no caso de Etienne Romeu[501] ao relativizar a tortura a partir de postura probatória que confere maior peso aos documentos juntados pelos herdeiros da vítima e maior realce, por outro lado, à legalidade autoritária do regime. Essa postura, a partir da menção aos processos penais militares de então, acaba por promover revitimização. Nesse sentido, o acórdão do caso Torini realça, a partir da utilização de expressões destacadas em negrito pelo Relator, como a ideologia política do anistiado foi determinante para a repressão por ele sofrida, criticando seus herdeiros pela demora no ajuizamento da ação, como houvesse algum tipo de prescrição operando no caso. Ao levar em conta, nesses termos, a ideologia da vítima, o Poder Judiciário, na verdade, demonstra como ideologia política autoritária se desenvolve em seus órgãos.

É curioso, ainda, constatar que a 6ª Turma do TRF da 3ª Região se preocupa com a eventual implantação da ditadura do

---

500 BRASIL. Tribunal Regional Federal da Terceira Região. (6. Turma). *Apelação Cível 5000493-21.2020.4.03.6126*. Acórdão. Relator: Des. Fed. Johonsom Di Salvo, 05.03.2021. São Paulo, 2021, pp. 4-8.

501 BRASIL. Tribunal Regional Federal da Segunda Região. (8. Turma Especializada). *Agravo de Instrumento 0003169-41.2016.4.02.0000*. Acórdão. Relator: Marcelo Pereira da Silva, 27 out. 2016. Rio de Janeiro, 2016. Disponível em: https://www10.trf2.jus.br/consultas/?movimento=cache&q=cache:RFLgBIwgiJIJ:ementas.trf2.jus.br/apolo/databucket/idx%3Fprocesso%3D201600000031690%26coddoc%3D479215%26datapublic%3D2016-10-28%26pagdj%3D637/647+&site=v2_jurisprudencia&client=v2_index&proxystylesheet=v2_index&lr=lang_pt&ie=UTF-8&output=xml_no_dtd&access=p&oe=UTF-8. Acessado em: 31.08.2023.

proletariado, mas não manifesta nenhum rechaço à ditadura militar efetivamente implantada. No início da decisão, há simples menção ao "regime vigente a partir de 1º de abril", como se não se não tivesse acabado de ocorrer, em tal data, um golpe de Estado.[502]

2.2.5.1 Olavo de Carvalho na Justiça Federal

Como já referido, na ação penal n. 0170716-17.2016.4.02.5106, o MPF denunciou Antônio Waneir Pinheiro Lima pelos delitos de sequestro e estupro contra Inês Etienne Romeu, praticados no contexto de crimes contra a humanidade durante a ditadura militar. A denúncia foi rejeitada na primeira instância em face da aplicação da Lei de Anistia e da ocorrência de prescrição, chegando o juiz a comparar a justiça de transição e o grupo de trabalho criado pelo MPF sobre o tema como um "simulacro de tribunal de exceção".[503]

Além disso, o juiz analisou a condenação da vítima efetivada pelo STM durante a ditadura, realçando a pena de prisão perpétua aplicada à época. Ainda, buscou desqualificar as provas colhidas pelo MPF em face do decurso de tempo, relativizando o próprio depoimento da vítima.[504] Agindo assim, o juiz ignorou a realidade

---

502 BRASIL. Tribunal Regional Federal da Terceira Região. (6. Turma). *Apelação Cível 5000493-21.2020.4.03.6126*. Acórdão. Relator: Des. Fed. Johonsom Di Salvo, 05.03.2021. São Paulo, 2021.

503 BRASIL. Tribunal Regional Federal da Segunda Região. (8. Turma Especializada). *Agravo de Instrumento 0003169-41.2016.4.02.0000*. Acórdão. Relator: Marcelo Pereira da Silva, 27 out. 2016. Rio de Janeiro, 2016. Disponível em: https://www10.trf2.jus.br/consultas/?movimento=cache&q=cache:RFLgBIwgiJIJ:ementas.trf2.jus.br/apolo/databucket/idx%3Fprocesso%3D201600000031690%26coddoc%3D479215%26datapublic%3D2016-10-28%26pagdj%3D637/647+&site=v2_jurisprudencia&client=v2_index&proxystylesheet=v2_index&lr=lang_pt&ie=UTF-8&output=xml_no_dtd&access=p&oe=UTF-8. Acessado em: 31.08.2023.

504 BRASIL. Tribunal Regional Federal da Segunda Região. (8. Turma Especializada). *Agravo de Instrumento 0003169-41.2016.4.02.0000*. Acórdão. Relator: Marcelo Pereira da Silva, 27 out. 2016. Rio de Janeiro, 2016. Disponível em: https://www10.trf2.jus.br/

vivenciada por aqueles perseguidos no período de exceção, os quais, à época, não tinham a quem recorrer para, efetivamente, ver seus direitos preservados.[505] Ao final, concluiu do seguinte modo:

> Como escreveu Olavo de Carvalho, ninguém é contra os "direitos humanos", desde que sejam direitos humanos de verdade, compartilhados por todos os membros da sociedade, e não meros pretextos para dar vantagens a minorias selecionadas que servem aos interesses globalistas.[506]

A tese judicial leva adiante a marca da "seletividade discricionária", na linha da argumentação de Antônio Augusto Cançado Trindade, prática que atinge frontalmente os direitos humanos na medida em que estes não admitem a quebra na isonomia em relação aos destinatários, como se alguns fossem titulares de direitos humanos e outros

---

consultas/?movimento=cache&q=cache:RFLgBIwgiJIJ:ementas.trf2.jus.br/apolo/databucket/idx%3Fprocesso%3D201600000031690%26coddoc%3D479215%26datapublic%3D2016-10-28%26pagdj%3D637/647+&site=v2_jurisprudencia&client=v2_index&proxystylesheet=v2_index&lr=lang_pt&ie=UTF-8&output=xml_no_dtd&access=p&oe=UTF-8. Acessado em: 31.08.2023.

505 Obviamente que não se está sustentando o necessário acerto da tese da acusação, pois somente após a resposta à acusação, o exercício da ampla defesa e realização da instrução é que se poderia, para além de dúvida razoável, formar a culpa do acusado. O que se sustenta é que haveria uma predisposição judicial em se promover uma absolvição por ausência de provas e tal postura, tal qual a admissão incondicional das teses do MPF, também é criticável em termos constitucionais.

506 BRASIL. Tribunal Regional Federal da Segunda Região. (8. Turma Especializada). *Agravo de Instrumento 0003169-41.2016.4.02.0000*. Acórdão. Relator: Marcelo Pereira da Silva, 27 out. 2016. Rio de Janeiro, 2016. Disponível em: https://www10.trf2.jus.br/consultas/?movimento=cache&q=cache:RFLgBIwgiJIJ:ementas.trf2.jus.br/apolo/databucket/idx %3Fprocesso%3D201600000031690%26coddoc%3D479215%26datapublic %3D2016-10-28%26pagdj%3D637/647+&site=v2_jurisprudencia&client=v2_index&proxystylesheet=v2_index&lr=lang_pt&ie=UTF=8-&output-xml_no_dtd&access=p&oe=UTF-8. Acessado em: 31.08.2023.

não, bem como a suposta escolha de direitos a serem implementados, como se alguns fossem mais importantes que outros.[507]

A estratégia judicial de desqualificar a vítima evidencia-se na tentativa de atribuir maior peso ao julgamento efetivado pela Justiça Militar, demonstrada na utilização de formatação em negrito para realçar a condenação e de destaque mais forte ainda, que combina negrito e sublinhado, para elencar o crime supostamente cometido por Etienne.[508] Tem-se, assim, a aplicação da legalidade autoritária da ditadura[509] por um juiz federal atuando em plena vigência da Constituição de 1988.

É possível encontrar traços marcantes do bolsonarismo no referido discurso judicial. A linguagem forte utilizada pelo magistrado para descrever uma militante da esquerda que se opunha à ditadura militar é suficiente para perceber que tal autoridade insere-se no

---

507 TRINDADE, Antônio Augusto Cançado. *Tratado de Direito internacional dos direitos humanos*. vol. I. 1ª ed. Porto Alegre: Sérgio Antônio Fabris Editor, 1997, p. 25.

508 Consta do trecho: "Dessa forma, por essas certidões, resta provado que **Inês Etienne Romeu** foi **condenada pela Justiça Militar, por sentenças transitadas em julgado**, pela prática dos **crimes de sequestro seguido de morte** (art. 28, parágrafo único do Decreto Lei n. 898/69) e de associação a agrupamento que, sob orientação de governo estrangeiro ou organização internacional, exerce atividades prejudiciais ou perigosas à Segurança Nacional (art. 14 do Decreto Lei n. 898/69)" (BRASIL. Tribunal Regional Federal da Segunda Região. (8. Turma Especializada). *Agravo de Instrumento 0003169-41.2016.4.02.0000*. Acórdão. Relator: Marcelo Pereira da Silva, 27 out. 2016. Rio de Janeiro, 2016, p. 7. Disponível em: https://www10.trf2.jus.br/consultas/?movimento=cache&q=cache:RFLgBIwgiJIJ:ementas.trf2.jus.br/apolo/databucket/idx%3Fprocesso%3D201600000031690%26coddoc%-3D479215%26datapublic%3D2016-10-28%26pagdj%3D637/647+&site=-v2_jurisprudencia&client=v2_index&proxystylesheet=v2_index&lr=lang_pt&ie=UTF-8&output=xml_no_dtd&access=p&oe=UTF-8. Acessado em: 31.08.2023, com destaques no original).

509 PEREIRA, Anthony W. *Ditadura e repressão*: o autoritarismo e o Estado de Direito no Brasil, no Chile e na Argentina. Trad. Patrícia Zimbres. São Paulo: Paz e Terra, 2010, p. 36.

conceito de "cidadão de bem", mostrando, ainda como parte do Poder Judiciário apresenta vinculação ideológica com o bolsonarismo.

O TRF da 2ª Região, no entanto, ao julgar carta testemunhável em recurso em sentido estrito, reformou a decisão e recebeu a denúncia, assentando que: a) a Justiça de Transição não corresponde à criação de tribunais de exceção; b) há possibilidade de convivência entre o controle de constitucionalidade exercido pelo STF e o controle de convencionalidade exercido pela CteIDH, eis que realizados com base em parâmetros distintos; c) há caracterização de crimes contra a humanidade efetivados durante a ditadura, conforme tipificações previstas em tratados internacionais e no próprio Código Penal vigente na data dos fatos; d) a aplicação da Lei de Anistia violaria regras cogentes internacionais; e) a decisão proferida pela Corde IDH tem caráter vincular; f) o efeito paralisante de legislação supraconstitucional implica na não aplicação da Lei de Anistia, sendo, ainda, não convencional, a aplicação das regras ordinárias acerca da prescrição penal ao caso; g) o Estatuto de Roma, que cria o TPI, foi internalizado no Brasil em 2002, e prevê a imprescritibilidade dos crimes contra a humanidade.[510]

O acórdão do TRF da 2ª Região que recebeu a denúncia constitui um novo exemplo de como há uma parcela do Poder Judiciário que está comprometida com a proteção ao regime democrático através do direito penal. Em tal decisão, há diversas passagens em que se critica a inércia do Poder Judiciário em realizar um sério controle de convencionalidade das disposições sobre anistia, destacando que essa leniência judicial contribui para "a perpetuação de estruturas de poder autoritárias e legitimação de violências policiais e torturas cometidas nos dias de hoje contra a população civil".[511]

---

510 BRASIL. Tribunal Regional Federal da Quarta Região. Seção Judiciária de Santa Catarina. (7. Vara Federal). *Ação penal 5012165-46.2018.4.04.7200.* Florianópolis, 2018, pp. 12-24.

511 Como exemplo, tem-se esse trecho do voto da desembargadora federal Simone Schreiber: "Mesmo diante de condenações vinculantes da Corte Americana

Contudo, apesar de elencar importante argumentos, o acórdão não responde adequadamente ao ataque aos direitos humanos desenvolvido pelo juiz a partir da citação, sem qualquer informação sobre a fonte, de Olavo de Carvalho, cujo pensamento fundamentava toda a decisão. Pesquisas em Ciência Política, como a desenvolvida por Esther Solano e Camila Rocha,[512] já relacionam as origens da nova direita brasileira ao referido pensador. Nesse sentido, a ano de 2006 é importante para o nascimento de tal ideologia política: naquele momento, grupos que não aceitavam a reeleição do Presidente Lula organizaram-se em fóruns de discussão na *internet* para discutir pautas como o livre-mercado, a maior punição aos criminosos e mesmo o retorno do regime militar. Nesse âmbito, destacava-se o papel de orientação exercido por Olavo de Carvalho.[513] Sobre a influência deste, tem-se que:

> Desde a metade de 1990, Carvalho defendia, por meio de livros e artigos de jornais e revistas, a ideia de que o país

---

de Direitos Humanos e da existência de um movimento de revisões das leis internas de anistia frente ao Pacto de São José da Costa Rica, o país e, mais especificamente o Poder Judiciário, reluta em lidar com o seu passado e adotar um modelo transicional adequado às obrigações jurídicas assumidas no plano internacional. Essa dificuldade de enfrentar as graves violações cometidas em nome do Estado estão amparadas em sua cultura do esquecimento, da qual algumas das consequências, reconhecidas pela comunidade internacional, são a perpetuação de estruturas de poder autoritárias e legitimação de violências policiais e torturas cometidas nos dias de hoje contra a população civil" (BRASIL. Tribunal Regional Federal da Quarta Região. Seção Judiciária de Santa Catarina. (7. Vara Federal). *Ação penal 5012165-46.2018.4.04.7200*. Florianópolis, 2018, p. 23).

512 ROCHA, Camila; SOLANO, Esther. "A ascensão de Bolsonaro e as classes populares". *In*: AVRITZER, Leonardo; KERCHE, Fábio; MARONA, Marjorie (Coord.). *Governo Bolsonaro*: retrocesso democrático e degradação política. Belo Horizonte: Autêntica, 2021.

513 ROCHA, Camila; SOLANO, Esther. "A ascensão de Bolsonaro e as classes populares". *In*: AVRITZER, Leonardo; KERCHE, Fábio; MARONA, Marjorie (Coord.). *Governo Bolsonaro*: retrocesso democrático e degradação política. Belo Horizonte: Autêntica, 2021, pp. 15/16.

> foi tomado por uma hegemonia cultural esquerdista após a redemocratização. Essa hegemonia, que remete ao pacto democrático de 1988, seria refletida por meio da influência exercida por intelectuais de esquerda, que ocuparam posições de prestígio em editoras de livro, nas redações dos principais veículos de comunicação nacional e nos cursos de humanidades das principais universidades do país, mais notadamente na Universidade de São Paulo (USP). De acordo com Carvalho, esses intelectuais seriam incapazes de realizar reflexões profundas sobre o Brasil que se destacassem no panorama intelectual mundial e, portanto, contentavam-se em repetir, de modo irrefletido, chavões inspirados nas últimas modas intelectuais vindas dos Estados Unidos. Para ele, um exemplo dessa reprodução de modismos era a defesa de lutas contra opressões de gênero e raça, conhecidas popularmente como "pautas identitárias". Extremamente ativo na internet, ainda em 1998, Carvalho passou a divulgar suas ideias em um blog e, mais tarde, em 2002, em um site colaborativo. No ano de 2004, ele já era tema de pelo menos quatro comunidades de discussão na falecida rede social Orkut, além de ministrar aulas em cursos on-line e realizar transmissões de áudio pelo site Blog Talk Radio, análogas ao que hoje se conhece como podcast.[514]

Para a execução de um projeto capaz de se contrapor a essa "hegemonia esquerdista", considerava-se necessária a utilização de palavrões para desqualificar interlocutores, bem como a divulgação de notícias falsas.[515] Um pensador que sustenta tais pautas,

514 ROCHA, Camila; SOLANO, Esther. "A ascensão de Bolsonaro e as classes populares". *In*: AVRITZER, Leonardo; KERCHE, Fábio; MARONA, Marjorie (Coord.). *Governo Bolsonaro*: retrocesso democrático e degradação política. Belo Horizonte: Autêntica, 2021, p. 16.

515 ROCHA, Camila; SOLANO, Esther. "A ascensão de Bolsonaro e as classes populares". *In*: AVRITZER, Leonardo; KERCHE, Fábio; MARONA, Marjorie (Coord.). *Governo Bolsonaro*: retrocesso democrático e degradação política. Belo Horizonte: Autêntica, 2021, pp. 17-19.

inegavelmente autoritárias, mereceria ampla condenação por parte do Poder Judiciário. Contudo, ao invés disso, constata-se que mesmo uma decisão alinhada à proteção do regime democrático, tal como a ora estudada, não foi capaz de se contrapor completamente à ideologia "olavista".

A nova direita e, especificamente, o bolsonarismo, interessam a esta pesquisa na medida em que é possível analisar juridicamente suas características e práticas, sendo esse o ponto de contado a ser desenvolvido entre Ciência Política e Direito.[516] Uma das hipóteses levantadas para o avanço da nova direita no Brasil a partir do trabalho de intelectuais como Olavo de Carvalho é o distanciamento entre a realidade atual e a ditadura militar, tida no imaginário desses grupos como um movimento "de direita". Com o transcurso do tempo, o custo de ser atrelado à ditadura militar ao se declarar de direita restou diluído.[517] Nesse sentido, a rede social Orkut já apresentava, em 2004, comunidade na qual se difundiam ideias de Olavo de Carvalho, dentre as quais estava o pretenso caráter brando

---

516 Quando se fala em "nova direita", abre-se a possibilidade de eventual anacronismo ao adotar-se distinção entre esquerda e direita, tida como insuficiente para descrever o fenômeno político contemporâneo. De acordo com Jorge Chaloub e Fernando Perlatto, no entanto, a identificação explícita de muitos intelectuais brasileiros com a direita, a ponto de se autodenominarem "direitistas", demonstra que a descrição da tal realidade política nacional é mais precisa quando se utilizam as expressões "direta" e "esquerda". Segundo os autores, os pensadores da nova direita brasileira, em alguma medida, identificam-se com a crítica a temas tipicamente de esquerda como: a) regulação do mercado; b) promoção de maior igualdade a partir da redistribuição de renda; c) inclusão de minorias (CHALOUB, Jorge; PERLATTO, Fernando. "Intelectuais e "nova direita" no Brasil". *In*: LYNCH, Christian Edward Cyril; SOUSA, Elizeu Santiago Tavares; CASSIMIRO, Paulo Henrique Paschoeto (Coord.). *Pensamento político brasileiro*: temas, problemas e perspectivas. Curitiba: Appris, 2019, p. 361, nota de rodapé 2).

517 CHALOUB, Jorge; PERLATTO, Fernando. "Intelectuais e "nova direita" no Brasil". *In*: LYNCH, Christian Edward Cyril; SOUSA, Elizeu Santiago Tavares; CASSIMIRO, Paulo Henrique Paschoeto (Coord.). *Pensamento político brasileiro*: temas, problemas e perspectivas. Curitiba: Appris, 2019, p. 364.

da ditadura militar, na qual havia eleições formais. Esse tipo de discurso compõe um dos marcos fundamentais da nova direita.[518]

Pode-se argumentar que a citação de Carvalho pelo magistrado que julgou o caso Etienne Romeu era tão absurda e formalmente mal efetivada, devido à ausência de indicação da fonte, que respondê-la seria desnecessário. Nesse sentido, o rebate argumentativo da colocação do juiz poderia ser entendido como mero dispêndio de energia que poderia inclusive legitimar a referência, como se estivesse diante de um dissenso razoável. Contudo, essa interpretação da situação, que envolve um ato de autoritarismo contido em pronunciamento oficial como uma decisão judicial, não se afigura adequada. A ausência de resposta completa, nesse contexto, é perniciosa para a democracia, pois faz com que o juiz de primeira instância continue se sentido à vontade para fundamentar novas decisões de modo semelhante. Não se está supondo que ele poderia mudar sua ideologia em face de uma simples reforma de decisão pelo TRF da 2ª Região, mas sim que, dependendo da resposta que fosse efetivada, criar-se-ia um desestimulo para a prolação de novas decisões semelhantes.

Essa linha de raciocínio ganha relevo quando se está diante de realidades autoritárias, como as que ocorrem em diversos regimes políticos no mundo, incluindo o Brasil. Em cenários desse tipo, a defesa dos direitos fundamentais de minorias pode se tornar arriscada, em face da possibilidade de represálias do Estado ou de grupos empoderados pelo discurso oficial. Assim, teorias autoritárias com reflexos no Direito e na prática judicial devem ser exemplarmente enfrentadas e derrotadas. Isso somente é possível através de acordos teóricos completamente teorizados. Em situações desse tipo, é possível compatibilizar a integridade com o minimalismo como será visto no próximo capítulo.

---

518 PRADO, Michele. *Tempestade ideológica*: Bolsonarismo, a Alt-Right e o populismo liberal no Brasil. São Paulo: Lux, 2021, p. 24.

Nesse sentido, os juízes que lutam pela Constituição, desenvolvendo um Direito Constitucional de resistência[519] precisam estar teoricamente amparados para responder adequadamente construções teóricas autoritárias. Há um desequilíbrio evidente quando um juiz que se classifica como "cidadão de bem" ostenta conhecimento mais profundo sobre determinado tema e os juízes que buscam se contrapor a tal decisão não conseguem apresentar um contraponto integral.

Ressalte-se que a Corte, corretamente, reformou diversos argumentos lançados, como aquele que confundia Justiça de Transição com tribunais de exceção. No entanto, como visto, não foi capaz de construir uma teorização mais ampla capaz de caracterizar o pensamento de Olavo de Carvalho como autoritário e influenciado pelo antagonismo amigo/inimigo[520] de Carl Schmitt.[521] Nesse ponto, a decisão silenciou-se, optando pelo não enfrentamento do referencial citado pelo Juiz. Por que isso aconteceu? Por que uma decisão judicial que lutou contra o autoritarismo judicial e exerceu resistência constitucional, não foi capaz de ir um pouco além, atingindo as bases do direito na decisão recorrida?

Em parte, essa omissão decorre da dificuldade em se promover teorizações sobre fenômenos ainda novos, especialmente para o

---

519 BONAVIDES, Paulo. *Teoria constitucional da democracia participativa*: por um Direito Constitucional de luta e resistência, por uma nova hermenêutica, por uma repolitização da legitimidade. 2ª ed. São Paulo: Malheiros, 2001.

520 Analisando a sociologia do Bolsonarismo, Adalberto Cardoso esclarece que os teóricos de tal movimento, a exemplo de Olavo de Carvalho, "se sentiam (e se sentem) imbuídos de uma missão, elegendo como adversário um alter difuso, impalpável, insidioso, assustador (os adversários da liberdade, o "marxismo cultural", o "comunismo") que, na luta política conjuntural, como não poderia deixar de ser, consubstanciou-se no governo federal, na Presidenta Dilma Rousseff, em Lula, no PT e nas esquerdas em geral, agentes do "comunismo" e do "bolivarianismo" totalitário" (CARDOSO, Adalberto. *À beira do abismo*: uma sociologia política do bolsonarismo. Rio de Janeiro: Amazon, 2020, p. 90. (E-book).

521 SCHMITT, Carl. *O conceito do político*: teoria do partisan. Trad. de Geraldo de Carvalho. Belo Horizonte: Del Rey, 2009.

Judiciário e o Ministério Público. Nesse sentido, falta conhecimento das características e teorias da nova direita. Deve-se realçar, ainda, que a decisão foi tomada em 2018, de forma que havia ainda menos desenvolvimento teórico quanto a esse ponto.

A resistência constitucional, então, também passa por uma contínua qualificação profissional dos juízes, advogados e membros do Ministério Público, os quais devem buscar formação teórica para proteção da democracia em face das emergentes características da nova direita. Sobre a educação como instrumento para proteção da democracia diante da atual onda de recessão, é importante consultar o que pesquisas específicas sobre o tema vêm sustentando. Autores como Tom Daly apontam para a necessidade de constitucionalizar a educação cívica, apostando no conhecimento para que se construa, preventivamente, um cidadão capaz de identificar as investidas autoritárias, defender-se delas e se contrapor às falsidades que erodem a democracia.[522] A lição tem ainda mais sentido quando se trata de cidadãos que têm o dever constitucional de proteger o regime democrático, como é o caso de juízes.

A tese de que o Poder Judiciário brasileiro não tem cumprido adequadamente as dimensões da Justiça de Transição na medida em os impactos da legalidade autoritária ainda são muito influentes entre os magistrados também é compartilhada por Natália de Souza Lisbôa.[523] A autora propõe ruptura com a epistemologia dominante a partir da "revisão do pensamento jurídico conservador e a análise a partir da pluralidade de conhecimentos".[524] Tal tese

522 DALY, Tom. "Designing the Democracy-Defending Citizen". *Constitutional Studies*, [*S.l.*], vol. 6, nº 1, 2020, p. 203.

523 LISBÔA, Natália de Souza. *Direitos humanos e decolonialidade*: interpretação do conceito na América Latina a partir da Justiça de Transição. São Paulo: Dialética, 2022, p. 131.

524 LISBÔA, Natália de Souza. *Direitos humanos e decolonialidade*: interpretação do conceito na América Latina a partir da Justiça de Transição. São Paulo: Dialética, 2022, p. 17.

dialoga com a necessidade de se conhecer a realidade brasileira,[525] pois a luta pelos direitos humanos decorre, em grande medida, da mobilização da sociedade civil, devendo-se aliar a teoria à prática, pois é importante o "conhecimento da realidade social e da identificação da necessidade de proteção".[526] Tais ideias já demonstram o mérito em se expor, claramente, a influência da ideologia política dominante no direito brasileiro, deixando claro como considerações políticas pretensamente neutras não serão suficientes para superar o passado autoritário brasileiro, como será abordado no próximo capítulo.

Respondendo sucintamente à indagação posta na introdução deste capítulo, pode-se sustentar que as características dos pronunciamentos estudados são aquelas desenvolvidas em torno de práticas processuais e da argumentação substancial, decorrendo de considerável legado da ditadura militar, perceptível nos mais variados âmbitos. Os casos antes analisados demonstram, ainda, que há difusão de ideias antidemocráticas na sociedade e nas instituições, bem como que seu enfrentamento encontrou graus diversos de eficácia.

É importante lembrar, como faz Rafael Lamera Giesta Cabral, como deficiências num dos pilares da Justiça de Transição, qual seja, a reforma das instituições para a democracia, contribuiu para

525 Nesse âmbito, a religiosidade brasileira deve ser contextualizada, especialmente em tempos de fundamentalismo, no sentido de que, apesar de o discurso religioso cristão buscar igualar os seres humanos em dignidade, eis que concebidos à imagem e semelhança de Deus, ele "continuou admitindo, durante muitos séculos, a legitimidade da escravidão, a inferioridade natural da mulher em relação ao homem, bem como a dos povos americanos, africanos e asiáticos colonizados, em relação aos colonizadores europeus". (COMPARATO, Fábio Konder. *A afirmação histórica dos direitos humanos*. São Paulo: Saraiva, 2013, p. 16).

526 TRINDADE, Antônio Augusto Cançado. *Tratado de Direito internacional dos direitos humanos*. vol. I. 1ª ed. Porto Alegre: Sérgio Antônio Fabris Editor, 1997, p. 28.

a continuidade de práticas autoritárias, mesmo após 1988.[527] O fato de, passados mais de 30 anos da promulgação da Constituição, ainda se discutir questões relacionadas à passagem da ditadura para a democracia, demonstra a debilidade institucional gerada em torno da transição lenta, gradual e segura pretendida pelos militares.[528] Nesse sentido, deve-se reconhecer que o modelo de transição adotado no Brasil foi repleto de "subterfúgios que visavam garantir a manutenção de privilégios, ou ainda, de uma práxis institucionalizada pelo aparelho autoritário. Instituições como os poderes Legislativo e Judiciário, por exemplo, não devem ser excluídos do processo transicional".[529] A apologia judicial à ditadura militar encontrada nos casos estudados corrobora tal pensamento. Esta obra sustenta que se soma a tal cenário a dificuldade para responsabilização dos agentes envolvidos em tais práticas e para reformar decisões autoritárias, compondo um contexto no qual é possível sustentar que houve um aprofundamento dos legados autoritários.

Assim, o cenário descrito neste capítulo mostra o poder de um dos legados da ditadura militar em particular: a relativização do regime a partir de manifestações ligadas à negação dos crimes contra a humanidade. O pano de fundo para as práticas autoritárias de intimidação, assim, já está lançado nos pronunciamentos oficiais estudados ao longo deste capítulo, emitidos pelas mais variadas instituições. Deve-se, em seguida, investigar num nível mais geral e abstrato as lições ensinadas pelos casos, indagando como a teoria do direito pode se contrapor à juridicidade autoritária.

---

527 CABRAL, Rafael Lamera Giesta. "Reforma das instituições para a democracia e o legado autoritário: a branda justiça de transição no Brasil". *Revista Direitos Fundamentais e Democracia*, [*S.l.*], vol. 22, nº 3, set./dez. 2017, p. 84.

528 CABRAL, Rafael Lamera Giesta. "Reforma das instituições para a democracia e o legado autoritário: a branda justiça de transição no Brasil". *Revista Direitos Fundamentais e Democracia*, [*S.l.*], vol. 22, nº 3, set./dez. 2017, p. 85.

529 CABRAL, Rafael Lamera Giesta. "Reforma das instituições para a democracia e o legado autoritário: a branda justiça de transição no Brasil". *Revista Direitos Fundamentais e Democracia*, [*S.l.*], vol. 22, nº 3, set./dez. 2017, p. 89.

CAPÍTULO III

DIFUSÃO DO AUTORITARISMO E RESISTÊNCIA CONSTITUCIONAL

Buscou-se, desde o primeiro capítulo, analisar diversos episódios nos quais juízes e membros do Ministério Público ativamente levaram adiante alguma prática autoritária ou, omitindo-se, simplesmente "lavaram as mãos" ao decidirem não enfrentar os legados da ditadura militar judicializados. Por outro lado, também buscou-se destacar o papel da resistência constitucional efetivada com a propositura de ações ou mesmo prolação de algumas decisões judiciais contrárias à continuidade do autoritarismo. Neste momento, é necessário fazer um exercício de abstração, indagando quais as lições ensinadas pelos casos no contexto da erosão democrática vivenciada no Brasil. Tal tarefa demandará um esforço de Teoria do Direito em torno da suposta neutralidade ideológica dos juristas e de como o minimalismo pode ser utilizado de modo antidemocrático, especialmente quando se ignora a necessária relação entre direito e política. É a partir de tal conexão entre juridicidade e ideologia que os caminhos para a resistência constitucional serão analisados a partir da retomada mais forte do discurso militar pelo Presidente Jair Bolsonaro.

Nesse contexto, Paulo Bonavides é um pensador do Direito Fundamental para compreender a atual crise da democracia brasileira, eis que sua expressiva e influente obra em Direito Constitucional e Ciência Política busca explicar as razões para o distanciamento entre as instituições nacionais e os anseios sociais. Atento ao ataque neoliberal contra o Estado Social, o autor, ainda em 1999, já sustentava como tal ideologia política promove golpes de estados institucionais, derrubando a Constituição e recolonizando o País. O cenário descrito pelo autor, com a precarização do trabalho, captura dos Poderes estatais pelos agentes econômicos e perda da normatividade constitucional perfazem os fundamentos da crise, com a utilização do direito para tal fim.

Nesse contexto, o presente capítulo buscará resgatar o pensamento do saudoso professor da Faculdade de Direito da Universidade Federal do Ceará, jurista preocupado com os problemas nacionais e democrata convicto, corajoso opositor do autoritarismo intrinsecamente ligado às ideias neoliberais. Dentre as críticas efetivadas pelo autor ao neoliberalismo, destaca-se aquela que tem se mostrado como uma das armas mais poderosas dos juristas conservadores no Brasil: a suposta "neutralidade ideológica" destes, tese derivada do pretenso "fim da história", não havendo mais espaço para contestação à ideologia dominante.

Estas são as premissas nas quais o capítulo vai investigar o pensamento do autor, compreendendo a crítica à neutralidade para, em seguida indagar como tal tese favoreceu a erosão constitucional no Brasil, a qual acarretou, até mesmo, a tentativa de golpe de Estado em janeiro de 2023. A metodologia proposta, assim, passa pela compreensão das lições de Bonavides para, em seguida, aplicá-la à realidade atual no contexto do referido processo erosivo. Percorrendo tal caminho, o texto busca aliar teoria e prática, não se concentrando na mera descrição das ideias do autor estudado, as quais serão entendidas a partir de compreensão do direito que admite a referida conexão entre Direito e Política, com especial atenção aos fatos históricos no âmbito da tridimensionalidade jurídica. Com isso, sustenta-se que tal abordagem metodológica é capaz de produzir conhecimento jurídico apto a iluminar aspectos da teoria jurídica estudada bem como da erosão constitucional vivenciada no país.

Parcela da geração que nasceu e viveu a maior parte do tempo no período pós-ditadura militar acreditava na consolidação da democracia brasileira, ficando atônita e sem capacidade de maiores reações efetivas diante do avanço da nova direita no Brasil,[530] culminando com a eleição de Jair Bolsonaro.[531] O ex-militar não foi levado ao poder por um golpe militar violento, mas sim eleito democraticamente no contexto de um ataque sistemático à Constituição de 1988. Esse processo será analisado neste capítulo, que busca responder à seguinte indagação: como o direito pode ser utilizado para identificar e se contrapor ao bolsonarismo? Tal questão afigura-se fundamental, pois compreende os elementos centrais do objeto da pesquisa: a caracterização do autoritarismo

---

530 É interessante ver como sensações de surpresa e impotência semelhantes ocorreram com aqueles que nasceram ou passaram maior período de sua juventude entre 1946 e 1964, sendo esclarecedor o depoimento do historiador José Murilo de Carvalho, então estudante de sociologia na antiga Universidade de Minas Gerais, quando da eclosão do golpe militar: "De repente, o choque. O movimento militar, apoiado por políticos e por manifestações religiosas e anticomunistas da classe média, derrubou o governo com uma simples movimentação de tropas. O governo, os generais do povo, os sindicatos, os partidos e movimentos de esquerda, todos desapareceram, evaporaram, não ofereceram resistência. À primeira surpresa acrescentou-se outra: os militares não passaram o poder a seus aliados políticos, como era a praxe. Vieram, viram, venceram e ficaram. Acostumado na escola a ligar ação a pensamento, perguntei-me logo: como foi possível que ninguém tivesse previsto aquele tipo de golpe, embora todos falassem, e muitos pensassem, em golpe? Como foi possível ignorar as mudanças por que passara esse ator político, responsáveis por sua nova postura?" (CARVALHO, José Murilo. *Forças armadas e política no Brasil*. São Paulo: Todavia, 2019, p. 7).

531 Nesse sentido, autores como Souza Neto (SOUZA NETO, Cláudio Pereira. *Democracia em crise no Brasil*: valores constitucionais, antagonismo político e dinâmica institucional. São Paulo: Contracorrente, 2020, p. 11) têm sustentado que a eleição de Jair Bolsonaro representa a consequência e não causa do persistente autoritarismo brasileiro.

brasileiro atual e da possibilidade de exercício de luta constitucional em prol da manutenção da Constituição.

As características centrais do bolsonarismo, exploradas a seguir com base, por exemplo, no conceito de "cidadão de bem", são bem delineadas pelas pesquisas em Sociologia[532] ou Ciência Política.[533] O tema também começa a ser desenvolvido no Direito, com pesquisas acerca do caráter antissistema[534] e irresponsável, no sentido de adotar uma concepção de liberdade com marcas absolutistas, do bolsonarismo.[535] A metodologia[536] proposta neste capítulo pode auxiliar no desenvolvimento dos importantes estudos já efetivados, pois vincula a análise jurídica à realidade judicial, buscando esclarecer como é possível utilizar os aportes teóricos a respeito dos marcos constitucionais do autoritarismo para identificar a utilização do Direito para fins autocráticos.

---

532 KALIL, Isabela Oliveira. *Quem São e no que Acreditam os Eleitores de Jair Bolsonaro*. São Paulo: Fundação Escola de Sociologia e Política de São Paulo, 2018. Disponível em: https://www.fespsp.org.br/upload/usersfiles/2018/Relatório% 20para%20Site%20FESPSP.pdf. Acessado em: 05.01.2022.

533 ROCHA, Camila; SOLANO, Esther. "A ascensão de Bolsonaro e as classes populares". *In*: AVRITZER, Leonardo; KERCHE, Fábio; MARONA, Marjorie (Coord.). *Governo Bolsonaro*: retrocesso democrático e degradação política. Belo Horizonte: Autêntica, 2021.

534 MAFEI, Rafael; BUSTAMANTE, Thomas; MEYER, Emílio Peluso Neder. "Brazil: From Antiestablishmentarianism to Bolsonarism". *In*: SAJÓ, A.; UITZ, R.; HOLMES, S. (Coord.). *The Routledge Handbook on Illiberalism*. Oxfordshire: Routledge, 2021, pp. 778-795.

535 BUSTAMANTE, Thomas; MENDES, Conrado Hubner. "Freedom without responsibility: the promise of Bolsonaro's COVID-19 denial". *Jus Cogens*, [*S.l*], vol. 3, nº 2, 2021.

536 Dentro da metodologia de pesquisa proposta e do rico quadro conceitual existente em torno do autoritarismo, destaca-se a necessidade de promover aproximação entre o Direito Constitucional e a Ciência Política. Nesse sentido, Paulo Bonavides, por exemplo, que busca conferir uma visão ao ramo constitucional do direito que não o aprisione em aspectos estritamente jurídicos, realçando seus laços com a Ciência Política (BONAVIDES, Paulo. *Do país constitucional ao país neocolonial*: a derrubada da Constituição e a recolonização pelo golpe de Estado institucional. 4ª ed. São Paulo: Malheiros, 2009, p. 1).

A dimensão descritiva do estudo o torna capaz de elencar e sistematizar práticas autoritárias, presentes em diversas instituições brasileiras, em que se notam fortes manifestações de legados da ditadura militar. A organização desse elenco em torno da apologia à ditadura militar auxiliará na imaginação de formas de resistência constitucional, utilizando-se a expressão proposta por Paulo Bonavides ao discutir o papel central do Direito Constitucional num contexto de recolonização no Brasil.[537] Tal enfrentamento merece ser lido a partir do conceito de democracia militante e da necessária ressignificação de suas ideias na realidade atual, diferente da década de 1930, quando, por exemplo, não se dispunha das tecnologias da informação como armas para erosão constitucional.

A tese de que a erosão da Constituição e da democracia pode ocorrer a partir de ações não diretamente ligadas a um golpe de Estado militar e violento é antiga e conhecida no Direito Constitucional e na Ciência Política brasileira. Em 1999,[538] Paulo Bonavides já sustentava que os golpes de Estado contemporâneos ocorreriam de modo institucional, recolonizando o Brasil através da derrubada da Constituição e compondo um golpe mais amplo aplicado pela globalização e pelo neoliberalismo. Essa forma institucional de ruptura ocorreria para tornar possível alcançar os objetivos do golpe de modos menos traumáticos, levando em conta a memória então recente da ditadura militar.[539]

---

537 BONAVIDES, Paulo. *Teoria constitucional da democracia participativa*: por um Direito Constitucional de luta e resistência, por uma nova hermenêutica, por uma repolitização da legitimidade. 2ª ed. São Paulo: Malheiros, 2001; BONAVIDES, Paulo. *Do país constitucional ao país neocolonial*: a derrubada da Constituição e a recolonização pelo golpe de Estado institucional. 4ª ed. São Paulo: Malheiros, 2009.

538 Data da primeira edição da obra "Do país constitucional ao país neocolonial".

539 "Num certo sentido o golpe de Estado institucional faz obsoleto o golpe de Estado clássico, pois, à sombra dos ícones da Constituição e da soberania, formalmente mantidas, realiza os fins externos que interessam aos globalizadores, dos quais, eles, os neoliberais, são títeres, cúmplices, agentes ou testas de ferro ideológicos e governativos. (...). Visto que ainda perdura a memória

As características do golpe de Estado institucional então teorizado por Paulo Bonavides fazem com que muitas das teorias estrangeiras sobre erosão ou decadência constitucional, adiante analisadas, pareçam criações pouco originais. Por outro lado, tais escritos compõem importantes aportes teóricos, capazes de auxiliar no desenvolvimento das ideias de Bonavides. Na sua obra, esse autor destaca, por exemplo, o caráter clandestino, intimidatório e de cooptação dos órgãos de controle das modernas técnicas autocratas, nestes termos:

> O golpe de Estado institucional, ao contrário do golpe de Estado governamental, não remove governos mas regimes, não entende com pessoas mas com valores, não busca direitos mas privilégios, não invade poderes mas os domina por

---

da ditadura de 64, e as circunstâncias lhe são adversas em razão da crise, os autores do golpe de Estado institucional, por impotência, abrem mão do outro golpe, e, de maneira mais cômoda e menos traumática, alcançam os seus propósitos primordiais: garantir a continuidade do poder e a execução da tarefa recolonizadora. E o fazem a serviço de interesses que não são absolutamente os do povo brasileiro, cuja sobrevivência fica gravemente ameaçada e comprometida" (BONAVIDES, Paulo. *Teoria constitucional da democracia participativa*: por um Direito Constitucional de luta e resistência, por uma nova hermenêutica, por uma repolitização da legitimidade. 2ª ed. São Paulo: Malheiros, 2001, pp. 77/78). Ainda: "O golpe de Estado tradicional derrubava governos, mas não afetava a ordem institucional do Estado nem feria a soberania. Não tinha a índole do golpe de Estado material, este em andamento no país, arrasador e letal. Era golpe de outro estilo, velho conhecido dos governos constitucionais que o padeceram" (BONAVIDES, Paulo. *Teoria constitucional da democracia participativa*: por um Direito Constitucional de luta e resistência, por uma nova hermenêutica, por uma repolitização da legitimidade. 2ª ed. São Paulo: Malheiros, 2001, p. 77). O aspecto de fraude na edição de medidas provisórias como forma sub-reptícia de autoritarismo foi denunciado por Paulo Bonavides, apontando que ela era mais nociva que os decretos-leis do regime militar pois, "ao expedi-la, o Governo finge que dá obediência à Constituição quando em verdade está dando vazão ao arbítrio dos seus agentes" (BONAVIDES, Paulo. *Teoria constitucional da democracia participativa*: por um Direito Constitucional de luta e resistência, por uma nova hermenêutica, por uma repolitização da legitimidade. 2ª ed. São Paulo: Malheiros, 2001, p. 76).

> cooptação de seus titulares; tudo obra de discreto silêncio, na clandestinidade, e não ousa vir a público declarar suas intenções, que vão fluindo de medidas provisórias, privatizações, variações de política cambial, arrocho de salários, opressão tributária, favorecimento escandaloso da casta de banqueiros, desemprego, domínio da mídia, desmoralização social da classe média, minada desde as bases, submissão passiva a organismos internacionais, desmantelamento de sindicatos, perseguição de servidores públicos, recessão, seguindo, assim, à risca, receita prescrita pelo neoliberalismo globalizador, até a perda total da identidade nacional e a redução do País ao status de colônia, numa marcha sem retorno.[540]

É importante fazer uma breve análise das características elencadas nesse trecho, a fim de facilitar o estudo. Há quatro características na definição acima, às quais se seguem uma série de exemplificações acerca de como o golpe de Estado institucional pode se desencadear. Desse modo, pode-se dizer que tal tipo de autoritarismo é: a) amplo, pois não se contenta em somente mudar o governante, mas sim o próprio regime em si; b) ideológico, já que, como decorrência do elemento anterior, impondo novas formas de vida em sociedade; c) antirrepublicano, uma vez que adota padrões discriminatórios e pessoais de distribuição de bens; d) furtivo, pois se desenvolve clandestinamente, a partir da utilização do Direito e até mesmo da colaboração com autoridades jurídicas indicadas politicamente.[541]

---

540 BONAVIDES, Paulo. *Do país constitucional ao país neocolonial*: a derrubada da Constituição e a recolonização pelo golpe de Estado institucional. 4ª ed. São Paulo: Malheiros, 2009, p. 23.

541 É preciso contextualizar o momento em que foi escrita a tese do autor. Naquele momento, o Brasil vivia o início do desenvolvimento de políticas neoliberais como, por exemplo, as privatizações, que foram aprofundadas no governo do Presidente Fernando Henrique Cardoso (1994-2002). Além disso, algumas das características elencadas por Bonavides (2009) precisam ser ressignificadas para além dos elementos econômicos do neoliberalismo, pois a eles se ligam aspectos relacionados à moral religiosa e de costumes,

A presente obra tem se debruçado sobre algumas dessas práticas autoritárias já antevistas por Paulo Bonavides, repita-se, há mais de vinte anos, as quais já apontavam para a emergência de lideranças autocratas. A importante lição do autor aponta para as características centrais do golpe de Estado institucional e exemplifica algumas das formas nas quais ele pode se manifestar. As consequências dele também já eram previstas por Bonavides no contexto da recolonização do Brasil, destacando-se a "erosão e desprezo dos princípios constitucionais" ou a possibilidade de "falência da saúde pública e a propagação das epidemias, como se a nação houvesse retrogradado à Idade Média[542] (...)".[543] A menção à idade média e a um contexto epidêmico o qual, surpreendentemente, efetivamente veio a acontecer, é um importante componente para compreender algumas das características do autoritarismo, como o negacionismo científico e a adoção de simbologia medieval para promover racismo e extremismo.

---

que atualmente não ficam mais restringidos à esfera da vida privada, como será demonstrado adiante na caracterização da nova direita.

542 O autor ainda elenca outras consequências igualmente visíveis nos dias de hoje: "afrouxamento dos laços de unidade; excesso de arbítrio concentrado na esfera executiva; a quebra do pacto federativo; a desarmonia e a guerra civil dos Poderes; a decadência e a corrupção da autoridade; o desrespeito à Justiça; a impunidade; a violência aos direitos fundamentais; a desagregação da consciência coletiva; os fermentos da insurreição social; o risco da desobediência civil; a legislação das medidas provisórias; a erosão e desprezo dos princípios constitucionais; o alastramento da insegurança, do medo, da incerteza nas garantias da ordem jurídica; a descrença generalizada no papel das forças armadas, postas debaixo da ameaça de se converterem, por obra das pressões externas do neoliberalismo internacional, em gendarmaria de fronteiras ou em milícia policial de repressão ao contrabando de drogas; o embrutecimento das camadas sociais mais baixas pela fome, miséria e desnutrição; o analfabetismo (...)" (BONAVIDES, Paulo. *Do país constitucional ao país neocolonial*: a derrubada da Constituição e a recolonização pelo golpe de Estado institucional. 4ª ed. São Paulo: Malheiros, 2009, pp. 24/25).

543 BONAVIDES, Paulo. *Do país constitucional ao país neocolonial*: a derrubada da Constituição e a recolonização pelo golpe de Estado institucional. 4ª ed. São Paulo: Malheiros, 2009, pp. 24/25.

Álvaro Bianchi busca analisar o conceito de golpe de Estado a partir das transformações este que sofreu ao longo do tempo, sendo importante perceber como as ideias do autor também esclarecem como o conceito pode ser utilizado para além da restrição ao caráter militar que alguns consideram que ele, necessariamente, ostentaria. Nesse sentido, foi possível constatar um alargamento conceitual, do seguinte modo: a) a ideia surge no século XVII a partir da obra de um autor pouco conhecido, Gabriel Naudè, para quem a marca central do golpe de Estado é a conspiração furtiva que ocorre, de modo surpreendente e extraordinário, no interior dos palácios do poder, sendo levado a cabo pelo soberano; b) o debate é então retomado somente no século XIX. Assim, primeiro com o golpe de Louis Bonaparte, em 1851, e, em seguida, com a conhecida obra de Karl Marx sobre o 18 brumário, tem-se uma relevante mudança conceitual, eis que se considera que o golpe de Estado não se refere mais apenas a uma movimentação tramada no interior do poder, podendo ser levado a cabo por alguém diverso do soberano.[544] Conforme salienta o autor: "os sujeitos mudavam, mas o caráter excepcional e imprevisível dos recursos mobilizados eram uma constante".[545]

Nessa linha, o sujeito do golpe de Estado, atualmente, é uma fração da burocracia estatal, militar ou não, que busca uma mudança institucional através de recursos extraordinários, por meio dos quais visa redistribuir o poder político, não necessariamente

544 BIANCHI, Alvaro. "Golpe de Estado: o conceito e sua história". *In*: FREIXO, Adriano de; PINHEIRO-MACHADO, Rosana (Coord.). *Brasil em Transe*: Bolsonarismo, Nova Direita e Desdemocratização. 1ª ed. Rio de Janeiro: Oficina Raquel, 2019, posição 674-716.

545 BIANCHI, Alvaro. "Golpe de Estado: o conceito e sua história". *In*: FREIXO, Adriano de; PINHEIRO-MACHADO, Rosana (Coord.). *Brasil em Transe*: Bolsonarismo, Nova Direita e Desdemocratização. 1ª ed. Rio de Janeiro: Oficina Raquel, 2019, posição 716.

promovendo a troca dos governantes.[546] Para o autor, o recurso excepcional pode estar previsto formalmente na Constituição, como o *impeachment*, de forma que nada impede que instrumentos formalmente democráticos sejam utilizados por uma facção do próprio aparelho estatal para promover o golpe de Estado.[547] Nessa linha, a ideia de que o golpe de Estado está, invariavelmente, ligado à ação militar não é precisa na realidade brasileira: mesmo em 1964 houve apoio civil e atuação estatal do Poder Legislativo, elementos que foram importantes para a perfeição do ato, em especial a partir da conhecida declaração inconstitucional de vacância da Presidência da República efetivada pelo Parlamento em face do Presidente João Goulart, o qual ainda se encontrava no país naquele momento.[548]

546 BIANCHI, Alvaro. "Golpe de Estado: o conceito e sua história". *In*: FREIXO, Adriano de; PINHEIRO-MACHADO, Rosana (Coord.). *Brasil em Transe*: Bolsonarismo, Nova Direita e Desdemocratização. 1ª ed. Rio de Janeiro: Oficina Raquel, 2019, posição 781.

547 BIANCHI, Alvaro. "Golpe de Estado: o conceito e sua história". *In*: FREIXO, Adriano de; PINHEIRO-MACHADO, Rosana (Coord.). *Brasil em Transe*: Bolsonarismo, Nova Direita e Desdemocratização. 1ª ed. Rio de Janeiro: Oficina Raquel, 2019, posição 795.

548 Nessa linha, sobre a definição limitada de golpe de Estado à atuação militar, tem-se que: "Mas uma definição tão limitada não permite considerar a hipótese de golpes promovidos por grupos do poder Legislativo ou Judiciário ou por uma combinação de vários grupos e facções. Esse parece ser o caso brasileiro em 1964, quando a mobilização militar encontrou o respaldo no Senado, que declarou "vaga a presidência da República", e no Supremo Tribunal Federal, que realizou uma sessão na madrugada do dia 3 de abril para empossar Ranieri Mazzili na presidência. Recentemente, os golpes que derrubaram Manuel Zelaya em Honduras, no ano de 2009, e Fernando Lugo no Paraguai, em 2012, tiveram por protagonistas facções do poder legislativo. O conceito precisa, portanto, ser alargado. Aquela ideia inicial de Naudè pode ser retomada com esse propósito, mas como um ponto de partida. O conceito deve deixar claro quem é o protagonista daquilo que se chama *coup d'État*, os meios que caracterizam a ação e os fins desejados" (BIANCHI, Alvaro. "Golpe de Estado: o conceito e sua história". *In*: FREIXO, Adriano de; PINHEIRO-MACHADO, Rosana (Coord.). *Brasil em Transe*: Bolsonarismo, Nova Direita e Desdemocratização. 1ª ed. Rio de Janeiro: Oficina Raquel, 2019, posição 768-781).

Assim, a caracterização de um regime como autoritário apresenta certas complexidades, na medida em que se constata que as crises atuais verificadas em diversas democracias não decorrem, majoritariamente, da ocorrência de clássicos golpes de Estados militares, mas sim da formação de espécies de modelos híbridos, situados entre a democracia e ditadura. Nesses modelos, mantém-se eleições periódicas, mas utilizam-se os próprios mecanismos democráticos formais para subverter a democracia substancial, atacando, por exemplo, grupos minoritários. Tem-se, assim, um processo de erosão constitucional que se opõe às bruscas mudanças ocorridas em situações de colapso.[549] Diversos estudos já têm sido efetivados sobre o constitucionalismo abusivo,[550] o constitu-

---

549 Os autores destacam que, mesmo na democracia dos Estados Unidos da América, tida como sólida, a eleição de Donald Trump representou claro retrocesso democrático. Indagam, nesse sentido, qual dentre os diversos atos do Presidente pode ser tido como uma espécie de marco para a caracterização desse inequívoco declínio. Os atos destacados pelos autores são os ataques às minorias, a disseminação de notícias falsas, a ameaça de prisão a adversários políticos, os quais, juntamente com a mídia tradicional, foram caracterizados como inimigos do povo americano, além de exoneração da chefia da Polícia Federal americana com o indisfarçável propósito de encerrar uma investigação contra a família do Presidente e sua campanha eleitoral (GINSBURG, Tom; HUQ, Aziz Z. *How to save a constitutional democracy*. Chicago: The University of Chicago Press, 2018, pp. 1/2). Percebe-se que, apesar de algumas semelhanças com a realidade brasileira, a utilização do poder militar contra o civil não compõe um dos elementos do autoritarismo norte-americano, já demonstrando os limites de algumas das teorias estrangeiras sobre o tema.

GINSBURG, Tom; HUQ, Aziz Z. *How to save a constitutional democracy*. Chicago: The University of Chicago Press, 2018, pp. 3/4.

550 Uma das possibilidades de classificação do autoritarismo em termos constitucionais é oferecida pelo conceito de constitucionalismo abusivo. Esse corresponde à utilização de mecanismo constitucionais, especialmente emendas constitucionais ou a substituição de uma Constituição por outra, para erodir o regime democrático por dentro, com a alteração de mandatos presidenciais ou mudanças na composição das Cortes Constitucionais (LANDAU, David. "Abusive constitutionalism". *Davis Law Review*, Davis, vol. 47, abr. 2013, p. 189). Alterações constitucionais em prol de um modelo autoritário, no entanto, não precisam ocorrer de modo tão formal como se tem nesse conceito.

cionalismo autoritário,[551] a relação entre a crise da democracia e a emergência de um constitucionalismo populista[552] e a superação da democracia em face do neoliberalismo, com a formação dos chamados "Estados Pós-Democráticos".[553] [554]

Como os casos estudados nesta obra demonstram, a erosão constitucional pode utilizar qualquer instrumento jurídico para corroer um regime. LANDAU, David. "Abusive constitutionalism". *Davis Law Review*, Davis, vol. 47, abr. 2013.

551 TUSHNET, Mark. "Authoritarian constitutionalism". *Cornell Law Review*, Ithaca, vol. 100, jan. 2015.

552 MÜLLER, Jan-Werner. "Populism and constitutionalism". *In*: OSTIGUY, Pierre *et al*. (Coord.). *The Oxford Handbook of Populism*. Oxford: Oxford University Press, 2017.

553 CASARA, Rubens R. R. *O estado pós-democrático*: neo-obscurantismo e gestão dos indesejáveis. Rio de Janeiro: Civilização Brasileira, 2017. (E-book).

554 Por "Pós-Democrático", na ausência de um termo melhor, entende-se um Estado sem limites rígidos ao exercício do poder. O surgimento de tal modelo ocorre em um momento no qual o poder econômico e o poder político se aproximam e quase voltam a se identificar, sem pudor. Assim, no Estado Pós-Democrático a democracia permanece, não mais com um conteúdo substancial e vinculante, mas sim como mero simulacro, um elemento discursivo apaziguador. O ganho democrático obtido com o Estado Moderno, nascido da separação entre o poder político e o poder econômico, desaparece na pós-democracia e, nesse particular, Casara fala em uma espécie de regressão pré-moderna, que se caracteriza pela vigência de um absolutismo de mercado" (CASARA, Rubens R. R. *O estado pós-democrático*: neo-obscurantismo e gestão dos indesejáveis. Rio de Janeiro: Civilização Brasileira, 2017. (E-book), posição 179-194). Nessa linha, "Há quem sustente que a democracia está em crise, perpassando momento transitório no qual as instituições está se reorganizando. Se a crise é permanente, no entanto, é lícito indagar se, na verdade, não se trata mais de paroxismos, mas sim de superação do Estado Democrático de Direito por um modelo pós-democrático, no qual não há mais sequer a aparência de respeito aos direitos fundamentais com o franco ataque às populações indesejáveis" (CASARA, Rubens R. R. *O estado pós-democrático*: neo-obscurantismo e gestão dos indesejáveis. Rio de Janeiro: Civilização Brasileira, 2017. (E-book), posição 64-126). A tese de Casara, assim, aproxima-se daquela que aponta fraudes do poder para manter a aparência de democrático, porém, como será explorado adiante, realça o papel da economia nesse cenário.

Para Tom Daly, "decadência democrática" é uma expressão que funciona como uma espécie de guarda-chuva, pois alberga uma série de conceitos relacionados à deterioração democrática verificada nos mais diversos países do mundo. Contudo, para o autor, o termo não adiciona um sentido novo aos diversos conceitos já existentes, referindo-se a uma degradação incremental das estruturas e da substância da democracia e atentando ao fato de que o processo em si não está limitado à atuação do Poder Executivo.[555] Nesse sentido, a degradação incremental das estruturas (instituições como as cortes, partidos políticos, imprensa) e da substância (aspecto relacionado às normas vigentes, à crença na democracia e à disposição dos atores a se comportarem de acordo com as regras e buscarem o interesse público) que caracterizam a democracia representa uma erosão gradual e progressiva do regime, que difere do clássico golpe de Estado, mais drástico e com efeitos imediatos mais graves.[556] Como antecipado, esse autor também reconhece que o autoritarismo, em Estados como o Brasil, não se origina unicamente no Executivo, mas também no próprio Judiciário, por exemplo, a partir de atuação de juízes que têm laços próximos com certas lideranças políticas, perfazendo uma forma de corrupção.[557]

A doutrina de Direito Constitucional ainda está aprendendo a lidar com as novas formas de autoritarismo, e vem realizando pesquisas inicialmente descritivas, ou seja, que buscam conhecer como esses fenômenos se manifestam, respondendo a uma necessidade

---

555 DALY, Tom Gerald. "Democratic decay: conceptualizing an emerging research field". *Hague journal on the rule of law*, Switzerland, vol. 11, abr. 2019, pp. 16-18.

556 DALY, Tom Gerald. "Democratic decay: conceptualizing an emerging research field". *Hague journal on the rule of law*, Switzerland, vol. 11, abr. 2019, p. 17.

557 DALY, Tom Gerald. "Democratic decay: conceptualizing an emerging research field". *Hague journal on the rule of law*, Switzerland, vol. 11, abr. 2019, p. 16.

de documentação de casos e das lições que eles podem fornecer.[558] O conceito "legalismo autocrático", por exemplo, corresponde à utilização do Direito por parte de autocratas com a finalidade de alcançar seus objetivos. Esses, no final das contas, se resumem à manutenção do poder.[559] Para a autora que cunhou esse conceito, Kim Schepele, o que mais chama atenção no fenômeno do declínio democrático é a maneira como ele tem se desenvolvido, precisamente através da utilização do Direito.[560] E, como o instrumento utilizado nessa empreitada é o próprio Direito, pode não ser fácil identificar manobras de legalismo autocrático logo em seu início. No entanto, é possível impedir que o constitucionalismo autocrata se torne fatal a partir, por exemplo, do aprendizado com exemplos estrangeiros e exercícios de Direito comparado, tendo em vista que os autocratas aprendem uns com os outros. A partir desses meios, é possível, ainda, imaginar meios de impedir a escalada do legalismo autocrático em um determinado contexto.[561]

Ozan Varol, de modo semelhante, sustenta que o autoritarismo tem passado por uma metamorfose, pois, ao invés de ações ostensivas de perseguição de opositores ou tentativas de golpe de

---

558 SCHEPPELE, Kim Lane. "Autocratic legalism". *The University of Chicago Law Review*, Chicago, vol. 85, nº 2, mar. 2018, p. 583.

559 SCHEPPELE, Kim Lane. "Autocratic legalism". *The University of Chicago Law Review*, Chicago, vol. 85, nº 2, mar. 2018, p. 545.

560 "Como argumento neste ensaio, democracias estão caindo não somente por razões culturais, econômicas ou políticas. Algumas democracias constitucionais estão sendo deliberadamente sequestradas por um conjunto de inteligentes autocratas jurídicos, os quais utilizam o constitucionalismo e a democracia para destruir ambos" (SCHEPPELE, Kim Lane. "Autocratic legalism". *The University of Chicago Law Review*, Chicago, vol. 85, nº 2, mar. 2018, p. 547). Ainda: "Eles, num primeiro momento, não lançam tanques ou declaram estado de emergência; eles não entram no cargo com uma falange de soldados. Ao invés disso, eles chegam ao poder com uma falange de juristas" (SCHEPPELE, Kim Lane. "Autocratic legalism". *The University of Chicago Law Review*, Chicago, vol. 85, nº 2, mar. 2018, p. 581).

561 SCHEPPELE, Kim Lane. "Autocratic legalism". *The University of Chicago Law Review*, Chicago, vol. 85, nº 2, mar. 2018, p. 545.

Estado mais espetaculares, tais com o fechamento de instituições, as práticas autoritárias atuais utilizam-se dos mecanismos jurídicos existentes nos regimes democráticos para garantir a perpetuação de autocratas no poder.[562] Assim, práticas repressivas são camufladas sob a máscara do direito, mantendo uma legitimidade aparente que as torna mais difícil de identificar e eliminar. Por isso mesmo, o fenômeno é caracterizado pelo autor como um autoritarismo furtivo.[563] [564] Nesse sentido, as teorias acerca da utilização do direito para fins autoritários parecem descrever um papel ao qual o Direito tem recorrentemente se prestado na contemporaneidade, a partir do notável auxílio de alguns juristas.[565]

---

562 VAROL, Ozan O. "Stealth authoritarianism". *Iowa law review*, Iowa City, vol. 100, nº 4, mai. 2015, p. 1673.

563 O autor utiliza estudos de caso para ilustrar a tese de que: "os mecanismos de promoção da democracia existentes nos Estados Unidos e em outros lugares são de uso limitado em detectar as táticas do autoritarismo furtivo. Paradoxalmente, esses mecanismos, os quais tem se concentrado estritamente em eliminar deficiências na transparência do regime democrático, proveram proteção política e jurídica para as práticas do autoritarismo furtivo e criaram as próprias condições para essas práticas prosperarem" (VAROL, Ozan O. "Stealth authoritarianism". *Iowa law review*, Iowa City, vol. 100, nº 4, mai. 2015, p. 1674). A afirmação merece cuidadosa análise, pois, num modelo como o brasileiro, parece haver sim instrumentos capazes de se contraporem efetivamente a tais práticas. Contudo, o que não há, na verdade, é uma cultura democrática, verificando-se a existência de diversos agentes sociais e atores públicos que ainda estão, de algum modo vinculados à ditadura militar. Em outras palavras, o problema do Brasil, aparentemente, não é falta de instrumentos jurídicos para proteção institucional.

564 VAROL, Ozan O. "Stealth authoritarianism". *Iowa law review*, Iowa City, vol. 100, nº 4, mai. 2015, p. 1673.

565 O próprio autor, em outro texto, aponta como o autoritarismo furtivo na Turquia contou com a ajuda e conspiração de assessores jurídicos, que tramara para a fragilização gradual da democracia e para o expressivo aumento de poder do Presidente Recep Tayyip Erdogan (VAROL, Ozan O. "Stealth authoritarianism in Turkey". *In*: GRABER, Mark; LEVISON, Sanford; TUSHNET, Mark. (Coord.). *Constitutional democracy in crisis?* Oxford: Oxford, 2018, p. 338).

É a partir dessa análise em torno da erosão constitucional que este capítulo se inicia, com o propósito de caracterizar o mais precisamente possível em que consiste o constitucionalismo autoritário. Para essa tarefa, o ponto a ser realçado relaciona-se às estratégias de falseamento utilizadas nas argumentações jurídicas que pretendem se mostrar democráticas, mas que, na realidade, mascaram finalidades autoritárias, como as estratégias para conservação dos legados da ditadura militar, estudadas no capítulo anterior, apontam.

Assim, o capítulo inicia com considerações sobre as características gerais do autoritarismo brasileiro no contexto do bolsonarismo, explorando, em especial, a centralidade do conceito de "cidadão de bem" para essa ideologia. Essa análise é essencial para investigar como o Direito pode ser utilizado para identificar fundamentações judiciais coerentes com o bolsonarismo. Essas podem conter, por exemplo, aspectos de negacionismo acerca dos crimes contra a humanidade cometidos durante a ditadura militar, ou albergar uma concepção de liberdade de expressão que admita a proteção de discursos violentos.

Em seguida, os marcos constitucionais do autoritarismo que comporão a base para identificação de teses furtivamente autoritárias serão elencados. Logo após, será analisada a argumentação jurídica, inclusive em sua variedade judicial, como um dos instrumentos para enfrentamento do autoritarismo. Nesse ponto, serão investigados os limites em torno da neutralidade ideológica do jurista e como a tese contribuiu para o processo de erosão constitucional brasileiro e como o minimalismo e a integridade do direito podem ser utilizados em prol da superação de teorizações antidemocráticas em decisões judiciais.

O desenvolvimento da crítica aos diversos tipos de autoritarismo descritos nos capítulos anteriores somente é possível a partir da compreensão de que o Direito é, aqui, analisado em uma dupla perspectiva: primeiro, como um instrumento do autoritarismo e, segundo, como um mecanismo de luta e resistência que constitui-se em uma peça fundamental para a construção de um Estado Social. É a partir desse dualismo jurídico que o capítulo se encerra, demonstrando como o autoritarismo se manifesta difusamente entre os Poderes. Nesse sentido, se mostra difícil, ou mesmo impossível, em alguns casos, isolar determinadas manifestações autoritárias, já que essas acabam compondo um "colaboracionismo interinstitucional autoritário", com engajamento efetivo de diversos agentes, especialmente juízes e membros do Ministério Público.

3.1 Os marcos constitucionais do autoritarismo

Uma proposta de caracterização do autoritarismo que ressalta seu aspecto falsificador, ou seja, que o considere como um fenômeno dotado de uma estrutura mais profunda e que busca se mostrar como democrático a partir de uma estratégia subliminar, é proposta por Gábor Attila Tóth. Para ele, o autoritarismo hodierno demonstra-se a partir de marcos que correspondem: a) num primeiro nível, à análise estrutural das práticas constitucionais, do papel das eleições, do controle entre os Poderes e da aplicação dos direitos fundamentais;[566] b) num segundo nível, à utilização de

566 Os marcos constitucionais de primeira ordem compreendem às características institucionais que propiciam o desenvolvimento do autoritarismo, sendo eles: a) uma pseudoconstituição, no sentido de que as Constituição em regimes autoritários não são tão diferentes, textualmente, daquelas previstas em democracias constitucionais ou; a1) tem-se diversas mudanças constitucionais que desfiguram o regime anterior e o tornam mais autoritário, como no caso Venezuelano. Além disso, as práticas reais de poder podem ser muito diferentes do modelo constitucionalmente previsto, pouco importando a existência de uma Constituição que é modificada facilmente pelas demais leis; b) processos de votação hegemônicos, no qual admite-se a existência de eleições e votação com participação da oposição, mas com manipulações para negar chance aos adversários, com alteração de leis eleitorais ou com artifícios de mídia; c) uma mera aparência de controles recíprocos entre os poderes, pois, na linha da distinção entre o modelo autoritário atual e os modelos autocráticos e ditatórias de outrora, não se concebe o fechamento ou aposentadoria compulsória de juízes cujas decisões

justificações falsas para a tomada de certas medidas que, devido à sua aparência formal, podem ser descritas por seus apoiadores como democráticas.[567] A compreensão desse tipo de fraude argumentativa é de suma importância para caracterização dos atuais modelos autoritários, na medida em que, como dito, não se tem evento espetaculares de golpes militares com tanques nas ruas para simbolicamente representá-los.

Não é novidade alguma que regimes autoritários busquem ostentar uma aparência de normalidade democrática,[568] como no

---

se revelem um obstáculo com certa importância ao regime. ao invés disso, pensa-se em mudar a composição da Corte aumentando o número de seus membros, ou atacando a independência orçamentária ou decisória dela; d) um executivo superior, pois, apesar de se consagrar a separação de poderes reciprocamente controlada, como dito, os regimes autoritários caracterizam-se por uma concentração de poderes no Executivo, como se tem na Hungria, Polônia, Rússia, Venezuela (TÓTH, Gábor Attila. "Constitutional Markers of Authoritarianism". *Hague Journal on the Rule of Law*, vol. 11, nº 1, abr. 2019, pp. 52-54); e) direitos fundamentais restritos, no sentido de que, apesar de serem previstos, são raramente protegidos juridicamente ou, quando o são, tendem a proteger os interesses do Estado, a partir da admissão de exceções ou da exploração da textura aberta das normas para interpretação contra os interesses do cidadão. Neste capítulo, muitas dessas características serão analisadas à luz da realidade brasileira, demonstrando-se como elas podem ser encontradas em diversas instituições nacionais. Além disso, para adaptar os marcos acima elencados para reali- dades que não superaram adequadamente o legado de uma ditadura militar, como o Brasil, busca-se uma complementação por meio do referencial da justiça de transição, conforme detalhado nos capítulos anteriores.

567 TÓTH, Gábor Attila. "Constitutional Markers of Authoritarianism". *Hague Journal on the Rule of Law*, vol. 11, nº 1, abr. 2019, pp. 55/56.

568 O caso alemão é um clássico para capaz de explicitar como o direito pode ser utilizado para implantar uma ditadura. Analisando o totalitarismo nazista ainda em 1941, Ernst Fraenkel buscou isolar um dos aspectos do regime, voltado para a convivência entre dois tipos de estado: o Estado de prerrogativa, no qual a violência real é exercida ilimitada e discricionariamente, ou seja, sem qualquer controle jurídico, e o Estado normativo, composto pelos órgãos, incluindo judiciais, com poderes para resguardar a ordem jurídica. (FRAENKEL, Ernst. *The dual state*: a contribution to the theory of dictatorship. Oxford: University Press, 2017, p. xxiii); 3) É a partir da

caso da "legalidade autoritária" após o golpe militar brasileiro, para utilizar a expressão de Anthony Pereira.[569] Nessas situações, há uma "manipulação jurídica", com a utilização do direito para finalidades autoritárias. Veja-se, por exemplo, o caso do primeiro ato institucional, o qual, como já ressaltado no primeiro capítulo, não era numerado, circunstância reveladora acerca da crença de que somente haveria um deles. No seus considerados, tem-se a clara marca do anticomunismo, tido como o mal que se alastrava pelas instituições brasileiras e mereceria ser depurado. No ato, tem-se a declaração de que os acontecimentos de 31 de março de 1964 constituiriam uma revolução levada a cabo pelo poder militar e civil, eis que traduziria os interesses da nação, destinatária do referido ato institucional, não a vontade de um grupo.[570] Trata-se,

---

combinação entre arbitrariedade e eficiência jurídica na manutenção da ordem que a ditadura nazista pôde ser caracterizada, tendo o judiciário um papel importante na ascensão de tal regime à medida em que, por exemplo, entendia não ter competência para analisar a necessidade e conveniência da lei marcial decretada. (FRAENKEL, Ernst. *The dual state*: a contribution to the theory of dictatorship. Oxford: University Press, 2017, p. xxvi); 5) O estado de prerrogativa opera a partir da negação da racionalidade formal e da intimidação aos inimigos. Através da primeira dimensão, tem-se que o poder discricionário estatal é arredio a qualquer restrição jurídica formal (FRAENKEL, Ernst. *The dual state*: a contribution to the theory of dictatorship. Oxford: University Press, 2017, p. 46). Na segunda, tem-se a utilização do direito, especialmente do processo judicial, para perseguir os "hereges", fazendo com que os opositores ao regime acusados de traição ou de disseminar "doutrinas perigosas" não tivessem, na prática, direito ao devido processo legal, afastando-se garantias como a da coisa julgada ou a proibição de dupla punição pelo mesmo fato. (FRAENKEL, Ernst. *The dual state*: a contribution to the theory of dictatorship. Oxford: University Press, 2017, pp. 51 e 54).

569 PEREIRA, Anthony W. *Ditadura e repressão*: o autoritarismo e o Estado de Direito no Brasil, no Chile e na Argentina. Trad. Patrícia Zimbres. São Paulo: Paz e Terra, 2010, p. 36.

570 BRASIL. *Ato Institucional n. 1*, de 9 de abril de 1964. Brasília, DF: Presidência da República, 1964. Disponível em: http://www.planalto.gov.br/ccivil_03/ait/ait-01-64.htm. Acessado em: 31.08.2023.

claramente, de uma tentativa de ocultar a própria natureza autoritária do golpe militar através do Direito.[571]

No mencionado estudo de Pereira,[572] a análise é mais restrita ao uso de processos judiciais como instrumentos para perseguição de dissidentes num contexto de ditadura militar, em um arranjo no qual há a manutenção de uma espécie de integração e cooperação entre o governo e juízes, na qual esses emprestem a respeitabilidade da decisão judicial para fins de legitimar a política desenvolvida. Na ditadura militar, bastava a Lei de Segurança Nacional (LSN) ser corretamente aplicada pelos juízes para que tal colaboração se efetivasse. Nesse sentido, a colaboração entre Direito e autoritarismo era facilitada pelo próprio Direito positivo. Situação diversa se caracteriza após a Constituição de 1988, a qual, mesmo diante dos diversos ataques, ainda está vigente e cria um relevante custo adicional para o desenvolvimento de argumentações autoritárias. Essas, obviamente, ainda assim ocorrem, como os casos anteriormente analisados demonstram. Contudo, há uma necessidade maior de ocultá-las, seja através de estratégias de falsificação argumentativa, seja através de técnicas processuais que busquem postergar a tomada de decisão. Deve-se atentar, assim, para as simulações que existem em torno das justificações normativas do autoritarismo,[573]

---

571 A partir daí, a utilização do direito para manutenção do poder militar sobre o civil foi uma constante do período de exceção. Nesse sentido, a efetivação de mudanças nas leis eleitorais foram frequentes, podendo-se destacar, por exemplo, a estratégia em torno das fraudes normativas utilizadas, as quais consistiam em mudanças nas normas eleitorais para alterar as condições da disputa e garantir a vitória do grupo que já está no poder, evitando-se o crescimento da oposição. (SALGADO, Eneida Desiree. *Reforma Política*. São Paulo: Contracorrente, 2018, posição 117).

572 PEREIRA, Anthony W. *Ditadura e repressão*: o autoritarismo e o Estado de Direito no Brasil, no Chile e na Argentina. Trad. Patrícia Zimbres. São Paulo: Paz e Terra, 2010.

573 O uso da falsificação como instrumento para gerar fraudes argumentativas é importante quando se constata que os juízes podem proferir decisões baseadas em uma mera opinião moral, fruto de puro preconceito ou medo, não correspondendo a um exercício racional que respeite o pluralismo. Nesse

compondo marcos que podem se converter em relevantes instrumentos para os acadêmicos de Direito Constitucional pois revelam as "profundas estruturas em torno das democracias contrafeitas ao expor o núcleo normativo delas".[574]

O desenvolvimento do argumento do autor para identificação de simulações argumentativas será apresentado, inicialmente, de maneira esquemática, como efetivado por Tóth: a) numa democracia, um conceito, como o de igualdade, admitirá concepções democráticas rivais, esquematicamente consideradas como A ou B; b) num sistema autoritário que simula a democracia, tem-se a preferência por B e não A, como se tivesse havido uma escolha democrática que justificasse tal resultado; c) no entanto, há, na verdade, uma falsa justificação, pois é a concepção antidemocrática C que está atuando e efetivando tal escolha. É essa mudança da concepção democrática B para a autoritária C que pode ser caracterizada como um marco de segunda ordem do autoritarismo.[575]

---

sentido, Wil Waluchow diferencia uma mera opinião moral, por um lado, de um verdadeiro comprometimento moral. A opinião moral corresponde às visões morais que não foram criticamente examinadas para se alcançar o equilíbrio reflexivo, enquanto o verdadeiro comprometimento moral passou por tal procedimento (WALUCHOW, Wil J. *A common law theory of judicial review*: the living tree. Cambridge: University Press, 2009, pp. 223/224). As pessoas podem admitir que, apesar de possuírem diferentes opiniões morais, na verdade compartilham o mesmo comprometimento moral; ou seja, podem, após dialogarem franca e abertamente, descobrir que estavam equivocadas em algum ponto e que concordam com algo fundamental. Se isso for verdade, há fortes implicações para o controle judicial, pois o juiz, ao decidir adequadamente, além de não aplicar sua moralidade pessoal, auxilia as pessoas a analisarem criticamente seus preconceitos, promovendo aprendizado público (WALUCHOW, Wil J. *A common law theory of judicial review*: the living tree. Cambridge: University Press, 2009, p. 224).

574 TÓTH, Gábor Attila. "Constitutional Markers of Authoritarianism". *Hague Journal on the Rule of Law*, vol. 11, nº 1, abr. 2019, p. 55.

575 TÓTH, Gábor Attila. "Constitutional Markers of Authoritarianism". *Hague Journal on the Rule of Law*, vol. 11, nº 1, abr. 2019, pp. 55/56.

Por exemplo, no contexto do controle entre os Poderes, é possível que o autoritarismo seja simulado como um debate legítimo e democrático sobre quem deve exercer o controle de constitucionalidade, juízes ou legisladores, para que, autoritariamente, introduza-se uma terceira concepção na qual invoca-se "que todo poder emana do povo". Assim, erode-se o constitucionalismo jurídico em prol de um constitucionalismo político que busca, unicamente, aumentar o poder do executivo às expensas do parlamento e do judiciário.[576] No Brasil, foi precisamente isso que aconteceu com a corrupção do debate acerca dos possíveis intérpretes extrajudiciais da Constituição, na qual buscou-se introduzir as Forças Armadas ou Presidente da República como espécies de guardiões da Constituição, que moderariam as disputas entre os Poderes.

Um dos objetivos deste capítulo é expor o caráter autoritário dessa argumentação, elucidando a furtividade respectivamente praticada em cada caso analisado. Assim, é tarefa central promover o isolamento do argumento "C" elencado no plano esquemático, elaborando uma precisa descrição na qual se demonstre como o argumento autoritário está operando disfarçado de um dos argumentos democráticos "A" ou "B". Em cada um dos casos investigados essa metodologia foi bastante visível. Ela se manifestou na comprovação da falsificação argumentativa, a qual pode ocorrer tanto no plano da argumentação normativa, quando a interpretação escolhida esconde uma solução jurídica mais correta e adequada à proteção do regime democrático, quanto na dimensão empírica, quando há desconformidade entre a argumentação e as provas disponíveis no caso.

O negacionismo será um dos elementos centrais para a identificação de argumentos autoritários, já que compõe uma linha claramente identificável entre argumentações aceitáveis num regime democrático e outras inaceitáveis. Por exemplo: é razoável

576 TÓTH, Gábor Attila. "Constitutional Markers of Authoritarianism". *Hague Journal on the Rule of Law*, vol. 11, nº 1, abr. 2019, p. 57.

sustentar que os agentes da ditadura militar que cometeram crimes contra a humanidade não sejam punidos tendo em vista a ocorrência de prescrição, eis que o sistema jurídico brasileiro vigente naquele momento não caracterizava tais atos como crimes contra a humanidade. Esta posição é equivocada, como já estudado, mas é defensável em termos constitucionais. No entanto, é inadmissível, numa democracia, fundamentar a não punição de tais agentes a partir da negação dos fatos e da prática de ataques generalizados e sistemáticos à população civil, como, efetivamente, fora argumentado por diversos juízes no Brasil ao rejeitarem ações penais propostas pelo MPF no contexto da Justiça de Transição.

A argumentação de Tóth[577] chama atenção, ainda, para uma possível manipulação ou utilização de má-fé de teorias como a Jeremy Waldron.[578] Em casos relacionados à fiscalização do poder por meio controle de constitucionalidade e aos limites da liberdade de expressão, Tóth cita as teses de Waldron sobre a ilegitimidade do controle judicial[579] e a necessidade de se coibir o discurso do ódio como forma de proteção da dignidade de grupos minoritários[580] como possíveis argumentações do tipo "B". Ou seja, embora aceitáveis em termos democráticos, Tóth demonstra que essas teorias podem ser corrompidas, por exemplo: a) sustentando-se que a proteção da Constituição deve ser efetivada pelo povo através do Executivo ou, na variação brasileira, até mesmo pelas

---

577 TÓTH, Gábor Attila. "Constitutional Markers of Authoritarianism". *Hague Journal on the Rule of Law*, vol. 11, nº 1, abr. 2019, p. 57.

578 WALDRON, Jeremy. *Law and disagreement*. Oxford: Oxford University Press, 1999; WALDRON, Jeremy. *The harm in hate speech*. Cambridge: Harvard University Press, 2012; WALDRON, Jeremy. *Political political theory*: essays on institutions. Massachusetts: Harvard University Press, 2016.

579 WALDRON, Jeremy. *Law and disagreement*. Oxford: Oxford University Press, 1999; WALDRON, Jeremy. *Political political theory*: essays on institutions. Massachusetts: Harvard University Press, 2016.

580 WALDRON, Jeremy. *The harm in hate speech*. Cambridge: Harvard University Press, 2012.

Forças Armadas; b) utilizando-as favor de uma proteção absoluta da liberdade de expressão, justificando a restrição de discursos que não atinjam minorias discriminadas, mas grupos poderosos no Estado, como a polícia.

O risco da má utilização de teorias não é novidade. Virgílio Afonso da Silva, por exemplo, já criticou o erro em se imputar a Robert Alexy a má utilização da proporcionalidade pelos juízes brasileiros.[581] No caso do autoritarismo, no entanto, o problema afigura-se mais grave, pois, diante da má-fé, uma teoria não é somente utilizada erroneamente, mas corrompida furtivamente para conferir aspecto de legitimidade a decisões inconstitucionais. Um exemplo claro de tal postura ocorre quando autores como Luigi Ferrajoli são citados para defender as garantias de agentes do Estado que praticaram ilícitos no processo penal, em prejuízo ao réu, como feito pelo Ministro Kássio Nunes, do STF, no julgamento do HC 164.493.[582] Aqui, não se trata de mera aplicação equivocada da teoria, mas de estratégia deliberada de mascaramento autoritário, eis que Ferrajoli é também citado, de modo correto, por juízes garantistas que buscam respeitar o devido processo penal. É por isso que Kim Scheppele[583] diz, com razão, que há uma notável hipocrisia constitucional entre os autocratas, pois muitos deles alardeiam sustentar os mesmos valores de seus críticos, baseando-se, por exemplo, na realização de eleições.

---

581 SILVA, Virgílio Afonso. "O Supremo Tribunal precisa de Iolau: resposta às objeções de Marcelo Neves ao sopesamento e à otimização". *Revista de Direito da Universidade de Brasília,* Brasília, vol. 2, nº 1, 2016, pp. 100/101. Disponível em: https://periodicos.unb.br/index.php/revistadedireitounb/article/view/24545. Acessado em: 31.08.2023.

582 BRASIL. Supremo Tribunal Federal. (Segunda Turma). *HC 164493*. Acórdão. Relator: Min. Edson Fachin, 04 jun. 2021. Brasília, 2021. Disponível em: https://redir.stf.jus.br/paginadorpub/paginador.jsp?docTP=TP&docID=756048250. Acessado em: 31.08.2023.

583 SCHEPPELE, Kim Lane. "Autocratic legalism". *The University of Chicago Law Review*, Chicago, vol. 85, nº 2, mar. 2018, p. 562.

Essas, no entanto, vão paulatinamente sofrendo intervenções para dificultar o papel da oposição.[584]

A metodologia para identificação de argumentações autoritárias merece ser analisada no contexto das características mais gerais dos processos típicos da erosão constitucional. Segundo Emílio Peluso Neder Meyer, "desde 2014, tem havido uma lenta e gradual erosão da identidade constitucional então proporcionada pela Constituição de 1988".[585] Assim, no caso da erosão constitucional, tem-se um processo mais lento e difícil de detectar, tendo em vista que, caso analisadas separadamente, as diversas rupturas ocorridas podem não apontar para um problema maior. No entanto, quando os fatos são interpretados em conjunto, ou seja, como partes de um processo e não eventos isolados, o retrocesso institucional é visualizável. Isso ocorre, por exemplo, ao se considerar a histórica dificuldade brasileira em controlar civilmente o poder militar.[586]

---

584 "Como o hipócrita, o legalista autocrata confunde seus críticos fingindo apoiar muitos dos mesmos valores que seus críticos. E, como as declarações falsas típicas dos hipócritas, a demonstração dos valores públicos é efetivada como um disfarce na medida em que eles buscam o exato oposto" (SCHEPPELE, Kim Lane. "Autocratic legalism". *The University of Chicago Law Review*, Chicago, vol. 85, nº 2, mar. 2018, p. 562).

585 MEYER, Emilio Peluso Neder. *Constitutional erosion in Brazil.* Londres: Hart, 2021, p. 1.

586 Sendo assim, é importante a definição de Emílio Peluso Neder Meyer, na medida em que destaca o caráter de continuidade do processo de erosão, que ocorre a partir da prática de vários atos, nestes termos: "A erosão constitucional significa uma prolongada situação no tempo onde diferentes desafios para a estrutura constitucional de um país repetidamente ocorrem, sem, isoladamente, romperem por completo o sistema constitucional. Mesmo assim, a partir de análises individuais, todos esses desafios minam algum aspecto primordial do projeto definido na Constituição. A erosão constitucional não pode ser simplesmente comparada com uma simples ruptura, como seria equivalente a uma destruição constitucional – por exemplo, numa situação de golpe de Estado militar. A erosão constitucional descreve circunstâncias nas quais o Sistema é continuadamente desafiado, atingindo a possibilidade de a identidade constitucional permanecer a mesma (MEYER, Emilio Peluso Neder. *Constitutional erosion in Brazil.* Londres: Hart, 2021, pp. 8/9).

Um elemento importante para compreender a especificidade da erosão democrática é a identificação de como o ataque à Constituição de 1988 se relaciona com o tipo ideal de cidadão atrelado ao bolsonarismo, qual seja, o "cidadão de bem". Esse, a partir de uma peculiar luta contra a corrupção, atinge a identidade do projeto constitucional de 1988, voltado para um Estado Social inclusivo e comprometido com a não discriminação.

3.1.1 O "cidadão de bem"

Pode-se considerar a eleição de Jair Bolsonaro como um acontecimento chave para a erosão constitucional brasileira,[587] pois, muito embora o autoritarismo brasileiro seja um fenômeno histórico que precede tal vitória política, é importante considerar a influência que tal liderança assumiu para movimentos já existentes, como, por exemplo, os de defesa aos persistentes legados da ditadura militar. A expressão "bolsonarismo" já tem sido utilizada nas pesquisas em Ciência Política[588] e no Direito[589] para demonstrar esse específico traço da erosão constitucional brasileira.

Buscando caracterizar o fenômeno bolsonarista enquanto conceito político, pode-se citar três elementos chave: a) o elogio ao

---

MEYER, Emilio Peluso Neder. *Constitutional erosion in Brazil*. Londres: Hart, 2021, pp. 7/8.

587 MAFEI, Rafael; BUSTAMANTE, Thomas; MEYER, Emílio Peluso Neder. "Brazil: From Antiestablishmentarianism to Bolsonarism". *In*: SAJÓ, A.; UITZ, R.; HOLMES, S. (Coord.). *The Routledge Handbook on Illiberalism*. Oxfordshire: Routledge, 2021, p. 1.

588 PASSOS, Anaís Medeiros. "Militares e política no governo de Jair Bolsonaro". *In*: AVRITZER, Leonardo; KERCHE, Fábio; MARONA, Marjorie. *Governo Bolsonaro*: retrocesso democrático e degradação política. Belo Horizonte: Autêntica, 2021.

589 MAFEI, Rafael; BUSTAMANTE, Thomas; MEYER, Emílio Peluso Neder. "Brazil: From Antiestablishmentarianism to Bolsonarism". *In*: SAJÓ, A.; UITZ, R.; HOLMES, S. (Coord.). *The Routledge Handbook on Illiberalism*. Oxfordshire: Routledge, 2021.

tipo ideal do "cidadão de bem" que se posiciona contra a corrupção, a vitimização, a esquerda ou a dependência da assistência estatal, difundido mesmo diante da certa heterogeneidade dos apoiadores do movimento; b) o presidencialismo de coalizão, no sentido de o Poder Executivo depender do apoio de múltiplos partidos na relação com o Legislativo; c) a relação complexa entre Executivo e Judiciário pois, se por um lado o Presidente da República não tem conseguido controlar o STF, tal Corte e outros juízes são em parte responsáveis pela erosão constitucional brasileira, na medida em que produzem decisões não devidamente fundamentadas em casos relevantes para o Direito Constitucional.[590] É precisamente devido ao ponto que diz respeito à relação entre os Poderes que este capítulo investiga a difusão do bolsonarismo nas instituições, notadamente a partir da aceitação da ditadura militar.

O bolsonarismo é antielitista, sustentando que os partidos políticos costumeiramente ocupantes do poder e as elites políticas que os apoiam são, essencialmente, corruptos. Nesse contexto, cabe ao líder do movimento lutar contra "o sistema", composto por um variado grupo de acadêmicos, jornalistas, organizações internacionais, organizações não governamentais e parcela do judiciário.[591] Nesse sentido, é importante também resgatar o discurso de Bolsonaro de que "as minorias têm de se curvar para as maiorias",[592] já que esse é bastante representativo da sua visão sobre grupos como quilombolas, LGBTQIA+, indígenas ou de mulheres.

---

590 MAFEI, Rafael; BUSTAMANTE, Thomas; MEYER, Emílio Peluso Neder. "Brazil: From Antiestablishmentarianism to Bolsonarism". *In*: SAJÓ, A.; UITZ, R.; HOLMES, S. (Coord.). *The Routledge Handbook on Illiberalism*. Oxfordshire: Routledge, 2021, p. 1.

591 MAFEI, Rafael; BUSTAMANTE, Thomas; MEYER, Emílio Peluso Neder. "Brazil: From Antiestablishmentarianism to Bolsonarism". *In*: SAJÓ, A.; UITZ, R.; HOLMES, S. (Coord.). *The Routledge Handbook on Illiberalism*. Oxfordshire: Routledge, 2021, p. 2.

592 ISTOÉ. "Frases de Bolsonaro, o candidato que despreza as minorias". *Isto é*, São Paulo, 24 set. 2018. Disponível em: https://istoe.com.br/frases-de-bolsonaro-o-candidato-que-despreza-as-minorias/. Acessado em: 31.08.2023.

O novo[593] conservadorismo brasileiro compreende a denominada "nova direita", representada por Jair Bolsonaro e organizada "em torno da família tradicional, do anticomunismo e do militarismo".[594] No âmbito legislativo, Marina Basso Lacerda aponta como a legislatura iniciada em 2015 foi decisiva para o avanço da nova direita a partir da atuação de diversas lideranças políticas como Eduardo Cunha ou Jair Bolsonaro e de propostas legislativas: a) contra a denominada "ideologia de gênero", em resposta aos avanços das políticas públicas em prol dos direitos e de grupo LGBT; b) punitivistas e com traços militaristas, tais como as "10 medidas contra a corrupção", c) que avançam a pauta neoliberal,

---

593 A adjetivação da direita como "nova", especificamente no caso brasileiro, deve ser compreendida adequadamente, pois, como salienta a sociologia do bolsonarismo efetivada por Adalberto Cardoso, suas características centrais de conservadorismo religioso, respeito à ordem e à hierarquia, patriarcalismo, dentre outros, são constantes no pensamento político brasileiro, não consistindo, desse modo, em algo inédito (CARDOSO, Adalberto. *À beira do abismo*: uma sociologia política do bolsonarismo. Rio de Janeiro: Amazon, 2020, pp. 82-84, E-book). Por outro lado, o autor reconhece que, se não há novidade no conteúdo das ideias, muda a forma na qual elas foram veiculadas, com domínio da tecnologia da informação disponibilizadas com a internet (CARDOSO, Adalberto. *À beira do abismo*: uma sociologia política do bolsonarismo. Rio de Janeiro: Amazon, 2020, p. 85, E-book). Essa novidade é importante para a compreensão da disseminação do bolsonarismo no Poder Judiciário, pois: a) no caso dos ataques à democracia apurados no âmbito do Inquérito 4828 no STF, aponta-se que há uma complexa organização criminosa que usa recursos monetários e sítios eletrônicos para difundir notícias fraudulentas com intuito, por exemplo, de fechar a própria Corte; (BRASIL. Supremo Tribunal Federal. *INQ 4828*. Relator: Min. Alexandre de Moraes, 20 abr. 2020. Brasília, 2020. Disponível em: https://politica.estadao.com.br/blogs/fausto-macedo/wp-content/uploads/sites/41/2020/12/leiaaintegra-compressed-compressed2_101220200216.pdf. Acessado em: 31.08.2023) b) as redes sociais são um instrumento para intimidação, com a atuação de milícias digitais; c) essas milícias utilizam uma linguagem própria e nova para desenvolver, veladamente, práticas discriminatórias que podem facilmente passar despercebidas.

594 LACERDA, Marina Basso. *O novo conservadorismo brasileiro*: de Reagan a Bolsonaro. Porto Alegre: Zouk, 2019, pp. 17/18.

como a criação de um teto de gastos via emenda constitucional ou a reforma trabalhista.[595]

A discussão em torno do conservadorismo brasileiro é importante, pois tal ideologia política tem impactos também no sistema jurídico,[596] até porque, ante a ausência de faculdades de filosofia até 1930, o pensamento político brasileiro desenvolveu-se, especialmente, nas faculdades de Direito, sendo, assim, produto do trabalho de juristas.[597] Historicamente, o conservadorismo surge como reação ao iluminismo no contexto da emergente Revolução Francesa, sendo uma de suas características centrais a busca pelo contraponto aos movimentos que tentam transformar a realidade, em uma lógica entre movimento/reação.[598] [599] A importância de tal ideologia política acentua-se porque ela se aproxima do autoritarismo

595 LACERDA, Marina Basso. *O novo conservadorismo brasileiro*: de Reagan a Bolsonaro. Porto Alegre: Zouk, 2019, pp. 16-19.

596 CABRAL, Gustavo César Machado. "Conservadorismo no pensamento político brasileiro: notas introdutórias". *In*: MIRANDA, Jorge; GOMES, Carla Amado (Coord.). *Diálogo ambiental, constitucional e internacional*. vol. 6. Rio de Janeiro: Lumen Juris, 2016, p. 331.

597 CABRAL, Gustavo César Machado. "Pensamento político brasileiro: roteiro e propostas de trabalho". *In*: CABRAL, Gustavo César Machado; DINIZ, Márcio Augusto de Vasconcelos (Coord.). *História do direito e do pensamento político brasileiro*: debates e perspectivas. Fortaleza: UFC, 2016, p. 18.

598 Como isso não se quer dizer que todo conservadorismo busque a restauração do absolutismo, sendo esta prática datada, bem específica e localizada no contexto francês (CABRAL, Gustavo César Machado. "Conservadorismo no pensamento político brasileiro: notas introdutórias". *In*: MIRANDA, Jorge; GOMES, Carla Amado (Coord.). *Diálogo ambiental, constitucional e internacional*. vol. 6. Rio de Janeiro: Lumen Juris, 2016, p. 334).

599 CABRAL, Gustavo César Machado. "Conservadorismo no pensamento político brasileiro: notas introdutórias". *In*: MIRANDA, Jorge; GOMES, Carla Amado (Coord.). *Diálogo ambiental, constitucional e internacional*. vol. 6. Rio de Janeiro: Lumen Juris, 2016, p. 332.

no Brasil nos anos 1930 a partir das fortes críticas ao modelo liberal instalado desde a proclamação da República.[600] [601]

Uma das contribuições mais importantes de Gustavo Cabral para o tema do conservadorismo refere-se à necessidade de analisar tal ideologia de modo contextual, levando a sério suas origens europeias, mas analisando-as a partir da realidade brasileira, diversa, por exemplo, da francesa na Era Napoleônica.[602]

---

600 Um exemplo marcante dessa aproximação com o autoritarismo pode ser vista em Miguel Reale. O pensador, conhecido especialmente pelos seus estudos em filosofia do Direito sobre a teoria tridimensional do direito, foi, na juventude, um influente político ligado à Ação Integralista Brasileira, ocupando postos importantes na agremiação e buscando desenvolver uma alternativa entre liberalismo e comunismo na década de 30 do século XX (CABRAL, Gustavo César Machado. "A política no jovem Miguel Reale, o teórico do Integralismo". *Revista da Faculdade de Direito* – UFPR, Curitiba, vol. 59, nº 3, set./dez. 2014, p. 87), numa espécie de terceira via. Por exemplo, no aspecto da intervenção do Estado na ordem econômica, Reale admitia maior intervenção estatal, diferindo do liberalismo, mas não a ponto de extinguir a livre iniciativa, como faria o comunismo (CABRAL, Gustavo César Machado. "A política no jovem Miguel Reale, o teórico do Integralismo". *Revista da Faculdade de Direito* – UFPR, Curitiba, vol. 59, nº 3, set./dez. 2014, p. 100). Mesmo concentrando-se mais na academia após 1940, Reale manteve-se na vida política e apoiou o golpe militar de 1964, classificando-o como "levante" ou "revolução" (CABRAL, Gustavo César Machado. "A política no jovem Miguel Reale, o teórico do Integralismo". *Revista da Faculdade de Direito* – UFPR, Curitiba, vol. 59, nº 3, set./dez. 2014, p. 88), não aderindo, por outro lado, aos postulados racistas ou mesmo antissemitas presentes em parcela do integralismo mais próxima, por exemplo, de Gustavo Barroso (CABRAL, Gustavo César Machado. "A política no jovem Miguel Reale, o teórico do Integralismo". *Revista da Faculdade de Direito* – UFPR, Curitiba, vol. 59, nº 3, set./dez. 2014, pp. 99/100).

601 CABRAL, Gustavo César Machado. "Conservadorismo no pensamento político brasileiro: notas introdutórias". *In*: MIRANDA, Jorge; GOMES, Carla Amado (Coord.). *Diálogo ambiental, constitucional e internacional.* vol. 6. Rio de Janeiro: Lumen Juris, 2016, p. 341.

602 Eis as palavras do autor: "Não se deve perder de vista, contudo, que, assim como qualquer conceito político, conservador e conservadorismo devem ser analisados a partir de uma moldura formada essencialmente por uma análise contextual, a qual deve considerar realidades específicas, problemas concretos e soluções pensadas, precipuamente, a partir desses contextos,

Nesse sentido, há sérias lacunas em uma análise que deixa de levar em conta: a) a origem europeia da teoria política; b) a realidade brasileira.[603] [604] É a partir desse cuidado que se pode traçar algumas das características particulares do autoritarismo brasileiro manifestado no bolsonarismo. Deve-se levar em conta, por exemplo, o contexto específico do Brasil de não superação adequada dos legados da ditadura militar, que permite a manutenção de discursos negacionistas quanto aos crimes contra a humanidade cometidos pelo regime.

---

mas sem cortar inteiramente os laços com as teses originais, seguindo-se aqui a linha traçada pela história dos conceitos. Os problemas políticos e sociais observados em uma realidade como a da França, logo depois da Era Napoleônica, ocasionaram o surgimento de propostas conservadoras diferentes das que surgiram no Brasil da Primeira República, por exemplo" (CABRAL, Gustavo César Machado. "Conservadorismo no pensamento político brasileiro: notas introdutórias". *In*: MIRANDA, Jorge; GOMES, Carla Amado (Coord.). *Diálogo ambiental, constitucional e internacional*. vol. 6. Rio de Janeiro: Lumen Juris, 2016, p. 336).

603 Nessa perspectiva, não é metodologicamente equivocado partir da análise do pensamento político europeu, desde que este seja tomado como um ponto de partida a ser complementado a partir de considerações sobre a recepção de tais ideias na realidade brasileira: "As ideias e a teoria política europeia foram fundamentais para a formação da identidade nacional brasileira, mas elas não bastam para a compreensão do Brasil, dos seus problemas e das suas realidades. Por outro lado, esquecer-se dessas matrizes e mergulhar exclusivamente nas questões nacionais pode deixar lacunas teóricas insanáveis. Para esses objetivos, acredita-se que o foco deva ser a recepção das ideias e o modo como elas atuaram no Brasil. Dessa forma, entender Maquiavel e Rousseau, por exemplo, não parece ser mais apropriado do que compreender como as suas obras foram recebidas e influenciaram a produção brasileira" (CABRAL, Gustavo César Machado. "Pensamento político brasileiro: roteiro e propostas de trabalho". *In*: CABRAL, Gustavo César Machado; DINIZ, Márcio Augusto de Vasconcelos (Coord.). *História do direito e do pensamento político brasileiro*: debates e perspectivas. Fortaleza: UFC, 2016, p. 19).

604 CABRAL, Gustavo César Machado. "Pensamento político brasileiro: roteiro e propostas de trabalho". *In*: CABRAL, Gustavo César Machado; DINIZ, Márcio Augusto de Vasconcelos (Coord.). *História do direito e do pensamento político brasileiro*: debates e perspectivas. Fortaleza: UFC, 2016, pp. 19 e 336.

Por outro lado, não é fácil estabelecer o que realmente busca o conservadorismo brasileiro. Ante a falta de uniformidade no desenvolvimento de suas ideias, há, na verdade, "conservadorismos, ou seja, manifestações distintas, ainda que com algumas permanências, das principais ideias conservadoras gestadas no paradigma europeu".[605] [606] No contexto da formação da nação brasileira, por exemplo, deve-se acentuar que o constitucionalismo surge com marcante influência conservadora a partir da atuação de figuras como o Marquês de Caravelas no processo constituinte de 1824. Ao mesmo tempo, tal processo tinha aspectos liberais, amparados na adoção de uma Constituição e na busca por limitação do poder.[607]

Apesar de os eleitores de Bolsonaro, em 2018, comporem um grupo heterogêneo, congregando evangélicos, militares e apoiadores da Lava Jato[608] e mesmo parcelas dos grupos minoritários atacados pelos discursos desse político,[609] é possível tentar traçar um perfil

---

605 Por exemplo, o conservadorismo do grupo saquarema, durante o Segundo Reinado, é diverso do conservadorismo autoritário dos anos 30 eis que este apresentava uma forte carga antiliberal inexistente naquele, indo ao encontro da tese em torno da falta de especificidade ideológica do conservadorismo brasileiro (CABRAL, Gustavo César Machado. "Pensamento político brasileiro: roteiro e propostas de trabalho". *In*: CABRAL, Gustavo César Machado; DINIZ, Márcio Augusto de Vasconcelos (Coord.). *História do direito e do pensamento político brasileiro*: debates e perspectivas. Fortaleza: UFC, 2016, p. 344).

606 CABRAL, Gustavo César Machado. "Pensamento político brasileiro: roteiro e propostas de trabalho". *In*: CABRAL, Gustavo César Machado; DINIZ, Márcio Augusto de Vasconcelos (Coord.). *História do direito e do pensamento político brasileiro*: debates e perspectivas. Fortaleza: UFC, 2016, p. 338.

607 CABRAL, Gustavo César Machado. "Pensamento político brasileiro: roteiro e propostas de trabalho". *In*: CABRAL, Gustavo César Machado; DINIZ, Márcio Augusto de Vasconcelos (Coord.). *História do direito e do pensamento político brasileiro*: debates e perspectivas. Fortaleza: UFC, 2016, pp. 338/339.

608 NOBRE, Marcos. *Ponto final*: a guerra de Bolsonaro contra a democracia. São Paulo: Todavia, 2020, p. 30.

609 KALIL, Isabela Oliveira. *Quem São e no que Acreditam os Eleitores de Jair Bolsonaro*. São Paulo: Fundação Escola de Sociologia e Política de São Paulo,

mínimo em torno do denominado "cidadão de bem". Esse exercício é importante, pois auxiliará na identificação de manifestações do bolsonarismo nas instituições, especialmente no interior do Poder Judiciário ou perante ele. Nesse sentido, destacam-se a centralidade de características como lei e ordem e repulsa à corrupção[610] como essenciais para a configuração do modelo ideal de cidadão.

O sentido em que corrupção é utilizado nessa formulação refere-se: a) à clássica compreensão de que, como "políticos roubam o povo", é necessário alguém de fora do sistema para colocar tudo em ordem, de forma que se vincula o termo ao tipo penal de crime contra a administração pública;[611] b) à deturpação moral, com "desordem" em costumes e valores a partir de admissão de direitos homossexuais ou de aborto[612] c) à confusão entre "direi-

2018, p. 8. Disponível em: https://www.fespsp.org.br/upload/usersfiles/2018/Relatório% 20para%20Site%20FESPSP.pdf. Acessado em: 05.01.2022.

610 "O 'cidadão de bem' passou a designar aquele que, além de ter uma conduta individual 'correta' e saber se comportar nas manifestações, se distingue dos 'bandidos' (corruptos) ou de quem apoia bandidos. Assim, o 'cidadão de bem' refere-se a um conjunto de condutas dos indivíduos na vida privada, a um conjunto de formas específicas de reinvindicação política na vida pública e a um conjunto particular de temas e agendas que passaram a ser consideradas como legítimos. É dessa forma que o 'cidadão de bem' extrapola as formas de condutas individuais e passa a designar aqueles que não são 'comunistas', 'petistas' ou 'de esquerda' – vistos como apoiadores da corrupção e 'não trabalhadores. Trata-se de uma noção específica de pessoa e um sentimento de pertencimento à uma forma correta de estar no mundo" (KALIL, Isabela Oliveira. *Quem São e no que Acreditam os Eleitores de Jair Bolsonaro*. São Paulo: Fundação Escola de Sociologia e Política de São Paulo, 2018, p. 9. Disponível em: https://www.fespsp.org.br/upload/usersfiles/2018/Relatório% 20para%20Site%20FESPSP.pdf. Acessado em: 05.01.2022).

611 KALIL, Isabela Oliveira. *Quem São e no que Acreditam os Eleitores de Jair Bolsonaro*. São Paulo: Fundação Escola de Sociologia e Política de São Paulo, 2018, p. 9. Disponível em: https://www.fespsp.org.br/upload/usersfiles/2018/Relatório% 20para%20Site%20FESPSP.pdf. Acessado em: 05.01.2022.

612 KALIL, Isabela Oliveira. *Quem São e no que Acreditam os Eleitores de Jair Bolsonaro*. São Paulo: Fundação Escola de Sociologia e Política de São Paulo, 2018, p. 10. Disponível em: https://www.fespsp.org.br/upload/

tos" e "privilégios", já que há diversos grupos na sociedade que recebem benefícios sociais, como a bolsa-família ou cotas raciais, sem "cumprirem seus deveres".[613]

Apesar dessa polissemia, essa compreensão da corrupção se mostra bastante limitada, pois, não leva em conta, por exemplo: a) a corrupção das formas de governo a partir de um golpe de Estado militar, como ocorreu em 1964; b) a possibilidade de as próprias instituições responsáveis por "combater" o primeiro tipo de corrupção também se corromperem ao atuarem em ofensa ao modelo acusatório no processo penal, como aconteceu com a operação Lava Jato, especialmente no que se trata do papel desempenhado pelo ex-juiz federal Sérgio Moro. Desse modo, tal conceito de "cidadão de bem" é compatível com o modelo autoritário de aceitar ou fazer apologia à ditadura militar. É nesse sentido que Isabela Oliveira Kalil[614] sintetiza o perfil e características do tipo de "cidadão de bem":

> As pessoas de bem: Instituições fortalecidas para o fim da impunidade.
>
> Perfil: Homens e mulheres de classe média, acima dos 35 anos, que "possuem família" e se preocupam com a segurança de seus filhos e, consequentemente, o "futuro da nação". Não acreditam que a "justiça com as próprias mãos" possa a ser a solução para o país, repudiam a violência entre os

---

usersfiles/2018/Relatório% 20para%20Site%20FESPSP.pdf. Acessado em: 05.01.2022.

613 KALIL, Isabela Oliveira. *Quem São e no que Acreditam os Eleitores de Jair Bolsonaro*. São Paulo: Fundação Escola de Sociologia e Política de São Paulo, 2018, p. 10. Disponível em: https://www.fespsp.org.br/upload/usersfiles/2018/Relatório% 20para%20Site%20FESPSP.pdf. Acessado em: 05.01.2022.

614 KALIL, Isabela Oliveira. *Quem São e no que Acreditam os Eleitores de Jair Bolsonaro*. São Paulo: Fundação Escola de Sociologia e Política de São Paulo, 2018. Disponível em: https://www.fespsp.org.br/upload/usersfiles/2018/Relatório% 20para%20Site%20FESPSP.pdf. Acessado em: 05.01.2022.

> cidadãos e desejam que as instituições sejam fortalecidas. Este perfil comporta um amplo espectro de posições que variam desde a proposta de que a Polícia Federal deveria substituir o Supremo Tribunal Federal, até aqueles que clamam pela volta da ditadura militar ou uma "intervenção militar temporária e constitucional".
>
> O que repudiam: Localizam na "corrupção" e na "impunidade" os maiores problemas do Brasil. Há referências também ao excesso de "injustiça" na sociedade e críticas ao "sistema vigente" na política brasileira. Expressam um sentimento de repulsa difuso ao "desgoverno petista". A frase "direitos humanos para humanos direitos" serve como síntese para expressar que o Estado só age de maneira mais bruta ou viola direitos daqueles que não são "pessoas de bem".

Como foi demonstrado nos capítulos anteriores, foi possível constatar diversos pronunciamentos de juízes federais de magistrados que podem ser enquadrados no tipo "cidadão de bem" no contexto específico de apologia à ditadura militar, com menções, até mesmo, a Olavo de Carvalho. No bolsonarismo, o "cidadão de bem" corresponde, também, à totalidade do povo para quem o Presidente entende que deve governar. Diante de tal cenário, torna-se importante caracterizar o populismo praticado por Jair Bolsonaro, especialmente quando se consideram as políticas e medidas concretas de intimidação lançadas contra a parcela da população que não faz parte do "verdadeiro povo".

É difícil caracterizar precisamente em que consiste o referido populismo, mas os lugares comuns normalmente elencados na definição compreendem uma "inerente hostilidade aos mecanismos e, em última análise, aos valores comumente associados com o constitucionalismo: limitações à vontade da maioria, freios e contrapesos, proteção às minorias e aos direitos fundamentais como tais".[615] Além disso, como salientam Cas Mudde e Cristóbal Kaltwasser: a) o termo tem sido utilizado como uma espécie de slogan para se referir tanto a políticos de esquerda como de direita; b) praticamente ninguém se declara como "populista"; c) o conceito tende a ser utilizado, assim, como em conotação negativa, como arma retórica contra oponentes; d) sendo um conceito essencialmente contestável, apresenta conteúdo variável, referindo-se, no contexto europeu, à aplicação de políticas xenófobas e, na América Latina, à má administração da economia ou ao clientelismo; e) não apresenta uma ideologia fixa, combinando ideologias, às vezes, até mesmo antagônicas.[616] Nesse sentido, pode-se também compreender o populismo como uma forma democrática de fazer política a partir da busca pelo engajamento popular na política, mobilizando-se as pessoas comuns e denunciando a elite.[617]

---

615 MÜLLER, Jan-Werner. "Populism and constitutionalism". *In*: OSTIGUY, Pierre *et al.* (Coord.). *The Oxford Handbook of Populism.* Oxford: Oxford University Press, 2017, p. 744.

616 MUDDE, Cas; KALTWASSER, Cristóbal Rovira. *Populism*: a very short introduction. Oxford: University Press, 2017, pp. 1/2 e 5/6.

617 Ernesto Laclau também destaca o caráter impreciso do populismo, o qual "atravessa uma variedade de fenômenos", consistindo "num modo de construir o político" (LACLAU, Ernesto. *La razón populista.* Trad. Soledad Laclau. Buenos Aires: Fondo de Cultura Económica de Argentina, 2005, p. 11). Há ambiguidades e paradoxos na análise do populismo, e o autor aponta a existência de uma razão populista, afastando-se das críticas em torno da "difamação das massas" (LACLAU, Ernesto. *La razón populista.* Trad. Soledad Laclau. Buenos Aires: Fondo de Cultura Económica de Argentina, 2005, p. 13), ou seja, da postura que ataca o populismo por conta de sua imprecisão, vagueza e irracionalidade. Para o autor, deve-se questionar se essa simplicidade do populismo na verdade, não se trataria de um reflexo da própria sociedade, sendo esta, pelo menos em algumas situações, imprecisa, vaga e irracional. Se isso for verdade, "no sería el populismo, más que una tosca operación política e ideológica, un acto performativo dotado de una racionalidad propia, es decir, que el hecho de ser vago en determinadas situaciones es la condición para construir significados políticos relevantes?" (LACLAU, Ernesto. *La razón populista.* Trad. Soledad Laclau. Buenos Aires: Fondo de Cultura Económica de Argentina, 2005, p. 30).

Ainda assim, trata-se, centralmente, de um movimento antipluralistas,[618] já que tem como reivindicação central o argumento de que o líder populista é o único que pode representar os autênticos interesses das pessoas, negando por completo o status de concidadão àqueles que lhe são críticos, tidos como inimigos.[619] Assim, o populismo é visto como estando mais próximo da democracia direta, já que há uma ligação entre a liderança e parcela do povo, em detrimento das instituições. Essas, por sua

---

MUDDE, Cas; KALTWASSER, Cristóbal Rovira. *Populism*: a very short introduction. Oxford: University Press, 2017, pp. 2-5.

618 Mostrando que se trata de um movimento global, Ferrajoli descreve como um autoritarismo populista que busca levar a cabo um processo de desconstrução constitucional tem tomado corpo na Itália, apresentando semelhanças com o caso brasileiro. Para o autor, a Constituição italiana de 1948 tem sido atacada por inimigos que a acusam de uma velhice geradora de não governabilidade. Os direitos fundamentais, à sua vez, têm sido sistematicamente atacados pelos detentores de poder, que agora é exercido de modo selvagem, sem controle ou respeito às regras. Nesse processo, a dimensão substancial da democracia, aquela decorrente da positivação dos direitos fundamentais, é tida como menos importante ou superável pela dimensão formal, relacionada às eleições para cargos políticos. Os inimigos do constitucionalismo material sustentam que suas ações são democráticas em razão da vontade da maioria que os elegeu e do seu consequente respeito ao aspecto formal da democracia majoritária (FERRAJOLI, Luigi. *Poderes selvagens*: a crise da democracia italiana. Trad. Alexander Araujo de Souza. São Paulo: Saraiva, 2014, posição 168-184). Esse populismo intolerante é assim caracterizado pelo autor: "A ideia elementar que está na base desta pretensão é que o consenso popular é a única fonte de legitimação do poder político e serviria, portanto, para legitimar todos os abusos e para deslegitimar críticas e controles. O inteiro edifício da democracia constitucional fica em razão disso minado à sua raiz: pela intolerância em relação ao pluralismo político e institucional; pela desvalorização das regras; pelos ataques à separação de poderes, às instituições de garantia, à oposição parlamentar, aos sindicatos e à liberdade de imprensa; pela rejeição, em síntese, do paradigma do Estado constitucional de direito como sistema de vínculos legais impostos a qualquer poder" (FERRAJOLI, Luigi. *Poderes selvagens*: a crise da democracia italiana. Trad. Alexander Araujo de Souza. São Paulo: Saraiva, 2014, posição 155).

619 MÜLLER, Jan-Werner. "Populism and constitutionalism". *In*: OSTIGUY, Pierre *et al.* (Coord.). *The Oxford Handbook of Populism*. Oxford: Oxford University Press, 2017, pp. 745-749.

vez, são consideradas como muito elitistas, mas somente na exata medida em que não produzem resultados correspondentes à moral do líder, que é tida como a única correta.[620] [621] Contudo, apesar do seu discurso antissistema ou antielitista, o autoritarismo é, na prática, elitista, pois está comprometido com a manutenção das hierarquias sociais.[622] Essa segmentação do povo fomentada por políticas populistas atrai a distinção entre "nós" e "eles" a partir de considerações raciais, étnicas ou religiosas.[623]

A denúncia das elites pode ser ligada às atuações institucionais ou às tomadas de decisões na cúpula dos mais diversos poderes.

---

620 O populismo corresponde a uma "particular imaginação moralista da política, um caminho de se perceber o mundo político a partir de oposições entre uma moralidade pura e completamente unificada – mas, devo argumentar, completamente ficcional – e as minorias, em especial as elites, as quais são deixadas de lado como povo autêntico" (MÜLLER, Jan-Werner. "Populism and constitutionalism". *In*: OSTIGUY, Pierre *et al.* (Coord.). *The Oxford Handbook of Populism.* Oxford: Oxford University Press, 2017, p. 747). Essa definição é muito importante no ponto em que elenca o moralismo e o caráter ficcional dele, pois ajuda a compreender como propagandas baseadas em notícias falsas são importantes para a manutenção do regime. Ainda, é importante caracterizar o populismo de direita como um movimento que elogia a classe trabalhadora como pura, em detrimento de uma elite corrupta (MÜLLER, Jan-Werner. "Populism and constitutionalism". *In*: OSTIGUY, Pierre *et al.* (Coord.). *The Oxford Handbook of Populism.* Oxford: Oxford University Press, 2017, pp. 747/748).

621 MÜLLER, Jan-Werner. "Populism and constitutionalism". *In*: OSTIGUY, Pierre *et al.* (Coord.). *The Oxford Handbook of Populism.* Oxford: Oxford University Press, 2017, pp. 744 e 755.

622 SOUZA NETO, Cláudio Pereira. *Democracia em crise no Brasil*: valores constitucionais, antagonismo político e dinâmica institucional. São Paulo: Contracorrente, 2020, p. 26.

623 Além disso: "(...) apego ao passado mítico, propaganda, anti-intelectualismo, irrealidade, hierarquia, vitimização, lei e ordem, ansiedade sexual, apelos à noção de pátria e desarticulação da união e do bem-estar público. Embora a defesa de certos elementos seja legítima e, às vezes, justificada, há momentos na história em que esses elementos se reúnem num único partido ou movimento político, e esses momentos são perigosos (STANLEY, Jason. *Como funciona o fascismo*: a política do "nós" e "eles". Trad. Bruno Alexander. São Paulo: L&PM, 2018, p. 6).

Essas, para as pessoas comuns, acabam tendo um efeito meramente simbólico. Contudo, no caso do autoritarismo, tais práticas são ainda mais perniciosas, eis que o poder político acaba desprotegendo quem está mais vulnerável às inconstitucionalidades.[624]

Por outro lado, na medida em que se admite o populismo como apelo ao homem comum para que se engaje na política, não se pode ligar, automática e necessariamente, o populismo ao autoritarismo.[625] Nesse sentido, a primeira operação mental necessária para analisar se o populismo tem ou não caráter democrático é

---

624 Veja-se por exemplo, que os diversos precedentes do STF sustentando que a liberdade de expressão não é um direito absoluto e que não se admitem discursos de ódio contra minorias não foram suficientes para fazer com que a Justiça Federal: a) reconhecesse como prática de racismo os gestos codificados de supremacia branca efetivados por Filipe Martins (BRASIL. Tribunal Regional Federal da Primeira Região. Seção Judiciária do Distrito Federal. (12. Vara Federal Criminal). *Ação penal 1022041-26.2021.4.01.3400.* Denúncia. Procuradoria da República no Distrito Federal, 08 jun. 2021. Disponível em: http://www.mpf.mp.br/df/sala-de-imprensa/docs/denuncia-filipe-martins. Acessado em: 31.08.2023); b) mantivesse a condenação de Jair Bolsonaro em face das declarações discriminatórias aos quilombolas (BRASIL. Defensoria Pública da União. Ministério Público Federal. *Representação.* Assunto: Apuração de prática de racismo pelo Presidente da República. Destinada ao Procurador Geral da República em 13 jul. 2021. Disponível em: http://www.mpf.mp.br/regiao3/sala-de-imprensa/docs/2021-2/RacismoDPURepcontraPR.pdf. Acessado em: 31.08.2023). Em ambos os casos, a decisão da cúpula judicial não apresentou eficácia jurídica em relação às pessoas comuns, tendo a elite judicial nas demais instâncias, por outro lado, atuado contra os interesses desses grupos minoritários.

625 A ligação entre populismo e autoritarismo pode ocorrer quando, a partir da busca pela "vontade geral", tem-se a homogeneização da sociedade e a aceitação ou mesmo fomento aos ataques contra o grupo tido como oposto ao povo verdadeiro, eis que estes ameaçam a referida homogeneidade social (MUDDE, Cas; KALTWASSER, Cristóbal Rovira. *Populism*: a very short introduction. Oxford: University Press, 2017, p. 18). É por isso que os autores sustentam que as práticas populistas, e seus respectivos líderes, tanto podem ser um "amigo como inimigo da democracia (liberal), dependendo do estágio do processo de democratização" (MUDDE, Cas; KALTWASSER, Cristóbal Rovira. *Populism*: a very short introduction. Oxford: University Press, 2017, p. 20).

compreender as características e valores das pessoas comuns cujo engajamento político se busca. Em sociedades como a brasileira, marcadas pela desigualdade, pelos legados da escravidão e por períodos autoritários como a ditadura militar, realçar esses aspectos, levando-os para a política a título de representação desse que seria o "povo" verdadeiro, oferece um cenário no qual a vinculação do populismo com o autoritarismo afigura-se correto.

O populismo, no contexto das ideologias políticas, utiliza precisamente esse apelo às emoções em contraposição à razão, mobilizando um povo tido como diretamente representado pelo líder. Como sustentam Christian Lynch e Paulo Henrique Cassimiro, quando esse movimento é efetivado de modo radical, tem-se a criação de um político antissistema, o qual vai recorrer a qualquer meio para manter a mobilização de sua base, composta pelo "homem comum", utilizando-se, por exemplo, as notícias falsas "propositadamente produzidas e emitidas em linguagem chula, sempre sob a marca da urgência, do deboche e da violência".[626]

O passado mítico reporta-se a uma sociedade patriarcal, na qual os homens faziam guerras, as mulheres cuidavam das próximas gerações em casa e havia uma pureza em termos religiosos, raciais ou culturais, sendo que tudo isso foi enfraquecido pela humilhação imposta pelo globalismo, cosmopolitismo liberal e universalismo baseado na igualdade.[627] Tendo em vista a irrealidade dessa descrição social, mesmo quando pensada em relação às sociedades tradicionais, tem-se que se trata, precisamente, da utilização de um mito para sustentar a ideologia autoritária e hierárquica.[628]

---

626 LYNCH, Christian Edward Cyril; CASSIMIRO, Paulo Henrique. *O populismo reacionário*. São Paulo: Contracorrente, 2022, p. 15.

627 STANLEY, Jason. *Como funciona o fascismo*: a política do "nós" e "eles". Trad. Bruno Alexander. São Paulo: L&PM, 2018, p. 11.

628 STANLEY, Jason. *Como funciona o fascismo*: a política do "nós" e "eles". Trad. Bruno Alexander. São Paulo: L&PM, 2018, p. 11.

Quanto ao Brasil, Lilian Schwarcz elenca diversas falácias sobre o mito fundador nacional, tais como as de que: a) não há conflitos no Brasil, existindo uma primazia da harmonia; b) o brasileiro é avesso a qualquer forma de hierarquia, respondendo às diversidades com informalidade e igualdade; c) a democracia brasileira é plena, sem ódio racial, religioso ou de gênero; d) a natureza brasileira é especial, equivalendo a uma espécie de paraíso.[629] A compreensão desses mitos é essencial para explicar como o autoritarismo brasileiro se desenvolve difusamente e porque não é surpreendente quando as instituições atuam com base neles.[630]

O passado mítico brasileiro a ser explorado pelo populismo reacionário pode ser sumarizado a partir da própria formação da sociedade brasileira escravista:

> Enquanto os senhores de engenho levantavam igrejas e protegeriam o povo, viris "bandeirantes" chefiavam milícias de mestiços em expedições pelo sertão adentro para apresar índios e buscar riquezas naturais, extraindo da exuberante natureza o máximo que podiam, sem a presença incômoda de um Estado que, de resto, não existia. Esse é o modelo de "comunidade política natural" por que os reacionários brasileiros suspiram. Daí sua atração por tudo aquilo que a sociedade brasileira herdou de pior da colonização: o culto da morte e da violência, o autoritarismo, a exploração

629 SCHWARCZ, Lilia Moritz. *Sobre o autoritarismo brasileiro*. São Paulo: Companhia das Letras, 2019, posição 195.

630 "Portanto, a quem não entende por que vivemos, nos dias de hoje, um período tão intolerante e violento; a quem recebe com surpresa tantas manifestações autoritárias ou a divulgação, sem peias, de discursos que desafazem abertamente de um catálogo de direitos civis que parecia consolidado; a quem assiste da arquibancada ao crescimento de uma política de ódios e que transforma adversários em inimigos, convido para uma viagem rumo à nossa própria história, nosso passado e nosso presente" (SCHWARCZ, Lilia Moritz. *Sobre o autoritarismo brasileiro*. São Paulo: Companhia das Letras, 2019, posição 232).

> predatória da natureza, o anti-intelectualismo, o personalismo, o patrimonialismo, o patriarcalismo etc.[631]

O apego ao patriarcalismo, por sua vez, explica-se porque o líder autoritário busca, na política, comportar-se como um pai da nação, demonstrando força e mantendo a hierarquia.[632] Nessa linha, é impossível não lembrar que o Presidente Jair Bolsonaro, então candidato à presidência, comparou as execuções promovidas pela ditadura militar brasileira a "palmadas nos filhos".[633]

Além disso, a criação de um passado mítico busca apagar qualquer verdade histórica que lhe seja inconveniente,[634] como se tem, por exemplo, com a constatação de que grupos minoritários, como indígenas foram alvo de genocídio. Nessa linha, "a política fascista repudia qualquer momento sombrio do passado de uma nação",[635] não sendo surpresa, assim, a vontade de se negar a ocorrência de ditadura militar no Brasil.

Essa relação entre fascismo e populismo, no contexto mais amplo do autoritarismo, precisa ser bem delineada, tendo em vista as diversas denominações utilizadas para caracterizar os movimentos de recessão democrática no mundo. Nesse sentido, Federico Finchelstein sustenta que fascismo e populismo devem ser compreendidos, historicamente, em uma relação de continuidade,

---

631 LYNCH, Christian Edward Cyril; CASSIMIRO, Paulo Henrique. *O populismo reacionário*. São Paulo: Contracorrente, 2022, p. 65.

632 STANLEY, Jason. *Como funciona o fascismo*: a política do "nós" e "eles". Trad. Bruno Alexander. São Paulo: L&PM, 2018, p. 11.

633 FREITAS, Carolina. "Bolsonaro compara execuções na ditadura a palmada em filho". *Valor Econômico*, São Paulo, 11 mai. 2018. Disponível em: https://valor.globo.com/politica/noticia/2018/05/11/bolsonaro-compara-execucoes-na-ditadura-a-palmada-em-filho.ghtml. Acessado em: 31.08.2023.

634 STANLEY, Jason. *Como funciona o fascismo*: a política do "nós" e "eles". Trad. Bruno Alexander. São Paulo: L&PM, 2018, p. 20.

635 STANLEY, Jason. *Como funciona o fascismo*: a política do "nós" e "eles". Trad. Bruno Alexander. São Paulo: L&PM, 2018, p. 20.

tendo o populismo moderno nascido do fascismo e se constituído em uma forma autoritária de democracia.[636] Nesse sentido, com o genocídio e a violência exacerbada do século XX, tal ideologia política fascista perdeu legitimidade como forma de governo, razão pela qual "não estamos assistindo ao regresso do fascismo como este existiu antes".[637] Sendo assim, embora interligados, fascismo e populismo "representam trajetórias políticas e históricas alternativas",[638] sendo "o populismo uma forma de democracia autoritária, enquanto o fascismo é uma ditadura ultraviolenta".[639] Isso porque o populismo busca legitimar-se pelas eleições, adaptando o fascismo à democracia e substituindo-o no ataque às ideias iluministas, especialmente a partir do fim da segunda guerra mundial.[640]

---

636 FINCHELSTEIN, Federico. *Do fascismo ao populismo na história*. Trad. Jaime Araújo. São Paulo: Almedina, 2019. (E-book), posição 78; 159.

637 FINCHELSTEIN, Federico. *Do fascismo ao populismo na história*. Trad. Jaime Araújo. São Paulo: Almedina, 2019. (E-book), posição 52.

638 FINCHELSTEIN, Federico. *Do fascismo ao populismo na história*. Trad. Jaime Araújo. São Paulo: Almedina, 2019. (E-book), posição 78.

639 FINCHELSTEIN, Federico. *Do fascismo ao populismo na história*. Trad. Jaime Araújo. São Paulo: Almedina, 2019. (E-book), posição 281.

640 Nesse sentido: "Uma nova modernidade populista surgiu com a derrota do fascismo. Depois da guerra, o populismo reformulou os legados do "anti-Iluminismo" para a era da Guerra Fria e pela primeira vez na história tornou-se completo; ou seja, alcançou o poder. Em 1945 o populismo já passara a representar uma continuação do fascismo, mas também uma rejeição de alguns dos seus aspetos ditatoriais mais distintivos. O fascismo propôs uma ordem totalitária violenta que conduziu a formas extremas de violência política e genocídio. Em contrapartida, e em consequência da derrota do fascismo, o populismo procurou reformar e adaptar o legado fascista a uma ordem democrática. Depois da guerra, o populismo foi uma consequência do impacto civilizacional do fascismo. A ascensão e queda dos fascismos afetaram não só admiradores como o general Juan Perón na Argentina, mas também outros líderes autoritários como Getúlio Vargas no Brasil, ou muitos membros da direita populista americana que não tinham vivido nem concordado inicialmente com o fascismo. Para alcançar o poder, o populismo do pós-guerra renunciou aos seus fundamentos pró-ditatoriais do período entreguerras, mas não abandonou completamente o fascismo. Ocupou o lugar do fascismo transformando-se numa nova "terceira via" entre o liberalismo e o comunismo. No entanto, ao contrário dos apoiadores

No entanto, há desacordo acerca da utilização da expressão "populismo" como sinônimo de autoritarismo. Souza Neto, por exemplo, reserva a primeira expressão somente para o autoritarismo de tipo fascista, admitindo que possa existir um populismo não autoritário, como o trabalhismo, que buscava a redistribuição de poder político, econômico e social.[641] Nesse contexto, a distinção de Federico Finchelstein entre populismo e fascismo é importante para se compreender que há uma maior carga de violência envolvida no fascismo histórico quando comparado aos modelos populistas hoje existentes. Contudo, não se pode, a partir dessa diferenciação, concluir que determinado governo somente poderia ser visto como fascista caso desenvolvesse uma política violenta no nível de ataque sistêmico e generalizado a determinados grupos. Desse modo, sustenta-se que é possível conceber que há, no mínimo, traços de política fascista em governos populistas que manifestam algum nível de apelo à violência, mesmo que de modo furtivo.[642]

---

do fascismo, seus proponentes queriam que o populismo fosse uma escolha democrática. Essa intenção populista de criar uma nova tradição política que pudesse governar a nação, mas fosse diferente do fascismo, e a realização consequente dessa intenção, explicam a complexa natureza histórica do populismo do pós-guerra como um conjunto variado de experiências autoritárias na democracia. É verdade que o populismo moderno integrou elementos de outras tradições, mas as origens e efeitos fascistas do populismo depois da derrota de Hitler e Mussolini definiram o seu conflito constitutivo pós-fascista entre a democracia e a ditadura" (FINCHELSTEIN, Federico. *Do fascismo ao populismo na história*. Trad. Jaime Araújo. São Paulo: Almedina, 2019. (E-book), posição 92-105).

641 SOUZA NETO, Cláudio Pereira. *Democracia em crise no Brasil*: valores constitucionais, antagonismo político e dinâmica institucional. São Paulo: Contracorrente, 2020, nota de rodapé 16, p. 15.

642 Alguns exemplos que apontam para a caracterização de políticas fascistas no Brasil, nesse sentido ora proposto, relacionado à violência, são: a) o negacionismo de crimes contra a humanidade cometidos na ditadura militar; b) o negacionismo científico que serviu como concausa para as mortes no contexto da pandemia do COVID-19; c) a disseminação de armas de fogo no contexto da segurança pública. A não aceitação de resultados eleitorais, com acusações falsas em torno de fraude, também é apontada como um traço comum de regimes populistas e fascistas (URBINATI, Nadia. *Me the people*:

O que se pode concluir a partir de toda essa exposição? Ela foi necessária para iniciar a contextualizar o autoritarismo em seu sentido mais abstrato, comum a diversos Estados e com características que se mantiveram semelhantes em momentos distintos da história, tais como o apelo ao poder militar no Brasil. Esse breve exercício de abstração foi necessário para o desenvolvimento do tema central desta obra: as manifestações concretas do autoritarismo no Poder Judiciário, de modo a examinar o fenômeno autoritário em seu modo difuso, o qual muitas vezes fica longe dos holofotes tradicionais por envolver pessoas comuns. Gradualmente, assim, essa abstração vai se concretizando ao longo do trabalho, propiciando a compreensão da estratégia de contrafação da democracia que se tem utilizado com mais proeminência em realidades como a do Brasil atual.

As considerações sobre o bolsonarismo e o tipo "cidadão de bem", por outro lado, não podem levar a uma espécie de demonização insuperável da direita. Essa cautela, analisada no âmbito mais geral do populismo, é desenvolvida por Chantal Mouffe,[643] que sustenta

---

how populism transforms democracy. Harvard: University Press, 2019, p. 21), tratando se de conduta praticada por Donald Trump nos Estados Unidos da América (EUA) e ensaiada no Brasil por Jair Bolsonaro (FINCHELSTEIN, Federico. "Trump apagou a linha entre fascismo e populismo". *Folha de S. Paulo*, São Paulo, 9 ago. 2021. Disponível em: https://www1.folha.uol.com.br/colunas/latinoamerica21/2021/08/trump-apagou-a-linha-entre-fascismo--e-populismo.shtml. Acessado em: 31.08.2023).

643 Para a autora, o populismo não consiste, necessariamente, em uma prática política negativa, tratando-se essa narrativa de uma resposta populista de esquerda para o novo conservadorismo. Nessa linha, sustenta que: "Classificar os partidos populistas de direita como de "extrema-direita" ou "neofascistas" e atribuir o seu apelo à falta de educação é especialmente conveniente para as forças de centro-esquerda (MOUFFE, Chantal. *Por um populismo de esquerda*. Trad. Daniel de Mendonça. São Paulo: Autonomia Literária, 2019, p. 28). Isso porque trata-se de uma forma fácil de desqualificá-los sem reconhecer a própria responsabilidade da centro-esquerda na sua emergência. Ou seja, estabelecendo uma fronteira "moral" que exclui os "extremistas" do debate democrático, os "bons democratas" acreditam que eles podem impedir a ascensão das paixões "irracionais" (MOUFFE, Chantal. *Por um populismo de esquerda*. Trad. Daniel de Mendonça. São Paulo: Autonomia Literária, 2019, p. 28). Tal estratégia de

que tal prática seria capaz de negar: a) o papel da própria política progressista na emergência do novo conservadorismo; b) a importância de disputar eventuais eleitores arrependidos.[644] O direito tem papel fundamental nesse contexto, devendo-se reconhecer que: a) as diversas formas de corrupção efetivamente praticadas fortalecem um dos conteúdos centrais ínsito ao "cidadão de bem"; b) diversas práticas de comunicação e propaganda política desenvolvidas no contexto do processo eleitoral são aptas a desempenhar a função de atração dos mencionados eleitores, devendo-se, portanto, ampliar o raio de atuação do Direito Eleitoral; c) há um importante papel a ser cumprido no que se trata da responsabilização dos agentes que tenham atuado contra o projeto da Constituição de 1988, com atenção especial à elite do bolsonarismo, eis que essa é dotada de poder político e econômico capaz de difundir certas práticas de autoritarismo.

A formação do "cidadão de bem" tem uma importante relação com o Poder Judiciário, especialmente com a operação Lava

---

demonização dos "inimigos" do consenso bipartidário pode ser moralmente confortável, mas é politicamente frágil. Para impedir a ascensão dos partidos políticos de direita, é necessário conceber uma resposta política adequada, em especial por meio de um movimento político de esquerda que aliará todas as lutas democráticas contra a pós-democracia. Em lugar de excluir a priori os eleitores dos partidos políticos de direita, considerando-os necessariamente movidos por paixões atávicas e condenando-os por manterem-se eternamente prisioneiros dessas paixões, "é necessário reconhecer o núcleo democrático na origem de muitas dessas demandas" (MOUFFE, Chantal. *Por um populismo de esquerda*. Trad. Daniel de Mendonça. São Paulo: Autonomia Literária, 2019, pp. 27/28). A autora esclarece, ainda, que não se trata de aceitar o reacionarismo da extrema direita, mas sim de adotar uma estratégia para disputar e angariar eleitores, pois, sendo certo que alguns dentre esses apresentam afeto pela política por vezes autoritária da direita, há também aqueles que se sentem atraídos por tais partidos unicamente por não enxergarem alternativas em movimentos tido como progressistas. Nesse sentido, para conquistar esse segundo grupo, cabe à esquerda e à centro-esquerda comunicarem-se numa nova linguagem (MOUFFE, Chantal. *Por um populismo de esquerda*. Trad. Daniel de Mendonça. São Paulo: Autonomia Literária, 2019, p. 28).

644 MOUFFE, Chantal. *Por um populismo de esquerda*. Trad. Daniel de Mendonça. São Paulo: Autonomia Literária, 2019, p. 28.

Jato, tendo em vista seu propósito enfrentamento à corrupção na política.[645] Tal operação precipitou o *impeachment* abusivo de 2016,[646] marcando as primeiras investidas contra a Comissão de Anistia. Assim, tem-se que a erosão constitucional brasileira contou com participação bastante eficaz do sistema de justiça, o qual atuou, em parte, para desestabilizar a democracia.[647] Nesse sentido, já existem pesquisas sobre o autoritarismo judicial[648] e o populismo judicial.[649] Avançando na compreensão do papel de tais agentes oficiais, tem-se que os juristas de modo geral e os juízes

---

645 No senso comum, é recorrente a preocupação com a corrupção no Brasil e, no plano político, o discurso contra tal prática "se aproxima muito mais de um combate direto a determinados grupos políticos do que, efetivamente, de uma extirpação dessas práticas na sociedade", (CABRAL, Gustavo César Machado. "Para uma crítica à crise dos partidos políticos no Brasil". *In*: SEGUNDO, Hugo de Brito Machado; FREITAS, Raquel Coelho. *Democracia, equidade e cidadania*. Curitiba: CRV, 2014, p. 100), tamanha as contradições entre os discursos e as prática reais das pessoas, que muitas vezes, aceitam certas formas privadas ou mesmo públicas de corrupção ao mesmo tempo em que combatem aquelas praticadas por determinados partidos.

646 BENVINDO, Juliano Zaiden. "Abusive impeachment? Brazilian political turmoil and judicialization of mega-politics". *Blog of the International Journal of Constitutional Law*, [*S.l.*], 23 abr. 2016. Disponível em: http://www.iconnectblog.com/2016/04/abusive-impeachment-brazilian-political--turmoil-and-the-judicialization-of-mega-politics/. Acessado em: 05.01.2022.

647 MEYER, Emílio Peluso Neder. "Judges and Courts Destabilizing Constitutionalism: The Brazilian Judiciary Branch's Political and Authoritarian Character". *German Law Journal*, [*S.l.*], vol. 19, nº 4, jul. 2018.

648 MALISKA, Marcos Augusto; HUMENHUK, Hewerstton. "Autoritarismo judicial". *In*: LARA, Caio; MARIN, Eriberto Francisco Bevilaqua; LEMES, Fernando Lobo. *Constituição e democracia I*. Florianópolis: CONPEDI/UFG/PPGDP, 2019. Disponível em: http://conpedi.danilolr.info/publicacoes/no85g2cd/4i7b4v4v/hYCihN0A9W7yle3b.pdf. Acessado em: 05.01.2022; CARVALHO, Luís Gustavo Grandinetti Castanho; FERREIRA, Alex Daniel Barreto. "Um café entre Moro e Jerrajoli: a operação lava-jato vista sob a perspectiva do sistema de garantias". *Revista da Faculdade de Direito da UFMG*, Belo Horizonte, nº 71, jul./dez. 2017.

649 SALGADO, Eneida Desiree. "Populismo judicial, moralismo e o desprezo à Constituição: a democracia entre velhos e novos inimigos". *Revista Brasileira de Estudos Político*, Belo Horizonte, nº 117, jul./dez. 2018.

e membros do Ministério Público em particular são autoridades particulares em relação às práticas autoritárias que se desenvolvem em certo Estado. Isso porque tais figuras podem se tornar tanto vítimas preferenciais do regime quanto atores aptos a se contrapor às práticas iliberais.[650]

O caráter populista[651] da prática processual penal desenvolvido em Curitiba foi assentado pelo próprio STF, que reconheceu a atuação dolosa de Sérgio Moro para impactar indevidamente nas eleições de 2018.[652] Essa reação correta, mas tardia do STF

---

650 SILVA, Fábio de Sá. "From Car Wash to Bolsonaro: Law and Lawyers in Brazil's Illiberal Turn (2014–2018)". *Journal of law and society*, [*S.l.*], vol. 47, nº S1, out. 2020, p. 1.

651 No julgamento do *habeas corpus* no qual o então juiz foi declarado suspeito, o Ministro Gilmar Mendes, por exemplo, sustentou que: "Há alguns anos compartilho e aprofundo críticas sobre os excessos e os riscos impostos ao Estado de Direito por um modelo de atuação judicial oficiosa, que invoca para si um projeto de moralização política. A história recente do Poder Judiciário brasileiro ficará marcada pelo experimento de um projeto populista de poder político, cuja tônica assentava-se na instrumentalização do processo penal, na deturpação dos valores da Justiça e na elevação mítica de um juiz subserviente a um ideal feroz de violência às garantias constitucionais do contraditório, da ampla defesa, da presunção de inocência e, principalmente, da dignidade da pessoa humana. Em razão disso, justifico que o presente voto – além de exaurir as alegações veiculadas na impetração – pretende contextualizar os fatos aqui narrados com as experiências históricas trazidas pela Operação Lava Jato. É que seria de todo impossível examinar as argumentações jurídicas apresentadas fora do espectro mais abrangente de objetivação da parcialidade do magistrado. Por isso, o presente voto não apenas descreve uma cadeia sucessiva de atos lesivos ao compromisso de imparcialidade; ele explicita as condições do surgimento e do funcionamento do maior escândalo judicial da nossa história (BRASIL. Supremo Tribunal Federal. (Segunda Turma). *HC 164493*. Acórdão. Relator: Min. Edson Fachin, 04 jun. 2021. Brasília, 2021, p. 123. Disponível em: https://redir.stf.jus.br/paginadorpub/paginador.jsp?docTP=TP&docID=756048250. Acessado em: 31.08.2023).

652 Diante da postura do então Juiz de, agindo de ofício, levantar o sigilo da colaboração premiada de Antônio Palocci há seis dias do primeiro turno da eleição de 2018, o Ministro Ricardo Lewandowski sustentou que: "Com essas e outras atitudes que haverão de ser verticalmente analisadas no âmbito do HC 164.493/PR, o referido magistrado – para além de influenciar, de forma direta

não pôde esconder a relação ambígua entre bolsonarismo e Poder Judiciário, levando em conta que tal Operação foi o resultado da combinação diversas práticas difusas já presentes no Judiciário, ensinadas nas faculdades de direito e aprovadas na prática judicial.[653]

As repúblicas são especialmente suscetíveis ao que Jack M. Balkin denomina de "apodrecimento constitucional",[654] pois são regimes de governo no qual se deve buscar o bem comum e, quando

---

e relevante, o resultado da disputa eleitoral, conforme asseveram inúmeros analistas políticos, desvelando um comportamento, no mínimo, heterodoxo no julgamento dos processos criminais instaurados contra o ex-Presidente Lula –, violou o sistema acusatório, bem como as garantias constitucionais do contraditório e da ampla defesa (art. 5º, LV, da CF). (...) Assim, a determinação da juntada dos termos de colaboração de Antônio Palocci Filho, nos moldes acima mencionados, consubstancia, quando menos, inequívoca quebra da imparcialidade. Diante desse cenário, concluo que a juntada, de ofício, após o encerramento da fase instrução, com o intuito de gerar, ao que tudo indica, um fato político, revela-se em descompasso com o ordenamento constitucional vigente. Assim, demonstrado o constrangimento ilegal imposto ao paciente, e com esteio no art. 157 do CPP – que impõe a exclusão das provas ilícitas, assim entendidas as obtidas em violação de normas constitucionais ou legais –, acolho o pedido de desentranhamento do "Termo de Colaboração 01 de Antônio Palocci Filho" (BRASIL. Supremo Tribunal Federal. (Segunda Turma). *HC 163943 AGR / PR*. Relator: Min. Edson Fachin, 10 set. 2020. Brasília, 2020, pp. 11-13. Disponível em: https://redir.stf.jus.br/paginadorpub/paginador.jsp?docTP=TP&docID=753773369. Acessado em: 31.08.2023).

653 MAFEI, Rafael; BUSTAMANTE, Thomas; MEYER, Emílio Peluso Neder. "Brazil: From Antiestablishmentarianism to Bolsonarism". *In*: SAJÓ, A.; UITZ, R.; HOLMES, S. (Coord.). *The Routledge Handbook on Illiberalism*. Oxfordshire: Routledge, 2021, p. 11.

654 "Apodrecimento" constitucional (*constitutional rot*), consiste este numa degradação gradual das instituições políticas, a qual acontece há algum tempo, por exemplo, nos Estados Unidos, sendo a eleição de Donald Trump, meramente, o último sintoma de uma disfuncionalidade constitucional (BALKIN, Jack M. "Constitutional rot". *In*: SUNSTEIN, Cass (Coord.). *Can It Happen Here?* Authoritarianism in America. [*S.l.*]: Dey Street Books, 2018, p. 26). Essa, por sua vez, decorre de uma crise de representação política que tornou o sistema cada vez mais oligárquico, diminuindo o caráter democrático e republicano dele (BALKIN, Jack M. "Constitutional rot". *In*: SUNSTEIN, Cass (Coord.). *Can It Happen Here?* Authoritarianism in America. [*S.l.*]: Dey Street Books, 2018, p. 26).

isso não ocorre, há uma corrupção que transforma tal sistema numa oligarquia.[655] Nesse sentido, o referido processo de *impeachment* representa um marco a partir do qual são oficializados muitos dos retrocessos analisados nesta obra, com o desenvolvimento, por exemplo, das primeiras tentativas de revisão de critérios para concessões de anistia no âmbito da Comissão de Anistia, fenômeno estudado nos capítulos anteriores a partir da captura de tal órgão.

A consumação do *impeachment* somente foi possível diante dos eventos ocorridos no contexto da Operação Lava Jato após a decisão do STF na ADPF 378. Em tal precedente, a Corte decidiu que o afastamento do Presidente da República somente poderia ocorrer com a instauração do processo perante o Senado, ou seja, após eventual recebimento da denúncia em tal órgão, e não com a decisão que autoriza a instauração do processo tomada pela Câmara nos termos do art. 51, I da Constituição.[656] Como salientam Cláudio Pereira de Souza Neto e Juliano Zaiden Benvindo, diante de tal decisão, houve enfraquecimento do processo de *impeachment*. Houve, inclusive, diversas manifestações públicas de agentes políticos, dentre os quais o então Vice-Presidente Michel Temer, no sentido de que a ideia do *impeachment* havia perdido força, passando-se a admitir até mesmo a possibilidade de reorganização

---

655 BALKIN, Jack M. "Constitutional rot". *In*: SUNSTEIN, Cass (Coord.). *Can It Happen Here?* Authoritarianism in America. [*S.l.*]: Dey Street Books, 2018, p. 27.

656 BRASIL. Tribunal Regional Federal da Segunda Região. (8. Turma Especializada). *Agravo de Instrumento 0003234-61.2001.4.02.0000*. Acórdão. Relator: Marcelo Pereira da Silva, 28 jan. 2015. Rio de Janeiro, 2015. Disponível em: https://www10.trf2.jus.br/consultas/?movimento=cache&q=cache:OCPDVG9_6aMJ:ementas.trf2.jus.br/siapro/databucket/idx%3Fprocesso%3D200102010032344%26seq_public_inteir_teor%3D546469+0003234-61.2001.4.02.0000&site=v2_jurisprudencia&client=v2_index&proxystylesheet=v2_index&lr=lang_pt&ie=UTF=8-&output-xml_no_dtd&access=p&oe=UTF-8. Acessado em: 31.08.2023.

da base de apoio parlamentar, com a possível indicação do ex-Presidente Lula como ministro.[657]

Nos primeiros meses de 2016, no entanto, a Operação Lava Jato produziu uma série de fatos[658] que iriam reacender o interesse pelo *impeachment* de modo incontornável. A atuação do MPF e, especialmente, do ex-Juiz Sérgio Moro foi central nesse processo político. No entanto, diante de recentes decisões do STF reconhecendo a suspeição do ex-Juiz em processos envolvendo o ex-Presidente Lula[659] e o impacto de sua conduta nas eleições de 2018 quando levantou, de ofício, o sigilo da colaboração premiada de Antônio Palocci há 6 dias das eleições,[660] tem-se um relevante fato superveniente, com capacidade de lançar mais luzes sobre a ilegitimidade da atuação da Lava Jato. Nessa linha, a gestão processual do tempo efetivada na operação foi essencial para: a) acelerar os atos que fomentariam o *impeachment*; b) retardar outros que prejudicariam tal processo, como esclarece Rafael Mafei quanto aos áudios envolvendo Romero Jucá, então parlamentar,

---

657 SOUZA NETO, Cláudio Pereira. *Democracia em crise no Brasil*: valores constitucionais, antagonismo político e dinâmica institucional. São Paulo: Contracorrente, 2020, p. 106; BENVINDO, Juliano Zaiden. "Abusive impeachment? Brazilian political turmoil and judicialization of mega-politics". *Blog of the International Journal of Constitutional Law*, [*S.l.*], 23 abr. 2016. Disponível em: http://www.iconnectblog.com/2016/04/abusive-impeachment-brazilian-political-turmoil-and-the-judicialization-of-mega-politics/. Acessado em: 05.01.2022.

658 Como a condução coercitiva do ex-Presidente Lula ou a divulgação de áudios envolvendo este e a ex-Presidenta Dilma Rousseff.

659 BRASIL. Supremo Tribunal Federal. (Segunda Turma). *HC 164493*. Acórdão. Relator: Min. Edson Fachin, 04 jun. 2021. Brasília, 2021. Disponível em: https://redir.stf.jus.br/paginadorpub/paginador.jsp?docTP=TP&docID=756048250. Acessado em: 31.08.2023.

660 BRASIL. Supremo Tribunal Federal. (Segunda Turma). *HC 163943 AGR / PR*. Relator: Min. Edson Fachin, 10 set. 2020. Brasília, 2020. Disponível em: https://redir.stf.jus.br/paginadorpub/paginador.jsp?docTP=TP&docID=753773369. Acessado em: 31.08.2023.

que buscava uma espécie de acordo para estancar a "sangria" em torno do combate à corrupção.[661]

---

661 Sustenta o autor: "Retomando o episódio do áudio de Romero Jucá, ele sugere que estratégias de ordem política influenciaram ao menos o tempo da prática de certos atos. O material foi primeiramente divulgado pela Folha de S. Paulo, que o obteve de fonte desconhecida, em 23 de maio de 2016, embora a gravação já estivesse em poder das autoridades desde março daquele ano. Vale dizer: apesar de o material bombástico já estar à disposição semanas antes da votação da autorização para o processo de impeachment contra Dilma na Câmara dos Deputados, ele foi vazado para a imprensa – possivelmente por alguém de posição elevada no mpf, pois um documento tão sensível não ficaria ao alcance de qualquer um – apenas após o afastamento preventivo da Presidente pelo Senado. Assim, a melhor explicação para o tempo do vazamento é um cálculo estratégico: quem guardou segredo sobre o áudio sabia que divulgá-lo antes daria força a Dilma, pois exporia a motivação imprópria de muitos dos políticos que trabalharam por sua queda; e sabia também que publicizá-lo logo após a ascensão de Temer deixaria claro que o plano de Jucá fracassaria, e que Michel Temer não seria capaz de poupar os investigados que trabalharam para colocá-lo na cadeira presidencial. Assim, entre todas as partes envolvidas, ninguém – nem mesmo Cunha, Jucá ou Temer – ganhou tanto com o timing do vazamento do áudio de Jucá quanto a própria Lava Jato. A suspeita de cálculo político na prática de atos do sistema de justiça era anterior a esse vazamento. Em março de 2016, mesma época em que Jucá foi gravado, Dilma Rousseff e o ex-Presidente Lula tiveram uma conversa telefônica interceptada. Essa conversa foi tornada pública pelo juiz Sergio Moro poucas horas após sua captação. No áudio, Dilma dizia que mandaria entregar uma cópia do termo de posse a Lula, que acabara de aceitar convite para tornar-se ministro-chefe da Casa Civil, para que ele o usasse "em caso de necessidade", possivelmente em referência a uma iminente ordem de prisão. A conversa foi gravada após o juiz Moro ordenar a interrupção da captação. Por determinação legal, interceptações não podem ser feitas antes da ordem judicial que as autorize, nem podem continuar após ordem judicial que as mande interromper. Ao tomar ciência do teor da conversa, Moro mandou divulgar o áudio imediatamente. O fato caiu como bomba na opinião pública: em minutos, a conversa entre Lula e Dilma era repetida à exaustão nas rádios e em canais de notícia. Locais públicos que se notabilizaram como pontos de encontro de manifestantes em diversas cidades rapidamente foram tomados por pessoas protestando contra a posse de Lula na Casa Civil. No dia seguinte, o ex-juiz de Curitiba ainda voltou atrás em uma decisão anterior sua, para convalidar o trecho ilegal da interceptação, que fora captado após ordem sua para interrompê-la. O contraste com a demora na divulgação do áudio de Romero Jucá é gritante: enquanto a gravação que tinha potencial de favorecer politicamente Dilma

A espécie de usurpação tecnocrata[662] ocorrida após o sucesso do *impeachment*, bem como o desenvolvimento de uma política autoritária contrária aos interesses nacionais e aos direitos sociais, não é novidade na história constitucional brasileira. A ditadura militar também promoveu retrocessos sociais, buscando implantar uma agenda econômica pela força, eis que ausente o consenso, e consequentemente causando dependência econômica frente ao Fundo Monetário Internacional, concentração de renda e aumento da dívida externa, fragilizando-se a soberania na medida em que o poder constituinte passou a ser encontrado na "microconstituinte dos tecnocratas".[663] Nesse sentido, uma semelhança entre 1964 e 2016 é o acentuado caráter conservador de ambos os processos políticos, que compõem uma "clara reação dos conservadores à participação popular na vida pública e rejeição ativa de políticas

---

Rousseff foi retida por dois meses, aquela que prejudicava a possibilidade de reorganização de sua base parlamentar foi divulgada em minutos. Moro não aguardou sequer a transcrição de seu conteúdo, medida que se impõe para o cumprimento do dever legal de separar o que não interessa à investigação (e deve ser destruído) daquilo que interessa (e deve ser preservado, sob sigilo)" (MAFEI, Rafael. *Como remover um Presidente*: Teoria, história e prática do *impeachment* no Brasil. Rio de Janeiro: Zahar, 2021, posição 3113-3164).

662 Sobre os traços tipicamente utilitaristas da tecnocracia na ditadura militar: "A república utilitarista a que fomos reduzidos, além de conculcar a autonomia dos Estados, entronizou o tecnocrata, um ente que vê a sociedade como máquina e o homem como objeto; um calculista que perde por inteiro a noção de humanismo e universalidade. Ora, foi exatamente a casta dos tecnocratas a que mais conspirou no exercício do poder para desfazer o que ainda restava de nossa organização federativa" (BONAVIDES, Paulo. "O Direito Constitucional e o momento político". *Revista de Informação legislativa*, Brasília, DF, vol. 1, nº 81, jan./mar. 1984, p. 223. Disponível em: http://www2.senado.leg.br/bdsf/handle/id/181508. Acessado em: 31.08.2023).

663 BONAVIDES, Paulo. "O Direito Constitucional e o momento político". *Revista de Informação legislativa*, Brasília, DF, vol. 1, nº 81, jan./mar. 1984, p. 222. Disponível em: http://www2.senado.leg.br/bdsf/handle/id/181508. Acessado em: 31.08.2023.

de acentuado conteúdo social".[664] [665] Contudo, a partir do neoliberalismo, tem-se, também, a desconstitucionalização da ordem jurídica, atingindo a própria soberania do Estado, sendo a globalização "o fascismo branco do século XXI: universaliza o egoísmo e expatria a solidariedade".[666] [667]

Com a adesão formal de Moro ao governo Bolsonaro, "o judiciarismo se deixou assim capturar pelo reacionarismo autoritário.

---

664 Uma das questões centrais durante o governo João Goulart no contexto das reformas de base referia-se à reforma agrária, buscada pelo então Presidente de modo mais eficaz a partir de projeto de lei que previa a indenização pela desapropriação a ser paga em apólices do governo e não em dinheiro, necessitando, assim, de reforma constitucional para ser implementada, algo difícil de ser alcançado tendo em vista a maioria congressual exigida e forte presença de grandes proprietários de terras no Congresso. (SKIDMORE, Thomas. *Brasil*: de Getúlio a Castelo. 14ª ed. Rio de Janeiro: Paz & Terra, 1982, p. 300) Outra medida no contexto das reformas era a busca por educação em massa desenvolvida por organizações estudantis radicais como a União Nacional dos Estudantes e Ação Popular, em parte com apoio do Ministério da Educação. (SKIDMORE, Thomas. *Brasil*: de Getúlio a Castelo. 14ª ed. Rio de Janeiro: Paz & Terra, 1982, p. 309) Eis, assim, algumas das medidas sociais buscadas pelo governo.

665 SANTOS, Wanderley Guilherme. *A democracia impedida*: o Brasil do século XXI. Rio de Janeiro: FGV, 2017, posição 425; 557.

666 BONAVIDES, Paulo. *Do país constitucional ao país neocolonial*: a derrubada da Constituição e a recolonização pelo golpe de Estado institucional. 4ª ed. São Paulo: Malheiros, 2009, pp. 55/56.

667 Essa crítica ao caráter autoritário do neoliberalismo, efetivada por Bonavides, também encontra aceitação na doutrina estrangeira, quando, por exemplo, Yascha Mounk destaca que liberalismo se converte em antidemocrático quando a tecnocracia econômica possui um poder muito maior do que o povo, citando o caso da Grécia na crise de 2015 como um dos exemplos mais evidentes (MOUNK, Yascha. *O povo contra a democracia*: porque nossa liberdade corre perigo e como salvá-la. Trad. Cássio de Arantes Leite e Débora Landsberg. São Paulo: Companhia das Letras, 2019, pp. 21-23). O aprofundamento desse caráter autoritário é bem descrito por Wendy Brown, no contexto das "ruínas" deixadas por tal ideologia, a qual recebeu o influxo de elementos pré-iluministas com a ascensão da chamada "nova direita" (BROWN, Wendy. *Nas ruínas do neoliberalismo*: a ascensão da política antidemocrática no ocidente. São Paulo: Filosófica Politeia, 2019, p. 9).

Não à toa, diversos juízes perderam os escrúpulos funcionais e passaram a fazer profissão de fé bolsonarista".[668] Os exemplos colhidos nesta obra comprovam o argumento, como foi explicitado no capítulo anterior.

Feitas essas considerações que ligam parcela do Poder Judiciário ao desenvolvimento do autoritarismo no Brasil, em especial a partir da atuação da Operação Lava Jato[669] e seus respectivos impactos no processo de *impeachment* da Presidenta Dilma Rousseff e no aprofundamento do neoliberalismo, deve-se perquirir em que medida a Constituição oferece elementos para que grupos resistentes se contraponham a tal estado de coisas. Nesse sentido, uma constituição democrática editada logo após um período de exceção militar deve ser interpretada como uma norma capaz de promover autodefesa institucional, sendo esta a linha de raciocínio a ser desenvolvida a partir da crítica à tese da neutralidade ideológica dos juristas.

---

668 LYNCH, Christian Edward Cyril; CASSIMIRO, Paulo Henrique. *O populismo reacionário*. São Paulo: Contracorrente, 2022, p. 73.

669 Os legados da Operação Lava Jato, mesmo após as citadas decisões do STF, são evidenciados na própria Corte. Um exemplo importante é a atuação de Ministros como Luiz Fux no caso em torno do juiz de garantias. Com a reforma no Código de Processo Penal (CPP), instituiu-se no sistema jurídico brasileiro a figura do juiz de garantias, responsável por conduzir a instrução do processo penal sem, previamente, ter exercido competência durante a fase inquisitiva, voltada para a apuração dos fatos. Tal ação desencadeou mais um episódio de "guerra monocrática" na Corte, pois a decisão inicialmente tomada pelo Ministro Dias Toffoli foi revista pelo Ministro Luiz Fux, que suspendeu a mencionada inovação legislativa (BRASIL. Supremo Tribunal Federal. *ADI 6298*. Relator: Min. Luiz Fux, 2020. Brasília, 2020. Disponível em: http://portal.stf.jus.br/processos/detalhe.asp?incidente=5840274. Acessado em: 31.08.2023). Nesse sentido, Ulisses Silvério dos Reis e Emílio Peluso Neder Meyer utilizam a expressão "ministrocracia" para denominar a conduta de Ministros do STF que, atuando monocraticamente, impedem a deliberação colegiada de certos temas, perquirindo os impactos dessa prática na legitimidade da Corte em tempos de instabilidade político-jurídica (REIS, Ulisses Levi Silvério dos; MEYER, Emílio Peluso Neder. *"Ministrocracia" e decisões individuais contraditórias no Supremo Tribunal Federal*. [*S.l.*: *s.n.*], 2021).

3.2 Paulo Bonavides e a crítica aos juristas conservadores: como a suposta "neutralidade ideológica" favoreceu a erosão constitucional no Brasil

A concepção de direito da qual se parte nesta pesquisa não desconsidera o papel da política, pois "esta configura as bases da organização sobre as quais se levantam as estruturas de poder".[670] Há ainda mais sensibilidade política envolvida no âmbito da juridicidade quando é o próprio regime democrático que está em jogo, desempenhando o Direito Constitucional um papel central nos debates e enfrentamento ao autoritarismo, sendo "impossível sua neutralidade ou alheamento diante das crises que envolvem o Estado, a sociedade, e a Nação".[671]

Caso se queira levar a sério o projeto constitucional, tal tarefa também deve ser desempenhada pelos intérpretes do direito. Nessa linha, na Teoria da Democracia Participativa, Paulo Bonavides deixa clara a existência de dois tipos de juristas em nosso tempo, confessadamente inserindo-se no segundo modelo:

> Há em nosso tempo duas categorias de juristas: os da legalidade e os da legitimidade, os tecnocratas e os retóricos, os das normas e regras e os dos princípios e valores, os juristas do status quo e os juristas da reforma e da mudança.
>
> Eu me inscrevo nas fileiras do segundo grupo, porque sendo ambos ideológicos, um pertence à renovação e ao porvir

---

670 BONAVIDES, Paulo. "O Direito Constitucional e o momento político". *Revista de Informação legislativa*, Brasília, DF, vol. 1, nº 81, jan./mar. 1984, p. 2017. Disponível em: http://www2.senado.leg.br/bdsf/handle/id/181508. Acessado em: 31.08.2023.

671 BONAVIDES, Paulo. "O Direito Constitucional e o momento político". *Revista de Informação legislativa*, Brasília, DF, vol. 1, nº 81, jan./mar. 1984, p. 217. Disponível em: http://www2.senado.leg.br/bdsf/handle/id/181508. Acessado em: 31.08.2023.

> ao passo que o outro se filia na corrente conservadora e neutralista. Mas este último, sem embargo de apregoar a neutralidade, professa, em derradeira instância, uma falsa e suposta isenção ideológica e, pelo silêncio e abstinência, acaba por fazer-se cúmplice do sistema e das suas opressões sociais e liberticidas.[672]

O autor inicia desse modo o tema sobre a ideologia da globalização e o antagonismo neoliberal à Constituição. A globalização é criticada pelo autor a partir da submissão ao Consenso de Washington, especialmente após a crise de janeiro de 1999 com a queda do real, com perda de soberania nacional sobre as finanças públicas.[673] Perceba-se que a crítica ao jurista conservador era fundamentada muito mais na omissão deste, o qual "pelo silêncio e abstinência" tornava-se uma espécie de coautor das injustiças sociais. É de se imaginar o que Paulo Bonavides diria dos atuais juristas da extrema direita, os quais, ao invés de omissão, mostravam-se fundamentadores ativos da própria intervenção militar no STF, como o fez Ives Gandra Martins, como visto. O papel autoritário dos juristas será aprofundado adiante, quando o poder da ideologia na interpretação do Direito for destacado.

A formulação de Bonavides não está isenta de críticas, como se tem, obviamente, com qualquer criação do pensamento. Há falta de clareza acerca do que significaria o caráter "retórico", no âmbito dos juristas da mudança, expressão que pode até ter sentido pejorativo, estabelecendo a falta de comprometimento real e efetivo com o argumento sustentado. O maior cuidado com a citação, no entanto, refere-se à crítica às regras, como se

---

672 BONAVIDES, Paulo. *Teoria constitucional da democracia participativa*: por um Direito Constitucional de luta e resistência, por uma nova hermenêutica, por uma repolitização da legitimidade. 2ª ed. São Paulo: Malheiros, 2001, p. 66.

673 BONAVIDES, Paulo. *Teoria constitucional da democracia participativa*: por um Direito Constitucional de luta e resistência, por uma nova hermenêutica, por uma repolitização da legitimidade. 2ª ed. São Paulo: Malheiros, 2001, p. 67.

somente os princípios constitucionais garantissem a democracia. Dentre tantas funções importantes, pode-se elencar que as regras podem dificultar a discricionariedade absoluta do julgador, tendo potencial para controlar tal arbítrio, sendo mais dificultosa a superação dela.[674] Os méritos argumentativos, no entanto, superam tais imprecisões, pois o objetivo central do autor em demonstrar como juristas agem ativamente e de modo político para conservar ou transformar a realidade resta caracterizado a partir das demais qualificações estabelecidas por ele.

O Direito é criado pela Política na medida em que, no âmbito da formalização da Constituição, esta é fruto de um órgão constituinte. Por outro lado, o Direito, em seguida, vai regular as relações políticas, especialmente a partir do Direito Constitucional, atraindo-se a importância da ideologia no momento interpretativo. Em relação especificamente à norma constitucional, Paulo Bonavides é claro acerca do impacto da política na respectiva interpretação, chegando a sustentar a "natureza política das normas constitucionais",[675] pois elas estabelecem a organização dos poderes e do Estado, fixando os direitos fundamentais, não cabendo ao jurista "querer exatamente desmembrá-la de seu manancial político e ideológico, das nascentes da vontade política fundamental".[676]

A metodologia interpretativa que leva em conta o papel da ideologia política é defendida hoje em dia até mesmo por versões mais fortes do positivismo, a corrente exclusiva a qual sustenta a separação necessária entre direito e moral. Para Scott Shapiro, por

---

674 ÁVILA, Humberto. *Teoria dos princípios*: da definição à aplicação dos princípios jurídicos. 15ª ed. São Paulo: Malheiros, 2014; SCHAUER, Frederick. "Rules and the rule of law". *Harvard Journal of Law and Public Policy*, vol. 14, nº 3, 1991.

675 BONAVIDES, Paulo. *Curso de Direito Constitucional*. 15ª ed. São Paulo: Malheiros, 2004, p. 459.

676 BONAVIDES, Paulo. *Curso de Direito Constitucional*. 15ª ed. São Paulo: Malheiros, 2004, p. 461.

exemplo, a maneira mais adequada de promover interpretações é, justamente, estabelecer qual a ideologia constitucional daqueles que criaram a Constituição para, a partir daí, interpretá-la.[677] Assim, evitar-se-iam análises filosóficas em torno da moralidade política, como sustenta o direito como integridade defendido por Ronald Dworkin.[678]

Tal consideração em torno do positivismo serve também para temperar algumas das críticas de Paulo Bonavides à tal teoria, tida como, necessariamente, mecânica ou avessa aos princípios. A tese do autor contra o positivismo jurídico de Kelsen volta-se para o aspecto despolitizador da teoria, no sentido de que, ao se contentar com a análise formal do direito, restringe a legitimidade à mera legalidade, não conferindo espaço para a análise política voltada para o conteúdo das normas.[679] Ocorre que, para além de admitir o papel da ideologia, como antes descrito, há versões do positivismo as quais não são necessariamente avessas aos princípios, pois, como explica Joseph Raz, nada impede que um juiz recorra a padrões extrajurídicos para decidir um caso, sendo postura até mesmo frequente tal discricionariedade.[680]

Nessa linha, é importante destacar que todas as pessoas pensam politicamente, estejam conscientes disso ou não, restando clara tal tese quando opiniões acerca de liberdade, igualdade ou

---

677 SHAPIRO, Scott. "O debate 'Hart *versus* Dworkin': um pequeno guia para os perplexos". *In*: COELHO, André; MATOS, Saulo; BUSTAMANTE, Thomas (Coord.). *Interpretando o império do Direito*: ensaios críticos e analíticos. Belo Horizonte: Arraes, 2018.

678 DWORKIN, Ronald. *Law's empire*. Cambridge: Harvard University Press, 1986.

679 BONAVIDES, Paulo. *Do Estado liberal ao Estado social*. 10ª ed. São Paulo: Malheiros, 2011, p. 37.

680 RAZ, Joseph. "Legal principles and the limits of law". *The Yale Law Journal*, vol. 81, nº 5, 1972.

justiça são proferidas.[681] Assim, deve-se esclarecer, inicialmente, acerca de duas acepções possíveis para a palavra "ideologia", uma delas apresentada de modo pejorativo, como "falsa consciência da realidade" e outra de modo mais virtuoso, designando um conjunto de ideias políticas as quais orientam a ação política.

Em conjunto de textos escritos entre 1845 e 1846, Karl Marx e Friedrich Engels desenvolveram crítica à filosofia alemã na obra denominada "Ideologia Alemã". Na argumentação em face de Feuerbach, os autores deixam claro como as abstrações filosóficas, pretensiosamente destinadas a libertar o homem, são incapazes de alcançar tal tarefa, opondo desenvolvimento intelectual e desenvolvimento histórico, na medida em que o homem somente será livre quando puder "obter alimentação e bebida, habitação e vestimenta, em qualidade e quantidade adequadas". A 'libertação' é um ato histórico e não um ato de pensamento, e é ocasionada por condições históricas, pelas condições da indústria, do comércio, da agricultura".[682] A tese é destacadamente revolucionária, pois "para o materialista prático, isto é, para o comunista, trata-se de revolucionar o mundo, de enfrentar e de transformar o estado de coisas por ele encontrado".[683]

É nesse contexto que Marx e Engels concebem a ideologia como uma estratégia de dominação da classe dominante, no sentido de que, como os membros de tal grupo pensam e produzem ideias, tem o poder de impor os meios de produção espiritual ou

---

681 HEYWOOD, Andrew. *Ideologias políticas*: do liberalismo ao fascismo. Trad. Janaína Marcoantonio e Mariane Janikian. São Paulo: Ática, 2010, p. 15.

682 MARX, Karl; ENGELS, Friedrich. *A ideologia alemã*: crítica da mais recente filosofia alemã em seus representantes Feuerbach, B. Bauer e Stimer, e do socialismo alemão em seus diferentes profetas. Trad. Rubens Enderle, Nélio Schneider e Luciano Cavini Mortorano. São Paulo: Boitempo, 2021, p. 41.

683 MARX, Karl; ENGELS, Friedrich. *A ideologia alemã*: crítica da mais recente filosofia alemã em seus representantes Feuerbach, B. Bauer e Stimer, e do socialismo alemão em seus diferentes profetas. Trad. Rubens Enderle, Nélio Schneider e Luciano Cavini Mortorano. São Paulo: Boitempo, 2021, p. 42.

mental.[684] Os pensadores oferecem como exemplo a ideia da separação de poderes, somente desenvolvida tendo em vista o contexto no qual burguesia, aristocracia e poder monárquico lutavam pela dominação, a qual estava dividida,[685] ou o surgimento de ideias revolucionárias, somente possível ante a existência de uma classe revolucionária.[686] A falsa consciência determinada pela ideologia é explicada a partir do trabalho dos ideólogos de cada classe dominante, agentes com destacado trabalho intelectual para criação de conceitos, perfazendo "atividade de formação da ilusão dessa classe sobre si mesma o seu meio principal de subsistência".[687] Nessa acepção, "ideológicos" são sempre os outros, eis que, conscientemente, ninguém atacaria o próprio pensamento.[688]

---

684 A citação é famosa: "As ideias da classe dominante são, em cada época, as ideias dominantes, isto é, a classe que é a força material dominante da sociedade é, ao mesmo tempo, sua força espiritual dominante. A classe que tem à sua disposição os meios de produção material dispõe também dos meios de produção espiritual, de modo que a ela estão submetidos aproximadamente ao mesmo tempo os pensamentos daqueles aos quais faltam os meios da produção espiritual". (MARX, Karl; ENGELS, Friedrich. *A ideologia alemã*: crítica da mais recente filosofia alemã em seus representantes Feuerbach, B. Bauer e Stimer, e do socialismo alemão em seus diferentes profetas. Trad. Rubens Enderle, Nélio Schneider e Luciano Cavini Mortorano. São Paulo: Boitempo, 2021, p. 63).

685 MARX, Karl; ENGELS, Friedrich. *A ideologia alemã*: crítica da mais recente filosofia alemã em seus representantes Feuerbach, B. Bauer e Stimer, e do socialismo alemão em seus diferentes profetas. Trad. Rubens Enderle, Nélio Schneider e Luciano Cavini Mortorano. São Paulo: Boitempo, 2021, p. 63.

686 MARX, Karl; ENGELS, Friedrich. *A ideologia alemã*: crítica da mais recente filosofia alemã em seus representantes Feuerbach, B. Bauer e Stimer, e do socialismo alemão em seus diferentes profetas. Trad. Rubens Enderle, Nélio Schneider e Luciano Cavini Mortorano. São Paulo: Boitempo, 2021, p. 64.

687 MARX, Karl; ENGELS, Friedrich. *A ideologia alemã*: crítica da mais recente filosofia alemã em seus representantes Feuerbach, B. Bauer e Stimer, e do socialismo alemão em seus diferentes profetas. Trad. Rubens Enderle, Nélio Schneider e Luciano Cavini Mortorano. São Paulo: Boitempo, 2021, p. 64.

688 EAGLETON, Terry. *Ideologia*: uma introdução. 2ª ed. Trad. Silvana Vieira e Luís Carlos Borges. Kindle edition. São Paulo: Boitempo, 2019, p. 18.

Mesmo pensadores marxistas acabaram desenvolvendo outra acepção para a expressão, aproximando-a de um uso mais neutro relacionado a um conjunto de ideias capazes de orientar a ação política. É possível, assim, usar a expressão como "corpo de ideias", podendo-se "descrever as próprias opiniões como ideológicas, sem qualquer implicação de que elas sejam falsas ou quiméricas".[689] Esse desacordo acerca da expressão compõe um dos grandes debates na teoria da ideologia, perpassando uma perspectiva epistemológica, no primeiro caso, e outra sociológica, no segundo, atraindo debate entre os próprios pensadores marxistas.[690] No presente texto, a expressão é utilizada de modo neutro, como sugerido por Paulo Bonavides ao considerar como o conteúdo das diversas ideologias (liberalismo, conservadorismo ou socialismo, para citar as clássicas) impacta na tomada de ação coletiva na política ou na interpretação constitucional, como visto. Assim, não se concebe neste texto a ideologia como algum modo inferior de pensamento ou falsificação da realidade.[691]

Assim, a ideologia corresponde "às ideias orientadas para ação concernentes às comunidades humanas buscando alcançar influência pública e controle".[692] Os estudos acerca da ideologia, surgidos a partir da referida tradição marxista e desenvolvidos no contexto da Ciência Política, têm acarretado considerável progresso nos últimos vinte anos, gradualmente desvencilhando-se do aspecto pejorativo conferido a tal ramo do conhecimento, já que, hodiernamente, "não se pode mais considerar seriamente as observações depreciativas lançadas por filósofos ou alguns

---

689 EAGLETON, Terry. *Ideologia*: uma introdução. 2ª ed. Trad. Silvana Vieira e Luís Carlos Borges. Kindle edition. São Paulo: Boitempo, 2019, p. 18.

690 EAGLETON, Terry. *Ideologia*: uma introdução. 2ª ed. Trad. Silvana Vieira e Luís Carlos Borges. Kindle edition. São Paulo: Boitempo, 2019, p. 19.

691 FREEDEN, Michael; STEARS, Marc (Coord.). *The Oxford Handbook of political ideologies*. Oxford: University Press, 2013, preface, p. 7.

692 FREEDEN, Michael; STEARS, Marc (Coord.). *The Oxford Handbook of political ideologies*. Oxford: University Press, 2013, p. 8.

políticos, no sentido de ser a ideologia um tipo inferior de pensamento ou distração do mundo real".[693] Ao invés disso, a ideologia coloca-se no centro do pensamento político concreto e deve ser considerada de modo descritivo, ou seja, "independentemente dos seus méritos substantivos – os quais podem ser ricos e positivos como também destrutivos ou indiferentes. Nenhum conhecimento geral do político pode ser desenvolvido sem se levar em conta o papel das ideologias".[694] Assim, na medida em que se reconhece que o ser humano ostenta uma dimensão política, as ideologias sempre farão parte do seu pensamento e da sua respectiva ação[695] não havendo razão para concebê-la como algo, necessariamente, destrutivo ou viciado.[696]

As ideologias são dotadas, assim, de funções políticas cruciais: a) elas ordenam o mundo social, direcionando-o na medida em que legitimam ou deslegitimam certas práticas; b) elas exercitam o poder, na medida em que criam a moldura para que as decisões

---

693 FREEDEN, Michael; STEARS, Marc (Coord.). *The Oxford Handbook of political ideologies*. Oxford: University Press, 2013, p. 7.

694 FREEDEN, Michael; STEARS, Marc (Coord.). *The Oxford Handbook of political ideologies*. Oxford: University Press, 2013, p. 7.

695 FREEDEN, Michael; STEARS, Marc (Coord.). *The Oxford Handbook of political ideologies*. Oxford: University Press, 2013, p. 7.

696 O exemplo da reação de uma pessoa normal a um protesto público demonstra com clareza como todos temos algum tipo de ideologia, consciente ou não, na medida em que, possivelmente: a) um anarquista elogiaria o ato, eis que tal prática desafiaria o poder das elites e a hierarquia; b) um conservador criticaria o ato, temendo suas consequências e não admitindo soluções estritamente institucionais para os problemas sociais, enquanto c) um liberal, sem tomar qualquer partido, elogiaria o ato em si como uma precisa manifestação de funcionamento institucional, pois num regime democrático deve-se admitir o pluralismo e a liberdade de expressão (FREEDEN, Michael. *Ideology*: a very short introduction. Oxford: Oxford University Press, 2003, p. 1). Assim, as ideologias mapeiam o mundo social e guiam a ação humana (FREEDEN, Michael. *Ideology*: a very short introduction. Oxford: Oxford University Press, 2003, p. 1).

tomadas tenham sentido.[697] Há, no entanto, aspectos obscuros ou furtivos nas ideologias, cabendo àqueles que se propõem a estudá-las a "tarefa de decodificar, identificar estruturas, contextos e motivos os quais não são manifestamente visíveis".[698]

Analisando as relações existentes entre ideologia e hermenêutica, sustenta-se que a ideologia, como a política ou a economia, apresenta um papel decisivo na interpretação e, especialmente, na tomada de decisão judicial. A ideologia pode ser compatibilizada com a norma jurídica desde que desvendada, pois, uma vez devidamente exposta, "podem-se elaborar estratégias para a racional utilização desse fator subjetivo de aplicação da norma".[699] Por ideologia, entende-se a "adulteração da consciência que camufla nossa realidade de diferenças, notadamente sociais e econômicas, como se natural fosse. O que deve ser destacado é que tal adulteração possui efeitos concretos nas sociedades".[700] Os autores criticam a suposta neutralidade ideológica do positivismo, por sugerir que seria possível "um conhecimento não influenciado por qualquer ideologia",[701] algo meramente abstrato.[702]

---

697 FREEDEN, Michael. *Ideology*: a very short introduction. Oxford: Oxford University Press, 2003, p. 10.

698 FREEDEN, Michael. *Ideology*: a very short introduction. Oxford: Oxford University Press, 2003, p. 11.

699 LIMA, Martônio Mont'Alverne Barreto; QUEIROZ, Paulo Roberto Clementino; CARMO, Valter Moura. "A ideologia como determinante da hermenêutica jurídica". *Revista de Estudos Constitucionais, Hermenêutica e Teoria do Direito*, São Leopoldo, vol. 8, nº 2, mai./ago. 2016, p. 152.

700 LIMA, Martônio Mont'Alverne Barreto; QUEIROZ, Paulo Roberto Clementino; CARMO, Valter Moura. "A ideologia como determinante da hermenêutica jurídica". *Revista de Estudos Constitucionais, Hermenêutica e Teoria do Direito*, São Leopoldo, vol. 8, nº 2, mai./ago. 2016, p. 157.

701 LIMA, Martônio Mont'Alverne Barreto; QUEIROZ, Paulo Roberto Clementino; CARMO, Valter Moura. "A ideologia como determinante da hermenêutica jurídica". *Revista de Estudos Constitucionais, Hermenêutica e Teoria do Direito*, São Leopoldo, vol. 8, nº 2, mai./ago. 2016, p. 158.

702 O aspecto ilusório da ideologia, no sentido de esconder a realidade, gera apatia com as desigualdades sociais a partir de alienação: "A apatia generalizada,

Nesses termos, a ideologia seria perceptível em qualquer decisão judicial, mesmo a mais simples dentre elas, na medida em que "nossas mazelas são escondidas e a aparência de normalidade induz o julgador a ser levado por suas preconcepções mais negativas sem perceber".[703] Contudo, sustentar que a ideologia tem um papel na tomada de decisão dos referidos agentes públicos não equivale a dizer que ela sempre será o fator decisório determinante.[704] Nesse sentido, considerando a ideologia como um fator importante na tomada de decisão, mas não único, é possível enumerar diversas funções exercidas ideologia nos tribunais: a) atuação na indicação dos membros da Corte; b) formação das características institucionais da Corte, que vão influenciar na tomada de decisões; c) orientar que uma determinada interpretação seja mantida ou enfrentada em processos nos quais há um confronto ideológico, devendo se considerar também, aqui, o papel decisivo dos demais atores processuais, como os advogados; d) servir de limite para a atuação judicial, atuando

o conformismo e a indiferença crescente às mazelas sociais são um produto dessa alienação. Se se toma a ideologia como uma consciência que esconde a realidade, percebe-se sua natureza como fonte da alienação. Ou seja, a ideologia pode ser compreendida como resultante de um modo de produção que impede a percepção da existência de uma divisão social e a exploração de um grupo (numericamente maior) por outro (numericamente minúsculo). A ideologia torna universais as crenças da minoria exploradora, reproduzindo a ideia de que somos todos iguais, diferenciados apenas pela sorte dos que têm mais ou menos" (LIMA, Martônio Mont'Alverne Barreto; QUEIROZ, Paulo Roberto Clementino; CARMO, Valter Moura. "A ideologia como determinante da hermenêutica jurídica". *Revista de Estudos Constitucionais, Hermenêutica e Teoria do Direito*, São Leopoldo, vol. 8, nº 2, mai./ago. 2016).

703 LIMA, Martônio Mont'Alverne Barreto; QUEIROZ, Paulo Roberto Clementino; CARMO, Valter Moura. "A ideologia como determinante da hermenêutica jurídica". *Revista de Estudos Constitucionais, Hermenêutica e Teoria do Direito*, São Leopoldo, vol. 8, nº 2, mai./ago. 2016, p. 160.

704 NOVKOV, Julie. "Law and political ideologies". *In*: WHITTINGTON, Keith E.; KELEMEN, R. Daniel; CALDEIRA, Gregory A. (Coord.). *The Oxford Handbook of law and politics*. Oxford: University Press, 2008, pp. 628/629.

como uma espécie de moldura decisória; e) indicar a solução mais possível para um caso em determinado momento.[705]

O reconhecimento dos limites da ideologia é importante, podendo-se sustentar que, em momentos nos quais a própria democracia está em risco, as atitudes para proteger o regime colocam proeminência no aspecto ideológico, especialmente quando o ataque provém de ideologia incompatível com o projeto constitucional. É nessa perspectiva que se sustenta a necessidade de juízes e membros do Ministério Público serem mais protegidos contra intimidações das corregedorias locais ou dos respectivos conselhos nacionais, para evitar que sejam tachados de "ideológicos" quando, na verdade, estão promovendo a defesa da Constituição.

O conservadorismo denunciado por Paulo Bonavides relaciona-se tanto com o liberalismo quanto com o neoliberalismo. A teoria do Estado Social proposta pelo autor reconhece a falência do modelo liberal pós-Segunda Guerra Mundial, buscando uma conciliação entre direitos da personalidade e justiça social, deixando intacto, no entanto, o modelo capitalista.[706] Logo, não se trata da uma abordagem revolucionária nos moldes sustentados por Marx, devendo-se diferenciar, então o Estado socialista de economia planificada do Estado Social, cujo "conteúdo variável"[707] propiciaria a convivência entre liberdade e igualdade mesmo no âmbito da economia de mercado. Essa conciliação, no entanto, mostrou-se difícil na prática do Estado Social, eis que o neoliberalismo, aliado ao conservadorismo autoritário, não estava disposto a maiores diálogos, especialmente quando se constata que, no caso

705 NOVKOV, Julie. "Law and political ideologies". *In*: WHITTINGTON, Keith E.; KELEMEN, R. Daniel; CALDEIRA, Gregory A. (Coord.). *The Oxford Handbook of law and politics*. Oxford: University Press, 2008, pp. 628/629.

706 BONAVIDES, Paulo. *Do Estado liberal ao Estado social*. 10ª ed. São Paulo: Malheiros, 2011, pp. 25/26.

707 BONAVIDES, Paulo. *Do Estado liberal ao Estado social*. 10ª ed. São Paulo: Malheiros, 2011, p. 25.

brasileiro, o recurso ao golpe de Estado estava sempre disponível, seja em caráter real ou intimidatório.

Liberais e conservadores concordam na separação de poderes, no governo limitado, nas instituições representativas e na proteção do indivíduo contra o agigantamento do Estado.[708] É nessa linha que se diz que o conservadorismo moderno nasce como uma "qualificação do individualismo liberal".[709] Diferencia-se do liberalismo, no entanto, na medida em que rejeita a ideia do "contrato social", no sentido que existiriam um acordo tácito entre as pessoas para que estas voltassem a gozar de uma liberdade absoluta, pois, para o conservador, o ser humano já nasce com uma série de obrigações e limitações a partir da tradição e das instituições estabelecidas as quais "contêm em si uma preciosa herança de sabedoria, sem a qual o exercício da liberdade tem tanto a probabilidade de destruir os benefícios e direitos humanos quanto de melhorá-los".[710] Assim, para o conservador, da ordem já estabelecida tradicionalmente é possível derivar a liberdade, enquanto, para o liberal, é a liberdade que cria tal ordem.[711]

Há uma constante união entre liberais e conservadores quando estes supõem que o crescimento do Estado esteja atingindo de modo demasiado a liberdade individual, como argumenta Roger Scruton.[712] Desse modo, é possível sustentar que o socialismo enfrenta sérias dificuldades práticas na afirmação histórica de suas ideias, já que,

---

708 BONAVIDES, Paulo. *Do Estado liberal ao Estado social.* 10ª ed. São Paulo: Malheiros, 2011, p. 27.

709 SCRUTON, Roger. *Conservadorismo*: um convite à grande tradição. Trad. Alessandra Bonrruquer. Rio de Janeiro/São Paulo: Record, 2019, p. 20.

710 SCRUTON, Roger. *Conservadorismo*: um convite à grande tradição. Trad. Alessandra Bonrruquer. Rio de Janeiro/São Paulo: Record, 2019, p. 20.

711 SCRUTON, Roger. *Conservadorismo*: um convite à grande tradição. Trad. Alessandra Bonrruquer. Rio de Janeiro/São Paulo: Record, 2019, p. 27.

712 SCRUTON, Roger. *Conservadorismo*: um convite à grande tradição. Trad. Alessandra Bonrruquer. Rio de Janeiro/São Paulo: Record, 2019, p. 27.

na busca por mais igualdade, normalmente defende a necessidade de alargamento das funções estatais, atraindo o ataque tanto de liberais como conservadores. Nessa linha argumentativa, parece ser tarefa de um jurista socialista contrapor-se a ambas as ideologias, eis que as duas podem mostrar-se adversárias na luta por justiça social efetiva. A crítica à ideologia dos juristas conservadores precisa ser qualificada nesse contexto de um neoliberalismo capaz de unir os mais diversos agentes, em todos os Poderes, em prol de um projeto autoritário que chegou ao poder nas eleições de 2018 no Brasil.

3.2.1 A neutralidade ideológica de um neoliberalismo, na verdade, antipolítico e radical

A suposta "neutralidade ideológica" do neoliberalismo decorre em grande medida do seu caráter antipolítico. É a partir desse elemento que a presente seção será desenvolvida, destacando-se adiante o papel de um Direito Constitucional de Luta e Resistência preconizado por Paulo Bonavides na medida em que poderia responder a tal característica neoliberal com a busca pela repolitização da legitimidade, o que significa fazer com que o jurista não conceba o direito como mera forma apolítica.[713]

Milton Friedman é um dos destacados pensadores do neoliberalismo proveniente da Escola de Chicago. A preocupação com a liberdade e o papel do Estado é claramente desenvolvida pelo autor desde a introdução da obra, quando sustenta que o cidadão livre não propõe as indagações do então Presidente Kennedy ("Não pergunte o que seu país pode fazer por você; pergunte o que você pode fazer por seu país"), pois marcada por paternalismo, no primeiro momento, ou submissão orgânica, no segundo, sendo mais correto indagar "o que eu e meus compatriotas podemos fazer

713 BONAVIDES, Paulo. *Teoria constitucional da democracia participativa*: por um Direito Constitucional de luta e resistência, por uma nova hermenêutica, por uma repolitização da legitimidade. 2ª ed. São Paulo: Malheiros, 2001.

por meio do governo que nos ajude a nos desincumbir de nossas responsabilidades individuais, a alcançar nossos diversos objetivos e propósitos e, acima de tudo, proteger a nossa liberdade?"[714]

Com isso, busca impedir a formação de um Estado "Frankestein", capaz de destruir a liberdade.[715] Ele desconfia do poder, pois, apesar de reconhecer que o governo é importante para preservar a liberdade, entende que os políticos também podem ameaçá-la.[716] Já é possível começar a perceber, no entanto, como a mesmo temor tirânico não é visto em relação aos poderosos interesses privados.

Para ele, o capitalismo desenvolvido de modo competitivo, com livre iniciativa operando num mercado, é condição necessária para liberdade política.[717] Ele denomina a teoria desenvolvida na obra com o verdadeiro liberalismo, diferente do liberalismo praticado no século XX, pois, segundo sustenta, quando os liberais buscaram maior intervenção estatal buscando alcançar a liberdade pela igualdade, acabaram traindo os ideais clássicos da teoria, a qual, de modo correto na visão de Friedman, sustentava o contrário, ou seja, somente a partir do respeito à liberdade poder-se-ia ter maior igualdade.[718]

Sem nenhum constrangimento e demonstrando honestidade intelectual, admite que seu liberalismo é radical, de modo semelhante ao liberalismo clássico, pois busca "apoiar as grandes mudanças nas instituições sociais", confessando que "não queremos conservar

---

714 FRIEDMAN, Milton. *Capitalismo e liberdade*. Trad. Ligia Filgueiras. Rio de Janeiro: Intrínseca, 2023, p. 33.

715 FRIEDMAN, Milton. *Capitalismo e liberdade*. Trad. Ligia Filgueiras. Rio de Janeiro: Intrínseca, 2023, p. 33.

716 FRIEDMAN, Milton. *Capitalismo e liberdade*. Trad. Ligia Filgueiras. Rio de Janeiro: Intrínseca, 2023, p. 33.

717 FRIEDMAN, Milton. *Capitalismo e liberdade*. Trad. Ligia Filgueiras. Rio de Janeiro: Intrínseca, 2023, p. 36.

718 FRIEDMAN, Milton. *Capitalismo e liberdade*. Trad. Ligia Filgueiras. Rio de Janeiro: Intrínseca, 2023, p. 38.

as intervenções estatais que tanto interferiram em nossa liberdade, apesar de, por óbvio, desejarmos conservar aqueles que a promoveram".[719] Logo, tem-se que o radicalismo pode ser associado ao liberalismo moderno, não convencendo a crítica de que somente o socialismo teria tal caráter radical.

Paulo Bonavides já percebia os riscos que rondavam o Estado democrático de direito em face de tais perspectivas econômicas tecnocráticas, assentando que "esse Estado se acha exposto a riscos de ruptura pela continuidade de um processo de erosão social e aviltamento, que deriva de uma política econômica, cuja mudança se faz imperativa e já não admite procrastinações".[720] A globalização, em que pese se vender como algo neutro sem ideologia, na verdade, oculta esta em práticas sub-reptícias que as torna capaz de angariar mercados sem a necessidade da violência aberta das guerras.[721]

Com isso, sustenta o autor, o povo já não é mais soberano, tendo-se o Brasil já se "reconduzido ao status colonial desnacionalizador", afastando-se o Estado Social previsto na Constituição a qual tinha o potencial de, pelo menos, equiparar trabalho e capital. Veja-se, por exemplo, a ineficácia do art. 7º, IV da Constituição acerca das finalidades do salário-mínimo, não concretizado adequadamente no Brasil porque "é o FMI que inspira e dita os limites do salário-mínimo na economia brasileira".[722] Diante de tais características do neoliberalismo, Bonavides denunciava o suposto fim

---

719 FRIEDMAN, Milton. *Capitalismo e liberdade*. Trad. Ligia Filgueiras. Rio de Janeiro: Intrínseca, 2023, p. 39.

720 BONAVIDES, Paulo. *Do país constitucional ao país neocolonial*: a derrubada da Constituição e a recolonização pelo golpe de Estado institucional. 4ª ed. São Paulo: Malheiros, 2009, p. 1.

721 BONAVIDES, Paulo. *Do país constitucional ao país neocolonial*: a derrubada da Constituição e a recolonização pelo golpe de Estado institucional. 4ª ed. São Paulo: Malheiros, 2009, p. 1.

722 BONAVIDES, Paulo. *Do país constitucional ao país neocolonial*: a derrubada da Constituição e a recolonização pelo golpe de Estado institucional. 4ª ed. São Paulo: Malheiros, 2009, p. 6.

da história e das ideologias, elencando o caráter sofístico de tais construções retóricas, "como se o capitalismo que sobrevive não fora ideológico, nem histórica sua dimensão mais indeclinável".[723]

Buscando compreender o neoliberalismo de modo concreto no Brasil, Christian Lynch aplica metodologia histórica voltada para autores e pensadores nacionais, destacando que "os neoliberais se apresentam como 'liberais' ou como sendo 'autênticos liberais', alinhando-se, todavia, com pautas reconhecidamente conservadoras em sua dimensão política".[724] Historicamente, o neoliberalismo foi uma reação ao avanço do Estado Social produzido com a ampliação do sufrágio a partir de 1870 na Europa compondo "um híbrido entre liberalismo e conservadorismo, porque, se apresenta características liberais, como o individualismo, por outro lado eleva o mercado à condição de organizador derradeiro da vida social, intangível porque produto de forças extra-humanas".[725] Assim, considera o capitalismo como sistema econômico natural, não cabendo ao homem ir contra ele.[726]

O autor, ainda, esclarece como o indivíduo, para o neoliberalismo, não é o cidadão, mas sim o consumidor, contribuinte e empresário, confundido este último com o próprio "povo", que mereceria ter sua vontade econômica prevalecendo sobre a política, sendo, nessa linha, uma ideologia antipolítica.[727] Assim, são inimigos do neoliberalismo o socialismo (confundido com

---

723 BONAVIDES, Paulo. *Do país constitucional ao país neocolonial*: a derrubada da Constituição e a recolonização pelo golpe de Estado institucional. 4ª ed. São Paulo: Malheiros, 2009, p. 5.

724 LYNCH, Christian Edward Cyril; CASSIMIRO, Paulo Henrique. *O populismo reacionário*. São Paulo: Contracorrente, 2022, p. 183.

725 LYNCH, Christian Edward Cyril; CASSIMIRO, Paulo Henrique. *O populismo reacionário*. São Paulo: Contracorrente, 2022, p. 185.

726 LYNCH, Christian Edward Cyril; CASSIMIRO, Paulo Henrique. *O populismo reacionário*. São Paulo: Contracorrente, 2022, p. 186.

727 LYNCH, Christian Edward Cyril; CASSIMIRO, Paulo Henrique. *O populismo reacionário*. São Paulo: Contracorrente, 2022, pp. 186/187.

comunismo ao, minimamente, aceitar a intervenção estatal na economia), burocracia (servidores públicos tidos como parasitas), nacionalismo industrialista e os intelectuais.[728] Não surpreende, assim, que "para os neoliberais, a 'ideologia' são os outros".[729] A antipolítica neoliberal desenvolve-se a partir desse elitismo tecnocrata, o qual não admite a existência de outras ideologias políticas capazes de orientar a ação. Essa característica continua avançando para o campo jurídico com notável poder, como a argumentação desenvolvida nos casos antes analisados demonstrou, podendo-se sustentar que, na prática, a tese da neutralidade consistiu num instrumento para erosão constitucional.

3.2.2 Resistência constitucional e repolitização da legitimidade

O Direito Constitucional de resistência é aquele que busca se contrapor às diversas manifestações de autoritarismo, como a ditadura, que surgem na história constitucional brasileira sempre que a democracia representativa, desde a origem marcada por crises constituintes, "não correspondeu com seus meios jurídicos e seu dever constitucional aos anseios nacionais de alforria do povo e da sociedade".[730] Deve-se, assim, avançar para um modelo de democracia mais participativa, destacando-se como meio para tal a repolitização da legitimidade, em especial a partir da construção de um Poder Judiciário que vá além do positivismo meramente exegético.[731] Interpretando tal

728 LYNCH, Christian Edward Cyril; CASSIMIRO, Paulo Henrique. *O populismo reacionário*. São Paulo: Contracorrente, 2022, p. 187.

729 LYNCH, Christian Edward Cyril; CASSIMIRO, Paulo Henrique. *O populismo reacionário*. São Paulo: Contracorrente, 2022, pp. 187/188.

730 BONAVIDES, Paulo. *Teoria constitucional da democracia participativa*: por um Direito Constitucional de luta e resistência, por uma nova hermenêutica, por uma repolitização da legitimidade. 2ª ed. São Paulo: Malheiros, 2001, p. 7.

731 BONAVIDES, Paulo. *Teoria constitucional da democracia participativa*: por um Direito Constitucional de luta e resistência, por uma nova hermenêutica, por uma repolitização da legitimidade. 2ª ed. São Paulo: Malheiros, 2001, p. 21.

argumentação no contexto da presença constante do poder militar brasileiro, persistente na tentativa de tutela militar da sociedade civil, pode-se conceber que há no país uma espécie de aprisionamento social por autoridades fardadas sem nenhuma legitimidade para tanto, de forma a corromper a autoridade e a necessária obediência ao sistema jurídico legítimo em mero autoritarismo inconstitucional.

Um Direito Constitucional de luta e resistência, como preconizado por Bonavides dialoga com o tema da democracia militante, democracia defensiva ou a democracia combativa. Esta concepção corresponde a um conjunto de medidas preventivas às quais um regime democrático está disposto a recorrer para evitar que forças autoritárias subvertam a democracia através de meios formalmente democráticos, tendo o conceito sido desenvolvido pela primeira vez por Karl Loewenstein nos anos 1930.[732]

Assim, explanando a respeito das origens da ideia de democracia militante, Loewenstein analisa duas hipóteses mutualmente exclusivas acerca do declínio democrático e da possibilidade de reação democrática. Caso se admita que o fascismo é uma espécie de crença em valores absolutos que, funcionando como uma espécie metafísica de "espírito" mostra-se como algo inevitável e com vitória histórica certa, não há como se impedir ou reverter o declínio democrático. Caso se constate, por outro lado, que a democracia não cumpriu ainda seu papel, sendo o fascismo mais uma técnica de poder do que uma crença, ou seja, algo superável e evitável, a democracia pode reagir, mas ela tem de se tornar militante.[733]

A medida mais extrema em termos de democracia militante refere-se ao banimento de partidos políticos com tendências

---

732 MÜLLER, Jan-Werner. "Militant democracy". *In*: ROSENFELD, Michel; SAJÓ, András. (Coord.). *The Oxford Handbook of Comparative Constitutional Law*. Oxford: Oxford University Press, 2012, p. 1254.

733 LOEWENSTEIN, Karl. "Militant democracy and fundamental rights, I". *The American political science review*, [*S.l.*], vol. 31, nº 3, jun. 1937, pp. 422/423.

extremistas.[734] Assim, a justificativa utilizada para exclusão certas ideias do debate e do espaço público é o ponto de partida fundamental de uma teoria da democracia militante, permitindo que se diferencie uma real medida de autoproteção democrática de um mero ataque às ideias contra as quais não se concorda.[735] O tema se impõe a partir da necessidade de se teorizar acerca de como a democracia pode se proteger sem, nesse percurso, causar sua própria autodestruição, com a transformação dos defensores liberais nos próprios tiranos que desejam derrotar. Esse contexto denota a existência de um paradoxo democrático.[736] O dilema central, nesse sentido, parece ser a proporcionalidade dos meios de defesa da democracia. Assim, sustenta-se que buscar a responsabilização de pessoas que, ao exercerem o direito fundamental à liberdade de expressão, abusam de tal direito, promovendo incitação à violência ou ao golpe de Estado, não equivale à corrupção da democracia em autoritarismo, mas sim representa a proteção daquela.

A justificativa de que somente a democracia militante se mostra apta a debelar o extremismo é uma das opções possíveis para resolver o dilema posto, mas atrai uma dificuldade: a identificação do que precisamente em que consiste o extremismo. Há um receio,

---

734 Para Bastiaan Rijpkema, essa é a medida mais extrema em termos de democracia militante e, caso se consiga justificá-la, a justificação de outras medidas menos drásticas, como o banimento de símbolos ou a exclusão de antidemocratas de cargos públicos, restará mais facilitada, podendo-se compartilhar, por princípio, muitos dos argumentos utilizados para a primeira medida (RIJPKEMA, Bastiaan. *Militant democracy*: the limits of democratic tolerance. Nova York: Routledge, 2018, p. 5). No Brasil, a Constituição de 1988 alberga militância democrática quando disciplina o regime jurídico dos partidos políticos, determinando que esses devem zelar pela democracia e pelos direitos humanos, nos termos do art. 17, bem como quando determina a criminalização de ações de grupos civis ou militares contra o Estado Democrático de Direito, em seu art. 5º. XLIV.

735 RIJPKEMA, Bastiaan. *Militant democracy*: the limits of democratic tolerance. Nova York: Routledge, 2018, p. 4.

736 RIJPKEMA, Bastiaan. *Militant democracy*: the limits of democratic tolerance. Nova York: Routledge, 2018, p. 4.

por exemplo, de que as ideias defendidas mais à esquerda sejam consideradas extremistas, quando, em outra interpretação, poderia considerar-se que tratam, simplesmente, da defesa de um outro tipo de democracia, mesmo que radicalmente diferente da atual.[737] No âmbito do Direito Constitucional, crítica semelhante sobre as dificuldades práticas da democracia militante é efetivada por Davi Landau. Para o autor, tal militância pode apresentar alguma eficácia no que se trata da atuação preventiva contra partidos políticos que classicamente exibem tendências extremistas, como o nazista; contudo, é mais difícil conceber sua aplicação diante de ameaças ambíguas e não ideológicas, como aquelas que surgem em torno do constitucionalismo abusivo.[738] Assim, a primeira e uma das mais importantes questões é descrever precisamente em que consistem as novas práticas autoritárias, questionando a afirmação de Landau de que elas não teriam um caráter ideológico. Na verdade, parece ser essencial compreender, justamente, em que consiste a atual ideologia autoritária, para, assim, enfrentá-la corretamente, tendo-se em vista um parâmetro constitucional democrático. Nesta pesquisa, tal tarefa foi efetivada anteriormente neste capítulo quando da análise das características centrais do bolsonarismo.

Para buscar evitar abusos na aplicação da democracia militante, estes seriam alguns possíveis critérios a serem seguidos pelo Judiciário, destacando-se o caráter da sistematicidade e do não isolamento dos atos em si: a) análise das visões extremistas em jogo, avaliando quais delas buscam, permanentemente, excluir ou retirar o poder de parcela do povo democraticamente integrado; b) identificação de ataque sistemático à dignidade de grupos que fazem parte do povo na democracia; c) compreensão de que os

---

737 MÜLLER, Jan-Werner. "Militant democracy". *In*: ROSENFELD, Michel; SAJÓ, András. (Coord.). *The Oxford Handbook of Comparative Constitutional Law*. Oxford: Oxford University Press, 2012, p. 1267.

738 LANDAU, David. "Abusive constitutionalism". *Davis Law Review*, Davis, vol. 47, abr. 2013.

proponentes das visões extremistas claramente assemelham-se aos antigos genocidas; d) compreensão de que esses proponentes buscam falar em nome de todo o povo, sistematicamente negando fraturas e divisões da sociedade ou o controle dos demais poderes.[739]

As medidas em torno da democracia militante envolvem, no entanto, considerável grau de coragem institucional, tendo em vista as fortes reações que, necessariamente, serão desencadeadas pelo necessário enfrentamento constitucional. Nesse contexto, sustenta-se que o elemento central capaz de pavimentar o caminho para tais ações é a repolitização da legitimidade, processo que leva em conta a necessidade de identificar ideologias políticas autoritárias, como o bolsonarismo.

A repolitização da legitimidade, assim, é um conceito fundamental para o desenvolvimento da descrição e das críticas às práticas autoritárias, pois confere à ideologia sua devida centralidade na observância do regime democrático por parte das autoridades como os juízes. Tal repolitização pode ser alcançada através do aprofundamento da democracia militante, ressignificada para novas tarefas diante da realidade atual, que vai além das clássicas ideologias autoritárias do fascismo, nazismo ou comunismo. Essa repolitização passa, ainda, pelo reconhecimento de que a ideologia tem um papel na tomada de decisão judicial e de que isso não é, necessariamente, algo negativo, desde que a ideologia adotada esteja comprometida com valores democráticos.

Uma importante metodologia de análise para se descortinar a atuação ideológica autoritária e buscar resistência constitucional é comparar casos a fim de investigar a coerência das respectivas atuações funcionais do Judiciário e do Ministério Público. Não se trata de vedar a possibilidade de mudanças de posicionamento ou

---

739 MÜLLER, Jan-Werner. "Militant democracy". *In*: ROSENFELD, Michel; SAJÓ, András. (Coord.). *The Oxford Handbook of Comparative Constitutional Law*. Oxford: Oxford University Press, 2012, p. 1267.

da existência de divergências, mas sim de encontrar posicionamentos que se mostram conflitantes com seus próprios precedentes de atuação, sem qualquer argumentação que justifique a diferença, de forma que há uma pura e simples mudança de postura. Enquadra-se nessa linha, por exemplo, da atuação de um juiz federal que demorou seis meses para decidir sobre o afastamento em ação de improbidade da Reitora da UFERSA, sendo que, em outro caso mais complexo, envolvendo suspeitas de desvio de recursos públicos no Município de Baraúna/RN, repleto de documentos obtidos em medida de busca e apreensão, proferiu decisão de afastamento da respectiva prefeita em apenas 17 dias.[740] Relembre-se que tal autoridade universitária homenageou o ditador Costa e Silva, descumprindo norma da própria instituição.

Sobre o suposto fim da história e das ideologias, Bonavides denuncia o caráter sofístico de tais construções retóricas, "como se o capitalismo que sobrevive não fora ideológico, nem histórica sua dimensão mais indeclinável".[741] Nesse sentido, Paulo Bonavides traça as origens dessa postura em torno da negação da ideologia, vinculando esse movimento ao momento histórico da queda do Muro de Berlim e da consequente dissolução da União Soviética. Esses fatos, que marcaram a crise do socialismo, geraram um triunfo supostamente neutro da ideologia capitalista, como se essa fosse uma verdadeira "ideologia 'sem ideologia', cifrada no neoliberalismo da globalização".[742]

---

740 BRASIL. Tribunal Regional Federal da Quinta Região. Seção Judiciária do Rio Grande do Norte. Subseção Judiciária de Mossoró. (8ª. Vara Federal). *Ação de improbidade administrativa 0801947-38.2016.4.05.8401*. Decisão. Mossoró, 2016.

741 BONAVIDES, Paulo. *Do país constitucional ao país neocolonial*: a derrubada da Constituição e a recolonização pelo golpe de Estado institucional. 4ª ed. São Paulo: Malheiros, 2009, p. 15.

742 BONAVIDES, Paulo. *Do país constitucional ao país neocolonial*: a derrubada da Constituição e a recolonização pelo golpe de Estado institucional. 4ª ed. São Paulo: Malheiros, 2009, p. 19.

Contudo, a sustentação de tal neutralidade, na verdade, é uma das táticas autoritárias furtivas, pois busca esconder o conjunto de ideias e práticas autoritárias defendidos por quem faz a acusação. As estratégias argumentativas que buscam ocultar o autoritarismo, por um lado, e deslegitimar quem busca desenvolver resistência, por outro, decorrem de uma prática mais ampla, também já denunciada por Paulo Bonavides, através da qual busca-se atingir o Direito Constitucional por meio da falsificação de seus conceitos, entre outras táticas, pois, para os neoliberais, "o Direito Constitucional morreu".[743]

A suposta neutralidade normativista do positivismo formalista encontra-se cada vez em descrédito, especialmente quando se constata que o Poder Executivo se afastou completamente dos parâmetros jurídicos "desde que caiu nos braços do neoliberalismo".[744] Nessa linha, a tática autoritária consiste em "despolitizar a legitimidade",[745] uma vez que essa é tida como inserida no conceito de legalidade, em uma formulação que resume o direito às regras. Nesse contexto, é necessário promover uma repolitização em prol da democracia participativa.[746] Nesse sentido, Bonavides sustenta que a suposta neutralidade ideológica corresponde a uma

743 BONAVIDES, Paulo. *Teoria constitucional da democracia participativa*: por um Direito Constitucional de luta e resistência, por uma nova hermenêutica, por uma repolitização da legitimidade. 2ª ed. São Paulo: Malheiros, 2001, p. 9.

744 BONAVIDES, Paulo. *Teoria constitucional da democracia participativa*: por um Direito Constitucional de luta e resistência, por uma nova hermenêutica, por uma repolitização da legitimidade. 2ª ed. São Paulo: Malheiros, 2001, p. 8.

745 BONAVIDES, Paulo. *Teoria constitucional da democracia participativa*: por um Direito Constitucional de luta e resistência, por uma nova hermenêutica, por uma repolitização da legitimidade. 2ª ed. São Paulo: Malheiros, 2001, p. 17.

746 BONAVIDES, Paulo. *Teoria constitucional da democracia participativa*: por um Direito Constitucional de luta e resistência, por uma nova hermenêutica, por uma repolitização da legitimidade. 2ª ed. São Paulo: Malheiros, 2001, pp. 18/19.

"conspiração desagregadora do neoliberalismo", a qual refere-se à "penetração da ideologia colonialista; ideologia de submissão e fatalismo, de autores que professam a tese derrotista da impossibilidade de manter de pé o conceito de soberania".[747] Percebe-se, assim, que há ideologia na negação da ideologia, podendo dizer que, na verdade, a pretendida negação já é uma postura ideológica.

Uma das principais acusações que a nova direita desenvolve contra teses como a ora apresentada sobre da necessidade de lutar pela Constituição e pelos direitos sociais para além dos liberais, refere-se à suposta busca de promoção pessoal de quem se propõe a enfrentar o autoritarismo.[748] É importante ter essa noção, pois tal crítica pode, até mesmo, desenvolver-se para o crime de racismo, tendo em vista as novas linguagens codificadas de discriminação. Uma delas é a abreviação "SJW", significando *Social Justice Warrior* ou "Guerreiro da Justiça Social". Tal construção representa uma expressão de ataque utilizada "pelos *altrighters* contra indivíduos, leis e propostas que visam garantir e ampliar a manutenção de princípios liberais basilares como respeito à dignidade humana, proteção de minorias, Estado de Direito, separação de poderes e liberdade de imprensa".[749]

É possível explicar o apelo dos autocratas à necessidade de descrever neutralmente o direito e as instituições na medida em que esses não apresentam diferenças significativas quando se compara um regime autocrata com um democrático, a não ser que se faça uma análise detalhada. Em ambos os tipos de regimes, por

747 BONAVIDES, Paulo. *Teoria constitucional da democracia participativa*: por um Direito Constitucional de luta e resistência, por uma nova hermenêutica, por uma repolitização da legitimidade. 2ª ed. São Paulo: Malheiros, 2001, p. 34.

748 PRADO, Michele. *Tempestade ideológica*: Bolsonarismo, a Alt-Right e o populismo liberal no Brasil. São Paulo: Lux, 2021, p. 157.

749 PRADO, Michele. *Tempestade ideológica*: Bolsonarismo, a Alt-Right e o populismo liberal no Brasil. São Paulo: Lux, 2021, p. 157.

exemplo, podem existir eleições periódicas, liberdade de imprensa e pluripartidarismo. A diferença surge, no entanto, quando se analisa a qualidade ou o grau em que tais práticas são efetivadas: por exemplo, se as eleições contam com algum tipo de manipulação, se a imprensa e as pessoas que se engajam no debate público de modo geral são intimidadas, ou se os partidos são limitados por cláusulas de barreira abusivas. Assim, como sustenta Gabor Atila Tóth, não havendo diferença significativa entre democracia e autoritarismo a partir de estrita análise descritiva, "o que importa é a diferença normativa entre eles".[750]

Assim, a interpretação do direito, com base numa Constituição que busca reduzir as desigualdades e erradicar a pobreza, deve ser comprometida com os ideais do Estado Social e daquele tipo de socialismo pacífico e consensual, apto a socorrer o capitalismo frente às crises típicas do modelo neoliberal.[751] A história constitucional brasileira aponta para a tentativa, desde pelo menos 1934, de construir "um país atado aos princípios do Estado social, à observância, tanto quanto possível rigorosa, de sua doutrina e ideologia, no afã de erguer uma sociedade mais justa, mais humana, mais fraterna",[752] sendo uma das marcas do golpe militar

---

750 TÓTH, Gábor Attila. "Constitutional Markers of Authoritarianism". *Hague Journal on the Rule of Law*, vol. 11, nº 1, abr. 2019, p. 50. Há uma versão do texto em português: TÓTH, Gábor Attila. "Marcos constitucionais do autoritarismo". *Revista Juridicidade Constitucional e Democracia*, vol. 1, nº 1. Mossoró: Universidade do Estado do Rio Grande do Norte, jan./mai. 2023.

751 BONAVIDES, Paulo. *Do país constitucional ao país neocolonial*: a derrubada da Constituição e a recolonização pelo golpe de Estado institucional. 4ª ed. São Paulo: Malheiros, 2009, p. 21.

752 Deve-se pontuar, no entanto, que a politização pretendida por Paulo Bonavides, no entanto, precisa ser ampliada, albergando, por exemplo, considerações sobre o racismo estrutural. Veja-se, por exemplo, a proposta de Marcos Queiroz, para quem com a "ideia de agência negra e sentido político, procura-se, portanto, retirar o silenciamento histórico sobre a experiência dos grupos subalternizados, politizando suas ações e resgatando o seu papel como sujeitos históricos" (QUEIROZ, Marcos Vinícius Lustosa.

de 1964, precisamente, um autoritário impedimento desse projeto por parte da elite, em um momento no qual a proposta se desenvolvia a partir das reformas de base do governo de João Goulart.

"Constitucionalismo negro: elementos de teoria e história constitucional a partir da Revolução Haitiana". *Revista de Estudos Constitucionais, Hermenêutica e Teoria do Direito*, São Leopoldo, vol. 13, nº 1, jan./abr. 2021, p. 100). Trata-se de mecanismo importante para a construção de teorias jurídicas que apontem soluções de enfrentamento para o autoritarismo, o qual tem como uma de suas características centrais o racismo. Assim, uma leitura que buque levar a sério a ideologia no processo de interpretação é coerente com uma hermenêutica negra, ou seja, aquela comprometida com o desvelamento de processos de dominação hierárquicos escondidos na pretensa neutralidade do intérprete. Adilson Moreira, investigando a hermenêutica nessa perspectiva, aponta como a utilização de princípios como razoabilidade ou proporcionalidade por parte dos juízes mascara, na verdade, a existência de uma argumentação política, tendo em vista os resultados opostos encontrados nos casos, devendo-se desvelar esse caráter político da hermenêutica (MOREIRA, Adilson José. *Pensando como um negro*: Ensaio de hermenêutica jurídica. São Paulo: Contracorrente, 2019, p. 15). Para o autor, o formalismo jurídico presente em debates como o das ações afirmativas e da injúria racial é permeado pelas hierarquias de poder existentes na sociedade, que merecem ser expostas no processo interpretativo (MOREIRA, Adilson José. *Pensando como um negro*: Ensaio de hermenêutica jurídica. São Paulo: Contracorrente, 2019, p. 15). O projeto de Adilson Moreira não é positivista no sentido exegético, pois coloca ênfase no diálogo com outras áreas do conhecimento, para além da normatividade estritamente jurídica ou formal. Isso porque o autor considera que as normas jurídicas têm conexões estruturais com as relações de poder da sociedade, cabendo ao jurista, portanto, desvelar essas formas de poder (MOREIRA, Adilson José. *Pensando como um negro*: Ensaio de hermenêutica jurídica. São Paulo: Contracorrente, 2019, p. 18). Por outro lado, a teoria de Moreira leva a sério os princípios constitucionais, reconhecendo que os direitos fundamentais podem ser interpretados em prol da transformação social, fazendo com que a hermenêutica jurídica não seja mais utilizada coma finalidade de "impedir que a raça se torne uma forma de mobilização política" (MOREIRA, Adilson José. *Pensando como um negro*: Ensaio de hermenêutica jurídica. São Paulo: Contracorrente, 2019, p. 19).

BONAVIDES, Paulo. *Do país constitucional ao país neocolonial*: a derrubada da Constituição e a recolonização pelo golpe de Estado institucional. 4ª ed. São Paulo: Malheiros, 2009, p. 22.

A aceitação do autoritarismo, da celebração do golpe militar a ponto de se encontrar decisões judiciais que negam os crimes contra a humanidade praticados no período de exceção e mostram-se saudosas da "ordem" então experimentada, pode ser explicada em termos culturais,[753] ou seja, a partir de "causas sociais que devem ser buscadas e combatidas",[754] como diria Wanderley Guilherme dos Santos ainda em 1962, quando já indagava quem daria o golpe militar. Nessa perspectiva, o golpismo não é novidade no Brasil, manifestando-se sempre que os descontentamentos populares ganham mais impulso ou poder, atingindo, de algum modo, a elite nacional, ou seja, uma minoria[755] que malversa a riqueza nacional, disposta a atuar contra as regras constitucionais sobre a aquisição e transmissão do poder para defender seus privilégios.[756] [757] [758]

---

753 Agradeço ao Professor Martônio Mont'Alverne pelas críticas e sugestões efetivadas na sessão de defesa da tese em torno da disseminação social do autoritarismo no Brasil, essencial para compreender como tais ideias desenvolvem-se pelas instituições.

754 SANTOS, Wanderley Guilherme. *Quem dará o golpe no Brasil?* (Coleção cadernos do provo brasileiro). Rio de Janeiro: Civilização Brasileira, 1962, p. 3.

755 A maioria seria composta pelos estudantes, trabalhadores, camponeses, pequenos funcionários, artesãos e empregados no comércio. (SANTOS, Wanderley Guilherme. *Quem dará o golpe no Brasil?* (Coleção cadernos do provo brasileiro). Rio de Janeiro: Civilização Brasileira, 1962, p. 4).

756 Analisando os impasses da democracia brasileira na periferia capitalista atual, Luis Felipe Miguel sustenta ideia semelhante a ora em estudo, apontando uma continuidade entre o golpe militar de 1964, o *impeachment* de 2016 e a eleição de Jair Bolsonaro em 2018 a partir de reações contra uma busca por maior igualdade, defendendo que "a desigualdade é o limite da democracia no Brasil". (MIGUEL, Luis Felipe. *Democracia na periferia capitalista*: impasses do Brasil. Belo Horizonte: Autêntica, 2022, p. 4).

757 SANTOS, Wanderley Guilherme. *Quem dará o golpe no Brasil?* (Coleção cadernos do provo brasileiro). Rio de Janeiro: Civilização Brasileira, 1962, pp. 3-5.

758 Assim, de acordo com o autor: "todas as vezes em que o movimento de ascensão popular recobra impulso: seja quando esse movimento se destina à defesa das riquezas do país – luta em torno da Petrobrás, agosto de 54 –, seja quando as forças do povo estão a ponto de ganhar maior parcela de poder político – agosto de 61, luta pela legalidade –, seja, enfim, quando as massas

O autor sustentava ser um equívoco supor que a iminente ditadura a ser instalada seria um regime profundamente diferente do atual, numa comparação entre água e vinho, pois já concebia a democracia brasileira naqueles anos que precediam o golpe militar como uma espécie de "ditadura econômica e ditadura política".[759] [760] Essa concepção em torno de uma gradação do autoritarismo é importante para compreender ainda hoje os legados da ditadura militar, os quais, contraditoriamente, são classificados como expressão legítima da democracia e da liberdade de expressão, com a utilização de linguagem jurídica capaz, em princípio, de garantir a legitimidade pretendida.

Considerações de ordem histórica, assim, são úteis para compreender como há uma luta latente no processo de interpretação constitucional do Brasil, no qual há um papel fundamental a ser desempenhado pela ideologia. Nesse sentido, essa pode ser democrática ou autoritária e perpassar os mais variados espectros políticos.

---

trabalhadoras se organizam em torno de reivindicação que afeta a situação vigente – a arregimentação das massas rurais em torno das ligas camponesas. (SANTOS, Wanderley Guilherme. *Quem dará o golpe no Brasil?* (Coleção cadernos do provo brasileiro). Rio de Janeiro: Civilização Brasileira, 1962, p. 3).

759 Para sustentar a tese, relembra como os camponeses analfabetos não tinham direitos políticos ativos, não podendo votar, portanto, contra os latifundiários, reconhecendo que há, meramente, uma diferença de grau entre o autoritarismo atual e aquele que se buscava implantar com o golpe, com relevante ligação com o direito: na atual ditadura, a elite respeita a lei que lhe garante os privilégios, sendo que, na ditadura por vir, pode até mesmo superá-las, ampliando ainda mais o seu poder. (SANTOS, Wanderley Guilherme. *Quem dará o golpe no Brasil?* (Coleção cadernos do provo brasileiro). Rio de Janeiro: Civilização Brasileira, 1962, pp. 8-10 e 13).

760 SANTOS, Wanderley Guilherme. *Quem dará o golpe no Brasil?* (Coleção cadernos do provo brasileiro). Rio de Janeiro: Civilização Brasileira, 1962, p. 8.

3.3 A neutralidade como instrumento para erosão constitucional: a tese foi utilizada para rechaçar a resistência constitucional, culminando com a tentativa de golpe de Estado

Como visto, é tema central nas mais diversas pesquisas jurídicas o problema em torno da erosão da democracia, sendo notável destacar, desde logo, a diversidade do fenômeno em realidades como a brasileira, a qual desafia a compreensão do tema como mera crise do modelo liberal. Diz-se isso porque no contexto de um Estado Social ainda não devidamente concretizado a partir dos direitos sociais constitucionalmente previstos, o paradigma em torno da preocupação com a ideologia liberal é, no mínimo, incompleto. Tal quadro mostra-se mais dramático quando se constata que fora a tentativa neoliberal de resgatar ou ressignificar o liberalismo que causou, em parte, a mencionada crise.

Para Wendy Brown, as características em torno da busca por um passado mítico, heterossexual, patriarcal e branco que marcam a política extremista dos últimos anos precisam ser realçadas a partir da demonização do social e do político por parte da governabilidade neoliberal, valorização da moralidade tradicional e dos mercados como seus substitutos.[761] Não se trata de defender que o neoliberalismo causou toda essa onda, mas apontar que "nada fica intocado pela forma neoliberal de razão e de valoração, e que o ataque do neoliberalismo à democracia tem, em todo o lugar, infletido lei, cultura política e subjetividade política".[762] Assim, é importante ter em mente esse destaque na questão social e política, alvos de uma verdadeira rebelião neoliberal, no sentido de que a

761 BROWN, Wendy. *Nas ruínas do neoliberalismo*: a ascensão da política antidemocrática no ocidente. São Paulo: Filosófica Politeia, 2019, pp. 13-15.

762 BROWN, Wendy. *Nas ruínas do neoliberalismo*: a ascensão da política antidemocrática no ocidente. São Paulo: Filosófica Politeia, 2019, p. 17.

democracia não poderá ser efetivamente protegida se houver receio em lutar por maior igualdade através da política estatal.

A erosão democrática no Brasil apresenta uma importante dimensão econômica conectada necessariamente com juridicidade constitucional, como sustenta Emílio Peluso Neder Meyer a partir do ataque das políticas neoliberais inconstitucionais ao constitucionalismo social-democrata.[763] O ataque do neoliberalismo à Constituição não é novidade no âmbito do Direito Constitucional brasileiro, como já sustentava Paulo Bonavides ao dissertar sobre a aversão neoliberal ao Direito Constitucional.[764] Emílio Peluso atualiza, de certo modo, a lição de Bonavides, explicitando como recentes políticas introduzidas após o *impeachment* da Presidenta Dilma Roussef contribuíram para o desenvolvimento do autoritarismo no país com a fragilização dos direitos sociais constitucionalmente previstos.

Partindo da constatação de que a Constituição apresenta um rol de diversos direitos sociais, é pertinente indagar, como o faz Emílio Peluso, se ideologias que sustentam forte absenteísmo estatal, como o neoliberalismo, são compatíveis com a juridicidade constitucional na medida em que podem subverter a identidade constitucional.[765] O problema é mais grave quando se constata que, no caso brasileiro, há uma "onipresença" das políticas neoliberais,[766] sempre desafiando a Constituição.

Um dos aspectos mais importantes da obra de Emílio Peluso é ligar o processo de erosão constitucional à realidade brasileira,

---

763 MEYER, Emilio Peluso Neder. *Constitutional erosion in Brazil*. Londres: Hart, 2021, p. 52.

764 BONAVIDES, Paulo. *Teoria constitucional da democracia participativa*: por um Direito Constitucional de luta e resistência, por uma nova hermenêutica, por uma repolitização da legitimidade. 2ª ed. São Paulo: Malheiros, 2001.

765 MEYER, Emilio Peluso Neder. *Constitutional erosion in Brazil*. Londres: Hart, 2021, p. 52.

766 MEYER, Emilio Peluso Neder. *Constitutional erosion in Brazil*. Londres: Hart, 2021, p. 63.

afastando-se daquela mencionada visão tradicional em torno da "crise da democracia liberal" ao sustentar que, em sociedades com graves desigualdades e uma Constituição claramente marcada pelos direitos sociais como o Brasil, o neoliberalismo apresenta marcas autoritárias. A tese fica clara quando se constata que a eficiência econômica pode justificar o despotismo.[767]

Em realidades como a brasileira, ainda marcadas pelos legados autoritários do golpe militar, o risco do golpismo violento, militar ou não, esteja completamente superado. A tentativa de golpe de Estado efetivada em 8 de janeiro de 2023 bem demonstra o aprofundamento de todo o processo erosivo, quando todas as ameaças contra as instituições foram, efetivamente, colocadas em prática por diversas pessoas que, violentamente, atacaram a sede dos três Poderes.

Como visto no capítulo anterior, a tese da neutralidade ideológica foi utilizada diversas vezes para impedir o enfrentamento ao processo de erosão constitucional. Diante de tal cenário flagrantemente inconstitucional, em alguns casos com aberta apologia ao golpe de Estado em violação, pelo menos, ao artigo 1º e 142 da Constituição de 1988, como afigura-se possível que parte dos juristas brasileiros se sentissem à vontade para defender tal estado de coisas? Argumentando-se em prol de uma suposta proteção à liberdade de expressão absoluta, acabou-se por chancelar a possibilidade de comemoração ao golpe ou a realização das reuniões golpistas. Como essas práticas autoritárias puderam se impor quase sem resistência entre tais instituições, as quais deveriam ser voltadas para a proteção da democracia?

A resposta a tal questão passa pela percepção acerca do desenvolvimento de uma poderosa estratégia do bolsonarismo difundido pelas instituições jurídicas, necessitando-se desvelar a falsidade em

767 MEYER, Emilio Peluso Neder. *Constitutional erosion in Brazil*. Londres: Hart, 2021, p. 55.

torno da suposta "neutralidade", levando em conta que os casos citados anteriormente dialogam entre si na exata medida em que corresponderam às atuações voltadas para reprimir o processo erosivo. Sem dúvida, o cenário impunha cuidados redobrados aos juristas em geral, ante o risco de intimidação proporcionado pelas mais variadas formas. O ataque aos "juristas ideológicos" e consequente assassinato de reputações é prática também conhecida por Paulo Bonavides:

> Quem disser que a ideologia é a religião dos demagogos mente. Quem disser, porém, que a ideologia dirigida para a justiça é o código da liberdade, profere uma grande verdade.
>
> Nesta última direção caminha o nosso pensamento desatado de qualquer temor à repreensão vinda daqueles que, rancorosos e calculistas, maldizem os ideólogos da liberdade e intentam arremessá-los ao descrédito da opinião.
>
> Somos, sim, ideólogos, na medida em que a ideia de liberdade e justiça nos ampara e acompanha.
>
> Somos ideólogos da democracia ao mesmo passo que juristas das causas constitucionais. E o somos para defender com denodo a soberania deferida ao povo, a soberania popular e nacional, que é o princípio de nosso sistema, o axioma cardeal da organização política, econômica e social da nação.[768]

A citação é importante para apresentar uma estratégia ideológica de dominação, consistente em atacar o interlocutor com o qual não se concorda com a pecha de "ideológico", arremessando-o ao "descrédito da opinião". Para estes, um socialista é ideológico, enquanto um capitalista neoliberal, não, visão também atrelada à parte da elite intelectual norte-americana para quem "a União Soviética está nas garras da ideologia, ao passo que os Estados Unidos veem as coisas como elas realmente

768 BONAVIDES, Paulo. *Do Estado liberal ao Estado social.* 10ª ed. São Paulo: Malheiros, 2011, p. 68.

são".[769] Nesse sentido, é possível sustentar que a utilização pejorativa da expressão ideologia pode se converter numa estratégia autoritária de utilização e manutenção do poder pois, ao não se admitir como "ideológica", uma pessoa, como um jurista, não se proporciona abertura para que determinada visão seja criticada, acreditando sustentar uma verdade absoluta, fruto, meramente, do "bom senso" ou de outra crença qualquer.

Impedir a investigação de atos golpistas ou admitir a comemoração de golpe militar guarda íntima relação com a tentativa de golpe de Estado efetivada em 08.01.2023. Diz-se isso porque tais atos perfazem um caminho cujo resultado, fatalmente, não é a manutenção da frágil democracia brasileira, mas sua completa subversão com utilização da intimidação militar, sendo mais correto compreender o bolsonarismo de modo multidimensional, como sugere Tom Daly.[770] Todas aquelas autoridades que buscaram criar os referidos obstáculos institucionais à resistência constitucional utilizaram argumentos derivados da neutralidade do jurista, como a liberdade de expressão absoluta ou a confusão entre defesa da democracia com partidarismo político, atraindo a pecha de "ideológicos" aos que se contrapunham ao autoritarismo. Eis a ligação entre a tese da neutralidade e o golpismo militar, consistente na facilitação da consecução deste.[771]

---

769 EAGLETON, Terry. *Ideologia*: uma introdução. 2ª ed. Trad. Silvana Vieira e Luís Carlos Borges. Kindle edition. São Paulo: Boitempo, 2019, p. 21.

770 DALY, Tom. "Compreendendo a decadência democrática multidimensional: lições decorrentes da ascensão de Jair Bolsonaro no Brasil". *REJUR – Revista Jurídica da UFERSA*, Mossoró, vol. 5, nº 10, jul./dez. 2021.

771 Veja-se que a estratégia utilizada desenvolve algum tipo de colaboração interinstitucional autoritária, com engajamento recíproco em prol da maximização de resultados. (FERREIRA, 2023) A atuação estratégica passa, ainda, pelo uso da argumentação jurídica para construir falsidades, como a utilização da tese da liberdade de expressão para proteger manifestações estatais em prol da própria quebra da ordem democrática, prática tida por Gábor Attila Toth como um "marco constitucional de segunda" ordem para o autoritarismo, como já mencionado anteriormente. (TÓTH, Gábor Attila.

Paulo Bonavides acreditava que o Poder Judiciário e o Ministério Público teriam papel fundamental para a concretização da nova hermenêutica constitucional em torno dos princípios para superação do golpe de Estado institucional em curso no Brasil, sendo agentes essenciais do Direito Constitucional de luta e resistência, atuando como uma espécie de "legislador de terceiro grau" tendo em vista a "servidão" do legislador ordinário ao neoliberalismo.[772] Tal idealização do Poder Judiciário chega a ser surpreendente quando parte de um autor o qual, reconhecidamente, conhece os legados das ditaduras civis-militares no Brasil,[773] os quais atingem juízes ante a ausência de reformas institucionais em prol de uma efetiva Justiça de Transição em tal poder. Em parte, no entanto, a ideia não pode ser abandonada completamente, pois, como aqueles exemplos anteriormente estudados no capítulo anterior demonstram, também há espaço para resistência constitucional e não aceitação do autoritarismo em tais instituições. O que é preciso, no entanto, é efetivar análise mais realista, destacando os riscos envolvidos em tal luta, mas valorizando a coragem constitucional.

A intimidação aos juristas da democracia passa pelo ataque neoliberal ao social, com destaque também no âmbito acadêmico, na medida em que aquela ideologia não aceita "que pensadores do quilate de Marx, Rousseau, Locke e Saint-Simon, escritores da igualdade e da liberdade, tenham presença nos dias correntes

---

"Constitutional Markers of Authoritarianism". *Hague Journal on the Rule of Law*, vol. 11, nº 1, abr. 2019; TOTH, Gábor Attila. "Marcos constitucionais do autoritarismo". *Revista Juridicidade Constitucional e Democracia*, vol. 1, nº 1. Mossoró: Universidade do Estado do Rio Grande do Norte, jan./mai. 2023).

772 BONAVIDES, Paulo. *Teoria constitucional da democracia participativa*: por um Direito Constitucional de luta e resistência, por uma nova hermenêutica, por uma repolitização da legitimidade. 2ª ed. São Paulo: Malheiros, 2001, p. 22.

773 BONAVIDES, Paulo. *Constituinte e Constituição*: a democracia, o federalismo, a crise contemporânea. 3ª ed. São Paulo: Malheiros, 2010, p. 59; BONAVIDES, Paulo; ANDRADE, Paes. *História constitucional do Brasil*. 3ª ed. Rio de Janeiro: Paz e Terra, 1991.

ou que a História os coloque na galeria da imortalidade".[774] No final das contas, essa é uma das mais importantes lições a serem apreendidas: os juristas da democracia não podem mais temer a luta em prol dos direitos sociais, requalificando a democracia para além do aspecto liberal. Somente com a defesa aberta de valores sociais poder-se-á superar o autoritarismo, projetando-se uma democracia social.

Pode-se sustentar que o uso intimidatório da "ideologia" estudada nesta seção é um aprofundamento do "atraso ideológico" sustentado por Paulo Bonavides.[775] Para o autor, o fenômeno consistia na "ignorância crassa na esfera teórica com respeito aos fundamentos da democracia e do socialismo, sendo frequentes os equívocos com que se atropelam as noções de ideologia e as qualificações mais elementares sobre a posição de pensamento".[776] Assim, gera-se completa confusão na identificação da ideologia política das pessoas, também decorrente da falta de precisão ideológica dos partidos políticos,[777] do "analfabetismo político, do despreparo ideológico, da truculência dos costumes públicos".[778]

Diante de tal cenário, continua o autor, confunde-se, preconceituosamente, o socialista com o comunista ou o liberal com o social-democrata, não se atentando para as "separações sutis e

774 BONAVIDES, Paulo. *Do país constitucional ao país neocolonial*: a derrubada da Constituição e a recolonização pelo golpe de Estado institucional. 4ª ed. São Paulo: Malheiros, 2009, p. 7.

775 BONAVIDES, Paulo. *Constituinte e Constituição*: a democracia, o federalismo, a crise contemporânea. 3ª ed. São Paulo: Malheiros, 2010, p. 217.

776 BONAVIDES, Paulo. *Constituinte e Constituição*: a democracia, o federalismo, a crise contemporânea. 3ª ed. São Paulo: Malheiros, 2010, p. 217.

777 BONAVIDES, Paulo. *Constituinte e Constituição*: a democracia, o federalismo, a crise contemporânea. 3ª ed. São Paulo: Malheiros, 2010, p. 217.

778 BONAVIDES, Paulo. *Constituinte e Constituição*: a democracia, o federalismo, a crise contemporânea. 3ª ed. São Paulo: Malheiros, 2010, p. 219.

sofisticadas que só a maturidade democrática torna possíveis",[779] fazendo com que "quem estiver à esquerda do centro, às vezes no próprio centro, corre o risco de ser acoimado de comunista".[780] Veja-se, novamente, a atualidade da lição clássica de Bonavides, levando em conta que Constituinte e Constituição, obra ora referenciada, fora publicada pela primeira vez em 1985. Nessa linha, tem-se como o debate público brasileiro recente foi permeado por ataques aos "comunistas" mesmo quando se buscava, por exemplo, desenvolver uma crítica ao negacionismo da pandemia ou da ditadura militar nos limites do sistema capitalista garantido pela Constituição a partir da livre iniciativa.

Esse papel intimidatório e de apoio ao autoritarismo levado a cabo pelos juristas conservadores não é novidade alguma na história constitucional do Brasil. Miguel Reale defendeu "os imperativos da Revolução de março".[781] Francisco Campos foi o redator do primeiro ato institucional em 1964 e, por mais que não seja um pensador unicamente vinculado ao golpismo,[782] também teve destacado papel no contexto do Estado novo em 1937. Esses juristas não deveriam ser saudados ou homenageados, mas sim cada vez mais estudados e cobrados por tais posicionamentos.

A visão em torno da neutralidade ideológica, ainda, frauda a realidade na medida em que não admite qualquer tipo de reflexão crítica acerca das origens burguesas do direito moderno. Em

---

779 BONAVIDES, Paulo. *Constituinte e Constituição*: a democracia, o federalismo, a crise contemporânea. 3ª ed. São Paulo: Malheiros, 2010, p. 218.

780 BONAVIDES, Paulo. *Constituinte e Constituição*: a democracia, o federalismo, a crise contemporânea. 3ª ed. São Paulo: Malheiros, 2010, p. 218.

781 BENVINDO, Juliano Zaiden; CARVALHO, Angelo Gamba Prata. "Os 'imperativos da revolução de março' e a fundamentação da ditadura". *Revista Direito e Práxis*, Rio de Janeiro, vol. 9, nº 1, 2018.

782 SEELAENDER, Airton Cerqueira Leite. "Juristas e ditaduras: uma leitura brasileira". *In*: FONSECA, Ricardo Marcelo; SEELAENDER, Airton Cerqueira Leite (Coord.). *História do direito em perspectiva*: do antigo regime à modernidade. Curitiba: Juruá, 2009.

"Socialismo Jurídico", Friedrich Engels e Karl Kautsky escreveram, no final do século XIX, acerca da relação entre direito e capitalismo no contexto do debate entre uma possível conciliação entre ambos, com a admissão de reformas jurídicas como as propostas por Anton Menger, sem a superação completa das contradições do capitalismo.[783] Ocorre que, para aqueles pensadores, o Direito é irremediavelmente capitalista, somente cabendo à revolução, não às reformas, transformar a ordem social e a condição dos trabalhadores.[784]

Para os referidos pensadores, o surgimento do direito é, necessariamente, construção burguesa após as diversas revoltas desses comerciantes contra o poder feudal, descentralizado e religioso.[785] Por outro lado, o proletariado, o qual surge antes mesmo de a burguesia controlar plenamente o poder político, também reivindica para si o campo jurídico a partir da ampliação da igualdade para além do aspecto formal.[786] Ocorre que socialistas como Saint-Simon, Fourier e Owen perceberam que essa luta no "terreno do direito" não poderia superar o capitalismo, sustentando então que "toda luta política é estéril".[787]

Sem dúvidas, trata-se de tese revolucionária, com todas as implicações daí decorrentes em termo de riscos sociais diante de

783 MASCARO, Alysson Leandro. "Sobre o socialismo jurídico". *In*: ENGELS, Friedrich; KAUTSKY, Karl. *O socialismo jurídico*. Trad. Lívia Cotrim e Márcio Bilharinho Naves. São Paulo: Boitempo, 2012. (Edição Kindle).

784 MASCARO, Alysson Leandro. "Sobre o socialismo jurídico". *In*: ENGELS, Friedrich; KAUTSKY, Karl. *O socialismo jurídico*. Trad. Lívia Cotrim e Márcio Bilharinho Naves. São Paulo: Boitempo, 2012. (Edição Kindle).

785 MASCARO, Alysson Leandro. "Sobre o socialismo jurídico". *In*: ENGELS, Friedrich; KAUTSKY, Karl. *O socialismo jurídico*. Trad. Lívia Cotrim e Márcio Bilharinho Naves. São Paulo: Boitempo, 2012, p. 116. (Edição Kindle).

786 MASCARO, Alysson Leandro. "Sobre o socialismo jurídico". *In*: ENGELS, Friedrich; KAUTSKY, Karl. *O socialismo jurídico*. Trad. Lívia Cotrim e Márcio Bilharinho Naves. São Paulo: Boitempo, 2012, p. 123. (Edição Kindle).

787 MASCARO, Alysson Leandro. "Sobre o socialismo jurídico". *In*: ENGELS, Friedrich; KAUTSKY, Karl. *O socialismo jurídico*. Trad. Lívia Cotrim e Márcio Bilharinho Naves. São Paulo: Boitempo, 2012, p. 131. (Edição Kindle).

transformações que podem ocorrer de modo incontrolável. No entanto, a menção à revolução socialista no plano das ideias não deve gerar qualquer constrangimento ou surpresa eis que, quando do estudo do neoliberalismo antes efetivado, ficou claro o caráter radical deste, pelas próprias palavras de Milton Friedman. Assim, é importante enfrentar a falácia acerca do radicalismo intrínseco ao socialismo, como se o liberalismo ou neoliberalismo fosses ideologias necessariamente mais virtuosas, pois ela favorece o trabalho de deslegitimação e intimidação aos juristas que se opõem ao *status quo*.

Superada a necessária compreensão sobre a importância da ideologia para o enfrentamento do autoritarismo, é necessário, em seguida, investigar as potencialidades da argumentação jurídica, especialmente daquela desenvolvida na decisão judicial, para se contrapor a práticas antidemocráticas.

3.4 Minimalismo e teorizações autoritárias na fundamentação da decisão judicial

Uma característica comum às manifestações autoritárias [illegible]adas nesta obra no âmbito da teoria do direito refere-se [illegible] utilização de padrões minimalistas e teorizados na [illegible]o da decisão judicial. Assim, foi possível constatar a [illegible]sões autoritárias que: a) faziam "uso construtivo [illegible] buscando promover um "acordo teórico incompl[illegible]ando, assim, um padrão minimalista;[789] b) construíam

---

788 SUNSTEIN, Cass R. "Incompletely Theorized Agreements". *Harvard Law Review*, Cambridge, vol. 108, nº 7, mai. 1995; SUNSTEIN, Cass R. "Constitutional agreements without constitutional theories". *Ratio Iuris*, Oxford, vol. 13, nº 1, mar. 2000.

789 Por exemplo, a sentença que admitiu a comemoração do golpe militar em 2019 foi bastante sucinta, limitando-se a assentar que a questão estava protegida pela esfera de decisão atribuída à discricionariedade administrativa (BRASIL. Tribunal Regional Federal da Primeira Região. Seção Judiciária do Distrito Federal. (6. Vara Federal Cível). *Ação Civil Pública*

algum tipo de teoria na fundamentação,[790] desenvolvendo, no entanto, uma abstração afastada do padrão de integridade, na medida em que desconsiderava a história constitucional brasileira em torno do autoritarismo.[791]

No debate entre Cass Suntein e Ronald Dworkin sobre o conteúdo da fundamentação da decisão judicial, há um acordo sobre a necessidade de se promover uma teorização completa quando questões graves estão em jogo, como a proteção da democracia. A presente seção apresenta, sucintamente, esse debate, para demonstrar como

---

n. 1007756-96.2019.4.01.3400. Celebração do golpe de Estado de 1964. Brasília, 2019). Perceba-se que o juiz não chegou a tecer críticas nem elogios ao regime militar em si, adotando uma postura silente e pretensamente neutra, como será desenvolvido no capítulo seguinte.

790 DWORKIN, Ronald. *Law's empire*. Cambridge: Harvard University Press, 1986; DWORKIN, Ronald. "In praise of theory". *Arizona State Law Journal*, Phoenix, vol. 29, nº 2, 1997.

791 Por exemplo, no caso da indicação de diversos militares, dentre eles alguns que negavam os crimes contra a humanidade cometidos na ditadura militar, para a Comissão de Anistia, o juiz, antes de denegar o pedido de suspensão das nomeações, desenvolveu uma série de considerações sobre intolerância na sociedade, as quais seriam aplicáveis a diversos casos semelhantes diante de sua argumentação abstrata, a qual compreendia que: a) a humanidade estaria entrando numa era crítica na qual o ser humano estaria regredindo ao reincorporar sentimentos primitivos tribais, com prazer em ver o sofrimento de membros da outra tribo, o que sempre gerou guerras e todo tipo de sofrimento, havendo mais "incendiários" que "bombeiros"; b) nessa linha, as pessoas estariam "beligerando" por motivos banais, usando a liberdade de expressão para atacar os outros, situação que atinge, até mesmo, aqueles profissionais com missão oficial de "contribuir para a formação isenta da opinião pública"; c) estes, por sua vez, deveriam saber "separar sua paixões pessoais no momento de cumprir o dever" e acabam desenvolvendo críticas "pouco cuidadosas" às instituições ou autoridades, compondo o "prenúncio de efeitos práticos indesejados e extremamente caros à humanidade, em qualquer lugar do mundo" (BRASIL. Tribunal Regional Federal da Primeira Região. Seção Judiciária do Distrito Federal. (1. Vara Federal). *Ação civil pública 1011312-09.2019.4.01.3400*. Brasília, 2019, pp. 82-84). Diante das demais características encontradas na decisão e levando em conta os outros fundamentos da sentença, restará ainda mais comprovado o desenvolvimento de abstração autoritária no caso.

o autoritarismo logra manter seu poder no Judiciário, diante de um cenário no qual não se promove uma teorização ampla em decisões destinadas a revisão de entendimentos, mesmo quando a sentença reformada adota padrão minimalista. Dito de outro modo: mesmo uma decisão autoritária escrita de forma minimalista, prolatada em um caso concreto e que, por exemplo, negue os crimes contra a humanidade cometidos durante a ditadura militar, merece ser reformada com fundamentação da maior abstração possível, pois o precedente assim formado poderá alcançar um maior número de casos envolvendo legados da ditadura, de maneira que se amplia o poder do constrangimento imposto ao referido juiz negacionista.

Investigar a continuidade de práticas judiciárias diretamente relacionadas à ditadura militar demanda atenção à colaboração dos membros do Poder Judiciário nas demandas sensíveis aos militares. Essas se relacionam, por exemplo, à identificação da localização de corpos das vítimas da repressão, aos diversos tipos de homenagens ao período de exceção ou à relação entre os militares e os povos indígenas. Nesse contexto, deve-se ressaltar que as decisões judiciais nem sempre foram tão submissas aos interesses militares como ocorrera mais claramente após 2016. De acordo com o levantamento efetivado nos capítulos anteriores, há casos em que os interesses militares foram diretamente contrariados no Judiciário, como, por exemplo, no contexto da Guerrilha do Araguaia. Ou seja: também foi possível constatar decisões comprometidas com o regime democrático e fundamentadas em termos mais abstratos.

Em 2003, por exemplo, foi proferida sentença em ação cível ajuizada pelos familiares das vítimas da citada Guerrilha, na qual a juíza federal Solange Salgado determinou que a União informasse o local onde estavam sepultados os mortos, bem como todos os dados relativos às operações desencadeadas na região no contexto da luta armada, a partir do fornecimento do Relatório oficial do Ministério da Guerra de 5 de janeiro de 1975. Na fundamentação, a juíza desenvolveu forte argumentação em torno da necessidade de o Estado, mesmo diante de conflitos armados, respeitar a dignidade dos opositores. Destacou, nesse sentido, que havia leis e mesmo tratados que regulamentavam tais situações à época dos fatos, como a Convenção de Genebra sobre o direito da guerra, o qual garante o direito ao sepultamento.[792] O problema, como visto nos capítulos anteriores, é que tais decisões hoje são cada vez mais raras e se mostram frágeis no âmbito da Justiça de Transição pois, quando tomadas, são normalmente reformadas ou suspendidas nas instâncias superiores.

Assim, tanto no estágio teórico da interpretação como na fase interpretativa em si, o juiz deve construir uma teoria que melhor justifique a decisão a ser tomada. Logo, a teoria ocupa um papel central no direito como integridade.[793] Dworkin apresenta visão bastante favorável a tal prática, sustentando que as questões postas, por exemplo, em face dos juízes, demandam uma argumentação judicial que embute algum tipo de teoria, devendo ser construídas a partir de princípios e da moralidade política, sendo essa forma de

---

792 BRASIL. Tribunal Regional Federal da Primeira Região. Seção Judiciária do Distrito Federal. (1. Vara). *Ação ordinária 82.00.24682-5*. Sentença 307/2003. Juíza: Solange Salgado. Brasília, DF, 20 jun. 2003, p. 33. Disponível em: http://cnv.memoriasreveladas.gov.br/images/documentos/Capitulo17/Nota%2022%20-%2000092.000281_2015-11.pdf. Acessado em: 05.01.2022.

793 Ronaldo Porto Macedo Júnior lembra que uma crítica recorrente à Dworkin vai no sentido de que o desacordo teórico sobre o que é o direito não pode ser confundido com os desacordos práticos acerca de como ele deve ser aplicado, devendo-se diferenciar a teoria do direito da teoria da decisão. Essa crítica que é superada por Dworkin a partir da não diferenciação entre as duas teorias: “Se assim fosse, o argumento de Dworkin cairia por terra, visto que os desacordos jurídicos versariam sobre divergências sobre a aplicação do direito. Esse tipo de resposta, formulada por Hart e outros, procura enfatizar que existem divergências teóricas sobre o que é o direito e divergências práticas sobre como aplicar o direito. Para Dworkin, todavia, existe uma continuidade básica e essencial entre questões teórico-jurídicas (ou questões de filosofia do direito) e questões jurídicas mundanas enfrentadas pelos tribunais e pelos operadores do direito em geral” (MACEDO JÚNIOR, Ronaldo Porto. *Do xadrez à cortesia*: Dworkin e a Teoria do Direito contemporânea. São Paulo: Saraiva, 2013, p. 4165. (E-book).

decidir realista e praticável.[794] Visões pragmáticas, por outro lado, apontam que julgar é um ato político voltado muito mais à produção do melhor resultado futuro, podendo demandar conhecimento em torno da economia, mas não de filosofia política. Essa forma de decidir, na opinião de Dworkin, é impraticável, já que é antiteórica.[795]

Para além da fundamentação abstrata das decisões, as condições políticas para que uma sociedade concebida como mera reunião de pessoas passe a ser uma verdadeira associação fraternal estão na base na Teoria do Direito como integridade. Existem, pelo menos, três modelos associativos: a) associação de fato, formadas por acidente e mantidas, por exemplo, por mero egoísmo; b) associação formada com base em regras; c) modelo do princípio, no qual as pessoas associadas aceitam que as obrigações que elas têm umas com as outras decorrem de princípios comuns, para além das regras.[796]

Uma das dificuldades na aplicação da teoria da integridade refere-se, precisamente, às sociedades que não são marcadas por uma tradição comum, porque, por exemplo, vivenciam ainda muito fortemente o legado de um passado autoritário, como a ditadura militar brasileira. Esse limite à teoria de Dworkin é ressaltado por Stephen Guest, para quem a homogeneidade social estaria na base da teoria Dworkiniana. Nesse sentido, em sociedades homogêneas, mesmo havendo diferentes pontos de vista, haveria acordo entre os grupos acerca da existência de competição entre eles, não de conflito. Tal homogeneidade seria mais refinada nos Estados Unidos e no Reino Unido.[797]

---

794 DWORKIN, Ronald. “In praise of theory”. *Arizona State Law Journal*, Phoenix, vol. 29, nº 2, 1997, p. 354.

795 DWORKIN, Ronald. “In praise of theory”. *Arizona State Law Journal*, Phoenix, vol. 29, nº 2, 1997, p. 354.

796 DWORKIN, Ronald. *Law’s empire*. Cambridge: Harvard University Press, 1986, p. 209.

797 GUEST, Stephen. *Ronald Dworkin*. Stanford: Stanford Law Books, 2012, p. 22.

Leitura semelhante é desenvolvida quanto ao Brasil por João Víctor Nascimento Martins. Esse autor, apesar de reconhecer que o direito como integridade pode ser aplicado para além das democracias acima elencadas e que os pressupostos da Justiça de Transição são coerentes com a teoria, considera que

> os requisitos para sua construção são faticamente impraticáveis em períodos de transição política, nos quais a instabilidade institucional é patente e o recurso à história institucional e à moralidade constitucional não conduziria, de forma alguma, à reforma das instituições.[798]

Tal limite para a aplicação da integridade, no entanto, não pode ser confundido com uma impossibilidade de se desenvolver teorizações na decisão judicial. Nesse ponto, a tese de Dworkin de "elogio à teoria"[799] merece ser levada a sério e pode se converter num instrumental importante para a superação de uma fundamentação judicial autoritária. Sustenta-se aqui que essa é uma cisão possível de se fazer na teoria de Dworkin. Ou seja, seria cabível, no contexto brasileiro, construir, em decisões judiciais, uma teoria não necessariamente baseada na integridade e que não necessariamente desenvolva uma teoria moral.

Para além da integridade, deve haver a devida atenção com a ideologia judicial no contexto de transição entre ditadura e democracia e da indevida ampliação dos legados daquela. Se a ideologia opera decisivamente quando da tomada de decisão, isso é especialmente quando diante de desacordos sobre os próprios pré-comprometimentos democráticos. Sendo assim, deve-se salientar que as interpretações judiciais da Lei de Anistia efetivadas

---

798 MARTINS, João Victor Nascimento. *Juridicidade e justiça de transição*. Belo Horizonte: D'Plácido, 2014, p. 161.

799 DWORKIN, Ronald. "In praise of theory". *Arizona State Law Journal*, Phoenix, vol. 29, nº 2, 1997.

pelo STF e repetidas por diversos outros juízes foram tomadas com a manipulação dos clássicos métodos de interpretação, como o gramatical, lógico ou histórico. Como não há nenhum tipo de "paramétodo", ou seja, um método para auxiliar na aplicação dos métodos, o que ocorre é uma aplicação arbitrária das técnicas clássicas, escondendo-se o que efetivamente leva o julgador a escolher uma ou outra técnica. Pode-se sustentar, assim, que a intepretação seria muito mais legítima "se ao invés de disfarçar os seus pressupostos como aplicação de um método científico, procurasse explicitá-los".[800]

Feitas essas considerações, deve-se investigar se uma concepção diferente da de Dworkin, ou seja, que se propõe a ser minimalista, não seria melhor para fundamentar decisões na busca por maior eficácia em contextos autoritários. O contraponto é importante, já que se busca nesta pesquisa uma forma de conferir o máximo de eficácia às decisões que enfrentam práticas autoritárias.

3.4.1 Os acordos não completamente teorizados e a fundamentação judicial minimalista

Cass Sunstein[801] defende uma compreensão diferente sobre o papel do juiz, a qual se propõe mais realista e modesta, levando mais a sério o papel deles de não se exigir o desenvolvimento de complexas teorias morais. Assim, conforme o autor, a interpretação constitucional não necessariamente precisa recorrer a complexas teorias subjacentes, como apregoado pelo modelo de Dworkin. Ela pode, por exemplo, comprometer-se com o que Cass Sunstein denomina de "acordos não completamente teorizados", os quais

---

800 SILVA FILHO, José Carlos Moreira. *Justiça de transição da ditadura civil-militar ao debate justransicional*: Direito à memória e à verdade e os caminhos da reparação e da anistia no Brasil. Porto Alegre: Livraria do Advogado, 2015, p. 88.

801 SUNSTEIN, Cass R. "Constitutional agreements without constitutional theories". *Ratio Iuris*, Oxford, vol. 13, nº 1, mar. 2000.

consistem em dispositivos para se evitar conflitos teóricos de larga escala, operando do seguinte modo: diante de profundo desacordo sobre as mais diversas questões numa sociedade plural, uma interpretação da Constituição que ressalte o fato de as pessoas, apesar de divergirem acerca das teorias constitucionais, normalmente convergem em termos mais concretos ou específicos, é preferível, pois tende ao consenso.[802]

Esses pactos podem, num primeiro momento, envolver acordos sobre temas mais abstratos, em detrimento dos casos concretos. Por exemplo, as pessoas podem divergir acerca da punição ao discurso do ódio, mas podem convergir acerca da importância de se positivar a liberdade de expressão. É através de acordos incompletos desse tipo que constituições podem ser aprovadas, positivando direitos mais abstratos.[803]

Mas há outra possibilidade para os acordos não completamente teorizados, na qual a convergência se dá com relação ao caso mais específico e não na abstração. Nesse sentido, as pessoas podem ter sérias dúvidas acerca de qual abstração é a melhor, se a proteção da igualdade ou da liberdade, por exemplo, mas podem concordar no particular, sem a necessidade de se estabelecer uma teoria. Logo, o intérprete deve buscar essa "descida conceitual", a qual consiste em não abordar a teoria, fonte do desacordo, para se concentrar na convergência concreta. Assim, as pessoas podem estar de acordo com a necessidade da separação de poderes, mesmo que considerem justificativas diversas para isso, como: a) proteção da democracia; b) garantia contra a tirania; c) potencialização da maior eficiência estatal com a divisão de funções. Desse modo, "o acordo no nível das particularidades não é completamente teorizado no sentido de que os participantes em questão estão de acordo quanto a uma

802 SUNSTEIN, Cass R. "Constitutional agreements without constitutional theories". *Ratio Iuris*, Oxford, vol. 13, nº 1, mar. 2000, p. 117.

803 SUNSTEIN, Cass R. "Constitutional agreements without constitutional theories". *Ratio Iuris*, Oxford, vol. 13, nº 1, mar. 2000, p. 118.

prática e respectivo resultado sem necessariamente concordarem quanto à teoria mais geral que os justifica", deixando-se sem explicação uma teoria completa sobre o certo ou errado.[804]

O intérprete pode, ainda, lançar mão de "princípios de curto alcance" para buscar a solução do caso, consistindo esses em especificações das teorias mais abstratas (como utilitarismo ou kantismo), como parte do exercício de descida conceitual. Tais princípios acabam sendo compatíveis com mais de uma teoria, mantendo relações ambíguas com elas.[805]

Nesse sentido, teorizações incompletas guardam compatibilidade com o que se denomina como "uso construtivo do silêncio". A teorização incompleta, no âmbito da decisão judicial, leva a uma espécie de fundamentação incompleta, justamente porque o juiz não vai descer às profundezas da teoria. Assim, apesar de o autor sustentar que "realmente, não seria prudente comemorar a modéstia teórica em todo e qualquer momento e contexto",[806] reconhece a importância do silêncio ao estabelecer que o "dito e resolvido é tão importante quanto o que é deixado de fora".[807]

A função social dos acordos não completamente teorizados é demonstrada a partir da possibilidade de eles trazerem paz social, possibilitando convívio entre as pessoas com ideologias distintas da forma mais amistosa possível.[808] Perceba-se que não é todo

---

804 SUNSTEIN, Cass R. "Constitutional agreements without constitutional theories". *Ratio Iuris*, Oxford, vol. 13, nº 1, mar. 2000, p. 118.

805 SUNSTEIN, Cass R. "Constitutional agreements without constitutional theories". *Ratio Iuris*, Oxford, vol. 13, nº 1, mar. 2000, p. 123.

806 SUNSTEIN, Cass R. "Constitutional agreements without constitutional theories". *Ratio Iuris*, Oxford, vol. 13, nº 1, mar. 2000, p. 124.

807 SUNSTEIN, Cass R. "Constitutional agreements without constitutional theories". *Ratio Iuris*, Oxford, vol. 13, nº 1, mar. 2000, p. 124.

808 "Elas concordam em não discutir muito a respeito, como uma maneira de demonstrar reverência às convicções alheias e mostrar um certo grau de reciprocidade e respeito (mesmo se elas não respeitam de forma alguma as

acordo não completamente teorizado que merece ser elogiado, mas apenas os razoáveis, podendo-se inferir tal razoabilidade a partir dos ideais da democracia deliberativa. Uma teoria autoritária que se aproxime de ideias fascistas, assim, é um exemplo de acordo incompleto não teorizado em relação a teorias democráticas que merece ser combatido, não havendo virtude alguma no silêncio ou na fundamentação incompleta nesse caso.

É preciso reconhecer que as pessoas e autoridades judiciais também podem divergir precisamente acerca dos princípios abstratos, o que tem claros reflexos no direito, pois os juízes: a) apesar de não serem leigos, tampouco são filósofos e tendem a divergir cada vez mais se complexas teorias morais forem desenvolvidas por eles; b) isso é especialmente verdade levando em conta o fator tempo, já que, como juízes devem decidir muitos casos o mais rápido possível, não dispõem da capacidade institucional adequada para desenvolvimento de fundamentações com grande profundidade; c) juízes também estão preocupados com a pacífica entre eles mesmos e as outras partes do processo e com a sociedade de um modo geral, de modo que quando menos eles atacarem, nas decisões, os pré-comprometimentos básicos de cada ator, menos ofensiva a decisão será e mais respeito demonstrará para a parte vencida e seu respectivo grupo; d) um deles pode até estar convicto acerca da melhor teoria a ser utilizada, mas teme elencá-la na fundamentação da decisão pois seus colegas da Corte podem não ter a mesma percepção, deixando de acompanhá-lo na decisão

outras convicções específicas em questão). Se reciprocidade e respeito mútuo são desejáveis, então juízes ou agentes públicos em geral, talvez até mais do que os cidadãos comuns, não deveriam questionar os compromissos mais profundos e fundamentais de seus compatriotas, ao menos se esses compromissos são razoáveis e se não há motivo para questioná-los" (SUNSTEIN, Cass R. "Constitutional agreements without constitutional theories". *Ratio Iuris*, Oxford, vol. 13, nº 1, mar. 2000, p. 125).

final.[809] Nenhum desses cuidados, no entanto, deveria impedir o juiz de decidir contra os interesses da ditadura militar, sendo que as diversas decisões minimalistas encontradas nesta pesquisa transigem com o regime democrático, embora suponham estar diante de desacordos razoáveis e promovendo uma pretensa "pacificação social" ao não se contraporem seriamente ao período de exceção.

A função social da teoria é demonstrada, ainda, na continuidade de convivência pacífica ou amistosa quando um grupo perde uma disputa em algum procedimento decisório, como na Corte Constitucional. Isso porque se a fundamentação não ataca, em larga escala, a teoria do grupo vencido, seus membros, apesar de perderem tal rodada decisória no espaço público, não precisam renunciar à teoria como um todo, podendo, no futuro, sagrarem-se vencedores com base na mesma teoria.[810] No entanto, em se tratando do combate a ideologias de tipo autoritário, assim, deve-se promover uma vitória decisiva contra a teoria em si, para que ela demore o máximo possível para retornar ao poder. Sendo assim, "alguns casos não podem ser decididos de forma alguma sem a introdução de uma quantidade significativa de teoria".[811] Nesse sentido, há questões perigosas para a própria democracia caso teorias desse tipo sejam deixadas em aberto e submetidas a debate constante. Por essa razão, justifica-se, nesses casos, uma solução definitiva contra práticas desse tipo.

Assim, há virtude no julgamento com completo acordo teórico na fundamentação quando tal acordo se mostra correto.[812] Em seguida,

---

809 SUNSTEIN, Cass R. "Incompletely Theorized Agreements". *Harvard Law Review*, Cambridge, vol. 108, nº 7, mai. 1995, pp. 1735-1737 e 1749.

810 SUNSTEIN, Cass R. "Constitutional agreements without constitutional theories". *Ratio Iuris*, Oxford, vol. 13, nº 1, mar. 2000, p. 125.

811 SUNSTEIN, Cass R. "Constitutional agreements without constitutional theories". *Ratio Iuris*, Oxford, vol. 13, nº 1, mar. 2000, p. 128.

812 SUNSTEIN, Cass R. "Incompletely Theorized Agreements". *Harvard Law Review*, Cambridge, vol. 108, nº 7, mai. 1995, p. 1749.

tendo em vista o citado cenário de coexistência entre minimalismo e teorização nas decisões judiciais que se deparam com legados da ditadura militar, será investigado em que medida a teorização na decisão é necessária para auxiliar na superação de tais legados.

3.4.2 As lições ensinadas pelos casos: a importância da prioridade local e da teorização na superação de teorias autoritárias

A presente investigação, da maneira como desenvolvida nos capítulos anteriores, partiu da metodologia do estudo de casos para compreender como a atuação coordenada de diversos agentes oficias, especialmente juízes federais e procuradores da República, foi capaz de concretizar um princípio de governança autoritário, porque saudoso da ditadura militar. Nesse sentido, na medida em que a referida metodologia se mostrou apta a ensinar como esse fenômeno do colaboracionismo interinstitucional desenvolve-se, é importante pontuar como essa prioridade local, ainda no âmbito do direito como integridade, pode se converter numa ferramenta interpretativa útil para a identificação dos legados autoritários e possível resistência a eles.[813]

A busca pela interpretação sistematizada de todos os casos analisados, num exercício de conversação que mostra como as mais diversas práticas autoritárias dialogam entre si num processo de aprendizado mútuo, atrai o referido conceito de prioridade local

---

813 Agradeço ao Professor Thomas Bustamante por ter chamado atenção, na sessão de defesa da tese, acerca da importância da prioridade local e de como o conhecimento sobre o autoritarismo decorreu dos próprios casos estudados, e não de normas abstratas desvinculadas deles. Foi a partir dessa base empírica que princípios de governança autoritária foram encontrados nas diversas conversações contra o projeto constitucional de 1988 identificadas e levadas a cabo pelos mais variados agentes públicos. Diante dessa acurada crítica, buscou-se desenvolver a presente argumentação, destacando-se ainda mais o papel da realidade constitucional na tomada de decisão.

na forma como preconizado por Ronald Dworkin. Para o autor, a solução de tais casos passa por uma metodologia que parte da situação concretamente posta, passa pelos precedentes e, em seguida, alcança níveis mais abstratos, afastando-se, progressivamente, do caso inicialmente posto.[814] [815] Tal exercício de teorização, no entanto, não deve ser compreendido como um empreendimento meramente abstrato, no sentido de o juiz ter de buscar a solução do caso, unicamente, em certos fundamentos que somente em tese seriam aplicáveis à situação posta a partir de alguma filosofia moral. Na verdade, os princípios que regerão a decisão são encontrados a partir do próprio caso, sendo esta a importância da prioridade local: propiciar o conhecimento para a tomada de decisão, fazendo com que a realidade, e não especulações filosóficas, ensinem ao intérprete como o autoritarismo desenvolve-se e como pode ser contido.

A teorização proposta por Dworkin, assim, é uma tarefa prática, não se relacionando com metafísica ou distanciamento do caso concreto como se este não tivesse maior importância, pois o princípio a ser aplicado encontra-se na própria prática diante do juiz, não em obras de filosofia moral.[816] Por exemplo, o conteúdo da liberdade de expressão no caso da celebração do golpe militar poderia atrair teorizações contrapostas, uma delas admitindo a liberdade de se festejar tal ato, negando-se que os acontecimentos de 1964 tenham constituído uma ruptura constitucional, e outra

---

814 É nessa linha que Dworkin chama atenção para o julgamento que Hércules efetiva, o qual "expande-se do caso imediatamente posto para uma série de círculos concêntricos", alcançando os diversos "departamentos" ou ramos do direito, afastando-se, progressivamente, do caso concreto, com dito, mas garantindo-lhe prioridade. (DWORKIN, Ronald. *Law's empire*. Cambridge: Harvard University Press, 1986, p. 250).

815 DWORKIN, Ronald. *Law's empire*. Cambridge: Harvard University Press, 1986, pp. 250/251.

816 DWORKIN, Ronald. "In praise of theory". *Arizona State Law Journal*, Phoenix, vol. 29, nº 2, 1997, pp. 354/355.

apontando os limites instrumentais a tal direito, o qual não poderia ser utilizado para minar a própria democracia.[817] Seja como for, já é possível perceber como a teorização principiológica decorre do próprio caso.

Feitas essas considerações, indaga-se: é mesmo necessária uma fundamentação judicial que apele para complexas teorias, realizando abstrações muitas vezes difíceis para juízes que não tiveram treinamento específico nessa forma de argumentar? Não seria mais simples se contentar com uma decisão que se limitasse a reconhecer a situação de inconstitucionalidade ou ilegalidade evidente? Por que, no final das contas, haveria necessidade de se desenvolver uma complexa teoria para fundamentar tal decisão?

Dworkin admite que as ascensões teóricas, ou seja, o recurso à teoria e às abstrações, podem até ser raras. No entanto, o ponto crucial é que não há um teste apriorístico capaz de apontar quando ele vai ser necessário. Assim, esse se constitui, indubitavelmente, num aspecto da responsabilidade dos juízes, seja ao julgar casos ordinários ou constitucionais.[818] Assim, é o caráter em si do questionamento ou do caso levado a juízo que vai ditar o nível de teoria que deve ser explorado, não se podendo estipular isso previamente.[819] Relembre-se que muitos dos casos estudados nesta pesquisa comprovam essa afirmação, na medida em que teorizações

---

817 O exemplo apontado acima, obviamente, não é desenvolvido por Dworkin, o qual está mais concentrando na realidade norte-americana ao descrever como a liberdade de expressão no caso da queima da bandeira poderia desafiar um conjunto de princípios contrapostos, um deles admitindo o direito a tal protesto como fundamental e constitutivo da própria democracia, enquanto outro, mais próximo de uma concepção instrumental, não admitiria interesse público em tal ato (DWORKIN, Ronald. "In praise of theory". *Arizona State Law Journal*, Phoenix, vol. 29, nº 2, 1997, p. 356).

818 DWORKIN, Ronald. "In praise of theory". *Arizona State Law Journal*, Phoenix, vol. 29, nº 2, 1997, pp. 358-360.

819 DWORKIN, Ronald. "In praise of theory". *Arizona State Law Journal*, Phoenix, vol. 29, nº 2, 1997, p. 371.

em prol da apologia à ditadura militar foram desenvolvidas por diversos agentes públicos. Essa constatação é importante para a correta compreensão de como a prioridade local demonstrou-se a partir dos casos estudados sendo a partir deles que se chegou, por exemplo, à teoria de Dworkin, e não o inverso.

Essa ampliação na fundamentação decisória, ou "ascensão teórica" mesmo não sendo prática comum, deve ser desenvolvida quando "os juízes tiverem alguma razão especial para fazê-lo".[820] A resistência constitucional contra os legados da ditadura militar poderia compor um desses casos especiais? A reposta explorada nesta pesquisa é positiva porque, numa situação de inconstitucionalidade na qual está em jogo o próprio regime democrático, diversas forças políticas poderosas e dotadas de amplas teorias aptas a justificar a manutenção desse estado de coisas, poderão adotar todas as estratégias possíveis para impedir o cumprimento da decisão. No âmbito específico dos tribunais, advogados, membros do Ministério Público ou quaisquer daqueles que tenham interesses alinhados com os grupos que não querem a efetiva transição democrática usarão qualquer espaço argumentativo para tentar retardar o cumprimento da decisão. Nesse sentido é o trabalho que, por exemplo, os advogados públicos realizam ao defender o Estado. Ora, quanto mais robusta a teoria desenvolvida pelo juiz, menos espaço tais agentes terão para buscarem fazer prevalecer a teoria autoritária rechaçada, o que enfraquece alguns dos obstáculos para sua implementação. Perceba-se, assim, que a justificativa para a ascensão teórica ora defendida é, novamente, centrada no caso e dotada de prioridade local, pois, a partir dos estudos feitos nos capítulos anteriores, constatou-se a utilização da mesma metodologia decisória para desenvolver ideias autoritárias. Assim, a resistência precisa ser, no mínimo, semelhante.

---

820 DWORKIN, Ronald. "In praise of theory". *Arizona State Law Journal*, Phoenix, vol. 29, nº 2, 1997, p. 374.

Em cenários de retomada e ampliação dos legados da ditadura militar, mesmo a defesa dos direitos fundamentais de minorias pode ser uma questão arriscada, em face de violência perpetrada, em resposta, pelo Estado ou por grupos empoderados pelo discurso oficial. Por isso, teorias autoritárias, com evidente reflexo no Direito e na prática judicial, devem ser exemplarmente enfrentadas e derrotadas, pois, como sustenta André del Negri: "temos uma Constituição que não permite hermenêuticas reacionárias".[821] [822] Isso somente é possível através de acordos teóricos completamente teorizados. Em situações desse tipo, é possível compatibilizar a teorização com o minimalismo: Sunstein inclusive admite, em diversas passagens, os limites dos acordos não completamente teorizados, quando, por exemplo, exista uma boa teoria disponível e há possibilidade de acordo entre os juízes.[823]

O não enfrentamento da decisão judicial autoritária, ou seja, sua confirmação ou não afastamento pelo tribunal competente sem que esse desenvolva um exercício de teorização, confere poder à prática antidemocrática em questão, colaborando com seu enraizamento ao não estabelecer nenhum tipo de correção aprofundada, mesmo que seja uma mínima reforma de pronunciamento judicial. No capítulo anterior, alguns exemplos desse

---

821 NEGRI, André del. "Os juristas, o regime militar de 1964 e personalidades autoritárias que cruzaram o marco da Constituição de 1988". *História do Direito:* RHD, Curitiba, vol. 2, nº 3, jul.-dez. 2021, p. 335.

822 Continua o autor: "logo, o reacionarismo é anti-Constituição de 1988. Na democracia, afinal, não existe espaço para sabotadores da Constituição, sequer violadores de Direitos Humanos e sequestradores do futuro de um país tão grande e diverso". (NEGRI, André del. "Os juristas, o regime militar de 1964 e personalidades autoritárias que cruzaram o marco da Constituição de 1988". *História do Direito:* RHD, Curitiba, vol. 2, nº 3, jul.-dez. 2021, p. 335).

823 Dworkin faz essa leitura ao apontar, referindo-se a Sunstein, que: "Há circunstâncias, ele concordaria, nas quais devemos resistir ao conselho: eu recusei convites para endossar campanha neonazistas contra leis que torna crime declarar que o Holocausto nunca ocorrera" (DWORKIN, Ronald. "In praise of theory". *Arizona State Law Journal*, Phoenix, vol. 29, nº 2, 1997, p. 369).

problema foram elencados mais detidamente, quando, nos raros casos em que houve reforma de uma decisão que negava os crimes contra a humanidade, aspectos autoritários importantes não foram amplamente enfrentados.

A teorização pretendida, desse modo, é pragmática e não meramente deontológica, como se não fosse comprometida com as consequências da decisão, pois busca alcançar uma estrutura jurídica mais igualitária.[824] Nessa perspectiva e, novamente, aplicando-se tal lição à realidade brasileira, tem-se como importante a constatação de que a teorização pode ser útil para superar legados autoritários capazes de contribuir para a discriminação das pessoas entre amigos e inimigos.

Assim, em situações desse tipo, não há como se pensar num "uso construtivo do silêncio" na fundamentação da decisão judicial ou na busca de fundamentações capazes de gerar pacificação social e boa convivência entre as pessoas, pois é justamente a existência de teorias que negam os direitos fundamentais que põem em risco o regime democrático. É preciso reafirmar isso academicamente, pontuando com muita clareza os limites do minimalismo, especialmente porque quando essa visão foi desenvolvida por Cass Sunstein, o modelo de democracia ocidental parecia garantido.

O minimalismo e a respectiva concepção antiteórica, no entanto, não precisam ser desconsiderados por completo. A tese ora defendida em torno da resposta mais ampla possível aos fundamentos autoritários pode ceder espaço para a realidade empírica na qual uma solução de resistência constitucional mais simples, a partir, por exemplo, da mera aplicação de uma regra, seja algo mais fácil de se fazer. O risco, por exemplo, de punições disciplinares como manifestação de intimidação contra juízes e membros do MPF diante de fundamentações mais teorizadas, apesar de serem

824 DWORKIN, Ronald. "In praise of theory". *Arizona State Law Journal*, Phoenix, vol. 29, nº 2, 1997, p. 364.

inegáveis práticas autoritárias, pode consistir num elemento de fato importante em prol do minimalismo.

Mesmo essa concessão, no entanto, encontra limites. No caso de reformas de decisões que adotaram o padrão teórico autoritário, por outro lado, não se afigura correta a revisão minimalista diante da necessidade de, pelo menos, um igual tratamento e paridade entre autoritarismo e resistência constitucional.

No debate entre teoria e antiteoria na interpretação judicial do Direito, Thomas Bustamante admite a importância do caráter empírico na formulação teórica, no sentido de que a capacidade institucional do órgão decisório para oferecer uma melhor interpretação, seja o Legislativo ou o Judiciário, deve ser demonstrada.[825] É possível perceber esse cuidado empírico também em Ronald Dworkin, mesmo sustentando a eventual necessidade de teorizações na interpretação, como o autor o faz no contexto da leitura moral da constituição norte-americana,[826] pois neste caso, o melhor desempenho institucional relaciona-se à qualidade das Cortes em apresentar uma interpretação para o caso na sua melhor luz.[827]

No contexto do autoritarismo, uma qualidade institucional que merece ser ressaltada nas Cortes é o maior poder, inclusive político, de seus membros resistirem às investidas intimidatórias das corregedorias do Poder Judiciário, as quais podem atuar para punir um juiz que tenha tomado uma decisão mais fortemente

825 BUSTAMANTE, Thomas. "Anti-theoretical claims about legal interpretation: the argument behind the fallacy". *In*: BUSTAMANTE, Thomas; DAHLMAN, Christian (Coord.). *Argument types and fallacies in legal argumentation.* Berlim: Springer, 2015, p. 96.

826 DWORKIN, Ronald. *Freedom's law*: the moral reading of the American constitution. Oxford: University Press, 1996.

827 BUSTAMANTE, Thomas. "Anti-theoretical claims about legal interpretation: the argument behind the fallacy". *In*: BUSTAMANTE, Thomas; DAHLMAN, Christian (Coord.). *Argument types and fallacies in legal argumentation.* Berlim: Springer, 2015, p. 107.

teorizada contra legados autoritários. Além disso, em se tratando de um órgão colegiado como um Tribunal, tem-se que eventual revisão será tomada, no mínimo, por maioria de votos, aumento o custo em torno de tentativas de responsabilização, a qual não recairia sobre um único juiz. Tem-se, assim, importantes argumentos empíricos a serem levados em conta em prol da teorização nos Tribunais, afastando o minimalismo nestes casos.

A aposta na teoria, assim, afigura-se útil para a análise do autoritarismo. É possível concluir nesse sentido tendo em vista que: a) apesar de não ser utilizada frequentemente na prática judicial, a teorização converte-se em importante padrão para descrever a decisão judicial, auxiliando o intérprete na adoção de estratégias para enfrentamento do autoritarismo, que ainda permanece "vivo" diante do minimalismo; b) uma vez adotada, a teorização judicial é capaz de formar um precedente mais forte,[828] que, caso efetivado pelo STF, terá o potencial de vincular a própria administração pública ou, pelo menos, constranger juízes de primeira instância e tribunais.

---

828 Juraci Mourão Lopes Filho elenca os diversos elementos formais de determinação da força hermenêutica do precedente, tais como a) nível hierárquico da corte emissora; b) tipo de processo em que se emitiu o precedente; c) órgão interno do tribunal emissor; d) votação por maioria ou unanimidade e e) modificação da composição da corte emissora, bem como os respectivos elementos materiais que determinam tal força: f) fundamentação adequada e detida; g) grau qualitativo e quantitativo de análise das questões de fato e de direito envolvidas; h) o ramo do direito envolvido; i) a idade do precedente; j) a observância da coerência; l) existência ou não de desafio ao precedente; m) similitude hermenêutica das questões suscitadas; n) guinada jurisprudencial e efeito *ex tunc*; o) observância de precedentes não judiciais; p) modificação o plano legislativo ou constitucional; q) modificação ou manutenção do quadro político e social geral; r) apoio ou desafio acadêmico. Dependendo da conjugação desses diversos fatores, ter-se-á uma condição mais facilitada ou dificultada para superação do precedente (LOPES FILHO, Juraci Mourão. *Os precedentes judiciais no constitucionalismo brasileiro contemporâneo*. 2ª ed. Salvador: Jus Podivm, 2016, pp. 419-449).

3.5 Colaboração interinstitucional autoritária

O autoritarismo difuso não pode ser compreendido como algo limitado às práticas de um poder ou instituição específicos, mas como uma interação entre eles, que ocorre em colaboração recíproca. Esta seção vai encaminhar a conclusão da presente pesquisa a partir desse engajamento autoritário, buscando demonstrar a dificuldade em se isolar tal prática a única instituição, como os diversos casos elencados anteriormente comprovaram. Conhecendo a forma de atuação autoritária coordenada, tem-se maior possibilidade de se traçar estratégias adequadas de enfrentamento, na medida em que se torna possível projetar quais serão respostas das instituições com base nas posturas anteriormente adotadas em situações semelhantes.

No âmbito das práticas autoritárias estudadas, o aspecto colaborativo é demonstrado a partir de um forte componente epistemológico, no qual se tem um aprendizado recíproco a partir do respectivo engajamento, seja no interior de uma própria instituição ou na relação desta com outras. Tem-se tal fenômeno, por exemplo, quando determinada questão referente aos legados da ditadura é judicializada e um juiz utiliza uma tese autoritária para defendê-los, às vezes, inclusive, amplificando sua aplicação a uma dimensão não sustentada pela parte interessada ou para evitar decidir o caso, como demonstrado nos capítulos pretéritos.

Como sustenta Conrado Hubner Mendes,[829] a interação entre os poderes tem esse relevante aspecto epistêmico, podendo

---

829 Agradeço ao professor Conrado Hubner Mendes pela crítica em torno das dificuldades em situar a interação institucional autoritária no âmbito da teoria dos diálogos no controle de constitucionalidade. Como se sabe, há, pelo menos, duas versões das teorias dialógicas: a) uma trata do "diálogo no interior da decisão judicial", no qual o diálogo é exercitado pelos agentes que, ativa (dando conselhos) ou passivamente (silenciando), levam em conta a necessidade de interação entre os demais poderes para tomar qualquer decisão, internalizando normativamente o diálogo; b) a outra trata

favorecer a melhor tomada de decisão ao longo do tempo. Nesse sentido, a instituição em melhores condições de proferir a "última palavra provisória" é aquele com melhor desempenho deliberativo, pois consegue se sair melhor na competição institucional, tendo legitimidade para desafiar a outra sem que isso consista em desobediência. Se ambas as instituições em debate se esforçarem na deliberação de modo igual, no entanto, não há outra saída a não ser admitir a provisoriedade da última palavra na Corte, em

---

do "diálogo como produto necessário da separação de poderes", na qual a postura dialógica não é ativamente buscada, mas, mesmo assim, pode ocorrer como uma decorrência estrutural da forma como a separação de poderes resta configurada em certo sistema (MENDES, Conrado Hübner. *Direitos fundamentais, separação de poderes e deliberação*. São Paulo: Saraiva, 2011, p. 107). Para os entusiastas da supremacia judicial, ou seja, da palavra final no Poder Judiciário, tem-se que "a destreza intelectual é mais importante que a capacidade para representar e equilibrar imparcialmente os interesses de todos os afetados pela decisão" (NINO, Carlos Santiago. *La constitución de la democracia deliberativa*. Barcelona: Editorial Gedisa, 1997, p. 260). Essa postura teórica tem sido levada ao extremo no Brasil, contribuindo para a criminalização da política e para a invizibilização dos sérios defeitos que a prática judicial apresenta. É possível constatar um diálogo autoritário profícuo entre STF e Presidente da República no caso da nomeação dos Reitores nas Universidades Federais (FERREIRA, Emanuel de Melo. "Ódio ao STF e às Universidades Públicas: aplicação da ADPF 572 (caso das fakeNews) para proteção da comunidade acadêmica". *REJUR-Revista Jurídica da UFERSA*, vol. 5, nº 9, 2021). Ocorre que o relacionamento normalmente analisado no âmbito das teorias dialógicas refere-se ao Judiciário e ao Poder Legislativo, levando em conta que a possibilidade em não se admitir a última palavra definitiva na Suprema Corte a partir de diálogo com o Congresso Nacional na interpretação da Constituição. Logo, situar o autoritarismo nesse âmbito demandaria demostrar como, por exemplo, STF e Congresso Nacional competiriam ou convergiriam em torno de uma interpretação autoritária da Constituição. Conceitualmente, é até possível imaginar esse cenário, mas, como a presente pesquisa não é especulativa e os casos concretos estudados não apontaram para tal realidade, afastou-se a referida vinculação às teorias do diálogo, mantendo-se, por outro lado, a importância epistemológica em torno da disseminação do conhecimento e do aprendizado mútuo como fator relevante para a fragilização da Constituição de 1988, pois tal virtude dialógica, convertida em vício, pôde ser constatada empiricamente.

modelos de controle de constitucionalidade judicial.[830] Em realidades autoritárias, no entanto, esse aspecto epistêmico pode ser utilizado para ampliar o poder em torno dos legados da ditadura militar.

A partir da análise dos diversos casos discutidos nos capítulos anteriores, foi possível constatar como ocorre essa interação. Os episódios demonstram que há uma coordenação entre os diversos órgãos envolvidos, no sentido de que as mesmas razões de decidir são utilizadas de modo colaborativo para manter ou amplificar a prática não-democrática em análise. Por exemplo: quando o Presidente da República homenageou Sebastião Curió, classificando-se como "herói" nacional enquanto o Relatório da Comissão Nacional da Verdade (CNV) o reputara como autor de graves violações de direitos humanos na ditadura militar, o Judiciário não somente negou direito de resposta aos familiares das vítimas da Guerrilha do Araguaia como duvidou dos próprios crimes contra a humanidade cometidos,[831] e também não reconheceu a necessidade de tutela de urgência no caso.[832] Interações autoritárias desse tipo podem ocorrer até mesmo em tempos diferenciados: esse é o caso quando um juiz federal aplica, em 2021, a legalidade autoritária do período de exceção e precedentes da Justiça Militar de então, tomados com base na LSN como ocorreu no caso Etienne Romeu.[833]

---

830 MENDES, Conrado Hübner. *Direitos fundamentais, separação de poderes e deliberação*. São Paulo: Saraiva, 2011, pp. 191 e 204/205.

831 BRASIL. Tribunal Regional Federal da Terceira Região. *Ação n. 5010000-84.2020.4.03.6100*. Direito de resposta em face de homenagem ao Major Sebastião Curió. São Paulo, 2020.

832 BRASIL. Tribunal Regional Federal da Primeira Região. Seção Judiciária do Distrito Federal. (8. Vara Federal Cível). *Ação Popular 1027385-22.2020.4.01.3400*. Petição inicial. Julgador: Francisco Alexandre Ribeiro, 08 maio 2020. Brasília, 2020.

833 Outro tipo de interação ocorre quando um dos agentes envolvidos se comporta de modo razoável, ou seja, dentro dos limites democráticos, buscando convencer racionalmente outro agente, que não se comporta dentro dos mesmos parâmetros. Nesse caso, uma das características centrais é a protelação da tomada de decisão, com a mera aparência de um diálogo, como se tem no caso da proteção

Deve-se ressaltar que o golpe militar de 1964 contou com expressivo apoio popular civil, eis que parcela da população temia que o governo de João Goulart estivesse disposto a atacar os valores tradicionais do país, transformando o Brasil num estado socialista.[834] Assim, levando em conta as diversas condutas ju-

---

indígena no contexto da pandemia, que envolveu o STF e o Presidente da República. (BRASIL. Tribunal Regional Federal da Primeira Região. (Segunda Turma). *Apelação Cível AC 0033611-75.2011.4.01.3400*. Acórdão. Relator: Cesar Cintra Jatahy Fonseca, 30 jul. 2020. Disponível em: https://www2.cjf.jus.br/jurisprudencia/trf1/index.xhtml. Acessado em: 31.08.2023).

BRASIL. Tribunal Regional Federal da Segunda Região. (8. Turma Especializada). *Agravo de Instrumento 0003169-41.2016.4.02.0000*. Acórdão. Relator: Marcelo Pereira da Silva, 27 out. 2016. Rio de Janeiro, 2016. Disponível em: https://www10.trf2.jus.br/consultas/?movimento=cache&q=cache:RFLgBIwgiJIJ:ementas.trf2.jus.br/apolo/databucket/idx%3Fprocesso%3D201600000031690%26coddoc%3D479215%26datapublic%3D2016-10-28%26pagdj%3D637/647+&site=v2_jurisprudencia&client=v2_index&proxystylesheet=v2_index&lr=lang_pt&ie=UTF=8-&output-xml_no_dtd&access=p&oe=UTF-8. Acessado em: 31.08.2023.

834 Sobre o tema, tem-se que: "Para os militares contrários ao Presidente criava-se um problema: queriam afastá-lo do governo por suas supostas ilegalidades, mas não tinham o meio legal de fazê-lo. Esta, porém, não seria uma dificuldade irremovível. Afinal, não descobriram o meio de depor Getúlio Vargas em 1945 e novamente em 1954? Por isso a falta de maioria parlamentar não seria causa maior de preocupação para os conspiradores. Com efeito, eles tinham importantes aliados civis, como os governadores Carlos Lacerda, da Guanabara, Adhemar de Barros, de São Paulo, e Magalhães Pinto, de Minas Gerais. Contavam também com o apoio de jornais influentes, como o Jornal do Brasil, O Globo, O Estado de S. Paulo e Correio da Manhã. Havia, por outro lado, uma instituição que se transformara em importante reduto oposicionista, o IPES, fundado no começo da década de 60 por um grupo de empresários, advogados, tecnocratas e oficiais das forças armadas. O IPES transformou-se numa espécie de governo marginal, publicando estatísticas sobre a economia (não confiava nos números do governo), criando grupos de estudo sobre questões como recursos para a educação, controle da população, reforma da lei trabalhista e desenvolvimento do setor mineral. Sua postura era claramente conservadora, bem à direita da maioria dos membros do Legislativo e muito mais à direita da posição de Goulart no final de 1963. Paralelamente ao IPES, funcionava também um movimento feminino, o CAMDE, especializado na organização de marchas de protesto contra a inflações suposta participação de comunistas no governo e outros

diciais estudadas nesta obra, tem-se que o colaboracionismo é uma continuidade marcante entre ditadura militar e democracia, havendo continuidade de tal prática no sistema de justiça mesmo após a Constituição de 1988.

Diante de tal cenário, é pouco realista e acurado caracterizar o autoritarismo em termos institucionais como se houvesse uma prática específica de cada um dos Poderes. Isso é ainda mais inviável num cenário como o brasileiro, onde há uma frequente judicialização dos mais diversos assuntos. Evidentemente, pode haver respostas eficazes contra o autoritarismo praticado por um dos Poderes, situação na qual não haverá colaboração autoritária alguma, mas sim uma rejeição, às vezes sumária, de um dos interesses.[835] Diante do colaboracionismo, percebe-se como a aceitação da ditadura militar mostrou-se difundida por setores do sistema de justiça, tendo a tentativa de resistência constitucional, normalmente, mostrando-se frágil ante a baixa eficácia da atuação ministerial ou das decisões judiciais proferidas, costumeiramente reformadas pelas instâncias superiores.

---

assuntos polêmicos. Num país em que a mobilização em massa de mulheres para fins políticos ainda era rara, as marchas do CAMDE podiam exercer forte impacto sobre a opinião da classe média" (SKIDMORE, Thomas. *Brasil*: de Castelo a Tancredo. 8ª ed. Rio de Janeiro: Paz & Terra, 1988, p. 30).

SKIDMORE, Thomas. *Brasil*: de Castelo a Tancredo. 8ª ed. Rio de Janeiro: Paz & Terra, 1988, p. 17.

835 Um dos exemplos mais claros dessa prática ocorreu quando o Congresso Nacional devolveu a medida provisória editada pelo Presidente da República para intervir na nomeação de reitores das Universidades Federais por meio da indicação de dirigentes temporários. Na ocasião, o Presidente utilizou falso motivo relacionado à impossibilidade de se realizar eleições seguras no contexto da pandemia (BRASIL. Tribunal Regional Federal da 3ª Região. *Ação n. 50100008420204036100*. Direito de resposta em face de homenagem ao Major Sebastião Curió. 2020. Disponível em: https://pje1g.trf3.jus.br/pje/ConsultaPublica/listView.seam. Acessado em: 31.08.2023). Aqui, percebe-se também um exemplo de resistência constitucional levada a cabo pela política.

CONSIDERAÇÕES FINAIS

Após o estudo dos casos propostos, é possível traçar as características centrais da difusão do autoritarismo no sistema de justiça. Nesse sentido, a utilização autocrática do direito compreende uma espécie de rede na qual há colaboração entre diversos agentes para disseminação das mais variadas formas de intimidação, considerada em sentido amplo neste trabalho para albergar todos os legados da ditadura militar analisados. Essa conversação compreende, primordialmente, a coordenação e o engajamento na argumentação autoritária quando esta circula pelas instituições, através, por exemplo, do processo judicial.

O aprendizado recíproco em torno das diversas práticas autoritárias, ou seja, o exercício concreto de tais interações interinstitucionais, pode ser identificado por meio de argumentações jurídicas as quais, uma vez exposta a falsidade envolvida em seus discursos, revelam práticas inconstitucionais. Retomando a questão lançada na introdução desta obra, tem-se parte do sistema de justiça conserva os legados da ditadura militar a partir de diversas estratégias, processuais e materiais, as quais não enfrentam os diversos tipos de exaltação da ditadura ou, de modo ainda mais grave, ativamente promovem apologia e negacionismo ao período de exceção. Foram identificadas, assim, duas posturas judiciais possíveis: a) indiferença com a ditadura militar; b) o engajamento ativo com tal regime. Em ambos os casos, argumentações e condutas concretas inconstitucionais são desenvolvidas, demonstrando o baixo nível de comprometimento democrático de parcela daqueles poderosos agentes oficiais.

No âmbito da indiferença, a característica central é evidenciada a partir do predomínio da omissão no enfrentamento ao saudosismo da ditadura militar, demonstrando falta de indignação e de exercício da virtude da coragem, essencial nos tempos em que vivemos. Tal constatação realça como agentes que pertencem à elite da sociedade não se sentem atraídos pela ideia de democracia mesmo diante de manifestações concretas de desprezo pela vida humana então praticadas. Essa postura é condescendente com a ditadura militar na exata medida em que se mostra muito mais rigorosa na análise de qualquer forma de resistência constitucional.

Nesse sentido, diversos exemplos podem ser relembrados a partir da postura judicial a qual, de maneira praticamente automática e sem maiores questionamentos: a) aplicou o precedente do STF na ADP 153 em detrimento de precedentes internacionais; b) ignorou causas de pedir cuja argumentação seria capaz de enfrentar algum legado autoritário; c) considerou não comprovados fatos relacionados à tortura adotando um exigente padrão probatório; d) entendeu ser possível desacelerar o tempo do processo, negando urgência a situações de risco para a própria democracia; e) conferiu uma liberdade de atuação praticamente sem limites para a Administração Militar, supondo não ser possível controlar o mérito de atos administrativos incompatíveis com o regime democrático.

No contexto do engajamento ativo com os legados autoritários, a ideologia política reacionária dos juízes, apesar de também presente no contexto da indiferença, foi mais expressamente evidenciada, demonstrando uma gradação mais elevada a partir da ativa apologia à ditadura militar. Nesse âmbito, as características em torno dos "cidadãos de bem" foram encontradas na atuação judicial, compondo um saudosismo da ditadura militar que dialoga fortemente com o modelo de governo do bolsonarismo.

Diversos episódios poderiam ser relembrados, destacando-se a argumentação que diretamente: a) criticou a decisão no caso Gomes Lund a ponto de equivaler à superação de um precedente internacional por parte de juiz federal; b) deslegitimou ativamente provas produzidas pelas partes, em alguns momentos falseando evidências e gerando até mesmo revitimização; c) justificou atuação de ofício relevando uma espécie de inimizade processual; d) negou os crimes contra a humanidade praticados, promovendo ataque à CNV novamente de modo semelhante ao efetivado pelo bolsonarismo; e) aplicou a LSN e julgamentos efetivados pela Justiça Militar do período de exceção em detrimento da normatividade constitucional; f) f) não atentou para a possibilidade de a história do direito contribuir para justificar adequadamente restrições à liberdade de expressão a partir da politização militar.

Dentre aquelas características do sistema de justiça antes citadas, é a suposta "neutralidade ideológica" o fenômeno mais poderoso para a erosão constitucional brasileira, capaz de gerar a citada indiferença com a democracia, deslegitimação da atuação dos juristas que buscam desenvolver resistência constitucional e, no limite, posturas ativas de exaltação da ditadura militar, mascadas sob a tecnicalidade jurídica. Diversas correntes de pensamento na Teoria do Direito já apontam há bastante tempo como os valores pessoais de cada um, quando levados para o âmbito público típico da tomada de decisão judicial, compõem instrumento de arbítrio judicial na medida em que não se consegue justificar, através de razões compartilhadas, a intervenção nos direitos dos litigantes. O fenômeno ganha contornos mais graves quando se está diante de ideologia política incompatível com a constituição, como se tem com a busca por um suposto passado glorioso, patriarcal e, de acordo com os casos estudados, militarizado.

Diante dos diversos casos, assim, percebeu-se como como os juízes "lavam as mãos" e conservaram ativamente o autoritarismo. O fenômeno demonstra com o poder político no Brasil, incluindo as respectivas manifestações judiciais e ministeriais, é exercido a partir de base conservadora, patriarcal e hierárquica, com reflexos no modo como o poder militar manifesta-se na prática judicial. Em tal cenário, tem-se uma aceitação oficial das mais diversas práticas autoritárias, evidenciando que tais fatos, disseminados pela sociedade brasileira e mantidos no processo de seleção e no cotidiano dos juízes, são mais fortes que a normatividade constitucional.

É certo que não se pode minimizar a resistência constitucional efetivada, devendo-se destacar o importante papel do MPF na proteção penal da democracia a partir do ajuizamento das diversas ações penais em face dos agentes da ditadura que praticaram crimes contra a humanidade. Mesmo diante do precedente do STF formado no julgamento da ADPF 153, procuradores da República mostraram-se corajosos em superar a tentação em torno do caminho mais fácil consistente na mera obediência automática a tal decisão. Certamente, teria havido menos desgaste diante da quantidade de obstáculos judiciais que seriam posteriormente enfrentados.

A disposição para realizar distinção entre o controle de constitucionalidade e o controle de convencionalidade, conferindo maior peso às sentenças da Corte Interamericana de Direitos Humanos mesmo diante de diversas decisões judiciais rejeitando as denúncias que iam sendo ofertadas, compõem a concretização do MPF como garantidor da democracia. Ao sustentar não meramente a força formal do precedente internacional, mas também o acerto do conteúdo da decisão, buscou-se ainda mais ampliar o escopo protetivo do pilar penal da Justiça de Transição.

Além disso, a conduta do MPF mostrou forte engajamento institucional em prol de tal atuação, não se limitando a algumas atuações isoladas. Na verdade, houve coordenação capaz de gerar uma colaboração em torno da resistência constitucional, a qual congregou subprocuradores gerais da República, procuradores regionais e procuradores da República, todos concordando em não aceitar um realismo jurídico extremado, capaz de gerar inibição institucional diante da provável chance de derrota judicial.

No entanto, o retrocesso também se mostrou evidente, especialmente no contexto da decisão do Conselho Institucional do MPF em chancelar a não investigação dos atos antidemocráticos. Neste ponto, novamente a tese ora sustentada buscou-se afastar dos órgãos de cúpula, pois, apesar de relevante o arquivamento promovido pela PGR no âmbito do inquérito n. 4.828, tentou-se destacar a atuação difusa de procuradores da República na proteção deficiente ao regime democrático. Levando em conta que o STF, além de não deter uma competência constitucional universal, não teria, realisticamente, capacidade institucional para decidir sobre qualquer ofensa ao regime democrático disseminada pelo Brasil, a referida omissão favorece fortemente o desenvolvimento do autoritarismo longe dos holofotes e capaz de atingir com muito mais seriedade as pessoas comuns nos mais diversos municípios.

A liberdade de expressão foi invocada como argumento central para a não atuação nesses casos, interpretada de modo abstrato ao supor a inexistência de potencialidade lesiva em torno dos discursos em prol de golpe militar. Mesmo antes da tentativa de golpe efetivada em 8 de janeiro de 2023, já era possível sustentar o equívoco em tal argumentação, especialmente levando em conta a falta de cuidado com a história do direito e do autoritarismo brasileiro, marcada pela poderosa politização militar a qual, aliada à falta de responsabilização administrativa ou judicial dos membros das Forças Armadas, compõe um cenário de constante ameaça real às instituições democráticas. A resistência constitucional, assim, não foi suficiente.

A força dos fatos autoritários, em detrimento das normas jurídicas constitucionais, foi evidenciada na frágil resistência efetivada também por parcela dos juízes que, cooperando com familiares das vítimas da ditadura, MPF, DPU ou qualquer cidadão democrata, lutaram pela Constituição de 1988. Essa corajosa colaboração interinstitucional democrática, no entanto, logo encontraria obstáculos nos Tribunais e, mesmo quando prosperavam, eram atingidas por votos vencidos ou por argumentações que, apesar de não minimalistas, não conseguiam desenvolver uma ampla teoria capaz de superar com maior efetividade as ideias autoritárias levadas ao processo.

Como visto, em situações em que uma decisão judicial recorre a teorizações para promover legados da ditadura militar, a resistência constitucional demanda uma ampla revisão de tal ato, sendo possível constatar que, em certa medida, isso pode acontecer, como visto na correta decisão do TRF da 2ª Região no caso envolvendo o juiz federal discípulo de Olavo de Carvalho. Tem-se neste caso um relevante exemplo de luta pela Constituição levada a cabo pelo Poder Judiciário a partir da revisão do pronunciamento judicial de primeira instância. No entanto, a sentença, mesmo assim, ainda conseguiu manter intacto um aspecto do autoritarismo, na medida em que a corte revisora não dispunha de um referencial teórico capaz de se contrapor de modo mais amplo às ideias desenvolvidas na decisão impugnada.

Esse poder do autoritarismo deve ser evidenciado, pois ele decorre da capilaridade e do alto poder de influência que as ideias extremistas ostentam nas redes sociais. A falta de citação de fonte escrita da obra de Olavo de Carvalho na referida decisão é um indicativo de que a mera transmissão oral da lição foi suficiente para a adesão do juiz. Nesse cenário, o papel do Direito e, especialmente, da academia, mostra-se ainda mais importante, pois a reflexão racional pode esclarecer opiniões preconceituosas.

A metodologia proposta, ao levar a ideologia a sério, demonstrou como, em muitos casos, não é somente o arrivismo de certos agentes públicos que explica a tomada de certas decisões. Nesse sentido, um exemplo importante refere-se aos juízes federais que, mesmo distantes de qualquer possibilidade de indicação política para tribunais superiores, aplicam a legalidade autoritária do período de exceção, promovendo revitimização e negando crimes contra a humanidade.

Esse cenário de confronto entre aceitação do autoritarismo e resistência constitucional demonstra como as instituições, em parte, ainda buscam atuar em prol do projeto constitucional desenvolvido a partir de 1988. Essa disposição, como dito anteriormente, tem se mostrado frágil, pois, para além da manutenção de muitas das práticas autoritárias, visualiza-se a tentativa de intimidar, das mais variadas formas, todos aqueles que, de algum modo, buscam efetivar aquele exercício de resistência. Com isso, tem-se: a) um elevado custo envolvido na luta pela democracia; b) a possibilidade de, mesmo diante da resistência, ter-se a manutenção da prática autoritária na situação específica sob análise ou em outras.

Qualificando os atos de resistência encontrados na tese, pode-se constatar que, mesmo quando algumas instituições, formalmente, adotaram decisões contrárias ao bolsonarismo, estas apresentaram forte carga simbólica. Esse aspecto é evidenciado, por exemplo, pela falta de responsabilização em relação aos agentes que contribuíram para a difusão da prática. Dito de outro modo: a resistência não impediu o desenvolvimento das colaborações institucionais autoritárias, possibilitando a continuidade da difusão autoritária.

Assim, a maior centralidade conferida à discussão do autoritarismo no âmbito desta obra, em detrimento da exposição das facetas de resistência constitucional, decorre, justamente, da fragilidade destas. Se é certo que as instituições podem contribuir para a proteção dos direitos fundamentais nessa realidade tão adversa, é necessário reconhecer que elas não detêm o poder efetivamente necessário para tanto, devendo-se concluir que, em parte, a hipótese lançada na introdução fora comprovada.

Essa tese foi comprovada a partir da colaboração interinstitucional demonstrada no desenvolvimento do trabalho. Os casos, em princípio albergando os mais variados temas em torno da Justiça de Transição, puderam ser reunidos e interpretados em conjunto, como um todo coerente capaz de demonstrar um princípio em prol do autoritarismo. Essas conclusões somente foram possíveis tendo em conta a importância da prioridade local, como estabelecida no capítulo anterior, no sentido de que foram os casos concretos que, efetivamente, ensinaram sobre o colaboracionismo. Nesse sentido, a defesa em torno da ascensão teórica como instrumento capaz de se contrapor ao autoritarismo decorreu das próprias características das situações analisadas, as quais comprovaram que tal recurso é também utilizado por aqueles que aceitam os legados do período de exceção.

É necessário imaginar reformas institucionais capazes de prevenir tal estado de coisas no Poder Judiciário, garantindo-se a atuação independente e mais efetiva das instituições em prol da proteção do Estado Democrático de Direito. Tal movimento passa, necessariamente, pelas considerações entre direito e ideologia e pela superação da tese de que quem atua em prol da democracia age, necessariamente, movido por interesse "ideológico" no sentido mais pejorativo do termo.

No campo teórico, os casos ensinam como juristas manipulam o Direito como se ele fosse, unicamente, algo formal e neutro, buscando esconder a própria ideologia reacionária com a utilização de linguagem pretensamente técnica. No atual cenário, levando em conta a conduta até mesmo violenta efetivada por muitos daqueles agentes nas manifestações antidemocráticas, resta claro que não há maiores possibilidade de consenso entre os grupos radicalmente antagônicos, opondo democracia e ditadura. Sendo assim, resta insistir e convencer os profissionais jurídicos mais próximos da ideologia liberal, supostamente superior ao apregoar neutralidade e estrita racionalidade, acerca de como tal postura gera omissão deliberada, contribuindo para o avanço do processo de erosão constitucional no Brasil.

REFERÊNCIAS BIBLIOGRÁFICAS

ACUNHA, Fernando José Gonçalves; BENVINDO, Juliano Zaiden. "Juiz e historiador, direito e história: uma análise crítico-hermenêutica da interpretação do STF sobre a lei de anistia". *Revista NEJ – Eletrônica*, [*S.l.*], vol. 17, nº 2, mai./ago. 2012. Disponível em: https://periodicos.univali.br/index.php/nej/article/view/3967. Acessado em: 31.08.2023.

ALMADA, Pablo Emanuel Romero. "O negacionismo na oposição de Jair Bolsonaro à Comissão Nacional da Verdade". *Revista Brasileira de Ciências Sociais*, vol. 36, nº 106, 2021.

AMARAL, Maria Teodora Rocha Maia; REIS, Ulisses Levy Silvério. "Construindo a Justiça de Transição nas Instituições Públicas: apontamentos sobre a experiência da Universidade Federal Rural do Semiárido". *In*: BIELSCHOWSKY, Raoni Macedo; CASTRO, Felipe Araújo; SANTOS, Maria Clara (Coord.). *Crises da Democracia*: fissuras, impasses e perspectivas. 1ª ed. Mossoró: EdUFERSA, 2021.

ARTHUR, Paige. "How 'transitions' reshaped Human Rights: a conceptual history of transitional justice". *Human rights quarterly*, vol. 31, nº 2, mai. 2009.

ÁVILA, Humberto. *Teoria dos princípios*: da definição à aplicação dos princípios jurídicos. 15ª ed. São Paulo: Malheiros, 2014.

AVRITZER, Leonardo; KERCHE, Fábio; MARONA, Marjorie (Coord.). *Governo Bolsonaro*: retrocesso democrático e degradação política. Belo Horizonte: Autêntica, 2021.

BALKIN, Jack M. "Constitutional rot". *In*: SUNSTEIN, Cass (Coord.). *Can It Happen Here?* Authoritarianism in America. [*S.l.*]: Dey Street Books, 2018.

BARBA, Mariana D.; WENTZEL, Marina. "Discurso de Bolsonaro deixa ativistas 'estarrecidos' e leva OAB a pedir sua cassação". *BBC Brasil*, São Paulo, 19 abr. 2016. Disponível em: https://www.bbc.com/portuguese/noticias/2016/04/160415_bolsonaro_ongs_oab_mdb. Acessado em: 05.01.2022.

BARBOSA, Leonardo Augusto de Andrade. *Mudança constitucional, autoritarismo e democracia no Brasil pós-1964*. Brasília: Programa de Pós-Graduação da Faculdade de Direito da Universidade de Brasília, 2009. (Tese de Doutorado).

BASSIOUNI, Cherif. *Crimes against humanity*: historical evolution and contemporary application. Cambridge: University Press, 2011.

BENVINDO, Juliano Zaiden. "Abusive impeachment? Brazilian political turmoil and judicialization of mega-politics". *Blog of the International Journal of Constitutional Law*, [*S.l.*], 23 abr. 2016. Disponível em: http://www.iconnectblog.com/2016/04/abusive-impeachment-brazilian-political-turmoil-and-the-judicialization-of-mega-politics/. Acessado em: 05.01.2022.

BENVINDO, Juliano Zaiden; CARVALHO, Angelo Gamba Prata. "Os 'imperativos da revolução de março' e a fundamentação da ditadura". *Revista Direito e Práxis*, Rio de Janeiro, vol. 9, nº 1, 2018.

BIANCHI, Alvaro. "Golpe de Estado: o conceito e sua história". *In*: FREIXO, Adriano de; PINHEIRO-MACHADO, Rosana (Coord.). *Brasil em Transe*: Bolsonarismo, Nova Direita e Desdemocratização. 1ª ed. Rio de Janeiro: Oficina Raquel, 2019.

BONAVIDES, Paulo. "O Direito Constitucional e o momento político". *Revista de Informação legislativa*, Brasília, DF, vol. 1, nº 81, jan./mar. 1984. Disponível em: http://www2.senado.leg.br/bdsf/handle/id/181508. Acessado em: 05.01.2022.

______. *Constituinte e Constituição*: a democracia, o federalismo, a crise contemporânea. 3ª ed. São Paulo: Malheiros, 2010.

______. *Curso de Direito Constitucional.* 15ª ed. São Paulo: Malheiros, 2004.

______. *Do Estado liberal ao Estado social.* 10ª ed. São Paulo: Malheiros, 2011.

______. *Do país constitucional ao país neocolonial*: a derrubada da constituição e a recolonização pelo golpe de Estado institucional. 4ª ed. São Paulo: Malheiros, 2009.

______. *Teoria constitucional da democracia participativa*: por um Direito Constitucional de luta e resistência, por uma nova hermenêutica, por uma repolitização da legitimidade. 2ª ed. São Paulo: Malheiros, 2001.

BONAVIDES, Paulo; ANDRADE, Paes. *História constitucional do Brasil.* 3ª ed. Rio de Janeiro: Paz e Terra, 1991.

BORGES, Juliana. *Encarceramento em massa.* São Paulo: Polém, 2019.

BRASIL. *Constituição da República Federativa do Brasil de 1988.* Brasília, DF: Senado Federal, 1988. Disponível em: http://www.planalto.gov.br/ccivil_03/constituicao/constituicao.htm. Acessado em: 05.01.2022.

______. *Lei n. 10.559*, de 13 de novembro de 2002. Regulamenta o art. 8º do Ato das Disposições Constitucionais Transitórias e dá outras providências. Brasília, DF: Presidência da República, 2002. Disponível em: http://www.planalto.gov.br/ccivil_03/leis/2002/l10559.htm. Acessado em: 05.01.2022.

______. *Lei n. 12.528*, de 18 de novembro de 2011. Cria a Comissão Nacional da Verdade no âmbito da Casa Civil da Presidência da República. Brasília, DF: Presidência da República, 2011. Disponível em: http://www.planalto.gov.br/ccivil_03/_ato2011-2014/2011/lei/l12528.htm. Acessado em: 05.01.2022.

______. *Lei n. 12.847*, de 2 de agosto de 2013. Institui o Sistema Nacional de Prevenção e Combate à Tortura; cria o Comitê Nacional de Prevenção e Combate à Tortura e o Mecanismo Nacional de Prevenção e Combate à Tortura; e dá outras providências. Brasília, DF: Presidência da República, 2013. Disponível em: http://www.planalto.gov.br/ccivil_03/_ato2011-2014/2013/lei/l12847.htm. Acessado em: 05.01.2022.

______. *Lei n. 13.105*, de 16 de março de 2015. Código de Processo Civil. Brasília, DF: Presidência da República, 2015. Disponível em: http://www.planalto.gov.br/ccivil_03/_ato2015-2018/2015/lei/l13105.htm. Acessado em: 05.01.2022.

______. *Lei n. 5.595*, de 28 de julho de 1970. Denomina a Ponte Rio Niterói como "Presidente Costa e Silva". Brasília, DF: Presidência da

República, 1970. Disponível em: http://www.planalto.gov.br/ccivil_03/leis/1970-1979/l5595.htm. Acessado em: 05.01.2022.

______. *Lei n. 6.683*, de 28 de agosto de 1979. Concede anistia e dá outras providências. Brasília, DF: Presidência da República, 1979. Disponível em: http://www.planalto.gov.br/ccivil_03/leis/l6683.htm. Acessado em: 05.01.2022.

______. *Lei n. 9.140*, de 04 de dezembro de 1995. Reconhece como mortas pessoas desaparecidas em razão de participação, ou acusação de participação, em atividades políticas, no período de 2 de setembro de 1961 a 15 de agosto de 1979, e dá outras providências. Brasília, DF: Presidência da República, 1995. Disponível em: http://www.planalto.gov.br/ccivil_03/leis/l9140compilada.htm. Acessado em: 05.01.2022.

______. *Lei n. 9.455*, de 7 de abril 1997. Define os crimes de tortura e dá outras providências. Brasília, DF: Presidência da República, 1997. Disponível em: http://www.planalto.gov.br/ccivil_03/leis/l9455.htm. Acessado em: 05.01.2022.

______. Presidência da República. *Lei n. 6.880*, de 9 de dezembro de 1980.

______. Secretaria Especial dos Direitos Humanos da Presidência da República. *Direito à memória e à verdade*: comissão especial sobre mortos e desaparecidos políticos. Brasília: Secretaria Especial dos Direitos Humanos, 2007.

BROWN, Wendy. *Nas ruínas do neoliberalismo*: a ascensão da política antidemocrática no ocidente. São Paulo: Filosófica Politeia, 2019.

BUSTAMANTE, Thomas. "Anti-theoretical claims about legal interpretation: the argument behind the fallacy". *In*: BUSTAMANTE, Thomas; DAHLMAN, Christian (Coord.). *Argument types and fallacies in legal argumentation*. Berlim: Springer, 2015.

______. "Carta a um acusador anônimo (e meu respeito ao Ministério Público)". *Conjur*, São Paulo, 9 mai. 2019. Disponível em: https://www.conjur.com.br/2019-mai-09/thomas-bustamante-carta-acusador-meu-respeito-mp. Acessado em: 05.01.2022.

______. *Teoria do precedente judicial*: a justificação e a aplicação de regras jurisprudenciais. São Paulo: Noeses, 2012.

BUSTAMANTE, Thomas; MENDES, Conrado Hubner. "Freedom without responsibility: the promise of Bolsonaro's COVID-19 denial". *Jus Cogens*, [*S.l*], vol. 3, nº 2, 2021.

CABRAL, Gustavo César Machado. "A política no jovem Miguel Reale, o teórico do Integralismo". *Revista da Faculdade de Direito* – UFPR, Curitiba, vol. 59, nº 3, set./dez. 2014.

______. "Conservadorismo no pensamento político brasileiro: notas introdutórias". *In*: MIRANDA, Jorge; GOMES, Carla Amado (Coord.). *Diálogo ambiental, constitucional e internacional*. vol. 6. Rio de Janeiro: Lumen Juris, 2016.

______. "Para uma crítica à crise dos partidos políticos no Brasil". *In*: SEGUNDO, Hugo de Brito Machado; FREITAS, Raquel Coelho. *Democracia, equidade e cidadania*. Curitiba: CRV, 2014.

______. "Pensamento político brasileiro: roteiro e propostas de trabalho". *In*: CABRAL, Gustavo César Machado; DINIZ, Márcio Augusto de Vasconcelos (Coord.). *História do Direito e do pensamento político brasileiro*: debates e perspectivas. Fortaleza: UFC, 2016.

CABRAL, Rafael Lamera Giesta. "Reforma das instituições para a democracia e o legado autoritário: a branda justiça de transição no Brasil". *Revista Direitos Fundamentais e Democracia*, [*S.l.*], vol. 22, nº 3, set./dez. 2017.

CAMPOS, Francisco. *O Estado nacional*. (Coleção Biblioteca Básica Brasileira). Brasília: Senado Federal, Conselho Editorial, 2001.

CARDOSO, Adalberto. *À beira do abismo*: uma sociologia política do bolsonarismo. Rio de Janeiro: Amazon, 2020. (E-book).

CARVALHO, José Murilo. *Forças armadas e política no Brasil*. São Paulo: Todavia, 2019.

CARVALHO, Luís Gustavo Grandinetti Castanho; FERREIRA, Alex Daniel Barreto. "Um café entre Moro e Jerrajoli: a operação lava-jato vista sob a perspectiva do sistema de garantias". *Revista da Faculdade de Direito da UFMG*, Belo Horizonte, nº 71, jul./dez. 2017.

CASARA, Rubens R. R. *O estado pós-democrático*: neo-obscurantismo e gestão dos indesejáveis. Rio de Janeiro: Civilização Brasileira, 2017. (E-book).

CHALOUB, Jorge; PERLATTO, Fernando. "Intelectuais e 'nova direita' no Brasil". *In*: LYNCH, Christian Edward Cyril; SOUSA, Elizeu Santiago Tavares; CASSIMIRO, Paulo Henrique Paschoeto (Coord.). *Pensamento político brasileiro*: temas, problemas e perspectivas. Curitiba: Appris, 2019.

COMPARATO, Fábio Konder. *A afirmação histórica dos direitos humanos*. São Paulo: Saraiva, 2013.

CONJUR. "Sara Winter é presa em Brasília por ordem de Alexandre de Moraes". *Conjur*, [*S.l.*], 15 jun. 2020. Disponível em: https://www.conjur.com.br/2020-jun-15/sara-winter-presa-brasilia-ordem-alexandre-moraes. Acessado em: 05.01.2022.

CONTINENTINO, Marcelo Casseb. "Qual o lugar para o Poder Moderador na Constituição Federal de 1988?" *In*: VALE, André Rufino (Coord.). *Forças Armadas e democracia no Brasil*: a interpretação do art. 142 da Constituição de 1988. Brasília: Observatório Constitucional, 2020.

CORTE INTERAMERICANA DE DIREITOS HUMANOS (CORTE IDH). *Caso Almonacid Arellano e outros Vs. Chile*. Sentença de 26 de setembro de 2006. Presidente: Sergio García Ramírez. San José, Costa Rica, 14 mar. 2001. Disponível em: https://www.cnj.jus.br/wp-content/uploads/2016/04/7172fb59c130058bc5a96931e41d04e2.pdf. Acessado em: 05.01.2022.

______. *Caso Barrios Altos Vs. Perú*. Sentencia de 14 de marzo de 2001. Presidente: Antônio A. Cançado Trindade. San José, Costa Rica, 14 mar. 2001. Disponível em: https://www.corteidh.or.cr/docs/casos/articulos/Seriec_75_esp.pdf. Acessado em: 05.01.2022.

______. *Caso Gomes Lund e outros ("Guerrilha do Araguaia") Vs. Brasil*. Sentença de 24 de novembro de 2010. Presidente: Diego García-Sayán. San José, Costa Rica, 24 nov. 2010. Disponível em: https://www.corteidh.or.cr/docs/casos/articulos/seriec_219_por.pdf. Acessado em: 05.01.2022.

______. *Caso Herzorg e outros Vs. Brasil*. Sentença de 15 de março de 2018. Presidente: Eduardo Ferrer Mac-Gregor Poisot. San José, Costa Rica, 15 mar. 2018. Disponível em: https://www.corteidh.or.cr/docs/casos/articulos/seriec_353_por.pdf. Acessado em: 05.01.2022.

______. *Caso Velásquez Rodríguez Vs. Honduras*. Sentença de 29 de julho de 1988. Presidente: Rafael Nieto Navia. San José, Costa Rica, 29 jul. 1988. Disponível em: https://www.corteidh.or.cr/docs/casos/articulos/seriec_04_por.pdf. Acessado em: 05.01.2022.

DA REDAÇÃO. Frente parlamentar promove Fórum de Desenvolvimento do Semiárido. *Agência Câmara de Notícias*. Brasília, DF, 03 dez. 2020. Disponível em: Disponível em: https://www.camara.

leg.br/noticias/712417-frente-parlamentar-promove-forum-de-desenvolvimento-do-semiarido/. Acessado em: 05.01.2022.

DALY, Tom Gerald. "Democratic decay: conceptualizing an emerging research field". *Hague journal on the rule of law*, Switzerland, vol. 11, abr. 2019.

_____. "Compreendendo a decadência democrática multidimensional: lições decorrentes da ascensão de Jair Bolsonaro no Brasil". *REJUR – Revista Jurídica da UFERSA*, Mossoró, vol. 5, nº 10, jul./dez. 2021.

_____. "Designing the Democracy-Defending Citizen". *Constitutional Studies*, [*S.l.*], vol. 6, nº 1, 2020.

DWORKIN, Ronald. "In praise of theory". *Arizona State Law Journal*, Phoenix, vol. 29, nº 2, 1997.

_____. *Freedom's law*: the moral reading of the American constitution. Oxford: University Press, 1996.

_____. *Law's empire*. Cambridge: Harvard University Press, 1986.

_____. *Levando os direitos a sério*. Trad. Nelson Boeira. São Paulo: Martins Fontes, 2010.

EAGLETON, Terry. *Ideologia*: uma introdução. 2ª ed. Trad. Silvana Vieira e Luís Carlos Borges. Kindle edition. São Paulo: Boitempo, 2019.

FAGUNDES, Miguel Seabra. "As forças armadas na Constituição". *Revista de Direito Administrativo*, vol. 9, jul./set. 1947.

FERRAJOLI, Luigi. *Poderes selvagens*: a crise da democracia italiana. Trad. Alexander Araujo de Souza. São Paulo: Saraiva, 2014.

FERREIRA, Emanuel de Melo. "Colaboração interinstitucional autoritária e resistência constitucional: uma metodologia para estudos de caso". *Revista Juridicidade Constitucional e Democracia*, vol. 1, nº 1. Mossoró: Universidade do Estado do Rio Grande do Norte, jan./mai. 2023.

_____. "Ódio ao STF e às Universidades Públicas: aplicação da ADPF 572 (caso das fakeNews) para proteção da comunidade acadêmica". *REJUR-Revista Jurídica da UFERSA*, vol. 5, nº 9, 2021.

_____. *A difusão do autoritarismo e resistência constitucional*. Fortaleza: Universidade Federal do Ceará, 2022. (Tese de Doutorado).

FERREIRA, Oliveiros S. *Vida e morte do partido fardado*. São Paulo: Senac, 2019.

FICO, Carlos. "Moldura institucional e projetos de institucionalização do regime militar brasileiro (1964-1978)". *História, histórias*, vol. 9, nº 17, jan./jun. 2021.

FINCHELSTEIN, Federico. "Trump apagou a linha entre fascismo e populismo". *Folha de S. Paulo*, São Paulo, 9 ago. 2021. Disponível em: https://www1.folha.uol.com.br/colunas/latinoamerica21/2021/08/trump-apagou-a-linha-entre-fascismo-e-populismo.shtml. Acessado em: 12.08.2021.

_____. *Do fascismo ao populismo na história*. Trad. Jaime Araújo. São Paulo: Almedina, 2019. (E-book).

FLORÊNCIA, Olívia. "Manifestantes fazem ato contra Dilma na Avenida Paulista". *G1 São Paulo*, São Paulo, 15 nov. 2014. Disponível em: http://g1.globo.com/sao-paulo/noticia/2014/11/manifestantes-ocupam-avenida-paulista-em-protesto-contra-dilma.html. Acessado em: 05.01.2022.

FOLHA. "Protestos em ao menos 17 Estados pedem de *impeachment* a intervenção militar". *Folha*, São Paulo, 15 mar. 2015. Disponível em: https://www1.folha.uol.com.br/poder/2015/03/1603185-protestos-em-17-estados-pedem-de-impeachment-a-intervencao-militar.shtml. Acessado em: 05.01.2022.

FRAENKEL, Ernst. *The dual state*: a contribution to the theory of dictatorship. Oxford: University Press, 2017.

FREEDEN, Michael. *Ideology*: a very short introduction. Oxford: Oxford University Press, 2003.

FREEDEN, Michael; STEARS, Marc (Coord.). *The Oxford Handbook of political ideologies*. Oxford: University Press, 2013.

FREITAS, Carolina. "Bolsonaro compara execuções na ditadura a palmada em filho". *Valor Econômico*, São Paulo, 11 mai. 2018. Disponível em: https://valor.globo.com/politica/noticia/2018/05/11/bolsonaro-compara-execucoes-na-ditadura-a-palmada-em-filho.ghtml. Acessado em: 05.01.2022.

FRIEDMAN, Milton. *Capitalismo e liberdade*. Trad. Ligia Filgueiras. Rio de Janeiro: Intrínseca, 2023.

G1. "Bolsonaro ataca Alexandre de Moraes e diz que não cumprirá mais decisões do ministro do STF". *G1*, São Paulo, 07 set. 2021. Disponível em: https://g1.globo.com/sp/sao-paulo/noticia/2021/09/07/

bolsonaro-ataca-alexandre-de-moraes-e-diz-que-ministro-tem-tempo-para-se-redimir-ou-se-enquadra-ou-pede-para-sair.ghtml. Acessado em: 31.08.2023.

______. "Grupo de apoiadores de Bolsonaro lança fogos de artifício contra o prédio do STF". *G1*, Brasília, DF, 14 jun. 2020. Disponível em: https://g1.globo.com/politica/noticia/2020/06/14/grupo-de-apoiadores-de-bolsonaro-lanca-fogos-de-artificio-contra-o-predio-do-stf.ghtml. Acessado em: 05.01.2022.

______. "Trio faz protesto na Esplanada e pede intervenção militar no Brasil". *G1*, Brasília, 15 nov. 2013. Disponível em: http://g1.globo.com/distrito-federal/noticia/2013/11/trio-faz-protesto-na-esplanada-e-pede-intervencao-militar-no-brasil.html. Acessado em: 05.01.2022.

GINSBURG, Tom; HUQ, Aziz Z. *How to save a constitutional democracy*. Chicago: The University of Chicago Press, 2018.

GUEST, Stephen. *Ronald Dworkin*. Stanford: Stanford Law Books, 2012.

HEYWOOD, Andrew. *Ideologias políticas*: do liberalismo ao fascismo. Trad. Janaína Marcoantonio e Mariane Janikian. São Paulo: Ática, 2010.

ISTOÉ. "Frases de Bolsonaro, o candidato que despreza as minorias". *Isto é*, São Paulo, 24 set. 2018. Disponível em: https://istoe.com.br/frases-de-bolsonaro-o-candidato-que-despreza-as-minorias/. Acessado em: 05.01.2022.

KALIL, Isabela Oliveira. *Quem São e no que Acreditam os Eleitores de Jair Bolsonaro*. São Paulo: Fundação Escola de Sociologia e Política de São Paulo, 2018. Disponível em: https://www.fespsp.org.br/upload/usersfiles/2018/Relatório% 20para%20Site%20FESPSP.pdf. Acessado em: 05.01.2022.

KENNEDY, Duncan. *A critique of adjudication*. Harvard: University Press, 1997.

LACERDA, Marina Basso. *O novo conservadorismo brasileiro*: de Reagan a Bolsonaro. Porto Alegre: Zouk, 2019.

LACLAU, Ernesto. *La razón populista*. Trad. Soledad Laclau. Buenos Aires: Fondo de Cultura Económica de Argentina, 2005.

LANDAU, David. "Abusive constitutionalism". *Davis Law Review*, Davis, vol. 47, abr. 2013.

LANDAU, David; DIXON, Rosalind. "Abusive judicial review. Courts against democracy". *UC Davis Law Review*, vol. 53, nº 3, 2020.

LENTZ, Rodrigo. *República de segurança nacional*: militares e política no Brasil. São Paulo: Expressão Popular; Fundação Rosa Luxemburgo, 2022.

LIMA, Martônio Mont'Alverne Barreto; QUEIROZ, Paulo Roberto Clementino; CARMO, Valter Moura. "A ideologia como determinante da hermenêutica jurídica". *Revista de Estudos Constitucionais, Hermenêutica e Teoria do Direito*, São Leopoldo, vol. 8, nº 2, mai./ago. 2016.

LISBÔA, Natália de Souza. *Direitos humanos e decolonialidade*: interpretação do conceito na América Latina a partir da Justiça de Transição. São Paulo: Dialética, 2022.

LOEWENSTEIN, Karl. "Militant democracy and fundamental rights, I". *The American political science review*, [*S.l.*], vol. 31, nº 3, jun. 1937.

LOPES FILHO, Juraci Mourão. *Os precedentes judiciais no constitucionalismo brasileiro contemporâneo.* 2ª ed. Salvador: Jus Podivm, 2016.

LYNCH, Christian Edward Cyril. "Neoliberalismo". *In*: FRATINI, Juliana. *Ideologia – uma para viver*: as teorias que orientam o pensamento político atual. São Paulo: Matrix, 2022.

LYNCH, Christian Edward Cyril; CASSIMIRO, Paulo Henrique. *O populismo reacionário*. São Paulo: Contracorrente, 2022.

MACEDO JÚNIOR, Ronaldo Porto. *Do xadrez à cortesia*: Dworkin e a Teoria do Direito contemporânea. São Paulo: Saraiva, 2013. (E-book).

MAFEI, Rafael. *Como remover um Presidente*: Teoria, história e prática do *impeachment* no Brasil. Rio de Janeiro: Zahar, 2021.

MAFEI, Rafael; BUSTAMANTE, Thomas; MEYER, Emílio Peluso Neder. "Brazil: From Antiestablishmentarianism to Bolsonarism". *In*: SAJÓ, A.; UITZ, R.; HOLMES, S. (Coord.). *The Routledge Handbook on Illiberalism.* Oxfordshire: Routledge, 2021.

MAGALHÃES, Bruno Baía. "A incrível doutrina de um caso só: análise do estado de coisas inconstitucional na ADPF 347". *Revista eletrônica do curso de Direito da UFSM*, Santa Maria, RS, vol. 14, nº 3, 2019.

Disponível em: https://periodicos.ufsm.br/revistadireito/article/view/32760. Acessado em: 05.01.2022.

MAIA, Luciano Mariz. *Do controle judicial da tortura institucional no Brasil hoje*: à luz do direito internacional dos direitos humanos. Recife: Faculdade de Direito, 2006. (Tese de Doutorado).

MALISKA, Marcos Augusto; HUMENHUK, Hewerstton. "Autoritarismo judicial". *In*: LARA, Caio; MARIN, Eriberto Francisco Bevilaqua; LEMES, Fernando Lobo. *Constituição e democracia I*. Florianópolis: CONPEDI/UFG/PPGDP, 2019. Disponível em: http://conpedi.danilolr.info/publicacoes/no85g2cd/4i7b4v4v/hYCihN0A9W7yle3b.pdf. Acessado em: 05.01.2022.

MARQUES NETO, Agostinho Ramalho. *A ciência do Direito*: conceito, objeto e método. 2ª ed. Rio de Janeiro: Renovar, 2001.

MARTINS, Ives Gandra da Silva. "O ativismo judicial e a ordem constitucional". *Revista Brasileira de Direito Constitucional*, nº 18, jul./dez. 2011.

MARTINS, João Victor Nascimento. *Juridicidade e justiça de transição*. Belo Horizonte: D'Plácido, 2014.

MARX, Karl; ENGELS, Friedrich. *A ideologia alemã*: crítica da mais recente filosofia alemã em seus representantes Feuerbach, B. Bauer e Stimer, e do socialismo alemão em seus diferentes profetas. Trad. Rubens Enderle, Nélio Schneider e Luciano Cavini Mortorano. São Paulo: Boitempo, 2021.

MASCARO, Alysson Leandro. "Sobre o socialismo jurídico". *In*: ENGELS, Friedrich; KAUTSKY, Karl. *O socialismo jurídico*. Trad. Lívia Cotrim e Márcio Bilharinho Naves. São Paulo: Boitempo, 2012. (Edição Kindle).

MENA, Fernanda. "Justiça manda ocultar nome de ex-coronel da PM de dossiê da Comissão da Verdade". *Folha de São Paulo*, 2022. Disponível em: https://www1.folha.uol.com.br/poder/2022/02/justica-manda-ocultar-nome-de-ex-coronel-da-pm-de-dossie-da-comissao-da-verdade.shtml. Acessado em: 26.10.2022.

MENDES, Conrado Hübner. *Constitutional courts and deliberative democracy*. Oxford: Oxford University Press. 2013.

______. *Direitos fundamentais, separação de poderes e deliberação*. São Paulo: Saraiva, 2011.

MEYER, Emilio Peluso Neder. "Crimes contra a humanidade, justiça de transição e Estado de Direito: Revisitando a ditadura brasileira". *Brasiliana – Journal for Brazilian Studies*, vol. 4, nº 1, ago. 2015.

______. "Judges and Courts Destabilizing Constitutionalism: The Brazilian Judiciary Branch's Political and Authoritarian Character". *German Law Journal*, [*S.l.*], vol. 19, nº 4, jul. 2018.

______. *Constitutional erosion in Brazil*. Londres: Hart, 2021.

______. *Responsabilização por graves violações de direitos humanos na ditadura de 1964-1985*: a necessária superação da decisão do Supremo Tribunal Federal na ADPF n. 153/DF pelo Direito Internacional dos Direitos Humanos. Belo Horizonte: Faculdade de Direito, 2012. (Tese de Doutorado).

MIGUEL, Luis Felipe. *Democracia na periferia capitalista*: impasses do Brasil. Belo Horizonte: Autêntica, 2022.

MINISTÉRIO PÚBLICO FEDERAL. [*Justiça de Transição*]. Brasília, DF: [2022]. Disponível em: https://justicadetransicao.mpf.mp.br/. Acessado em: 02.02.2022.

MORAIS, Aloísio. "Memorial da Anistia não tem irregularidade, conclui Procuradoria em MG". *Vermelho*, 26 jun. 2020. Disponível em: https://vermelho.org.br/2020/06/26/memorial-da-anistia-nao-tem-irregularidade-conclui-procuradoria-em-mg/. Acessado em: 05.01.2022.

MORAIS, Jonas Rodrigues. "Tortura na segurança pública: enfrentamento necessário para a consolidação democrática". *Revista Interdisciplinar de Direitos Humanos*, Bauru, vol. 3, nº 2, jul./dez. 2015. Disponível em: https://www3.faac.unesp.br/ridh/index.php/ridh/article/view/291/139. Acessado em: 05.01.2022.

MOREIRA, Adilson José. *Pensando como um negro*: Ensaio de hermenêutica jurídica. São Paulo: Contracorrente, 2019.

MOUFFE, Chantal. *Por um populismo de esquerda*. Trad. Daniel de Mendonça. São Paulo: Autonomia Literária, 2019.

MOUNK, Yascha. *O povo contra a democracia*: porque nossa liberdade corre perigo e como salvá-la. Trad. Cássio de Arantes Leite e Débora Landsberg. São Paulo: Companhia das Letras, 2019.

MUDDE, Cas; KALTWASSER, Cristóbal Rovira. *Populism*: a very short introduction. Oxford: University Press, 2017.

MÜLLER, Jan-Werner. "Militant democracy". *In*: ROSENFELD, Michel; SAJÓ, András. (Coord.). *The Oxford Handbook of Comparative Constitutional Law*. Oxford: Oxford University Press, 2012.

______. "Populism and constitutionalism". *In*: OSTIGUY, Pierre *et al*. (Coord.). *The Oxford Handbook of Populism*. Oxford: Oxford University Press, 2017.

NEGRI, André del. "Os juristas, o regime militar de 1964 e personalidades autoritárias que cruzaram o marco da Constituição de 1988". *História do Direito:* RHD, Curitiba, vol. 2, nº 3, jul.-dez. 2021.

NINO, Carlos Santiago. *La constitución de la democracia deliberativa*. Barcelona: Editorial Gedisa, 1997.

NOBRE, Marcos. *Ponto final*: a guerra de Bolsonaro contra a democracia. São Paulo: Todavia, 2020.

NOVKOV, Julie. "Law and political ideologies". *In*: WHITTINGTON, Keith E.; KELEMEN, R. Daniel; CALDEIRA, Gregory A. (Coord.). *The Oxford Handbook of law and politics*. Oxford: University Press, 2008.

O GLOBO. "Bolsonaro discursa em ato com pedidos de intervenção militar e aglomeração de manifestantes". [*S.l.: s.n.*], 2020. 1 vídeo (3min 34 seg). Publicado pelo canal Jornal O Globo. Disponível em: https://www.youtube.com/watch?v=553D8VHI8Mo. Acessado em: 05.01.2022.

OST, François. *O tempo do direito*. Trad. Élcio Fernandes. Bauru: Edusc, 2005.

PAIXÃO, Cristiano. "Entre nostalgia e memoricídio: o judiciário e a violação a direitos humanos no Brasil contemporâneo". *In*: RAMINA, Larissa (Coord.). *Lawfare e América Latina*: a guerra jurídica no contexto da guerra híbrida. Curitiba: Íthala, 2022.

______. "Entre regra e exceção. Normas constitucionais e atos institucionais na ditadura militar brasileira". (1964-1985). *História do Direito:* RHD, Curitiba, vol. 1, nº 1, jul.-dez. 2020.

PASSOS, Anaís Medeiros. "Militares e política no governo de Jair Bolsonaro". *In*: AVRITZER, Leonardo; KERCHE, Fábio; MARONA, Marjorie. *Governo Bolsonaro*: retrocesso democrático e degradação política. Belo Horizonte: Autêntica, 2021.

PEREIRA, Anthony W. *Ditadura e repressão*: o autoritarismo e o Estado de Direito no Brasil, no Chile e na Argentina. Trad. Patrícia Zimbres. São Paulo: Paz e Terra, 2010.

PESQUISA DATAPODER360 – agosto 2017. Disponível em: https://especiais.gazetadopovo.com.br/eleicoes/2018/pesquisas-eleitorais/datapoder360/pesquisa-datapoder360-agosto-2017/. Acessado em: 24.05.2023.

PRADO, Michele. *Tempestade ideológica*: Bolsonarismo, a Alt-Right e o populismo liberal no Brasil. São Paulo: Lux, 2021.

QUEIROZ, Marcos Vinícius Lustosa. "Constitucionalismo negro: elementos de teoria e história constitucional a partir da Revolução Haitiana". *Revista de Estudos Constitucionais, Hermenêutica e Teoria do Direito*, São Leopoldo, vol. 13, nº 1, jan./abr. 2021.

RAMOS, André de Carvalho. "Responsabilidade internacional do Estado por violação de Direitos Humanos". *Revista CEJ*, Brasília, nº 29, abr./jun. 2005.

______. "Supremo Tribunal Federal brasileiro e o controle de convencionalidade: levando a sério os tratados de direitos humanos". *Revista da Faculdade de Direito (USP)*, vol. 104, 2009.

RAZ, Joseph. "Legal principles and the limits of law". *The Yale Law Journal*, vol. 81, nº 5, 1972.

REALE, Miguel. *Imperativos da revolução de março*. São Paulo: Martins Fontes, 1965.

REDAÇÃO JORNAL DE BRASÍLIA. "Jornalista infiltrada em grupo de Sara Giromini apura que membros estavam prontos para agressões". *Jornal de Brasília*, Brasília, DF, 23 jun. 2020. Disponível em: https://jornaldebrasilia.com.br/noticias/politica-e-poder/jornalista-infiltrada-em-grupo-de-sara-giromini-apura-que-membros-estavam-prontos-para-agressoes/. Acessado em: 05.01.2022.

REIS, Ulisses Levi Silvério dos; MEYER, Emílio Peluso Neder. *"Ministrocracia" e decisões individuais contraditórias no Supremo Tribunal Federal*. [*S.l.*: *s.n.*], 2021.

RIJPKEMA, Bastiaan. *Militant democracy*: the limits of democratic tolerance. Nova York: Routledge, 2018.

ROCHA, Camila; SOLANO, Esther. "A ascensão de Bolsonaro e as classes populares". *In*: AVRITZER, Leonardo; KERCHE, Fábio; MARONA, Marjorie (Coord.). *Governo Bolsonaro*: retrocesso democrático e degradação política. Belo Horizonte: Autêntica, 2021.

ROCHA, Leonel Severo. "Prefácio". *In*: WARAT, Luiz Alberto. *Introdução geral ao Direito – interpretação da lei*: temas para uma reformulação. vol. I. Porto Alegre: Sérgio Antônio Fabris Editor, 1994.

SALGADO, Eneida Desiree. "Populismo judicial, moralismo e o desprezo à Constituição: a democracia entre velhos e novos inimigos". *Revista Brasileira de Estudos Político*, Belo Horizonte, nº 117, jul./dez. 2018.

______. *Reforma Política*. São Paulo: Contracorrente, 2018.

SANTOS, Wanderley Guilherme. *A democracia impedida*: o Brasil do século XXI. Rio de Janeiro: FGV, 2017.

______. *Quem dará o golpe no Brasil?* (Coleção cadernos do provo brasileiro). Rio de Janeiro: Civilização Brasileira, 1962.

SÃO PAULO. Tribunal de Justiça (1. Câmara de Direito Privado). *Apelação n. 0347718-08.2009.8.26.0000*. Voto 22860. Acórdão. Por maioria de votos, negaram provimento ao Agravo retido, vencido o 3º Juiz que provia em parte e, à unanimidade negaram provimento à Apelação. Relator: Rui Cascaldi, 14 ago. 2012. Disponível em: http://cnv.memoriasreveladas.gov.br/images/documentos/Capitulo17/Nota%2030%2032%20-%2000092.0001042014-46.121-155.pdf. Acessado em: 05.01.2022.

SCHAUER, Frederick. "Rules and the rule of law". *Harvard Journal of Law and Public Policy*, vol. 14, nº 3, 1991.

______. *The proof*: uses of evidence in law, politics, and everything else. Harvard: University Press, 2022.

SCHEPPELE, Kim Lane. "Autocratic legalism". *The University of Chicago Law Review*, Chicago, vol. 85, nº 2, mar. 2018.

SCHMITT, Carl. *La ditadura*: desde los comienzos del pensamento moderno de la soberanía hasta la lucha de clases proletaria. Trad. José Díaz García. Madrid: Alianza Editorial, 2013.

______. *O conceito do político*: teoria do partisan. Trad. Geraldo de Carvalho. Belo Horizonte: Del Rey, 2009.

SCHWARCZ, Lilia Moritz. *Sobre o autoritarismo brasileiro*. São Paulo: Companhia das Letras, 2019.

SCRUTON, Roger. *Conservadorismo*: um convite à grande tradição. Trad. Alessandra Bonrruquer. Rio de Janeiro/São Paulo: Record, 2019.

SEELAENDER, Airton Cerqueira Leite. "Juristas e ditaduras: uma leitura brasileira". *In*: FONSECA, Ricardo Marcelo; SEELAENDER, Airton Cerqueira Leite (Coord.). *História do direito em perspectiva*: do antigo regime à modernidade. Curitiba: Juruá, 2009.

SHAPIRO, Scott. "O debate 'Hart *versus* Dworkin': um pequeno guia para os perplexos". *In*: COELHO, André; MATOS, Saulo; BUSTAMANTE, Thomas (Coord.). *Interpretando o império do Direito*: ensaios críticos e analíticos. Belo Horizonte: Arraes, 2018.

SILVA FILHO, José Carlos Moreira. "Justiça de transição e usos políticos do Poder Judiciário no Brasil em 2016: um golpe de Estado institucional?" *Revista Direito e Práxis*, Rio de Janeiro, vol. 9, nº 3, set. 2018.

______. *Justiça de transição da ditadura civil-militar ao debate justransicional*: direito à memória e à verdade e os caminhos da reparação e da anistia no Brasil. Porto Alegre: Livraria do Advogado, 2015.

SILVA, Fábio de Sá. "From Car Wash to Bolsonaro: Law and Lawyers in Brazil's Illiberal Turn (2014–2018)". *Journal of law and society*, [*S.l.*], vol. 47, nº S1, out. 2020.

SILVA, Virgílio Afonso da. "O STF e o controle de constitucionalidade: deliberação, diálogo e razão pública". *Revista de Direito Administrativo*, [*S.l.*], vol. 250, 2009. Disponível em: https://bibliotecadigital.fgv.br/ojs/index.php/rda/article/view/4144. Acessado em: 05.01.2022.

______. "O Supremo Tribunal precisa de Iolau: resposta às objeções de Marcelo Neves ao sopesamento e à otimização". *Revista de Direito da Universidade de Brasília*, Brasília, vol. 2, nº 1, 2016. Disponível em: https://periodicos.unb.br/index.php/revistadedireitounb/article/view/24545. Acessado em: 05.01.2022.

SKIDMORE, Thomas. *Brasil*: de Castelo a Tancredo. 8ª ed. Rio de Janeiro: Paz & Terra, 1988.

______. *Brasil*: de Getúlio a Castelo. 14ª ed. Rio de Janeiro: Paz & Terra, 1982.

SODRÉ, Nelson Werneck. *A história militar do Brasil*. 2ª ed. São Paulo: Expressão Popular, 2010.

SOUZA NETO, Cláudio Pereira. *Democracia em crise no Brasil*: valores constitucionais, antagonismo político e dinâmica institucional. São Paulo: Contracorrente, 2020.

STANLEY, Jason. *Como funciona o fascismo*: a política do "nós" e "eles". Trad. Bruno Alexander. São Paulo: L&PM, 2018.

STRECK, Lenio. "São as Forças Armadas o Poder Moderador na República? Uma correta hermenêutica do Artigo 142 da Constituição no Brasil". *In*: VALE, André Rufino (Coord.). *Forças Armadas e democracia no Brasil*: a interpretação do art. 142 da Constituição de 1988. Brasília: Observatório Constitucional, 2020.

SUNSTEIN, Cass R. "Constitutional agreements without constitutional theories". *Ratio Iuris*, Oxford, vol. 13, nº 1, mar. 2000.

______. "Incompletely Theorized Agreements". *Harvard Law Review*, Cambridge, vol. 108, nº 7, mai. 1995.

SWENSSON JUNIOR, Lauro Joppert. *Responsabilidade penal para os crimes da ditadura militar*: a justiça de transição diante da lei. Curitiba: Juruá, 2017.

TERRA. "SP: Marcha 'em defesa da liberdade' pede volta dos militares ao poder". *Terra*, [*S.l.*], 10 jul. 2013. Disponível em: https://www.terra.com.br/noticias/brasil/politica/sp-marcha-em-defesa-da-liberdade-pede-volta-dos-militares-ao-poder,e5d130a67cacf310VgnVCM4000009bcceb0aRCRD.html. Acessado em: 05.01.2022.

TÓTH, Gábor Attila. "Constitutional Markers of Authoritarianism". *Hague Journal on the Rule of Law*, vol. 11, nº 1, abr. 2019.

______. "Marcos constitucionais do autoritarismo". *Revista Juridicidade Constitucional e Democracia*, vol. 1, nº 1. Mossoró: Universidade do Estado do Rio Grande do Norte, jan./mai. 2023.

TRINDADE, Antônio Augusto Cançado. *Tratado de Direito internacional dos direitos humanos*. vol. I. 1ª ed. Porto Alegre: Sérgio Antônio Fabris Editor, 1997.

TUSHNET, Mark. "Authoritarian constitutionalism". *Cornell Law Review*, Ithaca, vol. 100, jan. 2015.

UNGER, Roberto Mangabeira. *O movimento de estudos críticos do Direito*: outro tempo, tarefa maior. Trad. de Lucas Fucci Amato. Belo Horizonte: Letramento, 2017.

UNIVERSIDADE FEDERAL RURAL DO SEMI-ÁRIDO (UFERSA). *Decisão CONSUNI/UFERSA n. 76/2018*, de 24 de julho de 2018. "Vedação a qualquer tipo de homenagem aos responsáveis por graves violações de direitos humanos no contexto da ditadura militar". Disponível em: https://documentos.ufersa.edu.br/wp-content/uploads/sites/79/2018/07/DECISAO_CONSUNI_076_2018.pdf. Acessado em: 05.01.2022.

URBINATI, Nadia. *Me the people*: how populism transforms democracy. Harvard: University Press, 2019.

VAROL, Ozan O. "Stealth authoritarianism in Turkey". *In*: GRABER, Mark; LEVISON, Sanford; TUSHNET, Mark. (Coord.). *Constitutional democracy in crisis?* Oxford: Oxford, 2018.

______. "Stealth authoritarianism". *Iowa law review*, Iowa City, vol. 100, nº 4, mai. 2015.

WALDRON, Jeremy. *Law and disagreement*. Oxford: Oxford University Press, 1999.

______. *Political political theory*: essays on institutions. Massachusetts: Harvard University Press, 2016.

______. *The harm in hate speech*. Cambridge: Harvard University Press, 2012.

WALUCHOW, Wil J. *A common law theory of judicial review*: the living tree. Cambridge: University Press, 2009.

WARAT, Luiz Alberto. *Introdução geral ao Direito – interpretação da lei*: temas para uma reformulação. vol. I. Porto Alegre: Sérgio Antônio Fabris Editor, 1994.

ZAVERUCHA, Jorge. *FHC, forças armadas e polícia*: entre autoritarismo e a democracia (1999 a 2002). São Paulo: Record, 2005.

ZYL, Paul Van. "Promovendo a justiça transicional em sociedades pós-conflito". *Revista Anistia Política e Justiça de Transição*, Brasília, DF, nº 1, jan./jun. 2009. Disponível em: https://www.gov.br/mdh/pt-br/navegue-por-temas/comissao-de-anistia-1/anexos/2009revistaanistia01.pdf. Acessado em: 05.01.2022.

ABREVIATURAS

ABI	Associação Brasileira de Imprensa
ABIN	Agência Brasileira de Inteligência
ACP	Ação Civil Pública
ADPF	Ação de Descumprimento de Preceito Fundamental
ADI	Ação Direta de Inconstitucionalidade
ADCT	Ato das Disposições Constitucionais Transitórias
AGU	Advocacia Geral da União
AP	Ação Popular
CIDH	Comissão Interamericana de Direitos Humanos
CCR	Câmara de Coordenação e Revisão
CDHM	Comissão de Direitos Humanos e Minorias
CEMDP	Comissão Especial sobre Mortos e Desaparecidos Políticos
CNMP	Conselho Nacional do Ministério Público
CNPCT	Comitê Nacional para Prevenção e Combate à Tortura
CNV	Comissão Nacional da Verdade
COAF	Conselho de Controle de Atividades Financeiras

Corte IDH	Corte Interamericana de Direitos Humanos
CPI	Comissão Parlamentar de Inquérito
CPC	Código de Processo Civil
CPM	Código Penal Militar
CPP	Código de Processo Penal
CSMPF	Conselho Superior do Ministério Público Federal
DCE	Diretório Central dos Estudantes
DOI-CODI	Destacamento de Operações de Informação - Centro de Operações de Defesa Interna
DPU	Defensoria Pública da União
ECI	Estado de Coisas Inconstitucional
EUA	Estados Unidos da América
FGV	Fundação Getúlio Vargas
GSI	Gabinete de Segurança Institucional da Presidência da República
GLO	Operações para Garantia da Lei e da Ordem
IFRN	Instituto Federal do Rio Grande do Norte
IPL	Inquérito Policial
LSN	Lei de Segurança Nacional
MEP	Movimento pela Emancipação do Proletariado
MNPCT	Mecanismo Nacional de Prevenção e Combate à Tortura
MP/CE	Ministério Público do Estado do Ceará
MPF	Ministério Público Federal
OAB	Ordem dos Advogados Brasileiros
OMS	Organização Mundial da Saúde
PAD	Procedimento Administrativo Disciplinar
PCB	Partido Comunista Brasileiro

PFDC	Procuradoria Federal dos Direitos do Cidadão
PGR	Procuradoria Geral da República
PL	Partido Liberal
PM	Polícia Militar
PP	Partido Progressista
PRF	Polícia Rodoviária Federal
PSB	Partido Socialista Brasileiro
PSL	Partido Social Liberal
PSOL	Partido Socialismo e Liberdade
PT	Partido dos Trabalhadores
RN	Rio Grande do Norte
SEOPI	Secretaria de Operações Integradas
SNI	Serviço Nacional de Informações
STF	Supremo Tribunal Federal
STJ	Superior Tribunal de Justiça
STM	Superior Tribunal Militar
TJ/MS	Tribunal de Justiça do Mato Grosso do Sul
TPI	Tribunal Penal Internacional
TRF	Tribunal Regional Federal
UFBA	Universidade Federal da Bahia
UFC	Universidade Federal do Ceará
UFERSA	Universidade Federal Rural do Semiárido
UFF	Universidade Federal Fluminense
UFGD	Universidade Federal da Grande Dourados
UFPA	Universidade Federal do Pará
UFPE	Universidade Federal de Pernambuco
UFRJ	Universidade Federal do Rio de Janeiro

UnB	Universidade de Brasília
UNE	União Nacional dos Estudantes
UNIFOR	Universidade de Fortaleza

NOTAS

NOTAS

NOTAS

NOTAS

NOTAS

NOTAS

NOTAS

A Editora Contracorrente se preocupa com todos os detalhes de suas obras! Aos curiosos, informamos que este livro foi impresso no mês de novembro de 2023, em papel Pólen Natural 80g.